বিশ্বাস, যুক্তি এবং বাস্তবতা

স্রষ্টা, ধর্ম এবং বাস্তবতার সত্যতা

By MD RABIUL ALAM

"পাঠকদের অবগতির জন্য জানানো যাচ্ছে যে, বর্তমান গ্রন্থটি লেখকের ইতিপূর্বে প্রকাশিত ইংরেজি রচনা 'Faith, Logic and Reality'-এর একটি পরিমার্জিত, সংশোধিত এবং আপডেটেড বাংলা সংস্করণ।"

উৎসর্গ

“এই বইটি সেইসব কৌতূহলী ও মুক্তমনা প্রাণদের জন্য উৎসর্গ করা হলো—

যারা প্রশ্ন করতে ভয় পায় না এবং অন্ধ অনুকরণের চেয়ে সত্যের অনুসন্ধানকে বেশি মূল্য দেয়;

যাদের হৃদয়ে বিশ্বাস ও যুক্তির সহাবস্থান বিদ্যমান এবং যারা জীবনকে উপলব্ধি ও সত্যের আলোতে খুঁজে ফেরে।”

Contents

কৃতজ্ঞতা স্বীকার

একটি বই কেবল কালির আঁচড়, যান্ত্রিক শব্দবিন্যাস বা কাগজের সমষ্টি নয়; এটি অসংখ্য অমীমাংসিত প্রশ্ন, দীর্ঘ নীরব প্রহর এবং গভীর আত্মোপলব্ধির এক সম্মিলিত প্রতিফলন। এই দীর্ঘ এবং প্রায়শই একাকী সাহিত্যিক যাত্রায় যারা প্রত্যক্ষ ও পরোক্ষভাবে আমার চেতনার দুয়ার খুলে দিয়েছেন, তাঁদের প্রতি কৃতজ্ঞতা প্রকাশ করা আমার হৃদয়ের দায়বদ্ধতা।

প্রথমত ও প্রধানত, আমি সেই অসীম ও অদৃশ্য মহাশক্তির কাছে বিনম্র কৃতজ্ঞতা জানাই, যাঁর মহাজাগতিক অস্তিত্ব এবং সৃষ্টির রহস্য এই বইটির প্রতিটি পৃষ্ঠায় আমাকে নতুন করে ভাবার প্রেরণা জুগিয়েছে। আমি কৃতজ্ঞ সেই অস্বস্তিকর মুহূর্তগুলোর কাছে, যখন গভীর কোনো মৌলিক প্রশ্ন আমাকে

দিশেহারা করে ফেলেছিল—কারণ সেই দহন আর অস্থিরতাই আমাকে সত্যের সন্ধানে প্রকৃত পথের হদিস দিয়েছে।

আমি কৃতজ্ঞতাভরে স্মরণ করি সেইসব মহান দার্শনিক, চিন্তাবিদ এবং জ্ঞানতাপসদের, যাঁদের কাজের উত্তরাধিকার ও কালজয়ী দর্শন আমার চিন্তার জগৎকে সমৃদ্ধ ও শাণিত করেছে। তাঁদের যুক্তি ও দর্শনের আলোকবর্তিকাই আমাকে ধর্ম এবং বাস্তবতার সূক্ষ্ম কিন্তু দুর্ভেদ্য ব্যবধানগুলো বুঝতে ও নির্মোহভাবে বিশ্লেষণ করতে পথ দেখিয়েছে।

আমার পরিবারের প্রতি আমি চিরঋণী, যাঁরা প্রথাগত চিন্তার বাইরে গিয়ে আমার এই সত্য অনুসন্ধানের দীর্ঘ সময়ে অটল শক্তির স্তম্ভ হিসেবে পাশে দাঁড়িয়েছেন। তাঁদের ধৈর্য, নিঃস্বার্থ ভালোবাসা এবং মানসিক সাহস ছাড়া এই গবেষণাধর্মী ও সংবেদনশীল কাজ সম্পন্ন করা আমার পক্ষে প্রায় অসম্ভব ছিল।

বিশেষ কৃতজ্ঞতা জানাই আমার সেই সুহৃদ ও বন্ধুদের, যাঁরা পাণ্ডুলিপিটি পাঠ করে নিরলসভাবে গঠনমূলক সমালোচনা করেছেন। তাঁদের ধারালো প্রশ্ন এবং যুক্তিগুলো আমাকে আমার

প্রাথমিক ধারণাগুলোকে আরও পরিমার্জিত, স্পষ্ট এবং তথ্যনির্ভর করে উপস্থাপন করতে প্রভূত সাহায্য করেছে।

পরিশেষে, আমি আমার অগণিত পাঠকদের প্রতি জানাই গভীর শ্রদ্ধা ও কৃতজ্ঞতা। আপনাদের কৌতূহল, মুক্তমনা মানসিকতা এবং সত্যকে জানার অদম্য তৃষ্ণাই ছিল এই অপরিহার্য বিষয়টি নিয়ে কলম ধরার পেছনে আমার চূড়ান্ত অনুপ্রেরণা। এই কাজের প্রতিটি পৃষ্ঠায় আমার ব্যক্তিগত চিন্তার দায়বদ্ধতা যেমন রয়েছে, তেমনি এখানে যদি সত্যের সামান্যতম আভা খুঁজে পাওয়া যায়, তবে তার একক কৃতিত্ব লেখকের নয়—বরং তা পাঠকের উন্নত ও গভীর উপলব্ধির।

লেখকের নিবেদন:

বিশ্বাস, যুক্তি ও বাস্তবতার এক সম্মিলিত যাত্রা

প্রিয় পাঠক,

যেকোনো সাহিত্যিক বা দার্শনিক যাত্রা শুরু করার আগে লেখকের দৃষ্টিভঙ্গি ও উদ্দেশ্য বোঝা জরুরি। আমি বিনয়ের সাথে আপনাকে এই চিন্তার জগতে স্বাগত জানাই।

একজন মুসলিম হিসেবে আমার লালন-পালন, চিন্তা এবং জীবনদর্শন স্বাভাবিকভাবেই আমার ধর্মীয় বিশ্বাসের দ্বারা প্রভাবিত। তবে, এই বইটি কোনো নির্দিষ্ট ধর্মের শ্রেষ্ঠত্ব প্রতিষ্ঠার চেষ্টা নয়, কিংবা কারো বিশ্বাসকে খণ্ডন করার উদ্দেশ্যেও লেখা হয়নি। এটি মূলত একটি মহাজাগতিক

জিজ্ঞাসা—সৃষ্টিকর্তা, তাঁর সৃষ্টি এবং সেই সৃষ্টির মাঝে মানুষের অবস্থানকে কেন্দ্র করে আবর্তিত।

কেন এই অনুসন্ধান?

বিশ্বের যেকোনো প্রান্তের মানুষ, যে আদর্শেরই অনুসারী হোক না কেন, জীবনের কোনো না কোনো পর্যায়ে আকাশের দিকে তাকিয়ে নিজেকে প্রশ্ন করে: "এই নিখুঁতভাবে সাজানো মহাবিশ্ব কি শুধুই একটি কাকতালীয় ঘটনা?" এই বইটি সেই চিরন্তন প্রশ্নগুলোকেই আলোচনার টেবিলে নিয়ে আসে। আমি বিশ্বাস করি, ধর্ম আমাদের আদর্শের পথের দিশা দেখায়, কিন্তু বাস্তবতা আমাদের সেই পথের রুক্ষতা অনুভব করতে বাধ্য করে। আমরা ধর্মগ্রন্থে যা পড়ি এবং বাস্তবে যা যাপন করি, তার মধ্যে প্রায়শই এক বিশাল ব্যবধান থাকে।

আমি এই বইটিতে নিজেকে কোনো নির্দিষ্ট গণ্ডিতে সীমাবদ্ধ রাখিনি। বরং আমার বিনীত প্রয়াস ছিল—

১. ধর্মের তাত্ত্বিক সৌন্দর্য এবং মানুষের কর্ম দ্বারা প্রভাবিত ব্যবহারিক প্রয়োগের মধ্যকার অসঙ্গতিগুলো চিহ্নিত করা।

২. আধুনিক যুক্তিবাদী মনের সেই প্রশ্নগুলোকে কণ্ঠ দেওয়া, যা প্রায়ই প্রথাগত বিশ্বাসের দেয়ালের সাথে ধাক্কা খায়।

স্রষ্টার সন্ধান ও বাস্তবতার ব্যবচ্ছেদ

যদি কোনো পাঠক আমাকে জিজ্ঞেস করেন কেন আমি এই বইটি লিখেছি, তবে আমার উত্তর হবে: "আমি স্রষ্টাকে (ঠিক যেভাবে প্রথাগতভাবে আমাদের কাছে উপস্থাপন করা হয়েছে) সেভাবে খুঁজে পাইনি।" এটি হয়তো বিতর্কের জন্ম দিতে পারে যে—তবে কি আমি স্রষ্টায় বিশ্বাস করি না? আমার উত্তর হলো: আমি অবশ্যই করি। তবে ধর্ম আমাদের কাছে স্রষ্টার যে পরিচয় তুলে ধরে, জীবনের রূঢ় বাস্তবতায় আমরা প্রায়ই তার প্রতিফলন দেখতে পাই না। আমি ধর্ম এবং বাস্তবতার মধ্যে একটি উল্লেখযোগ্য দূরত্ব অনুভব করি, আর এই বইটি মূলত সেই দূরত্বেরই এক নির্মোহ ব্যবচ্ছেদ।

চিন্তার আমন্ত্রণ

এখানে আপনার ওপর কোনো সিদ্ধান্ত বা বিশ্বাস চাপিয়ে দেওয়ার চেষ্টা নেই; বরং আছে এক গভীর চিন্তার আমন্ত্রণ। আমি আপনাকে একটি খোলা জানালার পাশে বসার আহ্বান জানাচ্ছি, যেখান থেকে আপনি আপনার চিরচেনা বিশ্বাসের জগতকে একটি ভিন্ন দৃষ্টিকোণ থেকে পর্যবেক্ষণ করতে পারেন। আমি এখানে স্রষ্টার অস্তিত্ব এবং ধর্ম ও বাস্তবতার পার্থক্য বোঝানোর জন্য বিভিন্ন গ্রন্থের উদ্ধৃতি ও পয়েন্ট নিয়ে আলোচনা করেছি, যা আপনার যুক্তিকে শাণিত করতে সাহায্য করবে।

আপনি হয়তো আমার সব যুক্তির সাথে একমত হবেন না, এবং সেটাই স্বাভাবিক। যদি আমার কোনো কথা আপনার চিন্তাকে উস্কে দেয় বা আপনাকে নতুন করে প্রশ্ন করতে বাধ্য করে—তবেই লেখক হিসেবে আমার এই শ্রম সার্থক। কারণ সত্য কোনো স্থির বিন্দু নয়, বরং এটি একটি নিরবচ্ছিন্ন যাত্রা, যেখানে বিশ্বাস এবং যুক্তি হাত ধরাধরি করে চলে।

এই বইটি সেইসব মানুষদের জন্য—

যারা বিশ্বাস করেন এবং যারা প্রশ্ন করতে ভয় পান না।

যারা অন্ধ অনুকরণের চেয়ে সত্যের অনুসন্ধানকে বেশি মূল্য দেন।

যারা বিশ্বাসের অন্ধ গলি থেকে বেরিয়ে ধর্ম ও বাস্তবতার গোলকধাঁধায় সত্যের সহজ পথটি খুঁজছেন।

আসুন, শুরু করা যাক সেই অমীমাংসিত সত্যের সন্ধানে।

বিনম্র নিবেদনে,

(Md. Rabiul Alam)

কাহিনী সংক্ষেপ:

বিশ্বাস, যুক্তি ও বাস্তবতার এক নির্ভীক ব্যবচ্ছেদ

মহাবিশ্বের বিশালতা কি শুধুই এক কাকতালীয় সংযোগ, নাকি কোনো মহাপরিকল্পনা?

আমরা যখন রাতের মেঘমুক্ত আকাশের দিকে তাকাই, তখন আমাদের মনে এক আদিম প্রশ্ন জেগে ওঠে—এই নিখুঁতভাবে সাজানো মহাজাগতিক শৃঙ্খলা কি শুধুই কোটি কোটি বছরের বিবর্তনের এক আকস্মিক ফলাফল? নাকি এর পেছনে কাজ করছে কোনো অদৃশ্য, অসীম এবং পরম এক বুদ্ধিমত্তা? আবার পরক্ষণেই যখন আমরা আমাদের চারপাশের রূঢ় বাস্তবতার দিকে তাকাই, তখন অন্য এক দ্বন্দ্ব আমাদের কড়া নাড়ে। যে পরম সত্তার নামে যুগে যুগে উচ্চ নৈতিক আদর্শ এবং আধ্যাত্মিক সুন্দরের জয়গান গাওয়া হয়েছে, সেই আদর্শের

সাথে আমাদের প্রাত্যহিক জীবনের কদর্য বাস্তবতার এত বিশাল যোজন যোজন দূরত্ব কেন?

'Faith, Logic, and Reality' কেবল একটি বই নয়; এটি একটি আজীবনের জিজ্ঞাসার ফসল। এটি কোনো প্রথাগত ধর্মীয় প্রচারের গ্রন্থ নয়, আবার অন্ধ নাস্তিকতার কোনো ইশতেহারও নয়। বরং এটি বিশ্বাস এবং যুক্তির এক সন্ধিক্ষণে দাঁড়িয়ে সত্যের সন্ধানে এক দুঃসাহসী ও বুদ্ধিবৃত্তিক অভিযাত্রা। লেখক এই বইটিতে স্রষ্টা ও সৃষ্টির সেই প্রাচীন সম্পর্ককে যুক্তির তীক্ষ্ণ লেন্স দিয়ে নতুনভাবে ব্যবচ্ছেদ করেছেন।

এই বইটির পাতায় আপনি যা পাবেন:

সৃষ্টিকর্তার অস্তিত্বের দার্শনিক ও যৌক্তিক অনুসন্ধান: বিশ্বাস এবং সংশয়ের মাঝখানে দাঁড়িয়ে লেখক আকাশছোঁয়া প্রশ্ন ছুড়ে দিয়েছেন। মহাবিশ্বের জটিল নকশা থেকে শুরু করে মানুষের অস্তিত্বের গূঢ় অর্থ—যুক্তি, ব্যক্তিগত উপলব্ধি এবং নির্মোহ

জিজ্ঞাসার মাধ্যমে স্রষ্টার অস্তিত্বকে নতুন এক দৃষ্টিকোণ থেকে চেনা।

ধর্ম বনাম বাস্তবতার নির্মোহ ব্যবচ্ছেদ:

ধর্মগ্রন্থের পাতায় যে তাত্ত্বিক সৌন্দর্যের বর্ণনা আমরা পাই, তার সাথে আধুনিক সমাজের বাস্তব প্রয়োগের কেন এত সাংঘর্ষিক অবস্থান? মানুষের ধর্মীয় পরিচয় আর তার যাপিত জীবনের আচরণের মধ্যে যে গভীর ফাটল রয়েছে, তার কারণ ও মনস্তাত্ত্বিক প্রভাব নিয়ে এখানে রয়েছে এক আপসহীন বিশ্লেষণ।

মুক্তচিন্তার এক নতুন দিগন্ত:

প্রাচীন মতবাদগুলো কি একবিংশ শতাব্দীর এই জটিল ও পরিবর্তনশীল সামাজিক বাস্তবতার সাথে সর্বদা সামঞ্জস্যপূর্ণ? বিশ্বাস কি আধুনিক যুক্তিবাদী চিন্তার পথে বাধা, নাকি সঠিক যুক্তিই পারে অন্ধবিশ্বাসকে অর্থপূর্ণ আত্মিক উপলব্ধিতে রূপান্তর করতে?

এই বইটি কোনো নির্দিষ্ট বিশ্বাস কারো ওপর জোর করে চাপিয়ে দেওয়ার চেষ্টা করে না; বরং এটি প্রতিটি পাঠককে তার নিজস্ব চিন্তার জানালা খুলে দেওয়ার আমন্ত্রণ জানায়।

এটি সেইসব সাহসী মানুষের জন্য—

যারা প্রথাগত উত্তরের চেয়ে মৌলিক প্রশ্ন করতে বেশি ভালোবাসেন।

যারা অন্ধ অনুকরণের বদ্ধ গলি থেকে বেরিয়ে সত্যের খোলা প্রান্তরে দাঁড়াতে চান।

যাঁরা ধর্ম এবং বাস্তবতার গোলকধাঁধার মাঝে দাঁড়িয়ে সত্যের একটি সহজ, স্বচ্ছ ও নিরপেক্ষ পথ খুঁজে পেতে চান।

আপনার চিরচেনা দৃষ্টিভঙ্গিকে চ্যালেঞ্জ জানানো এবং হৃদয়ের গহিনে ঘুমিয়ে থাকা প্রশ্নগুলোকে জাগিয়ে তোলাই এই বইয়ের মূল লক্ষ্য। যদি এই বইটির শেষ পৃষ্ঠা বন্ধ করার পর আপনার

মনে একটিও নতুন প্রশ্নের জন্ম নেয়, তবেই লেখক হিসেবে এই দীর্ঘ তাত্ত্বিক যাত্রার সার্থকতা খুঁজে পাওয়া যাবে।

আসুন, বিশ্বাসের সীমানা পেরিয়ে এবং যুক্তির হাত ধরে সত্যের এক নতুন চেতনার আলোয় অবগাহন করি।

ভূমিকা:

সত্যের সন্ধানে এক অন্তহীন যাত্রা

মানবজাতির ইতিহাস মূলত এক অন্তহীন জিজ্ঞাসার ইতিহাস। আদিম মানুষ যখন প্রথম আগুনের শিখা জ্বালিয়েছিল, তখনও সে আকাশের বিশালতার দিকে তাকিয়ে থমকে দাঁড়িয়ে নিজেকে প্রশ্ন করেছিল: "আমি কে? এই মহাবিশ্ব কীভাবে সৃষ্টি হলো? এই সবকিছুর শেষ কোথায়?" সভ্যতার বিবর্তন হয়েছে, যুগের পরিবর্তন ঘটেছে, কিন্তু এই মৌলিক প্রশ্নগুলো আজও মানুষের চিন্তার কেন্দ্রবিন্দুতে অটল হয়ে আছে।

এই বইটি কোনো প্রথাগত ধর্মীয় প্রচারপত্র নয়, আবার নিছক কোনো তাত্ত্বিক দার্শনিক বক্তৃতাও নয়। এটি একটি গভীর ও নির্মোহ চিন্তাশীল অনুসন্ধান—যেখানে যুক্তি, পর্যবেক্ষণ, ব্যক্তিগত উপলব্ধি এবং আত্মজিজ্ঞাসা হাত ধরাধরি করে চলে। আমরা এমন এক বিজ্ঞানমুখী যুগে বাস করছি যেখানে

মহাবিশ্বের প্রতিটি বিস্ময় আমাদের সামনে উন্মোচিত হচ্ছে, আর সেই বিস্ময়গুলোই আবার নতুন করে প্রাণের স্পন্দন দিচ্ছে সেই আদি প্রশ্নে: এই সুনিপুণভাবে নকশা করা সৃষ্টি কি শুধুই এক আকস্মিক কাকতালীয় ঘটনা? নাকি এর পেছনে কাজ করছে কোনো 'পরম মেধা' বা মহাপরিকল্পনা?

বইটির গঠন ও উদ্দেশ্য

আমি এই বইটিকে প্রধানত দুটি মৌলিক ভাগে ভাগ করেছি, কারণ ধর্ম এবং বাস্তবতার মধ্যকার ব্যবধানটুকু বুঝতে হলে আগে ধর্মের মূল ভিত্তি—অর্থাৎ মহান স্রষ্টার অস্তিত্ব সম্পর্কে স্বচ্ছ ধারণা থাকা প্রয়োজন।

প্রথম খন্ড : এখানে আমরা আলোচনা করব স্রষ্টার অস্তিত্বের যৌক্তিকতা নিয়ে। বিশ্বাস আর সংশয়ের মাঝখানে দাঁড়িয়ে আমরা দেখব কীভাবে যুক্তি ও সৃষ্টিতত্ত্ব এক পরম সত্তার দিকে ইঙ্গিত করে।

দ্বিতীয় খন্ড : এই অংশে আমরা আলোকপাত করব আমাদের চারপাশের যাপিত জীবনের রূঢ় বাস্তবতার ওপর। ধর্মগ্রন্থে বর্ণিত উচ্চ নৈতিক আদর্শ এবং আমাদের ব্যবহারিক জীবনের আচরণের মধ্যে যে বিশাল ফাটল রয়েছে, তার কারণ ও প্রভাবগুলো এখানে নির্মোহভাবে ব্যবচ্ছেদ করা হয়েছে।

আমি বিশ্বাস করি, বিশ্বাস যদি প্রশ্নের সম্মুখীন না হয়, তবে তা কখনো দৃঢ় হয় না—তা কেবল একটি যান্ত্রিক অভ্যাসে পরিণত হয়। তাই এই বইটি সেইসব পাঠকদের জন্য, যারা সহজে পাওয়া উত্তরে সন্তুষ্ট নন এবং যারা জানেন যে সত্যের পথে প্রথম পদক্ষেপ হলো 'জিজ্ঞাসা'।

পাঠকদের জন্য একটি গুরুত্বপূর্ণ নোট:

এই বইয়ের প্রতিটি অধ্যায় মূলত এক একটি দরজা। সেই দরজার ওপারে কী আছে, তা আবিষ্কার করার চূড়ান্ত দায়িত্ব আপনার। পাঠের সুবিধার্থে প্রতিটি অধ্যায়ের শেষে আমি একটি

"কি পয়েন্ট" (Key Point) যুক্ত করেছি। এই পয়েন্টগুলোই হচ্ছে বইয়ের মূল নির্যাস। আমি অনুরোধ করব, এই কি পয়েন্টগুলো গভীর মনোযোগ দিয়ে হৃদয়ে ধারণ করার, কারণ অধ্যায়ের শেষে আমি এই পয়েন্টগুলো নিয়েই এক বিস্তারিত ও চূড়ান্ত আলোচনা করেছি।

আসুন, অন্ধ অনুকরণের দেয়াল ভেঙে যুক্তি ও উপলব্ধির আলোয় আমরা খুঁজে দেখি সেই পরম সত্যকে, যা আমাদের বিশ্বাস ও বাস্তবতাকে এক সুতোয় গেঁথে দেবে।

প্রথম খন্ড

স্রষ্টার অস্তিত্ব ?

অধ্যায়-০১

মহাবিশ্বের আদিম রহস্য এবং কলমের মহাকাব্য

১.১ সূচনা: একটি চিরন্তন অনুসন্ধান এবং তারার আহ্বান

যুগ যুগে, যখনই মানুষ আকাশের গভীর নীলের দিকে চোখ খুলেছে, তখনই তাদের মনে এক বিরাট কৌতূহল, ভয় এবং রোমাঞ্চের মিশ্রণ তৈরি হয়েছে। প্রাগৈতিহাসিক গুহামানব, যার একমাত্র সম্পদ ছিল পাথর এবং আগুন, থেকে শুরু করে আজকের অতি-আধুনিক কৃত্রিম বুদ্ধিমত্তা প্রকৌশলী - মানুষ সর্বদা মহাবিশ্বের লুকানো রহস্য উন্মোচনের আদিম তাড়নায় মত্ত।

একটি আদিম, নীরব রাতের দৃশ্য কল্পনা করুন; যখন সভ্যতার যান্ত্রিক আলো এখনও জ্বলে ওঠেনি, যখন পৃথিবী ঘন অন্ধকারে ডুবে ছিল। তারপর, মানুষ একটি গুহার মুখে বসে আগুনের একটি ছোট শিখা জ্বালিয়ে, তারা খচিত, মখমল-কালো আকাশের দিকে স্থিরভাবে তাকিয়ে থাকবে। তারা বিস্মিত হয়ে ভাববে - এই বিশাল রূপালী ছাউনির শেষ সীমানা কোথায়? এই আলোর ঝিকিমিকি কি আমাদের কোন অতিপ্রাকৃত সংকেত দিচ্ছে? এগুলো কি কেবল অন্ধকারে ছড়িয়ে ছিটিয়ে থাকা বালির কণা, নাকি কোন দক্ষ কারিগরের আঙুলের স্পর্শে আঁকা মহাকাব্যিক ক্যানভাস? এই অনুসন্ধানগুলি দর্শন, বিজ্ঞান এবং আধ্যাত্মিকতার জন্ম দিয়েছে।

এই সরল মনের তৃষ্ণা নিবারণ এবং সন্দেহের দোদুল্যমান হৃদয়ে শান্তি আনতে, করুণাময় স্রষ্টা বিভিন্ন যুগে ঐশ্বরিক ধর্মগ্রন্থের মাধ্যমে সত্যের মশাল প্রেরণ করেছেন। যখনই মানুষ তাদের উৎস ভুলে গেছে এবং অন্ধকারে পথ হারিয়েছে, তখনই নবী এবং ঐশ্বরিক গ্রন্থগুলি সেই চিরন্তন এবং অস্তিত্ববাদী প্রশ্নের উত্তরগুলি একটি পরিশীলিত এবং স্পষ্টভাবে প্রদান করেছে। আমাদের অস্তিত্বের মূলে মৌলিক অনুসন্ধান - "কোন শূন্যতা থেকে আমরা এই ধূলিমলিন পৃথিবীতে এসেছি?" এবং

"মৃত্যুর পরে আমাদের গন্তব্য কোথায়?" - কেবল শুষ্ক যুক্তি বা গাণিতিক সমীকরণের মাধ্যমে নয়, বরং হৃদয়ের স্পন্দন এবং আত্মার গভীর অনুভূতির মাধ্যমে আমাদের শেখানো হয়েছিল। এই মহাজাগতিক দীর্ঘ যাত্রায়, আমরা কেউই আকস্মিক দর্শনার্থী নই, বরং একটি সুপরিকল্পিত সৃষ্টির একটি অবিচ্ছেদ্য এবং সম্মানজনক অংশ।

১.২ মহাজাগতিক একীকরণ: রাতক এবং আধুনিক একত্ববাদ

পবিত্র কুরআন এবং অন্যান্য ঐশ্বরিক বাণীতে, মহাবিশ্বের সৃষ্টিতত্ত্ব সম্পর্কে গভীর সত্যগুলি স্তরে স্তরে প্রকাশিত হয়েছে, যা বিজ্ঞানের চূড়ান্ত বিজয়ের এই যুগে মহান পদার্থবিদ এবং জ্যোতির্বিদদেরও হতবাক করে দেয়। প্রায় পনেরোশ বছর আগে, যখন মানুষের কাছে কোনও অতিবেগুনী টেলিস্কোপ ছিল না, কোনও মহাকাশ সংস্থা (NASA) ছিল না এবং স্টিফেন হকিং বা আইনস্টাইনের মতো কোনও জটিল গাণিতিক তত্ত্ব ছিল না - তখনই, আরবের উত্তপ্ত, ধুলোময় মরুভূমির নির্জন নীরবতায়, একজন মহান ব্যক্তি একটি বৈজ্ঞানিক সত্য প্রচার

করেছিলেন যা একবিংশ শতাব্দীর অত্যাধুনিক পরীক্ষাগারে একটি পরম সত্য হিসাবে প্রমাণিত হয়েছে।

ঐশ্বরিক ধর্মগ্রন্থগুলি দ্ব্যর্থহীনভাবে ঘোষণা করেছে যে আকাশ এবং পৃথিবী একসময় একত্রিত ছিল; অর্থাৎ, সমগ্র অস্তিত্ব একটি ক্ষুদ্র বিন্দুতে ঘনিষ্ঠভাবে আবদ্ধ ছিল। আধুনিক তাত্ত্বিক পদার্থবিদ্যা আজ এটিকে "একত্ববাদ" বলে অভিহিত করে - অসীম ঘনত্ব এবং অকল্পনীয় তাপমাত্রার একটি আদিম বিন্দু। ঐশ্বরিক গ্রন্থগুলি চৌদ্দশ বছর আগে এই অবস্থাকে 'রাতক' বা 'একীভূত রাষ্ট্র' বলে অভিহিত করেছিল। এই সমান্তরালতা আমাদের চিন্তার জগৎ পরিবর্তন করতে বাধ্য করে।

বিবেচনা করুন: সেই অন্ধকার যুগে, যখন সাধারণ মানুষ পৃথিবী সমতল না গোলাকার তা নিয়ে অন্ধকারে ছিল, তখন মরুভূমিতে থাকা একজন মানুষের পক্ষে এত গভীর গাণিতিক এবং মহাজাগতিক সূত্র জানা কীভাবে সম্ভব ছিল? যদি না সেই সর্বোচ্চ জ্ঞান সরাসরি মহাবিশ্বের স্রষ্টা ও প্রভুর কাছ থেকে 'ওয়াহি' বা ঐশ্বরিক বার্তা হিসেবে না আসত? এটি কোনও

কাকতালীয় ঘটনা নয়; এটি প্রমাণ করে যে বিজ্ঞানের সর্বোচ্চ শিখর যেখানে শেষ হয়, সেখানে ঐশ্বরিক জ্ঞান শুরু হয়।

1.3 মহা বিস্ফোরণ: শূন্যতা থেকে পূর্ণতা পর্যন্ত মহা বিস্ফোরণ

সেই 'একীভূত' বা 'রাতক' অবস্থা থেকে, একটি প্রলয়ঙ্করী কিন্তু আশ্চর্যজনকভাবে সুশৃঙ্খল বিস্ফোরণ শুরু হয়েছিল - যা আধুনিক বিজ্ঞান "বিগ ব্যাং" হিসাবে প্রতিষ্ঠিত করেছে। এটি ছিল অসীম শক্তি, আলো এবং পদার্থের বিকিরণের সূচনা। সাধারণ মানুষের কাছে, একটি 'বিস্ফোরণ' মানে ধ্বংস, বিশৃঙ্খলা বা ধ্বংসের একটি ভয়াবহ কাজ। কিন্তু এই 'বিগ ব্যাং' ছিল সৃষ্টির একটি অতুলনীয় ছন্দ, একটি মহাজাগতিক সিম্ফনি। এটি কেবল আলোর বিকিরণ ছিল না; এটি ছিল সময়, স্থান এবং পদার্থের আনুষ্ঠানিক জন্ম।

কল্পনা করুন সেই অতিপ্রাকৃত মুহূর্তটি যখন 'সময়'-এর কোন ধারণা ছিল না, উত্তর-দক্ষিণ বা উপরে-নিচে কোন দিক ছিল না। কেবল একটি অসীম নীরবতা ছিল। যখন সেই একক বিন্দু থেকে বিগ ব্যাং ঘটেছিল, তখন মহাবিশ্ব ক্রমাগত সম্প্রসারণের

একটি প্রক্রিয়ায় প্রবেশ করেছিল, যা কোটি কোটি বছর ধরে এক সেকেন্ডের জন্যও বিরতি নেয়নি। ঠিক যেমন একটি স্থিতিস্থাপক বেলুনের উপর টানা প্রতিটি বিন্দু স্ফীত হওয়ার সাথে সাথে একে অপরের থেকে দূরে সরে যায়, তেমনি মহাবিশ্বও ছায়াপথগুলিকে একে অপরের থেকে লক্ষ লক্ষ আলোকবর্ষ দূরে ঠেলে দিচ্ছে, তার দিগন্ত প্রসারিত করছে।

কোটি কোটি গ্রহের ঘূর্ণন, জ্বলন্ত সূর্যের তাপ, অগণিত ছায়াপথ এবং নীহারিকার পর্দা - সবই সেই মহা মুহূর্তের অমর ফল। বিজ্ঞানের 'বিগ ব্যাং তত্ত্ব' এবং ঐশ্বরিক শাস্ত্রের বর্ণনার মধ্যে অসাধারণ গাণিতিক এবং যৌক্তিক সামঞ্জস্য জোরে জোরে ঘোষণা করে যে এই মহাজাগতিক কারিগরির পিছনে, কোনও অন্ধ শক্তি নয়, বরং একজন 'মাস্টার আর্কিটেক্ট' বা 'সুপ্রিম ইন্টেলিজেন্স' অক্লান্ত পরিশ্রম করছে। তাঁর কলমের নির্দেশে, শূন্যতা থেকে পূর্ণতা তৈরি হয়।

১.৪ বিশ্বাসের বৈচিত্র্য এবং পরম সত্যের মিলন

সৃষ্টির এই মহান গাণিতিক এবং আধ্যাত্মিক সত্য কোনও নির্দিষ্ট ধর্ম, জাতি বা ভৌগোলিক আদর্শের মধ্যে সীমাবদ্ধ নয়; এটি সমগ্র মানবজাতির জন্য সর্বজনীন সত্যের একটি দলিল। আমরা ব্যক্তিগতভাবে যে দর্শন বা মতবাদে বিশ্বাস করি না কেন, আমরা সকলেই একটি চূড়ান্ত যৌক্তিক বিন্দুতে একমত হতে বাধ্য: এই নিখুঁত, সুষম এবং সুশৃঙ্খল মহাবিশ্ব কখনই কোনও দুর্ঘটনাজনিত ঘটনা বা উদ্দেশ্যহীন সংযোগের ফলাফল হতে পারে না।

যেমন আপনার হাতে একটি সাধারণ যান্ত্রিক ঘড়ি একজন দক্ষ ঘড়ি নির্মাতা বা প্রকৌশলী ছাড়া অস্তিত্বে আসতে পারে না, তেমনি এই বিশাল মহাবিশ্ব - যেখানে প্রতিটি অতি-পারমাণবিক কণা থেকে প্রতিটি বিশাল কৃষ্ণগহ্বর পদার্থবিদ্যা এবং জ্যামিতিক নকশার নিখুঁত নিয়ম অনুসরণ করে - একটি গভীর পরিকল্পনা ছাড়া তৈরি করা অসম্ভব। স্রষ্টার অসীম বুদ্ধিমত্তা এবং অস্তিত্ব অনুভব করা কেবল আবেগের বিষয় নয়; এটি আমাদের বৌদ্ধিক অস্তিত্বের একটি অবিচ্ছেদ্য অংশ।

এটি কোনও ঐতিহ্যবাহী অন্ধ বিশ্বাস নয়, বরং যুক্তি, গণিত, পদার্থবিদ্যা এবং গভীর হৃদয়-অনুভূত উপলব্ধির একটি বিশুদ্ধ সারাংশ। আধুনিক মহাকাশ বিজ্ঞান যখন কোয়ান্টাম বলবিদ্যার জটিল জট ভেদ করার চেষ্টা করে, তখন বারবার সেই এক পরম শক্তির দ্বারপ্রান্তে এসে পৌঁছায় এবং বিস্ময়ে মাথা নিচু করে স্বীকার করে যে এই শৃঙ্খলার পিছনে একটি 'মহান মন' বিদ্যমান।

"যিনি এই মহাবিশ্বকে একটি সূক্ষ্ম সুতোয় বুনেছেন, যার সংকেতে গ্রহগুলি তাদের কক্ষপথে সাঁতার কাটছে - তাঁর মহান শিল্পকর্ম দেখার জন্য আমাদের কেবল শারীরিক চোখ নয়, বরং একটি জাগ্রত, শান্ত এবং সচেতন হৃদয়ের প্রয়োজন।"

১.৫ সংশয় ও অনুসন্ধানের সেতুবন্ধন: আমরা সবাই সত্যের যাত্রী

যারা কোনো প্রাতিষ্ঠানিক ধর্মে বিশ্বাস করেন না, কিংবা যারা বৈজ্ঞানিক যুক্তির মাধ্যমে স্রষ্টার চিরাচরিত ধারণাকে চ্যালেঞ্জ জানাতে ভালোবাসেন—তারাও যখন নির্জনে ‘বিগ ব্যাং’ বা

মহাজাগতিক বিবর্তন নিয়ে গভীরভাবে ভাবেন, তখন সেই আদি মুহূর্তের 'অলৌকিকতা' স্বীকার করতে বাধ্য হন। তারা একে হয়তো ‘প্রাকৃতিক নিয়ম’, ‘গতিশীল শক্তি’ বা ‘কোয়ান্টাম ফ্লাকচুয়েশন’ বলতে পারেন, কিন্তু প্রশ্ন থেকেই যায়—সেই ‘ভৌত ধ্রুবক’ (Physical Constants) এবং এই নিয়মগুলো নিয়ন্ত্রণের জন্য প্রয়োজনীয় সূক্ষ্ম বিন্যাস (Fine-tuning) কোত্থেকে এলো? কেন মহাবিস্ফোরণের পরপরই মহাবিশ্ব ধসে না পড়ে গাণিতিকভাবে এত সুশৃঙ্খল হয়ে উঠল? কেন এটি এমনভাবে সৃষ্টি হলো যা প্রাণের অনুকূল?

বিজ্ঞানের ভাষায় যা বিবর্তন বা প্রসারণের একটি যান্ত্রিক প্রক্রিয়া, আধ্যাত্মিক দর্পণে তা-ই শূন্যতা থেকে পূর্ণতার দিকে এক মহিমান্বিত ঐশ্বরিক যাত্রা। আমি সেই সব মুক্তমনা, নাস্তিক, আস্তিক বা সংশয়বাদী—সত্যের সন্ধানে প্রশ্ন তোলা সমস্ত কৌতূহলী মানুষের প্রতি গভীর শ্রদ্ধা পোষণ করি। কারণ দিনশেষে, আমরা সবাই এই বিশাল রহস্যময় মহাবিশ্বের অরণ্যে হারিয়ে যাওয়া এক একজন পরিব্রাজক। আমাদের মতবাদ ভিন্ন হতে পারে, আমাদের পথ আলাদা হতে পারে, কিন্তু পরম সত্যকে স্পর্শ করার তৃষ্ণা আমাদের সবার মধ্যেই সমানভাবে প্রবাহিত।

আসুন আমরা আমাদের সমস্ত সংকীর্ণ সীমাবদ্ধতা, গোঁড়ামি আর পার্থক্য ছাপিয়ে সৃষ্টির এই আদি রহস্যের মহাজলধিতে অবগাহন করি। বোঝার চেষ্টা করি, সেই আদিম নিস্তব্ধতা থেকে আজকের এই বর্ণিল, স্পন্দিত ও প্রাণবন্ত মহাবিশ্ব কীভাবে উদ্ভূত হলো। কলমের এই মহাকাব্য মূলত আমাদের নিজেদেরই অস্তিত্বের গল্প।

কলমের সৃষ্টি: প্রথম লেখকের উপাখ্যান

মহাবিশ্বের বিশাল কলকব্জা, গ্রহাণুর অন্তহীন মিছিল এবং বিলিয়ন বিলিয়ন নক্ষত্রের মহাজাগতিক আবর্তন শুরু হওয়ার অনেক আগে—যখন সময়ের কোনো রৈখিক অস্তিত্ব ছিল না, যখন কোনো ঘড়ির কাঁটা সেকেন্ড বা মিনিট ঘোষণা করেনি—তখন ছিল কেবল এক আদিম, চিরন্তন ও দুর্ভেদ্য নিস্তব্ধতা। সেই আদি শূন্যতায়, যেখানে কোনো আলো ছিল না, শব্দ ছিল না, ছিল কেবল মহান স্রষ্টার পরম, সার্বভৌম ও মহিমান্বিত অস্তিত্ব। সেই অনির্বচনীয় নীরবতার গভীরে তিনি এক অকল্পনীয় ও অনন্য মহাপরিকল্পনা (Master Plan) তৈরি করলেন। এই মহাজাগতিক নাটকের প্রথম পাণ্ডুলিপি বা

'মাস্টার স্ক্রিপ্ট' লেখার জন্য তিনি প্রথমেই যা সৃষ্টি করলেন তা কোনো স্থূল বস্তু ছিল না; তা ছিল এক জ্যোতির্ময় "কলম" (The Pen)।

এই কলম আমাদের চেনা জাগতিক কোনো কলমের মতো নয়। এটি কাঠ, সোনা বা প্লাস্টিকের তৈরি কোনো ক্ষুদ্র বস্তু নয় যা সময়ের সাথে ক্ষয় হয়ে যায়; বরং এটি ছিল এক অলৌকিক, বুদ্ধিদীপ্ত এবং নূরানি (জ্যোতির্ময়) মহাজাগতিক সত্তা। এর প্রতিটি পরমাণু অনাগত ভবিষ্যতের বিলিয়ন বিলিয়ন বিট ডেটা বা তথ্য ধারণ করার জন্য বিশেষভাবে প্রস্তুত করা হয়েছিল। আধুনিক বিজ্ঞানের ভাষায় একে বলা যেতে পারে প্রথম এবং সর্বশ্রেষ্ঠ 'তথ্য প্রযুক্তি' বা 'ঐশ্বরিক সুপার ইন্টেলিজেন্স'। এর কাজ ছিল সৃষ্টির শুরু থেকে শেষ পর্যন্ত সমস্ত সম্ভাবনা, জ্ঞান এবং তথ্য ধারণ করা। মহাবিশ্বের প্রতিটি ক্ষুদ্র কণা থেকে শুরু করে প্রতিটি বিশাল গ্যালাক্সি—তাদের জন্মের লক্ষ লক্ষ বছর আগেই এই কলমের অলৌকিক আঁচড়ের মাধ্যমে তাদের অস্তিত্বের আনুষ্ঠানিক স্বীকৃতি পেয়েছিল। এটি ছিল একটি মহাজাগতিক হার্ডড্রাইভের মতো, যেখানে অস্তিত্বের সফটওয়্যার আগে থেকেই ইনস্টল করা হচ্ছিল।

কল্পনা করুন সেই অলৌকিক মুহূর্তটি, যখন অনন্ত ও নিশ্চল শূন্যতার মাঝে প্রথম ঐশ্বরিক ধ্বনি প্রতিধ্বনিত হলো। স্রষ্টা কলমকে আদেশ দিলেন: "লেখো।" নিজের অস্তিত্বের প্রথম মুহূর্তেই কলমটি স্রষ্টার অনন্ত শক্তির আভা এবং তাঁর উপস্থিতির অমোঘ মহিমা অনুভব করে অবর্ণনীয় বিস্ময়ে স্থির হয়ে দাঁড়িয়ে রইল। এটি ছিল এক বিনয়ী, সতর্ক এবং সংবেদনশীল সৃষ্টি, যা নিজের অস্তিত্বের কারণ দেখে অভিভূত হয়ে পড়েছিল। কলমটি তখনও তার কাজের বিশাল পরিধি বা এই মহাজাগতিক দায়িত্বের গভীরতা সম্পর্কে পুরোপুরি সচেতন ছিল না। কলমটি মাথা নত করে বিনীত হৃদয়ে প্রভুকে জিজ্ঞাসা করল, "হে দয়াময় কাদির! হে সর্বজ্ঞাত প্রতিপালক! আমি কী লিখব? আমার লেখার মূল বিষয়বস্তু কী হবে? অনন্ত শূন্যতার এই ক্যানভাসে আমার কলমের কালির আঁচড় কোথায় গিয়ে শেষ হবে? আমি কি কেবল আকাশের বিশালতা নাকি পৃথিবীর গভীরতার কথা লিখব? আমি কি কেবল শক্তির কথা লিখব নাকি জীবনের স্পন্দনের কথা?"

স্রষ্টা তাঁর অনন্ত প্রজ্ঞার ভাণ্ডার উন্মুক্ত করলেন এবং আদেশ দিলেন: "লেখো—প্রতিটি পরমাণুর ভেতরের কম্পন, বালির প্রতিটি কণার দীর্ঘ ইতিহাস, প্রতিটি নক্ষত্রের নিখুঁত কক্ষপথ

এবং সৃষ্টির শুরু থেকে শেষ পর্যন্ত যা কিছু ঘটবে তার সবকিছু। তোমার লেখা থেকে যেন কিছুই বাদ না পড়ে—হোক তা সমুদ্রের অতল গহ্বরের অন্ধকার কিংবা মহাকাশের কোনো দূরবর্তী নেবুলা।" এভাবেই শুরু হলো প্রথম এবং বৃহত্তম 'ঐশ্বরিক ডাটাবেস'। এখানে একটি নামহীন পিঁপড়ের পায়ের শব্দ থেকে শুরু করে বিশাল নক্ষত্রের সুপারনোভা বিস্ফোরণ পর্যন্ত সবকিছুকে এক অমোঘ শৃঙ্খলায় বাঁধার নির্দেশ দেওয়া হলো।

আদি পাণ্ডুলিপি এবং শুকিয়ে যাওয়া কালি

সেই অমোঘ ও অলৌকিক আদেশে কলমটি অলৌকিক গতিতে চলতে শুরু করল। আদি শূন্যতার সেই অন্ধকার ক্যানভাসে কলমটি অনায়াসে বুনে চলল আগামী বিলিয়ন বিলিয়ন বছরের এক মহিমান্বিত মানচিত্র। এই লেখাটি কেবল প্রাণহীন তথ্য ছিল না; এটি ছিল অস্তিত্বের স্পন্দন। প্রতিটি মানুষের প্রথম শ্বাস থেকে শুরু করে এই পৃথিবীর মায়া কাটিয়ে শেষ নিঃশ্বাস ত্যাগ পর্যন্ত সবকিছু এখানে নিখুঁতভাবে খোদাই করা হলো।

কল্পনা করুন সেই অকল্পনীয় গভীরতা—প্রতিটি মানুষের জীবনের ক্ষুদ্রতম সিদ্ধান্ত, তাদের হৃদস্পন্দনের নির্দিষ্ট সংখ্যা, এমনকি জনমানবহীন গভীর অরণ্যে ঠিক কোন মুহূর্তে একটি শুকনো পাতা বাতাসে ভেঙে মাটিতে পড়বে—তার সঠিক সময়টিও সেই পাণ্ডুলিপিতে খোদাই করা ছিল। এখানে কোনো কিছুই আকস্মিক নয়; কোনো কিছুই তুচ্ছ নয়। আমাদের ব্যক্তিগত জীবনের চরম সুখের মুহূর্ত, গোপন বেদনার নীল কাব্য, শক্তিশালী সাম্রাজ্যের উত্থান-পতন—সবকিছুই সেই অমোঘ লেখার অক্ষয় কালিতে নির্ধারিত ছিল। মহাবিশ্বের প্রতিটি প্রোটন এবং ইলেকট্রনের অবস্থান একটি নিখুঁত গাণিতিক কাঠামোতে আবদ্ধ হলো।

আধ্যাত্মিক পরিভাষায় এই মহাজাগতিক ডায়েরিকে বলা হয় 'লাওহে মাহফুজ' (সংরক্ষিত ফলক)। এটি কোনো কাগজের স্তূপ বা সাধারণ বই নয়, বরং মহাবিশ্বের সেই 'মহাসুক্ষ্ম নীল নকশা', যেখানে প্রতিটি ঘটনার পেছনের জটিল কার্যকারণ সম্পর্কগুলো আগে থেকেই একটি ঐশ্বরিক জ্যামিতিতে সাজানো হয়েছে। এটি একটি বিশাল লাইব্রেরির মতো, যেখানে সময়ের প্রতিটি মুহূর্ত একটি খণ্ড হিসেবে সংরক্ষিত। আধুনিক পদার্থবিজ্ঞানের "ব্লক ইউনিভার্স" তত্ত্বের সাথে এর এক অদ্ভুত

মিল রয়েছে, যেখানে অতীত, বর্তমান এবং ভবিষ্যৎ সবই একযোগে বিদ্যমান।

লেখার একটি নির্দিষ্ট পর্যায়ে কলমটি হঠাৎ তার গতি থামিয়ে দিল। সৃষ্টির এই আদি মহাকাব্য যখন পূর্ণতায় পৌঁছাল এবং এর শেষ অধ্যায়টি লেখা হয়ে গেল, তখন এক অলৌকিক ঘোষণা প্রতিধ্বনিত হলো—"কলম তুলে নেওয়া হয়েছে এবং কালি শুকিয়ে গেছে।" এই "কালি শুকিয়ে যাওয়া" কোনো সম্পদের অভাব বা সমাপ্তির কোনো বিয়োগান্তক বার্তা নয়; বরং এটি পরম আধ্যাত্মিক ও গাণিতিক পূর্ণতার প্রকাশ। এর অর্থ হলো স্রষ্টার মহাপরিকল্পনা এত নিখুঁতভাবে এবং একবারে সম্পন্ন হয়েছে যে সেখানে নতুন করে কোনো কিছু যোগ, বিয়োগ বা সংশোধনের অবকাশ নেই। এটি একটি ত্রুটিহীন নকশা।

মহাবিশ্বের ভাগ্য এবং গন্তব্য তার উৎপত্তিলগ্নেই পরম প্রজ্ঞার আঁচড়ে সিলমোহর করে দেওয়া হয়েছিল। কলমের এই থেমে যাওয়া নির্দেশ করে যে স্রষ্টার জ্ঞান ও তথ্য এক অক্ষয় পূর্ণতায় পৌঁছেছে। মহাকালের মঞ্চে যা কিছু ঘটছে বা ঘটবে, তা কেবল

সেই সংরক্ষিত পাণ্ডুলিপির ইঞ্চি-ইঞ্চি মঞ্চায়ন মাত্র। প্রতিটি সেকেন্ড সেই পাণ্ডুলিপির একটি পাতার মতো, যা সময়ের প্রবাহে আমাদের সামনে উন্মোচিত হচ্ছে। আমরা যেন একটি পূর্ব-রেকর্ডকৃত সিনেমা দেখছি, যার প্রতিটি সংলাপ এবং দৃশ্য স্টুডিওতে আগেই চূড়ান্ত হয়ে গেছে। এই মহাজাগতিক পাণ্ডুলিপি এতটাই নিখুঁত যে এর প্রতিটি কমা এবং সেমিকোলন পর্যন্ত একটি নক্ষত্রের ভাগ্য নির্ধারণ করে।

মূল পয়েন্ট ০১: সমাপ্ত পাণ্ডুলিপি এবং ভাগ্যের পূর্ণতা

কালি শুকিয়ে যাওয়া এবং এই লেখা সম্পন্ন হওয়ার বিষয়টি আমাদের এক অত্যন্ত গম্ভীর ও কঠিন সত্যের মুখোমুখি দাঁড় করিয়ে দেয়। দৈনন্দিন জীবনের ভিড়ে আমরা সাধারণ মানুষ অনেক সময় মনে করি, আমাদের জীবন বোধহয় বিচ্ছিন্ন এবং এলোমেলো কিছু ঘটনার সমষ্টি। আমরা ভাবি, আজকের সাফল্য বা ব্যর্থতা হয়তো কেবল অন্ধ ভাগ্য বা কাকতালীয় বিষয়। কিন্তু সত্য হলো—আমরা যে মহাবিশ্বে বাস করছি তা কোনো লক্ষ্যহীন গোলকধাঁধা বা বিশৃঙ্খল জগৎ নয়। এটি একটি অত্যন্ত সুশৃঙ্খল এবং পরিকল্পিত স্থাপত্য। আপনার জীবনের

প্রতিটি মোড়, চোখের প্রতিটি নোনা জল এবং সাফল্যের প্রতিটি উজ্জ্বল হাসি সেই 'মাস্টার প্ল্যান'-এর একটি অবিচ্ছেদ্য নকশা হিসেবে শুরু থেকেই নির্ধারিত ছিল।

প্রিয় পাঠক, এই ধারণাটি যেমন রোমাঞ্চকর, তেমনি আমাদের সাধারণ মানবিক বুদ্ধির জন্য এক শক্তিশালী ধাক্কা। আমাদের মনে হাজারো প্রশ্ন ভিড় করে—যদি সবকিছু আগেই লেখা হয়ে থাকে, তবে কেন সেই কালি শুকিয়ে গেল? কেন স্রষ্টা আমাদের প্রতিটি ছোট পদক্ষেপ আগে থেকেই লিখে রাখলেন? তিনি কি পারতেন না আমাদের প্রতিটি মুহূর্ত আমাদের ইচ্ছামতো সাজাতে দিতে? আর যদি সবকিছুই মহাজাগতিক হার্ডড্রাইভে আগে থেকে লেখা থাকে, তবে একজন মানুষের ব্যক্তিগত প্রচেষ্টা, কঠোর সংগ্রাম বা আকুল প্রার্থনার প্রকৃত তাৎপর্য কী? পাণ্ডুলিপি যদি চূড়ান্তই হয়, তবে কি আমরা সুতোয় নাচা কেবল কিছু পুতুল?

এই প্রশ্নগুলো হিমালয় পর্বতের মতো অপরাজেয় এবং জটিল মনে হতে পারে। অনেকের কাছে মনে হতে পারে যে এটি মানুষের স্বাধীনতাকে খর্ব করছে। কিন্তু এই জটিলতার মধ্যেই

লুকিয়ে আছে মানুষের মর্যাদা ও স্বাধীনতার এক সুন্দর ও সূক্ষ্ম ভারসাম্য। স্রষ্টার জ্ঞান (Knowledge) এবং মানুষের পছন্দের স্বাধীনতা (Freedom of Choice)-এর মিলনস্থলটি অত্যন্ত সুক্ষ্ম। আমরা আমাদের পরবর্তী অধ্যায়গুলোতে এই প্রশ্নগুলোর উত্তর খুঁজব এবং এই রহস্যের জটগুলো আরও বিস্তারিতভাবে উন্মোচন করব।

সেখানে আমরা মানুষের ভাগ্য (Destiny) এবং স্বাধীন ইচ্ছা (Free Will)-এর সেই চমৎকার সমন্বয় নিয়ে আলোচনা করব, যা মহাবিশ্বের এই মহাকাব্যকে কেবল একটি স্থির যান্ত্রিক চিত্রনাট্য নয়, বরং একটি জীবন্ত, গতিশীল এবং অর্থবহ উপাখ্যানে পরিণত করেছে। কালির শুকিয়ে যাওয়ার অর্থ এই নয় যে জীবন বা সম্ভাবনা থেমে গেছে; বরং এর অর্থ হলো খেলার মাঠ এবং নিয়মগুলো চূড়ান্তভাবে নির্ধারিত হয়ে গেছে, আর এখন একজন খেলোয়াড় হিসেবে আপনার দক্ষতা ও সিদ্ধান্ত দেখানোর সময়। এই পাণ্ডুলিপি আপনার কর্মের বিরোধী নয়; বরং আপনার প্রতিটি কর্মই সেই পাণ্ডুলিপির একটি অংশ।

কল্পনা করুন, আপনি একটি গোলকধাঁধায় হাঁটছেন। আপনি ভাবছেন আপনি আপনার ইচ্ছামতো ডানে বা বামে মোড় নিচ্ছেন। কিন্তু ওপর থেকে দেখলে পরিষ্কার বোঝা যায় যে, আপনার ডানে বা বামে মোড় নেওয়ার পথটি আপনার জন্য আগে থেকেই প্রস্তুত ছিল। পথের ধারের আপনার মানসিকতা এবং প্রচেষ্টাই হলো আপনার স্বাধীনতা, আর সেই পথের শেষ মাথায় রয়েছে ভাগ্যের পূর্ণতা। এই রোমাঞ্চকর যাত্রাটি বুঝতে হলে আমাদের আরও গভীরে যেতে হবে, যেখানে বিজ্ঞান এবং আধ্যাত্মিকতা একই সমান্তরালে হাত ধরাধরি করে চলে। এই মহাকাব্যটি পড়ার সময় আপনার নিজের জীবনের সেই মুহূর্তগুলোর কথা ভাবুন যেগুলোকে আপনি কাকতালীয় ভেবেছিলেন। হয়তো আজ এই বইটি আপনার হাতে আসা—তাও ছিল সেই আদিম কলমের এক পরিশীলিত লিখন।

প্রথম অধ্যায়ের এই শেষ প্রান্তে এসে আমরা কেবল সৃষ্টির দুয়ারে কড়া নেড়েছি। আমরা জেনেছি কীভাবে সেই আদি একক বিন্দু থেকে অসীমের যাত্রা শুরু হয়েছিল এবং কীভাবে একটি অলৌকিক কলম আমাদের অস্তিত্বের দলিল লিখেছিল। কিন্তু প্রশ্ন থেকে যায়—এই বিশাল মহাবিশ্ব কি কেবল প্রাণহীন

বস্তুর মেলা? নাকি এর প্রতিটি ধূলিকণা আমাদের কিছু বলতে চায়?

পরবর্তী অধ্যায়ে আমরা দেখব কীভাবে মহাবিশ্বের এই বিশাল ক্যানভাসে প্রাণের স্পন্দন এলো এবং মানুষের আগমনের প্রেক্ষাপট কীভাবে প্রস্তুত হলো। আমরা সময়ের সেই গোলকধাঁধায় ডুব দেব যেখানে ভাগ্য এবং ইচ্ছা একে অপরের সাথে লুকোচুরি খেলে। প্রস্তুত থাকুন, কারণ এই যাত্রার প্রতিটি পদক্ষেপে আপনি নিজেকে নতুন করে আবিষ্কার করবেন।

অধ্যায়-০২

মানব সৃষ্টির মহাকাব্য এবং পৃথিবীতে প্রথম পদক্ষেপ

২.১ স্বর্গীয় সভার মহাসংকল্প: এক মহাজাগতিক মাহেন্দ্রক্ষণ

যখন মহাবিশ্বের বিশাল কলকব্জা, নক্ষত্রপুঞ্জের সুশৃঙ্খল আবর্তন এবং গ্যালাক্সিগুলোর অনন্ত প্রসারণ কোটি কোটি যুগ অতিক্রম করল, তখন শাশ্বতকালের পাতায় এক অকল্পনীয় মাহেন্দ্রক্ষণ উপস্থিত হলো। পৃথিবী নামক গ্রহটি ততদিনে তার আদিম কঠোরতা, জ্বলন্ত আগ্নেয়গিরির উত্তপ্ত শ্বাস এবং অশান্ত মহাসাগরের প্রচণ্ড গর্জন কাটিয়ে ধীরে ধীরে এক শান্ত ও বাসযোগ্য বিশ্বে রূপান্তরিত হয়েছে। নীল জলরাশি আর সবুজ শ্যামলিমার এক অপূর্ব ঘোমটা এখন পৃথিবীর দেহকে জড়িয়ে ধরেছে। বায়ুমণ্ডলে অক্সিজেনের সূক্ষ্ম ভারসাম্য, মেঘের চলাচল এবং ঋতুচক্র এক নিখুঁত জ্যামিতিক সাম্যাবস্থায় দাঁড়িয়ে আছে। প্রকৃতি তার রাজমুকুটের জন্য রুদ্ধশ্বাসে অপেক্ষা করছিল।

ঠিক এই মুহূর্তে, সৃষ্টির পরম উৎস—মহাবিশ্বের 'মহাস্থপতি'র অনন্ত প্রজ্ঞার মধ্যে এক নতুন ও শ্রেষ্ঠ সৃষ্টির বীজ অঙ্কুরিত হলো। এটি কেবল একটি সাধারণ জৈবিক সৃষ্টি ছিল না; এটি ছিল সমগ্র মহাবিশ্বের প্রতিষ্ঠিত যান্ত্রিক নিয়মগুলোকে চ্যালেঞ্জ জানাতে সক্ষম এক মহাপরিকল্পনা। এই নতুন সৃষ্টিটি আগের সমস্ত জড়বস্তু, উজ্জ্বল নক্ষত্র বা শক্তিশালী মহাজাগতিক শক্তি থেকে সম্পূর্ণ আলাদা হবে। একে কেবল অস্তিত্বই নয়, বরং দেওয়া হবে তীক্ষ্ণ 'বিবেক', প্রখর বৈজ্ঞানিক 'বুদ্ধিবৃত্তি' এবং সবচেয়ে দুর্জেয় অথচ সুন্দর উপহার: 'স্বাধীন ইচ্ছা' (Free Will)। এই ইচ্ছাশক্তিই তাকে অন্য সব সৃষ্টি থেকে আলাদা করে এক অনন্য আসনে বসাবে।

স্রষ্টা যখন তাঁর জ্যোতির্ময় আরশ থেকে এই ঐশ্বরিক ইচ্ছা প্রকাশ করলেন, তখন উচ্চতর স্বর্গীয় রাজ্যে এক অভূতপূর্ব শিহরণ, কৌতূহল এবং বিস্ময়ের ঢেউ খেলে গেল। এটি ছিল মহাবিশ্বের ইতিহাসে বৃহত্তম এবং গুরুত্বপূর্ণ এক স্বর্গীয় সভা। সেখানে পরম প্রভু স্বয়ং তাঁর কোটি কোটি উজ্জ্বল ফেরেশতাদের সামনে এক বৈপ্লবিক ও অমর ঘোষণা দিলেন। তিনি তাঁর মহিমান্বিত কণ্ঠে ঘোষণা করলেন: "আমি এই

পৃথিবীতে একজন ‘খলিফা’ বা প্রতিনিধি নিযুক্ত করতে যাচ্ছি। আমি পৃথিবীর শক্ত মাটি থেকে এমন এক বিশেষ সত্তা গঠন করব যার দেহ হবে পার্থিব উপাদানে তৈরি, কিন্তু যার ‘রূহ’ বা আত্মা আমার ঐশ্বরিক নূরের স্পর্শে ধন্য হবে। তার ধমনীতে থাকবে মাটির বিনয়, আর হৃদয়ে থাকবে অনন্ত আকাশ ছোঁয়ার উচ্চাকাঙ্ক্ষা। সে হবে পৃথিবীর শাসক, যার হাতে থাকবে প্রকৃতির চাবিকাঠি।" এই ঘোষণাটি ছিল সৃষ্টির ইতিহাসে এক ‘বিগ ব্যাং’-এর মতো—ফেরেশতাদের মতো সত্তার কাছে যা ছিল সম্পূর্ণ অজানা এবং কৌতূহল উদ্দীপক। মহাকাশের নিস্তব্ধতা ভেঙে এক নতুন মহাকাব্যের প্রথম লাইন লেখা হলো।

২.২ ফেরেশতাদের উদ্বেগ: সংশয় বনাম সম্ভাবনা

ফেরেশতারা, যারা নূরের তৈরি এবং যাদের অস্তিত্বের একমাত্র আনন্দ ও উদ্দেশ্য হলো দিনরাত পরম স্রষ্টার গুণগান করা, তারা মানব সৃষ্টির সংবাদ শুনে এক গভীর অস্তিত্ব সংকটে নিমজ্জিত হলো। ফেরেশতারা এমন সত্তা যাদের চরিত্রে জাগতিক আবেগ, ক্ষুদ্র স্বার্থ বা ক্রোধ নেই; তাদের মধ্যে জৈবিক লালসার কোনো দাগ নেই। স্রষ্টার পবিত্র ইচ্ছা থেকে এক ইঞ্চি

বিচ্যুত হওয়ার ক্ষমতা বা ইচ্ছা তাদের নেই। ফলস্বরূপ, মানুষের মতো ‘স্বাধীন ইচ্ছা’ সম্পন্ন একটি সত্তার আগমনের কথা শুনে তারা তাদের প্রখর আধ্যাত্মিক দূরদৃষ্টি দিয়ে এক বৈশ্বিক সংকটের আভাস পেল। ভবিষ্যতে পৃথিবীতে রক্তপাতের এক করুণ ছবি তাদের চোখের সামনে ভেসে উঠল।

অত্যন্ত বিনয়ের সাথে, কম্পিত হৃদয়ে এবং নত মস্তকে তারা আরশের প্রভুর সামনে তাদের গভীর সংশয় এবং উদ্বিগ্ন প্রশ্নগুলো তুলে ধরল। তারা করুণ সুরে মিনতি করল: "হে আমাদের পরম দয়ালু পালনকর্তা! আপনি কি এমন এক অবাধ্য জাতি সৃষ্টি করতে যাচ্ছেন যারা পৃথিবীতে গিয়ে আপনার তৈরি সুশৃঙ্খল প্রকৃতিতে বিপর্যয় ঘটাবে? যারা ক্ষমতার লোভে পৃথিবীতে বিশৃঙ্খলা বা ‘ফাসাদ’ সৃষ্টি করবে? হে প্রভু, আমাদের জ্যোতির্ময় দৃষ্টিতে আমরা দেখছি এই নতুন সত্তা তুচ্ছ পার্থিব স্বার্থে একে অপরের পবিত্র রক্ত ঝরাচ্ছে, দাঙ্গায় লিপ্ত হচ্ছে এবং মানুষের হিংসা, ঘৃণা আর জ্বলন্ত আবেগের আগুনে আপনার সুন্দর পৃথিবীর বুক কলঙ্কিত করছে। আপনি তাদের ভেতরে অহংকার, ক্রোধ এবং জৈবিক লালসার যে বীজ বপন করছেন, তা কি শেষ পর্যন্ত তাদের নিজেরই ভয়াবহ ধ্বংসের

দিকে ঠেলে দেবে না? তাদের কি সত্যিই কোনো প্রয়োজন আছে?"

ফেরেশতাদের এই দীর্ঘ অনুসন্ধান কোনো বিদ্রোহের প্রকাশ ছিল না; বরং তা ছিল স্রষ্টার মনোযোগ আকর্ষণের একটি আরতি এবং তাঁর সৃষ্টির রহস্য জানার এক ব্যাকুলতা। তারা ভাবল: যখন লক্ষ লক্ষ ফেরেশতা প্রতি মুহূর্তে আপনার পবিত্রতা ঘোষণা করছে, মহাবিশ্বের প্রতিটি কোণ আপনার স্মরণে স্পন্দিত রাখছে, তখন এমন এক 'ত্রুটিপূর্ণ', আবেগপ্রবণ এবং সম্ভাব্য রক্তপিপাসু সৃষ্টির কী প্রয়োজন? তারা স্পষ্টভাবে মানুষের অন্ধকার দিকটি দেখতে পাচ্ছিল—সেই নিরন্তর যুদ্ধ, নিষ্ঠুরতা, অবিচার এবং যন্ত্রণা যা আমরা আজ ইতিহাসের পাতা খুললে দেখতে পাই। মানুষের এই ধ্বংসাত্মক ক্ষমতার কথা ভেবে তারা আধ্যাত্মিকভাবে বিচলিত হয়ে পড়েছিল।

২.৩ ঐশ্বরিক নীরবতা ও অমোঘ সত্যের ঘোষণা: এক মহৎ রহস্যের উন্মোচন

ফেরেশতাদের যৌক্তিক ও দূরদর্শী উদ্বেগের জবাবে মহান স্রষ্টার কাছ থেকে যে উত্তর এলো তা যেমন সংক্ষিপ্ত, তেমনি হিমালয়ের মতো গম্ভীর এবং অতল সমুদ্রের মতো রহস্যময়। তিনি ফেরেশতাদের দীর্ঘ বিতর্কের কোনো বৈজ্ঞানিক যুক্তি বা গাণিতিক খণ্ডন দিলেন না; বরং তিনি এমন এক পরম সত্য উন্মোচন করলেন যা জাগতিক ও স্বর্গীয় সমস্ত যুক্তির ঊর্ধ্বে। তিনি তাঁর অনন্ত মহিমায় অত্যন্ত প্রশান্তির সাথে বললেন:

"নিশ্চয়ই আমি যা জানি, তোমরা তা জানো না।" (ইন্নি আ'লামু মা লা তা'লামুন)

এই একটি মাত্র বাক্যে মহাবিশ্বের সমস্ত উদ্বেগ আর কোলাহল মুহূর্তেই স্তব্ধ হয়ে গেল। আরশের চারপাশে এক অলৌকিক নিস্তব্ধতা নেমে এলো। স্রষ্টা ফেরেশতাদের বুঝিয়ে দিলেন যে, মানুষের মধ্যে যেমন অন্ধকারের এক ভয়ংকর ক্ষমতা থাকবে, তেমনি তাদের হৃদয়ের গভীরে লুকিয়ে থাকবে ঐশ্বরিক মহত্ত্বের এক অনন্ত ও অলৌকিক সম্ভাবনা। মানুষ হবে এক অনন্য সত্তা, যারা কেবল স্রষ্টার নৈকট্যে নিমগ্ন হওয়ার ভালোবাসার টানে নিজের প্রবৃত্তির হাজারো শিকল ভেঙে ফেলতে সক্ষম হবে।

ফেরেশতারা স্রষ্টাকে মান্য করে কারণ তাদের অবাধ্য হওয়ার কোনো যান্ত্রিক বা প্রবৃত্তিগত পথ নেই; কিন্তু মানুষ স্রষ্টাকে ভালোবাসবে এবং তাঁর সামনে সিজদাহ করবে পাপের হাজারো বর্ণিল প্রলোভন এবং শয়তানের উসকানি থাকা সত্ত্বেও।

'পাপ করার ক্ষমতা থাকা সত্ত্বেও নিজের ইচ্ছায় পুণ্য বেছে নেওয়া'র এই নৈতিক সৌন্দর্য স্রষ্টার কাছে কোটি কোটি ফেরেশতার যান্ত্রিক তসবীহ পাঠের চেয়ে অনেক বেশি প্রিয়, দুর্লভ এবং মূল্যবান। স্রষ্টা জানতেন যে এই মানুষদের মধ্যেই জন্ম নেবে পরম দয়ালু মহাপুরুষ, আত্মত্যাগী সুফি-সাধক, সত্যসন্ধানী বিজ্ঞানী এবং পবিত্র আত্মারা, যারা মহাবিশ্বের লুকানো রহস্য উন্মোচন করতে গিয়ে বারবার নতুন করে স্রষ্টার মহিমা প্রমাণ করবে। তারা হবে মাটি দিয়ে তৈরি আলোর আধার।

স্বর্গীয় সভার সংশয় আর কোলাহল এক বিশাল ও পবিত্র নীরবতায় রূপান্তরিত হলো। ফেরেশতারা বিস্ময়ের সাথে অনুধাবন করল যে, স্রষ্টার এই গভীর গাণিতিক ও আধ্যাত্মিক রহস্য বোঝা তাদের জ্যোতির্ময় বুদ্ধিরও অতীত। স্রষ্টা একাকী

যা পরিকল্পনা করেছেন তা তাঁর কোনো সৃষ্টিই পুরোপুরি বুঝতে সক্ষম নয়। এভাবেই মহাজাগতিক শ্রেষ্ঠত্ব অর্জনের জন্য একটি মাটির পুতুলের কঠিন অথচ গৌরবময় সংগ্রাম শুরু হলো।

২.৪ প্রথম মানব ও মানবী: রূপ ও আত্মার অপূর্ব মিলন

মহাজাগতিক ক্যানভাসে যখন প্রতিনিধির নাম চূড়ান্ত হলো, তখন এক অনন্য ও অভূতপূর্ব কারুকার্য শুরু হলো। মহাবিশ্বের মহান শিল্পী, পরম কারিগর এবং সর্বশ্রেষ্ঠ স্থপতি তাঁর অনন্ত ক্ষমতা প্রকাশের জন্য পৃথিবীর বিভিন্ন প্রান্ত থেকে বিভিন্ন রঙ ও বৈশিষ্ট্যের মাটি সংগ্রহের নির্দেশ দিলেন। এটি কেবল সাধারণ মাটির সংগ্রহ ছিল না; এটি ছিল অনাগত বিলিয়ন বিলিয়ন মানুষের চরিত্রের বৈচিত্র্য নির্ধারণের এক ঐশ্বরিক প্রক্রিয়া। ফেরেশতাদের মাধ্যমে মাটি সংগ্রহ করা হলো: আগ্নেয়গিরির তপ্ত লাভার মতো লাল মাটি, যা তেজ ও ক্রোধের প্রতীক; উর্বর নদী অববাহিকার ঘন কালো গভীর মাটি, যা ফসল ও ধৈর্যের প্রতীক; মরুভূমির রুক্ষ ধূসর মাটি এবং হিমায়িত উচ্চভূমির শীতল ও পবিত্র সাদা মাটি।

মাটির এই উপাদানগুলোর মধ্যেই লুকিয়ে ছিল মানুষের ভবিষ্যৎ মেজাজ—কেউ হবে ক্রোধী, কেউ দয়ালু, কেউ স্থির, আবার কেউ হবে অস্থির। এই মাটি কেবল কাদা ছিল না; বরং তা ছিল অনাগত কোটি কোটি মানুষের জেনেটিক কোড, ডিএনএ এবং চারিত্রিক বৈশিষ্ট্যের আদি মেটা-ডেটাবেস। মাটির এই মিশ্রণটি ছিল এক ঐশ্বরিক রসায়নের মতো, যেখানে পৃথিবীর প্রতিটি ভৌগোলিক অবস্থানের স্বাদ মিশিয়ে দেওয়া হয়েছিল। মহাবিশ্বের ধূলিকণা থেকে শুরু করে নক্ষত্রের উপাদান—সবকিছুই এই মানবদেহের ক্ষুদ্রতম কোষে স্থান পেল।

স্রষ্টা তাঁর নিজস্ব শক্তিশালী হাত দিয়ে সেই সংগৃহীত মাটি জান্নাতের পবিত্র পানিতে ভিজিয়ে এক পরিশীলিত, মজবুত এবং নিখুঁত মূর্তির মতো রূপ দিলেন। তিনিই ছিলেন আমাদের আদি পিতা, আদম (আ.)। এটি কেবল মাটি দিয়ে তৈরি কোনো তুচ্ছ মূর্তি ছিল না; এটি ছিল সমগ্র মহাবিশ্বের সমস্ত স্থাপত্যশৈলী এবং ললিতকলার সর্বশ্রেষ্ঠ মাস্টারপিস। এর প্রতিটি অঙ্গ-প্রত্যঙ্গ ছিল গাণিতিকভাবে নিখুঁত। মহাজাগতিক কালপঞ্জিতে সেই রূপটি দীর্ঘকাল জান্নাতের প্রবেশদ্বারে এক নিস্পন্দ নীরবতায় পড়ে ছিল। ফেরেশতারা বিস্ময়ে সেই রূপটিকে প্রদক্ষিণ করত আর ভাবত—কী এই নতুন সৃষ্টি?

তারপর সেই অমোঘ মাহেন্দ্রক্ষণ এলো যখন আকাশ ও পৃথিবী, গ্রহ ও নক্ষত্র—সমগ্র সৃষ্টির নিঃশ্বাস যেন এক সেকেন্ডের জন্য থমকে গেল। সমগ্র অস্তিত্ব সেই পরম মুহূর্তটিকে পিনপতন নীরবতায় প্রত্যক্ষ করতে চাইল। স্রষ্টা সেই প্রাণহীন মাটির দেহের রন্ধ্রে রন্ধ্রে তাঁর নিজস্ব "রূহ" বা ঐশ্বরিক আত্মার একটি স্ফুলিঙ্গ ফুঁকে দিলেন। তাৎক্ষণিকভাবে সেই শীতল দেহে এক অলৌকিক উষ্ণতা ছড়িয়ে পড়ল; ধমনীতে রক্ত বইতে শুরু করল, চোখের পাতায় জ্বলে উঠল জীবনের প্রদীপ এবং বুকের গভীরে শুরু হলো প্রথম হৃদস্পন্দন—সেই কেন্দ্র যাকে ঘিরে আবর্তিত হবে ভবিষ্যতের সমস্ত সভ্যতা। জীবনের ছোঁয়া যখন আদমের নাসারন্ধ্রে পৌঁছাল, তিনি তাঁর প্রথম নিঃশ্বাস নিলেন এবং **মহাবিশ্বের প্রথম শব্দ উচ্চারণ করলেন: আলহামদুলিল্লাহ (সমস্ত প্রশংসা আল্লাহর)।**

আদম (আ.) যখন পূর্ণ জীবন পেয়ে এক অনন্য আভিজাত্য নিয়ে উঠে দাঁড়ালেন, তখন তিনি হয়ে উঠলেন জ্ঞানের এক অতল মহাজাগতিক সমুদ্র। স্রষ্টা তাঁকে কেবল প্রাণই দেননি; তাঁকে দিয়েছিলেন এমন এক বিশেষ প্রজ্ঞা এবং বিশ্লেষণ ক্ষমতা যা ততক্ষণ পর্যন্ত কোনো সৃষ্টির কল্পনার অতীত ছিল।

স্রষ্টা স্বয়ং শিক্ষক হয়ে আদমের মস্তিষ্কের কোটি কোটি নিউরনে মহাবিশ্বের সবকিছুর নাম, তাদের রাসায়নিক ধর্ম, গাণিতিক সূত্র, গ্রহের কক্ষপথের রহস্য এবং দৃশ্যমান ও অদৃশ্য জগতের সমস্ত গভীর তত্ত্ব খোদাই করে দিলেন।

ফেরেশতারা, যারা কোটি কোটি বছর ধরে ইবাদত ও মহাজাগতিক ব্যবস্থাপনায় নিমগ্ন ছিল, তারা আদমের ঐশ্বরিক প্রজ্ঞার সামনে দেখে অবাক হলো যে তাদের সঞ্চিত জ্ঞান সমুদ্রতীরের একটি বালুকণার মতো। আদমের বুদ্ধিবৃত্তি ছিল এক অলৌকিক সুপার-ইন্টেলিজেন্সের মতো, যার মাধ্যমে তিনি মুহূর্তেই মহাবিশ্বের গভীরতম অর্থ অনুধাবন করতে পারতেন। যখন স্রষ্টার আদেশে আদম (আ.) ফেরেশতাদের সামনে সেই গূঢ় রহস্যগুলো উন্মোচন করতে শুরু করলেন, তখন সমগ্র স্বর্গীয় রাজ্য এক পবিত্র নীরবতায় নতজানু হলো। এর মাধ্যমে মহাবিশ্বের কাছে চিরতরে প্রমাণিত হলো যে—কেবল আনুগত্যের জন্য নয়, বরং উচ্চতর তাত্ত্বিক জ্ঞান এবং স্বাধীন চিন্তার জন্য মানুষ ফেরেশতাদের চেয়েও উচ্চতর মর্যাদার অধিকারী।

২.৫ একাকীত্ব থেকে পূর্ণতা: মা হাওয়ার জ্যোতির্ময় আগমন

আদম (আ.) জান্নাতের অনন্ত নীল দিগন্ত, মুক্তোর মতো স্বচ্ছ ঝরনা, কস্তুরীর সুবাসিত বাতাস এবং রেশমি বৃক্ষরাজির মাঝে ঘুরে বেড়াতে লাগলেন। সেখানে ক্লান্তি বলতে কিছু ছিল না, ছিল না বার্ধক্য বা রোগের কোনো ছায়া। প্রতিটি বৃক্ষ তাঁকে অভিবাদন জানাত, প্রতিটি ফল তাঁর সামনে নত হতো। কিন্তু জান্নাতের এই চোখধাঁধানো ঐশ্বর্য আর নূরের নহরগুলোর মাঝেও আদমের অবচেতনে এক গভীর বিষণ্নতা ও শূন্যতা দানা বাঁধতে শুরু করল। তিনি এক ধরনের অস্তিত্বগত একাকীত্ব অনুভব করলেন।

তিনি দেখলেন জান্নাতের প্রতিটি পাখি, প্রতিটি প্রাণী জোড়ায় জোড়ায় বিচরণ করছে; তারা তাদের ভাষা ও আবেগ বিনিময় করছে। কিন্তু আদমের নিজের জাতীয় কোনো সঙ্গী ছিল না, যার হৃদয়ের আয়নায় তিনি নিজের প্রতিচ্ছবি দেখতে পারেন বা যার সাথে জান্নাতের এই অসীম আনন্দ ভাগ করে নিতে পারেন। একাকীত্বের কারণে জান্নাতের সমস্ত সৌন্দর্য তাঁর কাছে ম্লান মনে হতে লাগল। মানুষের এই মৌলিক মনস্তাত্ত্বিক

প্রয়োজন—ভালোবাসা, সাহচর্য এবং জীবনসঙ্গীর আকাঙ্ক্ষা—স্রষ্টার অনন্ত প্রজ্ঞার কাছে গোপন ছিল না। ঈশ্বর জানতেন যে মানুষের সুখ কেবল বস্তুগত প্রাপ্তিতে নয়, বরং হৃদয়ের বন্ধনে নিহিত।

আদমের গভীর একাকীত্ব চিরতরে দূর করতে এবং সৃষ্টির মহাপরিকল্পনায় এক পরম মাধুর্য দান করতে স্রষ্টা এক অলৌকিক ও জাদুকরী পথ বেছে নিলেন। একদিন আদম যখন জান্নাতের শীতল ছায়ায় এক গভীর ও প্রশান্ত ঘুমে মগ্ন ছিলেন, তখন পরম দয়ালু প্রভু আদমের নিজের দেহেরই একটি কোমল অংশ (বামের পাঁজরের হাড়) থেকে এক অনন্য ক্ষমতায় সৃষ্টি করলেন এক অসাধারণ কোমল, রূপবতী ও জ্যোতির্ময় সত্তা: তিনি আমাদের পরম শ্রদ্ধেয় আদি মাতা, হাওয়া (আ.)।

আদম যখন জেগে উঠলেন, তিনি নিজের ঠিক পাশেই এমন এক মায়াবী সুন্দর সঙ্গিনীকে দেখলেন, যার চোখে ছিল প্রশান্তির নীল সমুদ্র আর হৃদয়ে ছিল মমতার চিরন্তন ঝরনা। আদম বিস্ময় ও আনন্দে অভিভূত হয়ে তাঁকে জিজ্ঞাসা করলেন, "তুমি কে?" তিনি উত্তর দিলেন, "আমি একজন নারী, আপনার

প্রশান্তির জন্য আমাকে সৃষ্টি করা হয়েছে।" তিনি যখন আদমের দিকে তাকিয়ে হাসলেন, জান্নাতের সমস্ত নক্ষত্র যেন নতুন আলো খুঁজে পেল। আদমের দীর্ঘ একাকীত্ব মুহূর্তেই এক ঐশ্বরিক পূর্ণতায় রূপান্তরিত হলো। সৃষ্টির আদি ও পবিত্র এই যুগল এক অলৌকিক জান্নাতি বন্ধনে আবদ্ধ হলেন—যা পৃথিবীর ইতিহাসের সমস্ত ভালোবাসা, স্নেহ, পারিবারিক বন্ধন এবং হৃদয়ের টানের উৎস ও ব্লু-প্রিন্ট হিসেবে অমর হয়ে থাকল। নারী ও পুরুষের এই আধ্যাত্মিক আকর্ষণই হবে পৃথিবীর ভবিষ্যৎ বংশবৃদ্ধির মূল চালিকাশক্তি।

২.৬ জান্নাতের অনন্ত স্বাধীনতা এবং রহস্যময় প্রথম পরীক্ষা

জান্নাতের প্রতিটি গলি এবং প্রতিটি বাগান তখন এই নতুন দম্পতির জন্য উন্মুক্ত করে দেওয়া হলো। তাঁরা দুজনেই সেই সীমাহীন আনন্দ, চিরস্থায়ী অম্লান যৌবন এবং দুর্ভেদ্য নিরাপত্তার এক স্বর্গীয় আবরণে ঢাকা ছিলেন। জান্নাত—এমন এক অলৌকিক জগত যেখানে কোনো শারীরিক ব্যাধি নেই, বার্ধক্যের বলিরেখা নেই, অভাবের দহন নেই এবং মৃত্যুর কোনো কালো ছায়া নেই। সেখানে নূরের নহর তৃষ্ণা মেটাত

আর সুধাময় ফল ক্ষুধা মেটাত। সেখানকার সময় সেকেন্ড বা মিনিটে বিভক্ত ছিল না, বরং ছিল কেবল এক নিরবচ্ছিন্ন চিরন্তন বর্তমান। স্রষ্টা অত্যন্ত স্নেহ এবং রাজকীয় মহিমায় তাঁদের প্রতি এক অমোঘ ঐশ্বরিক ঘোষণা জারি করলেন:

"হে আদম ও হাওয়া! এই অসীম উদ্যানে তোমরা যেখানে খুশি বিচরণ করো, যা কিছু সুস্বাদু ও নয়নকাড়া পাও তা পূর্ণ তৃপ্তিতে ভক্ষণ করো। এখানে তোমাদের জন্য কোনো বাধা নেই, কোনো সীমাবদ্ধতা নেই। তবে একটি পরম সত্য মনে রেখো—ঐ একটি নির্দিষ্ট গাছ, ঐ রহস্যময় নিষিদ্ধ বৃক্ষটির ছায়াও মাড়াবে না এবং তার ফল স্পর্শ করবে না। এটিই হবে তোমাদের প্রতি আমার একমাত্র সতর্কতা এবং আনুগত্যের দাবি। যদি তোমরা তা করো, তবে তোমরা সীমা লঙ্ঘনকারীদের অন্তর্ভুক্ত হবে।"

এই নির্দেশটি ছিল মূলত মানব ইতিহাসের প্রথম মনস্তাত্ত্বিক ও আধ্যাত্মিক পরীক্ষা। যেখানে লক্ষ লক্ষ গাছ এবং তাদের সুস্বাদু ফল তাঁদের জন্য 'হালাল' বা বৈধ ছিল, সেখানে কেবল একটি গাছ নিষিদ্ধ করার পেছনে ছিল এক গভীর দর্শন। এটি কেবল একটি ফল খাওয়ার পরীক্ষা ছিল না; বরং এটি ছিল তাঁদের

আনুগত্য, ধৈর্য এবং সংকল্পের দৃঢ়তা মাপার এক মহাজাগতিক পাল্লা। স্রষ্টা মানুষকে 'স্বাধীন ইচ্ছা' দিয়েছিলেন, আর এই ইচ্ছাশক্তির সঠিক প্রয়োগ দেখার জন্যই ছিল সীমাবদ্ধতার এই ছোট্ট দেয়াল। যদি বেছে নেওয়ার কোনো বিকল্প না থাকত, তবে আনুগত্যের কোনো মূল্য থাকত না।

এটিই ছিল মানুষের জন্য প্রথম আধ্যাত্মিক পাঠ—যেখানে সীমাহীন স্বাধীনতা আছে, সেখানে নিয়ম এবং আত্মসংযম থাকা কতটা জরুরি। সারা বিশ্ব বা জান্নাত আপনার হাতের মুঠোয় থাকতে পারে, কিন্তু নিজেকে নিয়ন্ত্রণ করার ক্ষমতা না থাকলে সেই অর্জন মূল্যহীন। এটি ছিল আদি মানব চরিত্র গঠনের এক ঐশ্বরিক প্রশিক্ষণ কেন্দ্র। বনের পশুপাখি যেমন কেবল তাদের প্রবৃত্তির তাড়নায় সাড়া দেয়, মানুষকে শিখতে হতো তার বিবেক এবং স্রষ্টার প্রতি কৃতজ্ঞতার ভিত্তিতে সিদ্ধান্ত নিতে, ঠিক তার বিপরীত মেরুতে দাঁড়িয়ে—এটাই ছিল এই পরীক্ষার মূল উদ্দেশ্য। এই সামান্য সীমাবদ্ধতাই ছিল মানুষের ফেরেশতাদের চেয়ে উচ্চতর মর্যাদা লাভের একমাত্র প্রবেশদ্বার। এই নিষিদ্ধ বৃক্ষটিই ছিল মানুষের জীবনে 'ইচ্ছা' বনাম 'আদেশ'-এর প্রথম যুদ্ধ।

২.৭ ইবলিসের হিংসা এবং স্বর্গীয় প্রেক্ষাপট

মহাজাগতিক এই মহা-নাটকের সমান্তরালে অন্য একটি ট্র্যাজেডি ঘটে গিয়েছিল। যখন স্রষ্টা সমস্ত ফেরেশতা এবং জিনদের আদমের সামনে সিজদাহ করার আদেশ দিলেন, তখন 'ইবলিস' তার দীর্ঘকালের ইবাদতের অহংকারে মত্ত হয়ে সেই আদেশ অমান্য করল। সে বলল, "আমি আগুনের তৈরি আর আদম মাটির; কেন আমি তাকে সম্মান করব?" এই অহংকার তাকে জান্নাত থেকে বিতাড়িত করল। এরপর ইবলিস মানুষের প্রকাশ্য শত্রুতে পরিণত হলো। সে আদম ও হাওয়াকে এই স্বর্গীয় সুখ থেকে বিচ্যুত করার সুযোগ খুঁজতে লাগল।

শয়তানের এই হিংসা কেবল আদমের প্রতি ছিল না, বরং এটি ছিল স্রষ্টার পরিকল্পনার প্রতিই এক চ্যালেঞ্জ। সে শপথ করল যে সে মানবজাতিকে বিভ্রান্ত করবে। জান্নাতের সেই নিষিদ্ধ গাছটিই হয়ে উঠল শয়তানের প্রলোভনের প্রধান অস্ত্র। সে জানত যে সরাসরি আক্রমণে আদমকে হারানো সম্ভব নয়, কারণ তাঁর জ্ঞান ফেরেশতাদের চেয়েও উন্নত। তাই সে কূটচালের আশ্রয় নিল। সে মানুষের হৃদয়ে লুকিয়ে থাকা 'অমরত্ব' এবং 'অনন্ত ক্ষমতা' লাভের সুপ্ত বাসনাকে কাজে লাগাতে চাইল। জান্নাতের সেই প্রশান্তির মাঝে শয়তানের এই

অদৃশ্য ষড়যন্ত্র এক ভয়াবহ রূপ নিতে যাচ্ছিল। আদম ও হাওয়া জানতেন না যে, তাঁদের স্বর্গীয় জীবন শীঘ্রই এক বিশাল অগ্নিপরীক্ষার সম্মুখীন হতে যাচ্ছে, যা তাঁদের ভাগ্যকে চিরতরে বদলে দেবে।

শয়তানের প্ররোচনা এবং নিষিদ্ধ বৃক্ষের প্রলোভন

২.৮ এক মহাজাগতিক ষড়যন্ত্রের নীল নকশা

জান্নাতের সেই শাশ্বত ও দুর্ভেদ্য শান্তির মাঝে, যেখানে প্রতিটি মুহূর্ত অলৌকিক আনন্দে ভরপুর ছিল এবং সময় যেখানে ক্ষয় জানত না, সেখানে গোপনে এক বিষাক্ত ও অদৃশ্য ষড়যন্ত্রের জাল বোনা হতে লাগল। এই মহাজাগতিক চক্রান্তের স্থপতি ছিল এক অন্ধকার ও দগ্ধ সত্তা—ইবলিস (শয়তান)। সে কোনো সাধারণ সৃষ্টি ছিল না; সে ছিল ধোঁয়াবিহীন আগুনের শিখা থেকে তৈরি এক শক্তিশালী সত্তা, যে যুগ যুগ ধরে কঠোর ইবাদত, ভক্তি এবং নিরবচ্ছিন্ন আনুগত্যের মাধ্যমে এক উচ্চ স্বর্গীয় মর্যাদা লাভ করেছিল। এমনকি ফেরেশতারাও একসময় তাকে সম্মানের চোখে দেখত। কিন্তু যখন মানব সৃষ্টির ঘোষণা হলো

এবং নশ্বর মাটি দিয়ে তৈরি সত্তা আদমের সামনে সিজদাহ করার ঐশ্বরিক আদেশ এলো, তখন ইবলিসের হৃদয়ে লক্ষ লক্ষ বছর ধরে জমে থাকা অহংকার বিষের মতো উথলে উঠল। সে অবাধ্য হয়ে গেল এবং ত্রুটিপূর্ণ যুক্তি দিয়ে দাবি করল যে, মাটির চেয়ে আগুনের শ্রেষ্ঠত্ব বেশি। অহংকারের এই একটি মাত্র কাজ তাকে জান্নাতের পবিত্র আঙিনা থেকে বিতাড়িত করল এবং সে চিরকালের জন্য অভিশপ্ত ও লাঞ্ছিত হলো।

ইবলিস তার এই অপমানজনক পতনের জন্য মনেপ্রাণে আদম ও হাওয়াকে দায়ী করল। তার অবচেতনে এক পৈশাচিক প্রতিশোধের নেশা দানা বাঁধল। সে এটা সহ্য করতে পারছিল না যে, যে "মাটির পুতুল"কে সে চরম অবজ্ঞা করেছিল, তারা আজ জান্নাতের অসীম সুখ ভোগ করছে, আর সে প্রতীক্ষা করছে চিরস্থায়ী জাহান্নামের আগুনের। তার হৃদয়ে দিনরাত প্রতিশোধের এক লেলিহান শিখা জ্বলতে লাগল। সে জানত স্রষ্টার অনন্ত শক্তির বিরুদ্ধে সরাসরি যুদ্ধে জেতা অসম্ভব; তাই সে মানুষের 'স্বাধীন ইচ্ছা' এবং সহজাত 'কৌতূহল'কে তার রণক্ষেত্র হিসেবে বেছে নিল। সে জানত, যদি সে একবার মানুষকে তার স্রষ্টার অবাধ্য করতে পারে, তবেই তার

প্রতিশোধের তৃষ্ণা মিটবে। জান্নাতের জাদুকরী পরিবেশের আড়ালে সে এক সুদূরপ্রসারী মনস্তাত্ত্বিক যুদ্ধের ছক আঁকল।

ইবলিস ছিল অত্যন্ত ধূর্ত এবং কৌশলী। সে জানত যে কোনো ভয়ংকর দানব সেজে আদম ও হাওয়াকে ভয় দেখালে কাজ হবে না, কারণ তাঁরা ঐশ্বরিক নূর এবং উচ্চতর স্বর্গীয় জ্ঞান দ্বারা সুরক্ষিত। সবচেয়ে ভালো কৌশল হবে মানুষের কৌতূহল এবং অজানাকে জানার তীব্র আকাঙ্ক্ষাকে জাগিয়ে তোলা। তাই সে তার পরিচিত উগ্র রূপ ত্যাগ করে একজন হিতৈষী বৃদ্ধ, এক দরদী বন্ধু এবং অভিজ্ঞ শুভাকাঙ্ক্ষীর ছদ্মবেশ ধারণ করল। সে জান্নাতের বাতাসে এমন এক কুমন্ত্রণার (ওয়াসওয়াসা) বিষ ছড়িয়ে দিতে লাগল—যা পঞ্চেন্দ্রিয় দিয়ে অনুভব করা যায় না, কিন্তু অবচেতনে এক অস্পষ্ট অস্বস্তি তৈরি করে। প্রতিটি মুহূর্তে সে সুযোগ খুঁজতে লাগল তাঁদের পবিত্র চিন্তার জগতে সন্দেহের এক সূক্ষ্ম ফাটল তৈরি করার। আর সেই ফাটলের কেন্দ্রবিন্দু ছিল সেই রহস্যময় নিষিদ্ধ গাছটি, যার ছায়া মাড়াতেও স্রষ্টা কঠোরভাবে নিষেধ করেছিলেন।

২.৯ ফিসফিসানি এবং অমরত্বের জাদুকরী প্রলোভন

জান্নাতের এক প্রশান্ত অপরাহ্নে, যখন ঝরনার স্বচ্ছ পানিতে সোনালি আলো প্রতিফলিত হচ্ছিল, আদম ও হাওয়া উদ্যানের জলাধারের পাশ দিয়ে ঘুরে বেড়াচ্ছিলেন। ঠিক তখনই ইবলিস অত্যন্ত বিনীত, শান্ত এবং আকর্ষণীয় ভঙ্গিতে তাঁদের সামনে উপস্থিত হলো। তার কণ্ঠস্বর ছিল রেশমের মতো কোমল এবং মধুর, কিন্তু সেই মধুর ভেতরে মেশানো ছিল প্রাণঘাতী বিষ। সে প্রথমেই সরাসরি সেই গাছের কথা তুলল না; বরং প্রথমে তাঁদের অনন্য রূপ, বুদ্ধিবৃত্তি এবং স্বর্গীয় মর্যাদার ভূয়সী প্রশংসা করে তাঁদের হৃদয়ে জায়গা করে নিল। তারপর সে অত্যন্ত নিপুণভাবে গভীর বিষণ্নতা ও মমতার এক অভিনয় মঞ্চস্থ করল। সে এমন ভান করল যেন সে তাঁদের ভবিষ্যৎ নিয়ে অত্যন্ত চিন্তিত।

ইবলিস নিচু, কম্পিত এবং রহস্যময় কণ্ঠে ফিসফিস করে বলতে লাগল: "হে আদম! হে হাওয়া! তোমরা কি কখনো নির্জনে একাকী বসে ভেবে দেখেছ কেন তোমাদের পালনকর্তা এই সীমাহীন, সুন্দর এবং প্রাচুর্যময় বাগানের সবকিছু তোমাদের জন্য উন্মুক্ত করে দিলেও কেবল এই একটি নির্দিষ্ট গাছের ফল খেতে নিষেধ করেছেন? তোমরা কি সত্যিই বিশ্বাস

করো এটি কেবল আনুগত্যের একটি সাধারণ পরীক্ষা? না প্রিয় বন্ধুরা, এর পেছনে লুকিয়ে আছে এক গভীর ও বিস্ময়কর রহস্য যা তোমাদের জ্যোতির্ময় দৃষ্টি থেকে অত্যন্ত কৌশলে গোপন রাখা হয়েছে।" আদম ও হাওয়া বিস্ময় এবং তীব্র কৌতূহল নিয়ে তার কথাগুলো শুনতে লাগলেন। ইবলিস দেখল তার প্ররোচনার তীরটি একেবারে লক্ষ্যভেদে সমর্থ হয়েছে।

সে আরও নাটকীয় ভঙ্গিতে, চোখের কোণে ছদ্ম-অশ্রু এনে বলল, "আসলে ওই গাছটি হলো 'শাজারাতুল খুলদ' বা চিরঞ্জীব হওয়ার গোপন উৎস। তোমাদের স্রষ্টা তোমাদের এটি খেতে নিষেধ করেছেন কেবল এই কারণে যে, তোমরা যদি একবার ওই ফলের স্বাদ গ্রহণ করো, তবে তোমরা এই নশ্বর মাটির দেহ ত্যাগ করে ফেরেশতাদের মতো অমর এবং অলৌকিক ক্ষমতার অধিকারী হয়ে যাবে। তখন তোমরা আর কোনো নিয়ম, বিধিনিষেধ বা আদেশের অধীন থাকবে না। তোমাদের এই জান্নাতি সৌন্দর্য, যৌবন এবং এই শেষহীন আনন্দ তখন আর কখনোই শেষ হবে না। তিনি চান না যে তোমরা চিরকাল এই জান্নাতে একচ্ছত্র রাজত্ব করো বা তাঁর চিরন্তন ক্ষমতার অংশীদার হও। তোমরা কি চাও না এই যৌবন আর বর্তমানের এই সুখকে অনন্তকালের জন্য বেঁধে রাখতে?" শয়তানের এই প্রতারণামূলক যুক্তি ছিল অত্যন্ত আকর্ষণীয়। সে কেবল একটি

ডাহা মিথ্যা বলেনি; সে সেই মিথ্যাকে এক ধরনের 'ঐশ্বরিক বঞ্চনা' বা বিরল গোপন সত্য হিসেবে প্রচার করল। সে তাঁদের মনে এই ভয় ঢুকিয়ে দিল যে, অমর না হলে হয়তো একদিন এই সুখ বিলীন হয়ে যাবে। মানুষের সহজাত প্রবৃত্তি হলো অজানাকে উন্মোচন করার চেষ্টা করা এবং যা হাতের নাগালে নেই তা পাওয়ার তীব্র বাসনা। ইবলিস মানুষের এই আদিম দুর্বলতা—অমরত্বের তৃষ্ণা এবং অনিশ্চয়তার সুপ্ত ভয়কে অত্যন্ত সুনিপুণভাবে ব্যবহার করল। সে বারবার ঐশ্বরিক শপথ করে বলতে লাগল যে সে কেবল তাঁদের চিরন্তন হিতৈষী।

২.১০ পতনকাল এবং স্বর্গীয় আবরণ উন্মোচন

একদিন শয়তানের এই নিরন্তর, ধূর্ত এবং নিপুণ প্ররোচনা তাঁদের মনের দীর্ঘদিনের সুরক্ষিত প্রতিরক্ষা দেয়ালকে ভেঙে চুরমার করে দিল। অমরত্বের সেই মোহময় ও নেশাতুর আশার সামনে মানুষের সহজাত মুহূর্তের দুর্বলতা আত্মসমর্পণ করল। ইবলিস তাঁদের মনে এমন এক শক্তিশালী মায়া ও বিভ্রম তৈরি করেছিল যে, সেই মুহূর্তের জন্য স্রষ্টার অমোঘ সতর্কতা তাঁদের কাছে তুচ্ছ মনে হলো। অসতর্কতার সেই এক মুহূর্ত—যাকে

হয়তো মহাবিশ্বের ইতিহাসে মানবজাতির বৃহত্তম বিচ্যুতি হিসেবে গণ্য করা হবে—তাঁদের সেই নিষিদ্ধ গাছের দিকে নিয়ে গেল। তাঁরা ভুলে গেলেন সেই অমোঘ সতর্কবাণী যা স্রষ্টা স্বয়ং অত্যন্ত স্নেহের সাথে তাঁদের দিয়েছিলেন।

আদম ও হাওয়া যখন নিষিদ্ধ গাছের ফল স্পর্শ করলেন এবং তার স্বাদ নিলেন, তখন মহাবিশ্বের আদি ও পবিত্র ভারসাম্য যেন এক প্রলয়ংকরী কম্পনে কেঁপে উঠল। জান্নাতের শান্ত বাতাস এক গভীর দীর্ঘশ্বাস ফেলার মতো বিষণ্ণ হয়ে উঠল। ফলের রস তাঁদের রক্তস্রোতে মিশে যাওয়ার মুহূর্তেই এক অকল্পনীয়, আকস্মিক ও ভয়াবহ বিপর্যয় ঘটে গেল। তাঁদের দেহ থেকে সেই ঐশ্বরিক নূরানি পোশাক—যা ছিল তাঁদের পবিত্রতা, সুরক্ষা এবং উচ্চতর মর্যাদার প্রতীক—তা মুহূর্তেই তপ্ত বাতাসের মতো খসে পড়ল। প্রথমবারের মতো তাঁরা তাঁদের নশ্বর দেহের নগ্নতা, ক্ষুদ্রতা এবং সীমাহীন সীমাবদ্ধতার মুখোমুখি হলেন।

জান্নাত, যা তাঁদের কাছে ছিল নির্ভয়, সীমাহীন এবং দুর্ভেদ্য আনন্দের উৎস, তা এখন প্রথমবারের মতো তাঁদের তীব্র লজ্জা,

অপমান এবং অনুশোচনার তীক্ষ্ণ বিষে বিদ্ধ করল। দিশেহারা হয়ে তাঁরা এদিক-সেদিক ছুটতে লাগলেন এবং জান্নাতের বড় বড় ডুমুর গাছের পাতা ছিঁড়ে নিজেদের আবৃত করার এক মরিয়া কিন্তু ব্যর্থ চেষ্টা করলেন। সেই মুহূর্তের গভীর ও গোরস্থানের মতো নিস্তব্ধতা শয়তানের জন্য ছিল এক পৈশাচিক ও উল্লাসিত বিজয়ের হুংকার, আর মানুষের জন্য তা ছিল চিরন্তন বেদনার মহাকাব্যের প্রথম রক্তরঞ্জিত পাতা। জান্নাতের কোমল স্বর্গীয় আলো তাঁদের অপরাধী চোখের সামনে অন্ধকার ও ঝাপসা মনে হতে লাগল। আকাশ থেকে সরাসরি কোনো তিরস্কারের শব্দ এলো না, কিন্তু এক অতলান্ত গম্ভীর নীরবতা নেমে এলো। তাঁরা বুঝতে পারলেন এক মহাজাগতিক ভুল হয়ে গেছে; তাঁরা তাঁদের ঐশ্বরিক মর্যাদা হারিয়ে ফেলেছেন এবং সেই লাল রেখাটি অতিক্রম করেছেন যা তাঁদের কখনোই অতিক্রম করার কথা ছিল না। শয়তানের প্রতারণা তাঁদের কাঙ্ক্ষিত অমরত্ব দেয়নি; বরং তাঁদের ছুড়ে দিল মরণশীলতা ও দুঃখের এক অনন্ত সমুদ্রে।

২.১১ জান্নাত থেকে পৃথিবী: এক মহাজাগতিক সংগ্রামের শুভ সূচনা

যখন জান্নাতের সেই চিরন্তন আনন্দের আবরণ থেকে বিচ্ছিন্ন হওয়ার সময় ঘনিয়ে এলো, তখন সমগ্র ঊর্ধ্বজগত এক বিষণ্ণ নীরবতায় স্তব্ধ হয়ে রইল। যে বাগানের প্রতিটি পাতা তসবিহ পাঠ করত, সেখানে এখন এক করুণ বিচ্ছেদের সুর প্রতিধ্বনিত হলো। আদম ও হাওয়াকে (আ.) সেই অমরত্বের বাগানকে বিদায় জানিয়ে নেমে আসতে হলো এই মরণশীল, সীমাবদ্ধ ও কঠোর পৃথিবীতে। এটি কেবল কোনো সাধারণ শাস্তি বা রাগের বহিঃপ্রকাশ ছিল না; বরং এটি ছিল পরম স্রষ্টার আদি ও অনন্ত মহাপরিকল্পনার এক অনিবার্য বাস্তবায়ন। জান্নাত ছিল তাঁদের প্রস্তুতির পাঠশালা এবং চেতনা জাগরণের কেন্দ্র, আর এই পৃথিবী ছিল তাঁদের কর্মক্ষেত্র বা "অ্যাসাইনমেন্ট"-এর প্রকৃত রণভূমি। অস্তিত্বের শুরুতে যে খিলাফতের মহৎ দায়িত্ব দেওয়া হয়েছিল, তা পালন করার সময় এবার সমাগত।

জান্নাতের সেই স্নিগ্ধ শীতলতা, যেখানে বাতাস ছিল কস্তুরীর সুবাসিত এবং প্রতিটি ঝরনার পানি ছিল নূরের মতো স্বচ্ছ ও সঞ্জীবনী—তার বদলে তাঁরা প্রথমবারের মতো পৃথিবীর রুক্ষ, শুষ্ক ও কঠিন বাস্তবতার মুখোমুখি হলেন। জান্নাতে কোনো অভাব ছিল না, কিন্তু পৃথিবীতে পা রাখার মুহূর্তেই অভাব তাঁদের চারপাশ থেকে ঘিরে ধরল। এখানে জান্নাতের সেই অবারিত

ফলের সমারোহ ছিল না। তার বদলে তাঁদের স্বাগত জানাল ক্ষুধার তীব্র ও দহনকারী জ্বালা, তৃষ্ণার কলিজা-ফাটা হাহাকার, উত্তপ্ত মরুভূমির বুক-ফাটা সূর্য এবং কালবৈশাখীর নিরন্তর ও বজ্রপাতময় বৃষ্টি। জান্নাতের সেই ওজনহীন হালকা অনুভূতির বদলে পৃথিবীর মাটির বিশাল ভার ও ক্লান্তি তাঁদের পেশিতে এবং হাড়ের মজ্জায় অনুভূত হলো। প্রতিটি পদক্ষেপ এখন টিকে থাকার লড়াই; প্রতিটি নিঃশ্বাস এক মরণজয়ী যুদ্ধের অধ্যায়। মাটি খুঁড়ে খাদ্য সংস্থান করা এবং রোদ-বৃষ্টি থেকে বাঁচতে মাথার ওপর ছাদ খোঁজা—সবকিছুই ছিল অস্তিত্ব রক্ষার এক নতুন সংগ্রাম।

ঐতিহাসিক ও ধর্মতাত্ত্বিক বর্ণনা অনুযায়ী, এই পৃথিবীতে তাঁদের অবতরণ ছিল এক করুণ ও বিলাপময় বিচ্ছেদের মাধ্যমে। পরম নিয়ন্ত্রকের আদেশে তাঁরা হাজার হাজার মাইল দূরে দুটি সম্পূর্ণ ভিন্ন স্থানে অবতরণ করেন। দীর্ঘ সময় ধরে তাঁরা এই বিশাল, অচেনা এবং প্রতিকূল পৃথিবীতে একে অপরের থেকে সম্পূর্ণ বিচ্ছিন্ন হয়ে ঘুরে বেড়াতে লাগলেন। সেই একাকীত্বের দহন ছিল জান্নাত হারানোর বেদনার চেয়েও তীব্র। বিচ্ছেদের সেই দীর্ঘ দিনগুলোতে তাঁদের একমাত্র সম্বল ছিল জান্নাতের হারানো স্মৃতি এবং অবিরাম তপ্ত অশ্রু যা পৃথিবীর ধূলিকণাকে

ভিজিয়ে দিত। তাঁরা জানতেন না পৃথিবী কতটা বিশাল, আর জানতেন না কোনোদিন একে অপরের মুখ দেখার সুযোগ আর হবে কি না। তবে তাঁদের এই নিরন্তর ক্রন্দন, বুক-ফাটা হাহাকার আর হৃদয়ের গহীন থেকে উৎসারিত ঐশ্বরিক প্রার্থনার আকুলতা বৃথা যায়নি। স্রষ্টা তাঁদের আন্তরিক তওবা কবুল করলেন এবং তাঁদের পুনরায় মিলিত হওয়ার এক অলৌকিক ও প্রশান্তিময় সুযোগ করে দিলেন।

২.১২ আরাফাতের পুনর্মিলন: মানব সভ্যতার আদি প্রভাত

অবশেষে সেই মহাজাগতিক মাহেন্দ্রক্ষণ এলো, যা স্বর্গের ফেরেশতাদেরও আনন্দের অশ্রুতে সিক্ত করেছিল। মক্কার নিকটবর্তী আরাফাতের জনশূন্য, শুষ্ক ও বিশাল মরুপ্রান্তরে দীর্ঘ বিচ্ছেদ আর সংগ্রামের পর প্রথম নর-নারী আবার একে অপরের মুখোমুখি হলেন। সেই পুনর্মিলনের দৃশ্যটি ছিল মহাজাগতিক আবেগের এক চরম ও পরম প্রকাশ। দীর্ঘ বিরহের পর একে অপরকে চিনতে পারার সেই মুহূর্তটি ছিল বিশ্বের প্রথম ভালোবাসার পূর্ণতা। আরাফাতের তপ্ত বালুকা রাশি তাঁদের মিলনের আনন্দের অশ্রুতে ভিজে গিয়েছিল, যেন

মরুভূমি তার জীবনের প্রথম ছোঁয়া খুঁজে পেল। সেই পবিত্র মিলনস্থল থেকেই মানব সভ্যতার প্রকৃত আদি ইতিহাস তার বিজয়যাত্রা শুরু করে। জান্নাতের বিচ্ছেদ তাঁদের শিখিয়েছিল সঙ্গীর নিঃস্বার্থ মূল্য, আর পৃথিবীর রূঢ়তা ও পরিশ্রম তাঁদের শিখিয়েছিল কঠোর পরিশ্রম ও ঘামের পবিত্র গুরুত্ব।

তাঁদের মাধ্যমেই এই নিস্পন্দ পৃথিবী এক জনাকীর্ণ জনপদে রূপান্তরিত হওয়ার প্রথম সাহসী পদক্ষেপ নিল। এই গল্পটি কেবল কোনো নির্দিষ্ট ধর্ম, গোষ্ঠী বা বিশেষ সম্প্রদায়ের ব্যক্তিগত সম্পত্তি নয়; এটি সমগ্র মানবতার আদি মূল এবং আমাদের প্রত্যেকের অস্তিত্বের এক গভীর ব্লু-প্রিন্ট। আজ পৃথিবীর দিগন্ত জুড়ে যত মানুষ দেখা যায়—ভিন্ন বর্ণ, বিচিত্র জাতি, হাজারো ভাষা আর বিচিত্র সংস্কৃতির—দিনশেষে তারা সবাই আদম (আ.) এবং মাতা হাওয়াকেই তাঁদের আদি পিতা-মাতা হিসেবে খুঁজে পায়। তাঁদের এই ভুলটি আমাদের জীবনের এক পরম দর্শন: মানুষ কখনো ফেরেশতা নয়—মানুষ ভুল করতে পারে, প্রলোভনের চোরাবালিতে পা দিতে পারে। কিন্তু তাঁদের সেই আন্তরিক অনুশোচনা আমাদের শেখায় যে, ক্ষমার সোনালি দরজার চাবিকাঠি সবসময় আমাদের হৃদয়েই থাকে। তওবা এবং গভীর আত্ম-সমালোচনার মাধ্যমে মানুষ স্রষ্টার কাছ

থেকে সেই হারানো ঐশ্বরিক শ্রেষ্ঠত্ব পুনরুদ্ধার করতে পারে। পৃথিবী হলো সেই কঠোর গবেষণাগার বা ল্যাবরেটরি, যেখানে প্রতিটি মানুষ প্রতিটি কর্মের মাধ্যমে চিরন্তন জান্নাতে ফিরে যাওয়ার যোগ্যতা অর্জনের এক মহৎ যুদ্ধে লিপ্ত।

২.১৩ আন্তরিক অনুশোচনা এবং ঐশ্বরিক মহাপরিকল্পনার পথ

পতানের এই গল্পটি কেবল একটি বিয়োগান্তক ট্র্যাজেডি বা পরাজয়ের কাহিনী হিসেবে শেষ হওয়ার জন্য নির্ধারিত ছিল না। স্রষ্টা, যিনি প্রথম পরমাণু বা প্রোটন সৃষ্টির অগুনতি যুগ আগেই জানতেন যে মানুষ একদিন এই বিচ্যুতি ঘটাবে, তিনি যেমন মহিমান্বিত ও কঠোর বিচারক, তেমনি তিনি পরম দয়ালু, অসীম করুণাময় এবং অত্যন্ত ক্ষমাশীল। যখন স্রষ্টার গম্ভীর ও মহাজাগতিক কণ্ঠস্বর তাঁদের অবাধ্যতার কারণ জিজ্ঞাসা করল, তখন আদম ও হাওয়া ইবলিসের মতো অহংকার, উদ্ধত ত্রুটিপূর্ণ যুক্তি বা ধূর্ত দম্ভের পথ বেছে নেননি। শয়তান বলেছিল, "আমি আদমের চেয়ে শ্রেষ্ঠ কারণ আমি আগুনের তৈরি," কিন্তু আদম মাথা নত করে বললেন, "হে প্রভু, আমি পাপী, আমি আপনার কাছে নিঃস্ব।"

তাঁদের কর্মের ভারে তাঁরা নুয়ে পড়লেন এবং সর্বশক্তিমানের করুণার ছায়াতলে অশ্রুসিক্ত হয়ে ভেঙে পড়লেন। বর্ণিত আছে যে, তাঁদের হৃদয়ের রুদ্ধ ক্রন্দন এবং আত্মগ্লানি জান্নাতের প্রতিটি ধূলিকণা ও ঘাসকে সিক্ত করেছিল। নতজানু শরীরে এবং অবনত মস্তকে তাঁরা অত্যন্ত করুণ, সিক্ত ও কম্পিত কণ্ঠে মিনতি করলেন:

"রাব্বানা জলামনা আনফুসানা... হে আমাদের পালনকর্তা! আমরা নিজেদের প্রতি জুলুম করেছি। আপনার সহজ নির্দেশ লঙ্ঘন করে আমরা আমাদের আত্মার অপূরণীয় ক্ষতি করেছি। আপনি যদি আপনার নিজ গুণে আমাদের ক্ষমা না করেন এবং আমাদের প্রতি আপনার অনন্ত করুণা না দেখান, তবে আমরা নিশ্চয়ই চিরতরে ধ্বংসপ্রাপ্ত এবং অতল গহ্বরে নিমজ্জিত ক্ষতিগ্রস্তদের অন্তর্ভুক্ত হব।"

তাঁদের এই আকুল মিনতি, এই আন্তরিক অশ্রু এবং হৃদয়ের গহীন থেকে উৎসারিত তপ্ত অনুশোচনা সরাসরি স্রষ্টার আরশে গিয়ে পৌঁছাল। দয়াময় প্রভু সানন্দে তাঁদের তওবা কবুল

করলেন এবং তাঁদের এক নতুন ধরনের মর্যাদা ও প্রজ্ঞা দান করলেন। এর মাধ্যমে মহাবিশ্বের সমস্ত সৃষ্টির কাছে একটি পরম ধ্রুব সত্য উন্মোচিত হলো: মানুষের প্রকৃত মহত্ত্ব নিখুঁত হওয়ার মধ্যে নয়, বরং ভুল করার পর মাথা নত করে অপরাধ স্বীকার করা এবং নিজেকে সংশোধন করার মধ্যে নিহিত। ইবলিস ভুলের পর অহংকারী ও তার্কিক হয়ে চিরতরে অভিশপ্ত হলো, আর আদম ভুলের পর বিনয়ী ও অনুতপ্ত হয়ে ঐশ্বরিক আশীর্বাদ এবং পৃথিবীর খেলাফত বা প্রতিনিধিত্ব লাভ করলেন।

তবে এই বিচ্যুতিটি ছিল সেই মহাজাগতিক 'মাস্টার প্ল্যান' বা ঐশ্বরিক মহাপরিকল্পনা বাস্তবায়নের জন্য একটি অপরিহার্য ও গুরুত্বপূর্ণ অনুঘটক। জান্নাত থেকে তাঁদের প্রস্থান ছিল সেই আদিম লিখনের বাস্তবায়ন যা মহাকালের কলম সৃষ্টির একদম শুরুতে 'লাওহে মাহফুজে' লিখে রেখেছিল। শয়তানের এই প্রতারণা আসলে মানুষকে পৃথিবীর এই বিশাল, রহস্যময় ও বৈচিত্র্যময় কর্মক্ষেত্রে পাঠানোর একটি মহাজাগতিক সোপান মাত্র। জান্নাত ছিল তাঁদের তাত্ত্বিক প্রস্তুতির ক্ষেত্র, আর এই কঠোর পৃথিবী হলো তাঁদের ব্যবহারিক সংগ্রামের ময়দান। এই ঘটনাটি মানবতার জন্য প্রথম ও প্রধান পাঠ হিসেবে ইতিহাসে খোদাই হয়ে রইল—যে জীবনযাত্রায় অনেক মায়া ও প্রলোভন

আসবে, অনেক বড় ভুল হয়ে যেতে পারে, এমনকি চরম চারিত্রিক পতনও ঘটতে পারে, কিন্তু বিনয়, গভীর আত্মোপলব্ধি এবং সত্য তওবার মাধ্যমে হারানো শ্রেষ্ঠত্ব ও মর্যাদা ফিরে পাওয়া সবসময় সম্ভব। জান্নাতের সেই দরজা সাময়িকভাবে বন্ধ হলেও, পৃথিবীর ধূলিকণায় এখন শুরু হচ্ছে মানবতার এক নতুন মহিমান্বিত মহাকাব্য, যেখানে প্রতিটি মুহূর্তের লড়াই হবে শয়তানের মিথ্যা আহ্বান বনাম মানুষের জাগ্রত বিবেক।

মূল পয়েন্ট ০২: ঐশ্বরিক পরিকল্পনা এবং মানুষের স্বাধীনতা

যদিও ফেরেশতাদের আদি উদ্বেগ—অর্থাৎ রক্তপাত, দাঙ্গা এবং বিশৃঙ্খলা—পরবর্তীতে পৃথিবীতে সত্য প্রমাণিত হয়েছিল, কিন্তু স্রষ্টার মূল উদ্দেশ্য ছিল সুদূরপ্রসারী। তিনি মানুষকে কেবল একটি জৈবিক যন্ত্র বা আজ্ঞাবহ দাস হিসেবে দেখতে চাননি, বরং বিবেক, বুদ্ধিবৃত্তি এবং 'স্বাধীন ইচ্ছা' (Free Will) সম্পন্ন এক মহান সার্বভৌম সত্তা হিসেবে দেখতে চেয়েছিলেন। শয়তানের প্ররোচনা ছিল মানুষের সুপ্ত সম্ভাবনাকে জাগ্রত করার একটি পরীক্ষা ও অনুঘটক মাত্র। মানুষের চূড়ান্ত গন্তব্য ছিল এই পৃথিবী, যেখানে তারা তাদের নিজস্ব বুদ্ধি, শ্রম, সৃজনশীলতা

এবং আধ্যাত্মিক শক্তি দিয়ে এমন এক সভ্যতা গড়ে তুলবে যা দেখে ফেরেশতারাও বিস্ময়াভিভূত হয়ে যাবে।

এটি আমাদের প্রতি মুহূর্তে মনে করিয়ে দেয় যে, প্রতিটি মানুষের ব্যক্তিগত জীবন আসলে এক একটি ছোট ঐশ্বরিক মহাকাব্য এবং দীর্ঘমেয়াদী পরীক্ষা। এই পৃথিবীতে আমাদের আগমন কোনো মহাজাগতিক দুর্ঘটনা বা উদ্দেশ্যহীন যাত্রা নয়, বরং একটি গভীর, সুশৃঙ্খল এবং মহৎ ঐশ্বরিক পরিকল্পনার অংশ। আমাদের প্রতিটি সংগ্রাম, প্রতিটি রক্তের ফোঁটা, প্রতিটি বিজয় এবং অনুশোচনার প্রতিটি অশ্রুবিন্দু হলো আমাদের আদি নিবাসে মহিমান্বিত হয়ে ফিরে যাওয়ার এক একটি মজবুত সিঁড়ি। পৃথিবী হলো সেই পবিত্র বীজতলা যেখানে মানুষ তার কর্মের মাধ্যমে জান্নাতের বৃক্ষ রোপণ করবে এবং অনন্তকাল ধরে তার ফল ভোগ করবে।

অধ্যায়-০৩

মহাজাগতিক সাগরে এক ধূলিকণা: আমাদের পৃথিবী

৩.১ মহাবিশ্বের অনন্ত বিস্তার: যেখানে চিন্তা ও কল্পনা হার মেনে যায়

মহাবিশ্ব কতটা বিশাল? এই প্রাচীন এবং শাশ্বত প্রশ্নের মুখোমুখি হলে বিশ্বের সর্বশ্রেষ্ঠ জ্যোতির্বিজ্ঞানী, গণিতবিদ এবং তাত্ত্বিক পদার্থবিজ্ঞানীদের সঞ্চিত জ্ঞান এবং তীক্ষ্ণ বুদ্ধিবৃত্তিও এক অতল গহ্বরে থমকে দাঁড়ায়। আমরা যখন মেঘমুক্ত পরিষ্কার রাতের আকাশের দিকে তাকাই, আমাদের সীমাবদ্ধ মানবিক দৃষ্টি যা দেখে তা কেবল একটি বিশাল কালো ক্যানভাস। কিন্তু এই দৃশ্যমান আকাশই সব নয়; এটি এক দানবীয় মহাসাগরের উপরিভাগে একটি ক্ষুদ্র ঢেউয়ের মতো। এর অগণিত স্তরের ওপারে রয়েছে এক সীমাহীন রাজ্য, যার

মাপকাঠি মানব মস্তিষ্কের বুনো কল্পনারও অতীত। আমরা যে হাজার হাজার মিটমিটে আলোর বিন্দু দেখি, সেগুলো অন্ধকারকে সাজানোর জন্য কেবল কোনো মহাজাগতিক অলঙ্কার নয়। প্রতিটি আলোর বিন্দু এক একটি দানবীয় এবং প্রচণ্ড শক্তিশালী নক্ষত্র। এই নক্ষত্রগুলোর অনেকগুলি আমাদের সূর্যের চেয়ে হাজার হাজার, এমনকি লক্ষ লক্ষ গুণ বড়—যার পাশে আমাদের পৃথিবী একটি বালুকণার চেয়েও তুচ্ছ।

বিজ্ঞানের এই চরম ও চমকপ্রদ অগ্রগতির যুগে দাঁড়িয়ে আমরা কেবল নম্রভাবে অনুধাবন করতে পারি যে, এই পর্যবেক্ষণযোগ্য মহাবিশ্বের আয়তন অনন্য, এবং এর সুনির্দিষ্ট প্রান্ত বা চূড়ান্ত সীমানা আজও আবিষ্কৃত হয়নি। এই মহাজাগতিক বিস্তার স্থির নয়; এটি অবিশ্বাস্য গতিতে অনবরত প্রসারিত হচ্ছে। বিংশ শতাব্দীতে এডুইন হাবল প্রথম প্রমাণ করেছিলেন যে, মহাবিশ্ব একটি বিশাল ক্রমবর্ধমান বেলুনের মতো, যেখানে প্রতিটি বিন্দু বা গ্যালাক্সি অবিশ্বাস্য বেগে একে অপরের থেকে দূরে সরে যাচ্ছে। আধুনিক মহাবিশ্বতাত্ত্বিকদের মতে, মহাবিশ্বের দূরতম প্রান্তে এই প্রসারণ আলোর গতির চেয়েও দ্রুত ঘটে। এই তথ্যটি আমাদের চেনা পদার্থবিজ্ঞানের সীমানাকেই চ্যালেঞ্জ জানায়।

পর্যবেক্ষণমূলক জ্যোতির্বিজ্ঞানের জনক গ্যালিলিও থেকে শুরু করে প্রয়াত স্টিফেন হকিং পর্যন্ত বিশ্বের শ্রেষ্ঠতম মস্তিষ্কগুলো এক গভীর দার্শনিক ও গাণিতিক বিতর্কে লিপ্ত ছিলেন: এই প্রসারণ কি চিরকাল চলতে থাকবে? নাকি কোনো এক মহাজাগতিক মুহূর্তে মহাকর্ষের অমোঘ টান এই প্রসারণকে থামিয়ে দেবে এবং একে সংকুচিত করতে শুরু করবে? বিজ্ঞানীরা এই তত্ত্বকে বলেন 'বিগ বাউন্স' (Big Bounce)। মহাবিশ্ব যেমন একটি অকল্পনীয় তপ্ত, ক্ষুদ্র এবং অতি-ঘন আদি বিন্দু (বিগ ব্যাং) থেকে শুরু হয়েছিল, এর সমাপ্তিও হয়তো একটি মহাজাগতিক ধসের মাধ্যমে আসতে পারে, যা 'বিগ ক্রাঞ্চ' (Big Crunch) নামে পরিচিত। সেই মুহূর্তে বিলিয়ন বিলিয়ন নক্ষত্র, গ্রহ, ব্ল্যাক হোল এবং গ্যালাক্সি আবার সেই আদি বিন্দুতে বিলীন হয়ে যাবে। এই বিশালতা নিয়ে চিন্তা করলে মানুষের ইতিহাস, সাম্রাজ্য এবং অস্তিত্বকে এক মুহূর্তের মহাজাগতিক ধূলিকণার মতো মনে হয়। আমাদের সমস্ত যুদ্ধ, বিজয় এবং বিবর্তন এই অনন্তকালের সামনে এক সেকেন্ডের ভগ্নাংশ মাত্র।

আশ্চর্যের বিষয় হলো, আমরা যে পৃথিবীর ওপর এত গর্ব করে দাঁড়িয়ে আছি, সেই পৃথিবী সম্পর্কেই বা আমরা কতটা জানি? প্রযুক্তির এই স্বর্ণযুগেও আমাদের কাছে পৃথিবীর মাত্র ২৯ শতাংশ স্থলভাগের বিস্তারিত তথ্য রয়েছে। বাকি ৭১ শতাংশ জুড়ে রয়েছে বিশাল, দুর্ধর্ষ এবং গভীর রহস্যময় মহাসাগর। সমুদ্রের তলদেশের নিকষ কালো জগত সম্পর্কে আমাদের জ্ঞান এতটাই নগণ্য যে তা শিউরে ওঠার মতো—এই বিশাল জলরাশির ৯৫ শতাংশই মানুষের কাছে আজও অনাবিষ্কৃত এবং অজানা। মারিয়ানা ট্রেঞ্চের মতো অতল খাদগুলোর চরম পরিবেশে কী অদ্ভুত প্রাণী বা অজানা প্রাণের অস্তিত্ব টিকে আছে, তা আমাদের সাধারণ কল্পনার বাইরে। আমরা যখন নিজেদের পায়ের নিচের মাটি আর পানি সম্পর্কেই এত কম জানি, তখন কোটি কোটি আলোকবর্ষ দূরের অনন্ত মহাবিশ্ব সম্পর্কে পূর্ণ জ্ঞান লাভ করা হিমালয় জয়ের মতোই এক অসম্ভব চ্যালেঞ্জ। তবুও মানুষের কৌতূহল বিরামহীন; সীমাবদ্ধ ক্ষমতা নিয়েও আমরা এই কুয়াশাচ্ছন্ন রহস্যগুলো উন্মোচনের চেষ্টা করি, যেন অন্ধকার অরণ্যে একটি ছোট্ট মোমবাতি নিয়ে পুরো বনকে বোঝার চেষ্টা।

৩.২ আমাদের সৌর পরিবার: অসীমের মাঝে এক তুচ্ছ বিন্দু

আসুন আমাদের নিজস্ব মহাজাগতিক পাড়া—সৌরজগতের দিকে একটু কাছ থেকে তাকাই। আমরা প্রত্যেকে একটি নির্দিষ্ট পাড়া, গ্রাম বা শহরে বাস করি এবং আমাদের দেশ বা মহাদেশ আমাদের কাছে বিশাল মনে হতে পারে। একজন মানুষের জন্য পুরো পৃথিবী ভ্রমণ করা সারাজীবনের এক চ্যালেঞ্জ। সমগ্র পৃথিবীর উপরিভাগের ক্ষেত্রফল প্রায় ৫১০ মিলিয়ন বর্গ কিলোমিটার—যা একজন সাধারণ মানুষের পক্ষে হেঁটে পাড়ি দেওয়া এক জীবনে অসম্ভব। অথচ সমগ্র সৌরজগতের প্রেক্ষাপটে এই বিশাল পৃথিবী এক মুঠো বালির চেয়েও শতগুণ ছোট। আমরা যদি সৌরজগতকে একটি বড় স্টেডিয়াম কল্পনা করি, তবে পৃথিবী হবে মাঠের মাঝখানে পড়ে থাকা একটি ক্ষুদ্র বালুকণা।

আমাদের সৌরজগতের কেন্দ্রবিন্দু হলো সূর্য—এক বিশাল, প্রচণ্ড ও প্রজ্বলিত চুল্লি। সূর্য এতটাই প্রকাণ্ড যে এর ফাঁপা খোলসের ভেতরে প্রায় ১.৩ মিলিয়ন বা ১৩ লক্ষ পৃথিবী অনায়াসেই এঁটে যাবে। ভেবে দেখুন: আমাদের পুরো পৃথিবী যদি একটি ছোট মার্বেলের আকারের হয়, তবে সূর্য হবে একটি বড় বাসের আকারের। সূর্যের ব্যাস পৃথিবীর তুলনায় প্রায় ১০৯ গুণ বড় এবং এর ভর সমগ্র সৌরজগতের মোট ভরের ৯৯.৮

শতাংশ। অর্থাৎ সূর্য একাই সমস্ত গ্রহ, উপগ্রহ, গ্রহাণু, ধুমকেতু এবং ধূলিকণার চেয়ে শত শত গুণ ভারী। সূর্য কোনো সাধারণ গ্রহ নয়; এটি একটি নিরন্তর জ্বলন্ত প্রাকৃতিক পারমাণবিক চুল্লি, যার অদৃশ্য শক্তিশালী মহাকর্ষের শিকল আটটি বিশাল গ্রহ, হাজার হাজার উপগ্রহ এবং লক্ষ লক্ষ গ্রহাণুকে কোটি কোটি বছর ধরে এক সুশৃঙ্খল ও নিখুঁত পথে ঘুরিয়ে রাখছে। এখান থেকে এক ইঞ্চি বিচ্যুতি মানেই মহাধ্বংস।

গ্রহগুলোর সাথে সূর্যের দূরত্ব এতটাই অকল্পনীয় যে সাধারণ সংখ্যা দিয়ে তা প্রকাশ করা মানুষের মস্তিষ্কের জন্য এক কঠিন সংগ্রাম। পাঠ্যবইয়ে আমরা যখন সৌরজগতের চিত্র দেখি, গ্রহগুলোকে কাছাকাছি মনে হয়, কিন্তু বাস্তবে তারা একে অপরের থেকে কোটি কোটি মাইল দূরে। যদি সমস্ত গ্রহের কক্ষপথের দূরত্ব এবং সূর্য থেকে তাদের গড় দূরত্ব যোগ করা হয়, তবে তা ১০,১২১.৯ মিলিয়ন কিলোমিটার ছাড়িয়ে যাবে। পৃথিবী থেকে সূর্যের গড় দূরত্ব প্রায় ১৫০ মিলিয়ন কিলোমিটার, তবুও মহাজাগতিক স্কেলে এটিই আমাদের নিকটতম প্রতিবেশী নক্ষত্র। দূরতম গ্রহ নেপচুনের দূরত্ব এত বেশি যে সূর্যের আলো সেখানে পৌঁছাতে কয়েক ঘণ্টা সময় নেয়। আলোর গতি প্রতি সেকেন্ডে ৩,০০,০০০ কিলোমিটার হওয়া সত্ত্বেও নেপচুনে

পৌঁছাতে তার সময় লাগে প্রায় ৪ ঘণ্টা ১০ মিনিট। এই চিত্রটি কেবল আমাদের নিজেদের ঘর বা সৌরজগতের একটি প্রাথমিক পরিচয় মাত্র।

কিন্তু আপনি কি জানেন যে এই বিশাল সৌরজগতই মহাবিশ্বের শেষ কথা নয়? মোটেও না। এটি কেবল একটি বিশাল মহাকাব্যের প্রথম পাতার ক্ষুদ্রতম প্রথম বর্ণ মাত্র। আমাদের সৌরজগত 'মিল্কি ওয়ে' (Milky Way) বা আকাশগঙ্গা নামক একটি বিশাল সর্পিলাকার গ্যালাক্সির বিলিয়ন বিলিয়ন নক্ষত্রমণ্ডলীর মধ্যে একটি সাধারণ, অখ্যাত এবং প্রান্তিক সদস্য মাত্র। আমাদের মিল্কি ওয়েতে সূর্যের মতো প্রায় ১০০ থেকে ৪০০ বিলিয়ন নক্ষত্র রয়েছে। প্রতিটি নক্ষত্রের নিজস্ব গ্রহমণ্ডল থাকতে পারে। আর সমগ্র পর্যবেক্ষণযোগ্য মহাবিশ্বে আমাদের মিল্কি ওয়ের মতো ট্রিলিয়ন ট্রিলিয়ন গ্যালাক্সি রয়েছে। এবার চোখ বন্ধ করে ভাবুন: এই মহাবিশ্বের অনন্ত বিস্তারে আপনি, আমি বা এই বিশাল পৃথিবীর অবস্থান আসলে কোথায়? আমরা কি সত্যিই মহাজাগতিক সাগরে ভেসে থাকা এক কণা ধূলির চেয়েও ক্ষুদ্র কিছু নই? এই উপলব্ধি মানুষের অহংকারকে মাটির সাথে মিশিয়ে দেয়।

৩.৩ আলোকবর্ষ এবং দূরত্বের বিভ্রম: এক অন্তহীন যাত্রার রূপরেখা

মহাবিশ্বের বিশালতা বুঝতে হলে আমাদের 'কিলোমিটার' বা 'মাইল' দিয়ে মাপার পার্থিব অভ্যাস চিরতরে ত্যাগ করতে হবে। মহাকাশে দূরত্ব মাপার জন্য বিজ্ঞানীরা 'আলোকবর্ষ' (Light-Year) একক ব্যবহার করেন। এক আলোকবর্ষ হলো আলো এক বছরে শূন্যস্থানে যতটুকু দূরত্ব অতিক্রম করে—যা প্রায় ৯.৪৬ ট্রিলিয়ন কিলোমিটার! আমাদের নিকটতম প্রতিবেশী নক্ষত্র 'প্রক্সিমা সেন্টাউরি'তে পৌঁছাতেও আলোর গতিতে চললে ৪ বছরের বেশি সময় লাগবে। অথচ আমাদের বর্তমানের দ্রুততম মহাকাশযানে সেখানে যেতে চাইলে সময় লাগবে প্রায় ৭০,০০০ বছর! এর মানে হলো পাশের বাড়ির নক্ষত্রটিতে পৌঁছাতেই মানুষের শত শত প্রজন্ম পার হয়ে যাবে। এই বিশাল শূন্যতাই এক গ্রহ থেকে অন্য গ্রহে আমাদের যাত্রার প্রধান অন্তরায়।

যখন আমরা টেলিস্কোপের সাহায্যে কোনো দূরবর্তী নক্ষত্র বা গ্যালাক্সি দেখি, আমরা বর্তমানে বাস করি না; আমরা অজান্তেই

অতীতের দিকে তাকাই। এটি মহাবিশ্বের এক অদ্ভুত জাদু। যদি কোনো নক্ষত্র আমাদের থেকে ১০০ আলোকবর্ষ দূরে থাকে, তবে আমরা এখন যে আলোটি দেখছি তা ঠিক ১০০ বছর আগে সেই নক্ষত্র থেকে তার যাত্রা শুরু করেছিল। এর অর্থ হলো, যদি এই মুহূর্তে সেই নক্ষত্রটি ধ্বংস হয়ে যায়, তবে আমরা ১০০ বছরের আগে তা জানতে পারব না। মহাবিশ্ব একটি বিশাল টাইম মেশিনের মতো যেখানে দূরত্ব হলো সময়ের এক গভীর ও জটিল গোলকধাঁধা। আমরা যখনই আকাশের দিকে তাকাই, আমরা মহাবিশ্বের ইতিহাস দেখি, তার বর্তমানকে নয়। আমাদের ছোট্ট পৃথিবী সেই গোলকধাঁধার এক অন্ধকার কোণে অত্যন্ত অগোচরে অবস্থিত।

এই বিশাল দূরত্ব আমাদের মনে করিয়ে দেয় যে আমরা মহাজাগতিকভাবে আসলে কতটা বিচ্ছিন্ন। এক নক্ষত্র থেকে অন্য নক্ষত্রের মাঝখানের এই বিশাল শূন্যতাকে বলা হয় 'ইন্টারস্টেলার স্পেস' (Interstellar Space)। এই শূন্যতায় কোনো বাতাস নেই, কোনো শব্দ নেই। আছে কেবল এক গভীর নিস্তব্ধতা আর হাড়কাঁপানো শীতলতা। আমরা এই নিথর সমুদ্রে একটি ছোট নৌকার মতো ভাসছি, যার চারদিকে লক্ষ লক্ষ

মাইল জুড়ে কেবল শূন্যতা। এই বিচ্ছিন্নতা আমাদের অস্তিত্বকে আরও বেশি রহস্যময় করে তোলে।

৩.৪ শূন্যতার সৌন্দর্য এবং পৃথিবীর অনন্য গাণিতিক ভারসাম্য

এই বিশাল মহাজাগতিক সাগরে ট্রিলিয়ন ট্রিলিয়ন গ্রহ ও নক্ষত্র থাকলেও, পৃথিবীর মতো প্রাণবন্ত, সুন্দর এবং অবিশ্বাস্যভাবে ভারসাম্যপূর্ণ আর কোনো গ্রহ আছে কি না, তা বিজ্ঞানের অন্যতম শ্রেষ্ঠ অমীমাংসিত রহস্য হয়ে রয়েছে। মহাবিশ্বের বেশিরভাগ অংশই পরম শূন্যতা, বিষাক্ত গ্যাস এবং হাড়কাঁপানো অন্ধকার শীতলতায় পূর্ণ। সেখানে কোনো অক্সিজেন নেই, প্রাণের ন্যূনতম স্পন্দন নেই। এই ভয়াবহ ও নিথর অসীমের মাঝে আমাদের পৃথিবী একটি ছোট্ট 'নীল মার্বেল'-এর মতো উজ্জ্বল হয়ে জ্বলছে। এখানে আকাশ নীল, পাহাড় উঁচু, নদী বহমান, আর এখানে মানুষের মতো বুদ্ধিদীপ্ত সত্তার উপস্থিতি ও ভালোবাসা আছে।

সূর্য থেকে পৃথিবীর দূরত্ব ঠিক ততটুকুই, যতটুকু হলে পানি তরল অবস্থায় থাকতে পারে এবং প্রাণের অনুকূল পরিবেশ তৈরি হয়—যাকে বিজ্ঞানীরা বলেন 'গোলডিলকস জোন'

(Goldilocks Zone)। এটি এক অবিশ্বাস্য গাণিতিক নিখুঁততা। পৃথিবী যদি সূর্যের সামান্য কাছে হতো (মাত্র কয়েক শতাংশ), তবে প্রচণ্ড তাপে সমস্ত পানি বাষ্পীভূত হয়ে যেত এবং পৃথিবী শুক্র গ্রহের মতো ভস্মীভূত হয়ে যেত। আবার পৃথিবী যদি সামান্য দূরে হতো, তবে পরম শূন্যের ঠান্ডায় সবকিছু জমে কঠিন বরফ হয়ে যেত। এই নিখুঁত গাণিতিক ভারসাম্য কি কেবল একটি মহাজাগতিক কাকতালীয় ঘটনা? নাকি এর পেছনে কোনো মহাজাগতিক স্থপতি বা মহান স্রষ্টার এক দক্ষ, দূরদর্শী এবং অকল্পনীয় কারুকার্য রয়েছে?

পৃথিবীর অবস্থান কেবল দূরত্বের ওপরই নির্ভর করে না, বরং আমাদের বায়ুমণ্ডলের ঘনত্ব, চৌম্বক ক্ষেত্র এবং চাঁদের সুনির্দিষ্ট অবস্থানের ওপরও নির্ভর করে। এই সবকিছুর সম্মিলিত ফলাফলই হলো আমাদের প্রাণের স্পন্দন। এই অধ্যায়ে আমরা সেই রহস্যের আরও গভীরে প্রবেশ করব, যেখানে আধুনিক বিজ্ঞান এবং আধ্যাত্মিক দর্শন হাত ধরাধরি করে মহাবিশ্বের অসীমের পথে যাত্রা শুরু করে। আমাদের অস্তিত্ব এই ধূলিকণায় হলেও, আমাদের দৃষ্টি সেই অনন্ত আকাশের নক্ষত্ররাজিতে নিবদ্ধ। আমরা হয়তো ক্ষুদ্র, কিন্তু আমাদের চিন্তা অসীম।

৩.৫ ভয়েজারের চোখে একটি 'বিবর্ণ নীল বিন্দু': মহাজাগতিক দর্পণে মানুষের মুখ

লোহা, তামা আর সিলিকন দিয়ে তৈরি একটি ক্ষুদ্র যান্ত্রিক সত্তা মহাকাশের অতল ও রহস্যময় গভীরে কতটা পথ পাড়ি দিতে পারে? আমাদের বুদ্ধিবৃত্তি, অদম্য সাহস আর চিরন্তন কৌতূহলের শেষ সীমানা আসলে কোথায়? ১৯৭৭ সালে নাসা যখন সীমাহীন শূন্যতায় 'ভয়েজার ১' এবং 'ভয়েজার ২' নামক যমজ মহাকাশযান উৎক্ষেপণ করেছিল, তখন সেগুলো ছিল মানবজাতির শ্রেষ্ঠ প্রযুক্তির প্রতীক এবং অজানার সন্ধানে এক মহৎ দূত। সেই সময় পৃথিবীর খুব কম মানুষই কল্পনা করতে পেরেছিলেন যে, এই ধাতব যন্ত্রগুলো একদিন আমাদের পরিচিত সৌরজগতের সীমানা ছাড়িয়ে নক্ষত্রদের চিরন্তন, নিস্তব্ধ ও জনহীন মহাসাগরে প্রবেশ করবে। ২০২৬ সালের সর্বশেষ বৈজ্ঞানিক তথ্য অনুযায়ী, ভয়েজার ১ পৃথিবী থেকে ২৩.৪ বিলিয়ন কিলোমিটারের বেশি (ফ্লাইট পাথে প্রায় ৭৭.৬ বিলিয়ন কিমি) দূরে অবস্থান করছে, যা ইতিহাসের দূরতম এবং দ্রুততম মানবসৃষ্ট বস্তু হিসেবে এক নজিরবিহীন রেকর্ড স্থাপন করেছে।

এর যমজ ভাই ভয়েজার ২-ও খুব বেশি পিছিয়ে নেই, এটি ১২.১ বিলিয়ন কিলোমিটারেরও বেশি পথ পাড়ি দিচ্ছে। তারা প্রতি ঘণ্টায় প্রায় ৫৪,০০০ কিলোমিটার অবিশ্বাস্য ও দানবীয় গতিতে ছুটে চলেছে—এমন এক নিকষ কালো অন্ধকার আর একাকীত্বের দিকে যেখানে সূর্যের উজ্জ্বলতা কমে গিয়ে একটি সাধারণ নক্ষত্রের মতো দেখায় এবং যেখানে মহাজাগতিক শূন্যতার হাড়কাঁপানো ঠান্ডা প্রতিটি পরমাণুকে জমিয়ে দেওয়ার হুমকি দেয়। এই দূরত্ব থেকে পৃথিবীতে আলোর গতিতে পাঠানো একটি রেডিও বার্তাও পৌঁছাতে ২০ ঘণ্টার বেশি সময় লাগে। ভয়েজার যেন মহাকাশের এক চিরস্থায়ী যাযাবর, যার কোনো শেষ গন্তব্য নেই।

এই দীর্ঘ, ক্লান্তিকর এবং নিঃসঙ্গ মিশনের সবচেয়ে হৃদয়স্পর্শী ঘটনাটি, যা মানবজাতির আত্ম-উপলব্ধিকে চিরতরে বদলে দিয়েছিল, তা ঘটেছিল ১৯৯০ সালের ১৪ ফেব্রুয়ারি। পৃথিবীতে সেদিন ছিল ভালোবাসা দিবস, আর ঠিক সেই দিনেই ভয়েজার ১ মানবজাতিকে দিয়েছিল মহাবিশ্বের শ্রেষ্ঠ ভালোবাসা, সত্য এবং আকুলতার এক অমোঘ ছবি। ভয়েজার ১ তখন সৌরজগতের কিনারে, পৃথিবী থেকে প্রায় ৬ বিলিয়ন কিলোমিটার দূরে। মহাজাগতিক একাকীত্বের এমন এক চরম

পর্যায়ে সেটি ছিল যেখান থেকে আমাদের বিশাল পৃথিবীকে খালি চোখে খুঁজে পাওয়া অসম্ভব। ঠিক সেই মুহূর্তে, প্রখ্যাত বিজ্ঞানী, দার্শনিক ও দূরদর্শী জ্যোতির্বিজ্ঞানী কার্ল সেগানের আবেগঘন অনুরোধে নাসা এক অভূতপূর্ব ও ঝুঁকিপূর্ণ কাজ করল। মহাকাশযানটির ক্যামেরার লেন্স তার সামনের পথ থেকে সম্পূর্ণ ঘুরিয়ে শেষবারের মতো তার জন্মস্থান—আমাদের নীলাভ পৃথিবীর দিকে ফেরানো হলো। যন্ত্রটি তার যান্ত্রিক, প্রাণহীন চোখ দিয়ে একটি শেষ ছবি তুলল। সেই আলোকচিত্রটি পরবর্তীতে মানব ইতিহাসে বিজ্ঞানের চেয়ে বড় এক আধ্যাত্মিক দলিলে পরিণত হয়।

সেই ছবিতে যা ধরা পড়েছিল, তা দেখে তৎকালীন সময়ের শ্রেষ্ঠ বিজ্ঞানীরাও নির্বাক হয়ে গিয়েছিলেন। মহাজাগতিক অন্ধকারের এক বিশাল, নিকষ কালো ও গ্রাসকারী ক্যানভাসে, বিক্ষিপ্ত সূর্যালোকের একটি অত্যন্ত সরু ও ক্ষীণ রশ্মির মধ্যে একটি ক্ষুদ্র, ঝাপসা, বিবর্ণ নীল ধূলিকণা যেন অলৌকিকভাবে ঝুলে আছে। সেই ঐতিহাসিক ও কালজয়ী আলোকচিত্রটির নাম দেওয়া হলো "পেল ব্লু ডট" (Pale Blue Dot) বা 'বিবর্ণ নীল বিন্দু'। এটি কেবল একটি ডিজিটাল পিক্সেল ছিল না; এটি ছিল মহাবিশ্বের অকল্পনীয় ও ভয়াবহ বিশালতার সামনে মানুষের

গর্ব, অহংকার, জয় করার নেশা এবং সীমাহীন ইগো বা আমিত্বের চূড়ান্ত পরাজয়ের এক শেষ দলিল। এটি স্পষ্টভাবে আঙুল দিয়ে দেখিয়ে দিল যে, আমরা যাকে 'বিশাল পৃথিবী' বলে গর্ব করি, তা আসলে মহাবিশ্বের এক অন্ধকার কোণে পড়ে থাকা এক সাধারণ, তুচ্ছ ধূলিকণা মাত্র।

এই ছবির দিকে তাকিয়ে কার্ল সেগানের বলা কথাগুলো আজও অমর হয়ে আছে, যা প্রতিটি চিন্তাশীল মানুষের হৃদয়ে এক গভীর আধ্যাত্মিক কম্পন এবং শত শত প্রশ্ন তৈরি করে। তিনি লিখেছিলেন:

"আবার ওই বিন্দুর দিকে তাকাও। ওটাই এখানে। ওটাই ঘর। ওটাই আমরা। ওর ওপরই সেইসব মানুষ যাদের তুমি ভালোবাসো, যাদের তুমি চেনো, যাদের কথা তুমি কখনো শুনেছ, প্রতিটি মানুষ যারা একসময় ছিল, তারা তাদের জীবন কাটিয়ে দিয়েছে। আমাদের সমস্ত আনন্দ ও বেদনার সমষ্টি, হাজার হাজার আত্মবিশ্বাসী ধর্ম, মতাদর্শ এবং অর্থনৈতিক মতবাদ, প্রতিটি শিকারি ও সংগ্রাহক, প্রতিটি নায়ক ও কাপুরুষ, সভ্যতার প্রতিটি স্রষ্টা ও ধ্বংসকারী, প্রতিটি রাজা ও

কৃষক, প্রেমে পড়া প্রতিটি তরুণ দম্পতি, প্রতিটি মা ও বাবা, আশাবাদী শিশু, উদ্ভাবক ও অন্বেষণকারী, নৈতিকতার প্রতিটি শিক্ষক, প্রতিটি দুর্নীতিবাজ রাজনীতিক, প্রতিটি 'সুপারস্টার', প্রতিটি 'পরম নেতা', আমাদের প্রজাতির ইতিহাসের প্রতিটি সাধু ও পাপী সেখানেই বাস করত—সূর্যালোকের রশ্মিতে ঝুলে থাকা এক কণা ধূলির ওপর।"

সেগানের এই কালজয়ী দর্শন আমাদের এক রূঢ় ও তিক্ত সত্যের মুখোমুখি করে। পৃথিবীর যে কৃত্রিম সীমানাগুলো নিয়ে আমরা রক্তক্ষয়ী যুদ্ধ করি, যে ছোট ছোট ভূখণ্ডের জন্য আমরা হাজার হাজার নিরপরাধ প্রাণ নিতে দ্বিধা করি না—সেই সব দাঙ্গা, যুদ্ধ আর জাতিগত ঘৃণা ওই বিন্দুর এক কোণ থেকে অন্য কোণেই সীমাবদ্ধ। এই অনন্ত মহাজাগতিক সাগরের প্রেক্ষাপটে আমাদের সমস্ত তুচ্ছ অহংকার, কাল্পনিক শ্রেষ্ঠত্বের দাবি এবং আমাদের জৈবিক অস্তিত্ব কতটাই না ভঙ্গুর, ক্ষণস্থায়ী এবং নগণ্য। এই অনন্ত অন্ধকারের গভীরে পৃথিবী একটি নিঃসঙ্গ, ক্ষুদ্র ও টিমটিমে মোমবাতির মতো। এটি আমাদের প্রতি মুহূর্তে মনে করিয়ে দেয় যে, এই বিশাল মহাজাগতিক প্রতিকূলতার সামনে অন্য কোনো জগত থেকে কেউ আমাদের রক্ষা করতে বা উদ্ধার করতে আসবে না—অন্তত অদূর ভবিষ্যতে তো নয়ই।

তাই এই ক্ষুদ্র, বিরল নীল বিন্দুটিকে টিকিয়ে রাখার এবং একে পারস্পরিক ভালোবাসা দিয়ে আগলে রাখার একমাত্র দায়িত্ব কেবল আমাদেরই।

ভয়েজার এখন আমাদের থেকে এত দূরে চলে গেছে যে, সেখান থেকে কোনো শক্তিশালী যন্ত্র দিয়েও আমাদের অস্তিত্ব খুঁজে পাওয়া সম্ভব নয়। কিন্তু মানুষের তৈরি সেই তুচ্ছ ক্যামেরাটি আমাদের জন্য এক বিশাল আধ্যাত্মিক শিক্ষা রেখে গেছে। আমরা হয়তো নক্ষত্রের উপাদান বা ধূলিকণা দিয়ে তৈরি জৈবিক সত্তা, কিন্তু আমাদের জ্ঞানতৃষ্ণা আর অদম্য সাহস সত্যিই অনন্ত। সেই বিবর্ণ নীল বিন্দু আমাদের শিখিয়েছে বিনয়ী হওয়া কতটা প্রয়োজন, এবং একে অপরের প্রতি নিঃস্বার্থ মমতা বাড়ানো কতটা অপরিহার্য। মহাকাশের অতল থেকে ভেসে আসা সেই নীরব বার্তা আজও আমাদের কানে বাজে—আমরা ক্ষুদ্র হতে পারি, আমরা মরণশীল হতে পারি, কিন্তু আমাদের সম্মিলিত প্রজ্ঞা আর একতা এই ধূলিকণার মতো গ্রহটিকে একটি মহাজাগতিক স্বর্গে রূপান্তরিত করতে পারে।

৩.৬ মহাজাগতিক একাকীত্ব এবং একটি নীরব সোনালি গান

ভয়েজার যখন সূর্যের মহাকর্ষের টান কাটিয়ে 'ইন্টারস্টেলার স্পেস' বা নক্ষত্রমণ্ডলগুলোর মাঝখানের চিরন্তন ও নিঝুম শূন্যতায় প্রবেশ করছে, তখন সেটি কেবল একগুচ্ছ ধাতব যন্ত্র বা সিলিকন চিপ বহন করে নিয়ে যাচ্ছে না। তার হৃদয়ের ভেতরে অত্যন্ত সযত্নে সংরক্ষিত আছে তামা দিয়ে তৈরি এবং খাঁটি সোনা দিয়ে মোড়ানো ১২ ইঞ্চির একটি গ্রামোফোন রেকর্ড—যা "গোল্ডেন রেকর্ড" (Golden Record) নামে পরিচিত। এটি যেন অনন্ত মহাবিশ্বের অজানা গন্তব্যের উদ্দেশ্যে মানবজাতির পক্ষ থেকে পাঠানো একটি কালজয়ী প্রেমপত্র। এতে রয়েছে আমাদের প্রিয় বাংলাসহ ৫৫টি ভিন্ন ভাষায় শুভেচ্ছা বার্তা, পাখির গান, ঝরনার শব্দ, সমুদ্রের ঢেউয়ের গর্জন, বাতাসের শিস, এমনকি একটি নবজাতক শিশুর আদিম কান্নার শব্দও। এর সাথে যুক্ত করা হয়েছে মোজার্ট, বিটোফেন ও বাখের মতো কিংবদন্তি সুরকারদের ধ্রুপদী মূর্ছনা এবং মানব সভ্যতার বিচিত্র সংস্কৃতির লোকজ সুর।

আজ থেকে বিলিয়ন বিলিয়ন বছর পর মহাবিশ্বের অন্য কোনো প্রান্তে যদি কোনো উন্নত ভিনগ্রহী সভ্যতা এই অকেজো ভয়েজার মহাকাশযানটি খুঁজে পায়, তবে সেই রেকর্ডটি বাজিয়ে

তারা অন্তত জানতে পারবে যে—হ্যাঁ, একদা এই বিশাল অন্ধকারের মাঝে একটি ছোট নীল গ্রহে একদল অদ্ভুত, জেদি আর স্বপ্নবাজ মানুষ বাস করত। তারা জানতে পারবে যে আমরা হাসতে জানতাম, আমরা একে অপরকে ভালোবাসতে জানতাম, আমাদের শিল্পকলা ছিল এবং আমরা একটি শান্তিপূর্ণ ও সুন্দর মহাবিশ্বের স্বপ্ন দেখতে জানতাম। ভয়েজার তখন হবে আমাদের বিলুপ্ত সভ্যতার একমাত্র অমর অবশেষ, যা হয়তো তখনও টিকে থাকবে যখন এই মহাবিশ্বের মানচিত্র থেকে পৃথিবী আর সূর্যের নাম চিরতরে মুছে যাবে। এটিই হবে আমাদের অস্তিত্বের শেষ সাক্ষী।

ভয়েজারের এই দীর্ঘ, নীরব ও নিঃসঙ্গ যাত্রা আসলে আমাদের প্রত্যেকের ব্যক্তিগত জীবনের এক গভীর রূপক যাত্রা। এটি এক মুহূর্তেই আমাদের সীমাবদ্ধতাকে আঙুল দিয়ে দেখিয়ে দেয়, আবার একই সাথে আমাদের অদম্য স্বপ্নগুলোকে নক্ষত্রের আলোর মতো উজ্জ্বল করে তোলে। আমরা হয়তো এই বিশাল মহাজাগতিক সাগরে ভেসে থাকা ক্ষুদ্রতম ধূলিকণা, কিন্তু সেই কণার ভেতরেই লুকিয়ে আছে সমগ্র মহাবিশ্বের রহস্য উন্মোচনের এক তীব্র তৃষ্ণা। আমাদের পা এই পৃথিবীর মরণশীল মাটিতে থাকলেও, আমাদের বুদ্ধি আর কল্পনা

ভয়েজারের মাধ্যমে ছুঁয়ে যাচ্ছে অনন্ত নক্ষত্ররাজির সীমানা। এই যাত্রায় আমরা একা নই; আমাদের সাথে আছে আমাদের পূর্বপুরুষদের স্বপ্ন আর উত্তরসূরিদের উজ্জ্বল ভবিষ্যৎ।

৩.৭ মহাবিশ্বের ভারসাম্য: কাকতালীয় নাকি ঐশ্বরিক নিখুঁত নকশা?

এই অধ্যায়ের শেষ প্রান্তে এসে একটি অত্যন্ত গভীর ও মৌলিক প্রশ্ন জাগে—পৃথিবী নামক এই ধূলিকণার অস্তিত্ব এবং এর চারপাশে থাকা নিখুঁত সুরক্ষা ব্যবস্থাগুলো কি সব কোটি কোটি বছরের বিবর্তনে তৈরি হওয়া স্রেফ একটি বিশাল মহাজাগতিক কাকতালীয় ঘটনা? সূর্য থেকে পৃথিবীর দূরত্ব যদি এখনকার চেয়ে মাত্র ৫ শতাংশ কম বা বেশি হতো, তবে কি পৃথিবীতে প্রাণের এই বিশাল উৎসব চলত? বৃহস্পতি গ্রহ যদি ঢাল হয়ে মহাকাশে ছুটে আসা হাজার হাজার ধ্বংসাত্মক গ্রহাণুকে তার শক্তিশালী মহাকর্ষ দিয়ে টেনে না নিত, তবে কি আজও আমরা টিকে থাকতাম? চাঁদের সঠিক আকার আর দূরত্ব না থাকলে আমাদের সমুদ্রের জোয়ার-ভাটা আর ঋতুচক্র কি অটুট থাকত?

এই গাণিতিক নিখুঁততা সবচেয়ে যুক্তিবাদী মানুষকেও থমকে দাঁড়িয়ে ভাবতে বাধ্য করে।

বিখ্যাত বিজ্ঞানী আলবার্ট আইনস্টাইন একবার গভীর উপলব্ধিতে বলেছিলেন, "ঈশ্বর মহাবিশ্ব নিয়ে পাশা খেলেন না।" অর্থাৎ প্রতিটি নক্ষত্রের নিখুঁত অবস্থান, প্রতিটি গ্যালাক্সির সুশৃঙ্খল আবর্তন এবং প্রতিটি ধূলিকণার ওজন গাণিতিক নিয়মের এক অত্যন্ত সূক্ষ্ম ও অদৃশ্য সুতো দিয়ে খুব নিপুণভাবে একে অপরের সাথে বাঁধা। আমরা যখন ভয়েজারের চোখে নিজেদের ক্ষুদ্রতাকে দেখি, তখন একই সাথে সেই অনন্ত শক্তির বিশালতা অনুভব করি যিনি এই বিশাল ক্যানভাসে আমাদের ছোট্ট বিন্দুটিকে এত যত্ন আর এত ভালোবাসা দিয়ে এঁকেছেন।

৩.৮ গ্যালাক্সি এবং সুপারক্লাস্টার: অসীমের পথে এক অন্তহীন যাত্রা

আমরা যদি আমাদের সৌরজগতকে একটি ক্ষুদ্র ধূলিকণা হিসেবে কল্পনা করি, তবে আমাদের গ্যালাক্সি বা ছায়াপথ হবে

এক বিশাল, সীমাহীন এবং রহস্যময় সাহারা মরুভূমি। যে আটটি গ্রহ আর অগণিত গ্রহাণু নিয়ে আমরা গর্ব করি, মহাজাগতিক পরিমাপে তা একটি অতল মহাসাগরে অদৃশ্য এক ফোঁটা পানির চেয়েও ছোট। আমাদের ঘর, 'মিল্কি ওয়ে' বা আকাশগঙ্গা গ্যালাক্সি প্রায় ২০০ থেকে ৪০০ বিলিয়ন উজ্জ্বল নক্ষত্র নিয়ে গঠিত। পরিষ্কার রাতের আকাশে আমরা আলোর যে দুধসাদা রেখা দেখতে পাই, তা আসলে এই বিশাল গ্যালাক্সির একটি সর্পিলাকার বাহু মাত্র। এর ভেতরের প্রতিটি নক্ষত্র হতে পারে নিজস্ব একটি সৌরজগতের কেন্দ্র, যেখানে বিলিয়ন বিলিয়ন অজানা গ্রহ এবং উপগ্রহ আবর্তিত হচ্ছে—যা আমাদের বর্তমান দৃষ্টির সম্পূর্ণ বাইরে। বিজ্ঞানীদের ধারণা, কেবল এই মিল্কি ওয়েতেই পৃথিবীর মতো বিলিয়ন বিলিয়ন বাসযোগ্য গ্রহ থাকতে পারে।

এর বিশালতা স্তম্ভিত করে দেওয়ার মতো: আলোর গতিতে (প্রতি সেকেন্ডে ৩,০০,০০০ কিলোমিটার) ভ্রমণ করলে মিল্কি ওয়ের এক প্রান্ত থেকে অন্য প্রান্তে যেতে সময় লাগবে প্রায় ১,০০,০০০ বছর। মানুষের গড় আয়ু ১০০ বছর ধরলে, আমাদের নিজস্ব গ্যালাক্সির সীমানায় পৌঁছাতেই এক হাজার প্রজন্ম পার হয়ে যাবে। তবুও, মিল্কি ওয়ে পুরো মহাবিশ্ব নয়;

এটি অনন্ত সাগরে কেবল একটি বালুকণা মাত্র। মহাকাশের শূন্যতায় এমন ট্রিলিয়ন ট্রিলিয়ন গ্যালাক্সি ছড়িয়ে আছে, যার প্রত্যেকটিতে রয়েছে শত শত বিলিয়ন নক্ষত্র। মহাকর্ষ বলের কারণে গ্যালাক্সিগুলো যখন একত্রিত হয়, তখন তারা 'গ্যালাক্সি ক্লাস্টার' বা গ্যালাক্সি স্তবক গঠন করে। এদের মধ্যবর্তী দূরত্ব এতই বেশি যে সেই ব্যবধান ঘুচিয়ে আলো পৌঁছাতে হাজার হাজার বা লক্ষ লক্ষ বছর সময় লাগে।

আমাদের নিকটতম বিশাল প্রতিবেশী হলো 'অ্যান্ড্রোমিডা' গ্যালাক্সি। এটি একটি দানবীয় ও সুন্দর সর্পিলাকার গ্যালাক্সি, যা আমাদের মিল্কি ওয়ের চেয়েও বড়। এটি প্রায় ২.৫৩৭ মিলিয়ন আলোকবর্ষ দূরে অবস্থিত। এর অর্থ হলো, আজ আমাদের টেলিস্কোপে অ্যান্ড্রোমিডা থেকে যে আলো এসে পড়ছে, তা তার যাত্রা শুরু করেছিল তখন—যখন পৃথিবীতে মানুষের আদি পূর্বপুরুষদেরও জন্ম হয়নি। আমাদের দ্রুততম আধুনিক মহাকাশযানে চড়েও অ্যান্ড্রোমিডায় পৌঁছাতে বিলিয়ন বিলিয়ন বছর সময় লাগবে। আরও আশ্চর্যের বিষয় হলো, অ্যান্ড্রোমিডা এবং মিল্কি ওয়ে একে অপরের দিকে ধেয়ে আসছে; কয়েক বিলিয়ন বছর পর তারা একটি মহাজাগতিক নৃত্যের

মাধ্যমে একে অপরের সাথে সংঘর্ষে লিপ্ত হবে এবং একটি বিশাল উপবৃত্তাকার গ্যালাক্সি গঠন করবে।

গ্যালাক্সি ক্লাস্টারগুলোর ওপারে রয়েছে ‘সুপারক্লাস্টার’, যা মহাবিশ্বের বৃহত্তম কাঠামো। আমরা ‘ল্যানিয়াকেয়া’ (Laniakea) নামক একটি সুপারক্লাস্টারের অন্তর্ভুক্ত, হাওয়াইয়ান ভাষায় যার অর্থ ‘পরিমাপহীন স্বর্গ’। এই মহাজাগতিক জালে গ্যালাক্সিগুলো হলো অদৃশ্য সুতো দিয়ে বোনা ক্ষুদ্র ক্ষুদ্র আলোকবিন্দু। এই দৃশ্যমান মহাবিশ্ব স্থির নয়; এটি অবিশ্বাস্য হারে প্রসারিত হচ্ছে। ‘ডার্ক এনার্জি’র কারণে দূরবর্তী গ্যালাক্সিগুলো এত দ্রুত দূরে সরে যাচ্ছে যে, একদিন তারা আমাদের নাগালের বাইরে চলে যাবে। ভবিষ্যতের পৃথিবীর বাসিন্দারা হয়তো উপরে তাকিয়ে একটি সম্পূর্ণ অন্ধকার, নক্ষত্রহীন আকাশ দেখবে—কারণ অন্য প্রতিটি গ্যালাক্সি এত দূরে চলে যাবে যে তাদের আলো আর আমাদের কাছে পৌঁছাতে পারবে না। ভাবলে অবাক লাগে যে, আমরা এই ক্ষুদ্র ধূলিকণা সদৃশ পৃথিবী থেকে লক্ষ লক্ষ আলোকবর্ষ দূরের নক্ষত্রের জন্ম ও মৃত্যু গণনা করতে পারি—এটি মানুষের চিন্তা শক্তির বিশালতারই এক অকাট্য প্রমাণ।

৩.৯ মহাজাগতিক কাঠামো: ডার্ক ম্যাটার এবং ডার্ক এনার্জির রহস্যময় খেলা

মহাবিশ্ব কেবল আমাদের দেখা বস্তুগুলো দিয়ে তৈরি নয়। আধুনিক বিজ্ঞানের মতে, আমরা যা কিছু পর্যবেক্ষণ করতে পারি—নক্ষত্র, গ্রহ, ধূলিকণা এবং গ্যাস—তা মহাবিশ্বের মাত্র ৫ শতাংশ। বাকি ৯৫ শতাংশ হলো এক অদৃশ্য, অস্পৃশ্য জগত যা 'ডার্ক ম্যাটার' (Dark Matter) এবং 'ডার্ক এনার্জি' (Dark Energy) নামে পরিচিত। ডার্ক ম্যাটার হলো সেই অদৃশ্য "আঠা" বা কাঠামো যা গ্যালাক্সিগুলোকে একত্রে ধরে রাখে; এটি না থাকলে মিল্কি ওয়ে তাসের ঘরের মতো ভেঙে পড়ত। এটি কোনো আলো ছড়ায় না এবং কোনো সংকেত প্রতিফলিত করে না, কিন্তু এর মহাকর্ষীয় টান মহাবিশ্বের কঙ্কালকে নিয়ন্ত্রণ করে।

অন্যদিকে, ডার্ক এনার্জি হলো মহাবিশ্বকে চারদিকে ঠেলে ছড়িয়ে দেওয়ার এক রহস্যময় শক্তি। ১৯২৯ সালে এডুইন হাবল আবিষ্কার করেছিলেন যে গ্যালাক্সিগুলো আমাদের থেকে দূরে সরে যাচ্ছে, কিন্তু আধুনিক পর্যবেক্ষণ বলছে এই প্রসারণ

আসলে ত্বরান্বিত হচ্ছে। ডার্ক এনার্জি অনেকটা মহাজাগতিক "অ্যান্টি-গ্র্যাভিটি"র মতো কাজ করে, যা মহাকাশের বুননকে প্রসারিত করছে। শেষ পর্যন্ত, এই প্রসারণ আমাদের এক নিস্তব্ধ, অন্ধকার শূন্যতায় বিচ্ছিন্ন করে দেবে। মহাকর্ষ (যা সবকিছুকে একত্রিত করতে চায়) এবং ডার্ক এনার্জি (যা সবকিছুকে দূরে ঠেলতে চায়)-এর এই লড়াই-ই নির্ধারণ করবে সবকিছুর চূড়ান্ত পরিণতি।

৩.১০ নতুন দিগন্তের সূচনা: ধূলিকণা থেকে নক্ষত্র পর্যন্ত

ভয়েজারের যাত্রা এবং 'পেল ব্লু ডট' আমাদের শিখিয়েছে আমাদের ভৌগোলিক অবস্থান—আমরা একটি ক্ষুদ্র বিন্দুর বাসিন্দা। গ্যালাক্সিগুলোর বিশালতা আমাদের দেখিয়েছে আমাদের মহাজাগতিক ঠিকানা—মরুভূমির একটি বালুকণা। এই সত্যগুলো প্রকাশ করে যে আমরা কেবল মাংস আর হাড়ের তৈরি কোনো সত্তা নই, বরং এক বিশাল মহাজাগতিক নকশার অংশ। এই পৃথিবীতে আমাদের উপস্থিতি কোনো দুর্ঘটনা নয়; এটি এক মহিমান্বিত ইতিহাসের নিশ্চিত উদ্বোধন যেখানে

পদার্থবিজ্ঞানের সাথে মিলন ঘটে ভালোবাসা, ত্যাগ এবং ইবাদতের।

৩.১১ ঐশ্বরিক সার্বভৌমত্ব এবং সাত আসমানের রহস্য: বিজ্ঞান ও আধ্যাত্মিকতার মিলনস্থল

মহাবিশ্বের এই বিস্ময়কর বিশালতা বোঝার ক্ষেত্রে বিজ্ঞান এবং আধ্যাত্মিকতা এক রোমাঞ্চকর মোড়ে মিলিত হয়। টেলিস্কোপ দিয়ে তাকানো কেবল চোখকে তৃপ্ত করে না; এটি আত্মাকে বিনম্র করে। কুরআনের "সপ্ত আসমান" বা সাত আকাশের ধারণা মহাবিশ্বের একটি বহুমাত্রিক কাঠামোর ইঙ্গিত দেয়। আমরা যাকে ৯৩ বিলিয়ন আলোকবর্ষ বিস্তৃত "পর্যবেক্ষণযোগ্য মহাবিশ্ব" বলি—তা হয়তো প্রথম আসমানের একটি ছোট অংশ মাত্র, যা প্রদীপের মতো নক্ষত্র দিয়ে সাজানো। এই প্রথম স্তরটিই যদি আমাদের কল্পনার বাইরে হয়, তবে বাকি ছয়টি স্তরের ভেতরের রহস্য গাণিতিকভাবে এবং ধারণাগতভাবে মানব মস্তিষ্কের জন্য অগম্য।

হয়তো সেই উচ্চতর জগতগুলোতে আমাদের চেনা পদার্থবিজ্ঞানের নিয়মগুলো খাটে না। আমরা যেগুলোকে "অলৌকিক" মনে করি, সেখানে হয়তো সেগুলোই সাধারণ। ব্ল্যাক হোল এবং ওয়ার্মহোলগুলো হয়তো কেবল মৃত নক্ষত্র নয়, বরং এই স্বর্গীয় স্তরগুলোর মধ্যকার প্রবেশদ্বার। স্রষ্টা যখন নিজেকে "রব্বুল আলামিন" (বিশ্বজগতের প্রতিপালক) হিসেবে ঘোষণা করেন, তখন এই মহাজাগতিক বিশালতা তাঁর অপ্রতিদ্বন্দ্বী শক্তির জীবন্ত প্রমাণ হিসেবে দাঁড়িয়ে থাকে। তাঁর সার্বভৌমত্ব পৃথিবীর মাটি থেকে শুরু করে সাত আসমানের দূরতম পরমাণু পর্যন্ত বিস্তৃত।

বিশ্বাসীদের কাছে প্রতিটি ইলেকট্রনের ঘূর্ণন এবং প্রতিটি নক্ষত্রের দহন তাঁর সরাসরি তত্ত্বাবধানে ঘটে। একটি গ্যালাক্সির জন্ম থেকে শুরু করে প্রশান্ত মহাসাগরের অন্ধকার গভীরে থাকা এককোষী জীবের জীবনচক্র—কিছুই তাঁর দৃষ্টির বাইরে নয়। তিনি 'আল-খালিক' (সৃষ্টিকর্তা) এবং 'আল-মুহাইমিন' (নিরাপত্তাদানকারী)। এটি অত্যন্ত বিস্ময়কর যে, এই অনন্ত মহাবিশ্বের অধিপতি আট বিলিয়ন মানুষের ব্যক্তিগত প্রার্থনা শোনেন এবং তাদের হৃদয়ের গোপন কথাগুলো দিনের আলোর মতো স্পষ্টভাবে জানেন।

মহাবিশ্বের গাণিতিক নিখুঁততা—যেখানে মহাকর্ষীয় ধ্রুবকের সামান্য পরিবর্তন সবকিছু ধসিয়ে দিতে পারত—তা একজন মহাজাগতিক স্থপতির অস্তিত্ব প্রমাণ করে। মানুষ যখন তার প্রযুক্তিগত শক্তি নিয়ে দম্ভ করে, মহাবিশ্বের বিশালতা সেই অহংকারকে ধূলিসাৎ করে দেয়। তবুও, আমাদের ক্ষুদ্রতা সত্ত্বেও স্রষ্টা আমাদের 'আশরাফুল মাখলুকাত' (সৃষ্টির সেরা জীব) হিসেবে সম্মানিত করেছেন, আমাদের একটি নিরাপদ "নীল গ্রহ" এবং বিবেকের ঐশ্বরিক আলো প্রদান করেছেন। বিজ্ঞান আমাদের বলে মহাবিশ্ব কীভাবে কাজ করে; আধ্যাত্মিকতা আমাদের বলে আমরা কেন এখানে আছি।

৩.১২ মহাবিশ্বের চূড়ান্ত পরিণতি: তিনটি সম্ভাব্য সমাপ্তি

এই মহাজাগতিক নাটকের শেষ কীভাবে হবে? বিশ্বতত্ত্ব (Cosmology) তিনটি প্রধান তত্ত্ব প্রদান করে:

১. দ্য বিগ ফ্রিজ (তাপীয় মৃত্যু): মহাবিশ্ব ক্রমাগত প্রসারিত হতে থাকবে যতক্ষণ না নক্ষত্রগুলোর জ্বালানি ফুরিয়ে যায় এবং তারা

নিভে যায়। মহাবিশ্ব হয়ে উঠবে এক শীতল, অন্ধকার এবং প্রাণহীন শূন্যতা যেখানে সময় তার অর্থ হারিয়ে ফেলবে।

২. দ্য বিগ রিপ (মহা-বিদারন): ডার্ক এনার্জি এতটাই শক্তিশালী হয়ে উঠবে যে এটি গ্যালাক্সি, সৌরজগত, পরমাণু এবং শেষ পর্যন্ত স্থান-কালের বুননকেও ছিঁড়ে টুকরো টুকরো করে দেবে।

৩. দ্য বিগ ক্রাঞ্চ (মহা-সংকোচন): মহাকর্ষ শেষ পর্যন্ত প্রসারণকে জয় করবে, যার ফলে মহাবিশ্ব আবার সংকুচিত হয়ে একটি ক্ষুদ্র, অতি-ঘন বিন্দুতে ফিরে আসবে—যা হয়তো নতুন এক 'বিগ ব্যাং' এবং সৃষ্টির নতুন চক্রের দিকে নিয়ে যাবে।

৩.১৩ উপসংহার: নক্ষত্রের ধূলিকণা এবং অস্তিত্বের উদ্দেশ্য

এই যাত্রার শেষে আমরা আমাদের সেই 'বিবর্ণ নীল বিন্দু'তে ফিরে আসি। আমরা জেনেছি যে আমাদের রক্তের আয়রন (লোহা) আর হাড়ের ক্যালসিয়াম তৈরি হয়েছিল প্রাচীন নক্ষত্রদের হৃদপিণ্ডে। আমরা আক্ষরিক অর্থেই 'নক্ষত্রের ধূলিকণা' (Stardust)। মহাবিশ্বের তুলনায় আমরা একটি

কণার চেয়েও ক্ষুদ্র, তবুও আমাদের ভেতরে বাস করে এক অনন্ত কৌতূহল এবং এক অমর আত্মা।

আমাদের মন দিয়ে আমরা নক্ষত্র পরিমাপ করি এবং ব্ল্যাক হোলের ছবি তুলি। মহাবিশ্ব আয়তনে অসীম হতে পারে, কিন্তু জানার প্রতি মানুষের ইচ্ছা হয়তো তার চেয়েও বড়। আমরাই সেই মাধ্যম যার মাধ্যমে মহাবিশ্ব নিজেকে অনুভব করে এবং পর্যবেক্ষণ করে। আমাদের এই ক্ষণস্থায়ী অস্তিত্ব মনে করিয়ে দেয় যে, এই বিশাল শূন্যতায় পারস্পরিক ভালোবাসা এবং জ্ঞানের অন্বেষণই আমাদের একমাত্র প্রকৃত আশ্রয়। পৃথিবী হয়তো একটি সামান্য ধূলিকণা, কিন্তু এটিই আমাদের একমাত্র ঘর।

অধ্যায়-০৪

তকদিরের লিপি: নিয়তি ও মানব ভাগ্যের রহস্য

৪.১ আগমন ও প্রস্থানের অমোঘ বিধান: এক অদৃশ্য মহাকাব্য

মহাবিশ্বের এই বিশাল রঙ্গমঞ্চে একজন মানুষের আগমন এবং প্রস্থান একটি অদৃশ্য, গভীর এবং মহাকাব্যিক পাণ্ডুলিপির অংশ। আমরা যেটিকে আমাদের ব্যক্তিগত সম্পদ, বুদ্ধিমত্তার ফল বা অর্জিত অধিকার বলে মনে করি, তা আসলে সময়ের পাতায় পরম সত্তার কলমে নিখুঁতভাবে লিপিবদ্ধ একটি যাত্রা। স্রষ্টার সেই অনন্ত ও শাশ্বত পরিকল্পনা ছাড়া একটি শুকনো পাতাও বাতাসে ওড়ে না, কিংবা ধূলিকণাও তার স্থান পরিবর্তন করে না। আমরা যখন 'কাকতালীয়' শব্দটি ব্যবহার করি, তখন আসলে আমরা আমাদের নিজস্ব বোঝার সীমাবদ্ধতাকেই স্বীকার করি; কারণ স্রষ্টার রাজ্যে কাকতালীয় বলে কিছু নেই। যখন পৃথিবীর কোনো এক প্রত্যন্ত কোণে একটি নবজাতকের প্রথম

কান্না প্রতিধ্বনিত হয়, সেই শব্দতরঙ্গটি একটি পূর্বনির্ধারিত ছন্দের অংশ—এটি কেবল একটি জৈবিক প্রক্রিয়া নয়, বরং একটি ঐশ্বরিক ঘোষণার বাস্তবায়ন। কে কোন শুভক্ষণে তার প্রথম নিঃশ্বাস নেবে, কার গায়ের রং দুধের মতো ফর্সা হবে আর কার তামাটে, কার চোখে থাকবে স্বপ্ন আর কার কপালে থাকবে শ্রমের ঘাম—এই রহস্যের চাবিকাঠি কেবল পরম দয়াময়ের হাতেই ন্যস্ত।

আমরা যদি প্রকৃতির দিকে তাকাই, তবে দেখি জোয়ারের পর ভাটা, সূর্যাস্তের পর সূর্যোদয়—সবই একটি সুনির্দিষ্ট গাণিতিক ধারায় আবদ্ধ। মানুষের জীবনও তেমনি এক অলৌকিক নিয়মে আবর্তিত। সমুদ্রের ঢেউ যেমন তীরে আছড়ে পড়ার সময় জানে না কখন তাকে ফিরে যেতে হবে, মানুষও তেমনি তার আয়ুর সীমানা জানে না। মৃত্যু এক পরম ও ধ্রুব সত্য, এক অনিবার্য গন্তব্য যেখান থেকে পালানোর কোনো সুড়ঙ্গ আজ অবধি আবিষ্কৃত হয়নি। আমরা পার্থিব যত উন্নতিই করি না কেন, কিংবা অন্য গ্রহে বসতি স্থাপনের স্বপ্ন দেখি না কেন—কোনো সম্রাট বা বিজ্ঞানীর সাধ্য নেই সেই নির্ধারিত মুহূর্তকে এক সেকেন্ড এগিয়ে আনার বা পিছিয়ে দেওয়ার। এটি এমন এক

ডিজিটাল ঘড়ি যা স্রষ্টার ইশারায় চলে এবং এর ব্যাটারি কখনো শেষ হয় না।

এই গভীর বিধান নিয়ে অত্যধিক তর্কের অবকাশ নেই; কারণ সীমিত, ত্রুটিপূর্ণ ও মরণশীল মানুষের মস্তিষ্ক ঐশ্বরিক সময়ের নিখুঁত গাণিতিক হিসাব মেলাতে সক্ষম নয়। এই দীর্ঘ ও ক্লান্তিকর যাত্রা শেষে কার জন্য কী ধরণের পরিণতি, শান্তি বা পুরস্কার অপেক্ষা করছে, তা স্রষ্টা ছাড়া আর কেউ জানেন না। আমরা কেবল এই মহাজাগতিক ট্রেনের যাত্রী, যার রুট, স্টপেজ এবং শেষ গন্তব্য মালিক কর্তৃক নির্ধারিত। আমাদের কাজ শুধু যাত্রাপথে অর্পিত দায়িত্বটুকু যথাযথভাবে পালন করা।

৪.২ পূর্বনির্ধারিত ক্যানভাস: এক অলৌকিক ও সূক্ষ্ম নকশা

আমাদের জীবনের প্রতিটি অপ্রত্যাশিত মোড়—আমাদের জন্মস্থান, এমনকি শৈশবের সেই ধুলিকণাও এক নির্দিষ্ট অলৌকিক নিগড়ে বাঁধা। আমাদের মনে হতে পারে যে আজ আমরা যে পথে হাঁটছি বা যে সিদ্ধান্ত নিচ্ছি, তা কেবল আমাদের নিজস্ব মেধা বা বুদ্ধির ফসল। কিন্তু বাস্তবে, একজন মানুষ

কঠোর পরিশ্রমের মাধ্যমে সাফল্যের শিখরে পৌঁছাক বা অপ্রত্যাশিত অতল গহ্বরে তলিয়ে যাক, সবকিছুই সেই পরম ইচ্ছার প্রতিফলন। আমরা যখন পাহাড়ের চূড়ায় দাঁড়িয়ে নিচে তাকাই, নিচের সবকিছুকে যেমন ক্ষুদ্র ও তুচ্ছ মনে হয়; তেমনি স্রষ্টার কাছে আমাদের শুরু থেকে শেষ পর্যন্ত পুরো জীবনকাল একটি মাত্র দৃশ্যের মতো।

আমরা ভুলবশত বিশ্বাস করতে পারি যে, আমরা আমাদের অদম্য প্রতিভা এবং হাড়ভাঙা খাটুনির মাধ্যমে সবকিছু অর্জন করছি। কিন্তু পর্দার আড়াল থেকে ভাগ্যের অদৃশ্য বিধান আমাদের প্রতিটি পদক্ষেপ এবং অবচেতন চিন্তাকে পরম মমতা ও কৌশলগত সূক্ষ্মতায় পরিচালনা করে। তকদির (ভাগ্য) হলো সেই মানচিত্র যার ওপর ভিত্তি করে আমরা আমাদের জীবনের ঘরবাড়ি তৈরি করি। আমাদের দেখা হওয়া প্রতিটি অচেনা মানুষ, প্রতিটি সুবর্ণ সুযোগ এবং প্রতিটি আকস্মিক সংকট একটি পূর্বলিখিত চিত্রনাট্য অনুযায়ী আমাদের সামনে উপস্থাপিত হয়।

পৃথিবীতে মানুষের আগমনের দৃশ্যটি অত্যন্ত বৈচিত্র্যময় এবং রহস্যময়। কোনো শিশু জন্মায় রাজকীয় ঐশ্বর্যে, হীরাখচিত ঝাড়বাতির নিচে, যার পায়ের কাছে অফুরন্ত সুযোগ। ঠিক সেই একই সেকেন্ডে, পৃথিবীর অন্য কোনো জরাজীর্ণ কোণে হয়তো অন্য একটি শিশু জন্মায় জন্মগত পঙ্গুত্ব, অন্ধত্ব বা কোনো যন্ত্রণাদায়ক মরণব্যাধি নিয়ে। শারীরিক সক্ষমতা এবং জন্মগত অধিকারের এই বিশাল পার্থক্যের পেছনের রহস্য আমাদের সীমিত বুদ্ধিকে ফাঁকি দেয়। স্রষ্টা প্রতিটি সৃষ্টিকে ভিন্ন ভিন্ন মহৎ উদ্দেশ্যে সৃষ্টি করেছেন। তিনি কাউকে অভাব দিয়ে পরীক্ষা করেন তার ধৈর্য পরিমাপের জন্য, আবার কাউকে প্রাচুর্য দিয়ে পরীক্ষা করেন তার কৃতজ্ঞতা যাচাইয়ের জন্য। হাসিমুখে নিজের অবস্থানকে মেনে নেওয়াই হলো আধ্যাত্মিক শান্তির প্রথম ধাপ।

৪.৩ বৈষম্য ও পার্থিব জীবন: এক বিষাদময় মহাজাগতিক বৈপরীত্য

পৃথিবীর ব্যস্ত রাজপথে পা রাখলে আমরা ভাগ্যের নির্মম বৈপরীত্য দেখতে পাই। একপাশে কেউ নরম পালকের বিছানায় শীতাতপ নিয়ন্ত্রিত কক্ষে বাস করছে, যার হাতের নাগালে সব

পার্থিব সুখ। অথচ সেই একই অট্টালিকার নিচে হয়তো কেউ ক্ষুধার জ্বালায় ঠান্ডা কংক্রিটের ওপর কুঁকড়ে পড়ে আছে। কারও জন্য জীবন মানে আনন্দের এক সতেজ বর্ষা; আর কারও জন্য তা সাহারার তপ্ত, অন্তহীন দাবদাহ। এই আর্থ-সামাজিক স্তরবিন্যাস একটি সূক্ষ্ম পরীক্ষা। কেউ আসে সম্পদ পাহারা দিতে, আবার কেউ আসে ক্ষুধার যন্ত্রণা বুঝতে।

মানুষ তার ভাগ্যের সিলমোহর নিয়েই জন্মায়। সত্য এটাই যে, মেধা ও শক্তি দিয়ে অনেক কিছু অর্জন করা সম্ভব হলেও ভাগ্যের মূল লিপিটি পুরোপুরি পরিবর্তন করার ক্ষমতা কারও নেই। এই বৈচিত্র্যই পৃথিবীর ভারসাম্য বজায় রাখে। সবাই যদি রাজা হতো, তবে প্রজা হতো কে? সবাই যদি ধনী হতো, তবে ত্যাগের মহিমা বুঝতো কে? এই বৈষম্য আমাদের একে অপরের ওপর নির্ভরশীল করে তোলে এবং সমাজকে সচল রাখে। প্রতিটি বঞ্চনা যেমন ব্যথার পরীক্ষা, তেমনি প্রতিটি প্রাচুর্য হলো গুরুদায়িত্বের পরীক্ষা। পার্থিব এই অসমতাগুলো আসলে এক শাশ্বত সমতার দিকে এগিয়ে যাওয়ার সিঁড়ি মাত্র।

৪.৪ ভালো ও মন্দের দ্বন্দ্ব: ঐশ্বরিক কারুকার্য ও নফসের লড়াই

মানবজীবন কেবল লাভ-ক্ষতির শুকনো হিসাব নয়; চরিত্র ও আচরণও এই রহস্যময় সৃষ্টির অবিচ্ছেদ্য অংশ। গভীরভাবে তাকালে আমরা যেমন সন্ন্যাসীতুল্য পরোপকারী মানুষ দেখি, তেমনি দেখি ধূর্ত, সংকীর্ণমনা এবং অপরাধপ্রবণ মানুষ। একদল যখন ভালোবাসার স্নিগ্ধ আলো ছড়ায়, অন্যদল তখন ঘৃণা ও অশান্তির বিষে সমাজকে কলুষিত করে। সামাজিক স্থিতিশীলতা রক্ষার জন্য আমরা অপরাধীদের বিচারের মুখোমুখি করলেও, মানুষের এই নেতিবাচক প্রবৃত্তিও সৃষ্টির এক রহস্যময় দিক।

আধ্যাত্মিক দৃষ্টিতে, পরম ভালো এবং চরম মন্দের সহাবস্থান স্রষ্টার এক বিশাল কারুকার্যের অংশ। তিনি মানুষকে 'নফস' বা আকাঙ্ক্ষা দিয়েছেন যাতে সত্য ও মিথ্যার পার্থক্য স্পষ্ট থাকে। যখন একজন মানুষ তার স্বাধীন ইচ্ছাশক্তি ব্যবহার করে অন্ধকারের পরিবর্তে আলোকে বেছে নেয়, তখন সে স্রষ্টার প্রিয়পাত্র হয়ে ওঠে। এটাই হলো চূড়ান্ত পরীক্ষা।

অন্ধকার আছে বলেই আলোর মূল্য আছে; যুদ্ধ আছে বলেই মানুষ শান্তির কাঙাল। মানুষের হৃদয় হলো একটি রণক্ষেত্র যেখানে ভালো ও মন্দের লড়াই চিরন্তন। অত্যাচারী ও নিরপরাধের এই দ্বন্দ্ব আসলে শেষ বিচারের এক ছোটখাটো মহড়া মাত্র। যারা অবিচার করছে তারা তাদের ভাগ্যে এক ভয়াবহ পরিণতির বীজ বপন করছে, আর যারা ধৈর্য ধরছে তারা এক অনন্ত পুরস্কারের দিকে এগিয়ে যাচ্ছে।

৪.৫ প্রাকৃতিক শৃঙ্খলা ও শাশ্বত মানব যাত্রা

এভাবেই মানুষ জীবনের দৈনন্দিন ও পরিচিত নিয়মের আবর্তে ঘুরপাক খায়। কেউ ক্ষমতার দাপটে শাসন করে, কেউ নীরবে সেবা দেয়; কেউ দুহাত ভরে দান করে, আবার কেউ অন্যের করুণায় বেঁচে থাকে। আমরা সবাই এক অদৃশ্য ও অলৌকিক সুতোর বাঁধনে বাঁধা। একটি প্রজাপতির ডানার ঝাপটানি যেমন দূরদেশের আবহাওয়া বদলে দিতে পারে, তেমনি আমাদের ছোট একটি কাজ পৃথিবীর ভাগ্য বদলে দিতে পারে—সবই স্রষ্টার এক বিশাল নেটওয়ার্কের অংশ। আমরা অজান্তেই একে

অপরের জীবনকে প্রভাবিত করি এবং পৃথিবীর ইতিহাসে ছোট ছোট চিহ্ন রেখে যাই।

সর্বোপরি, রয়েছে সেই পরম সত্তার একচ্ছত্র নিয়ন্ত্রণ, যিনি জ্বলন্ত নক্ষত্র থেকে শুরু করে মরুভূমির বালুকণা—সবকিছু পরিচালনা করেন। প্রতিটি নিঃশ্বাস এবং প্রতিটি গোপন চোখের জল তাঁর নিখুঁত পরিকল্পনার একটি অপরিহার্য অংশ। আমরা হয়তো ধূলিকণার মতো ক্ষুদ্র হতে পারি, কিন্তু সেই কণাটিও ঐশ্বরিক যত্নে লালিত। ভাগ্য মানে হাত গুটিয়ে বসে থাকা নয়; ভাগ্য মানে স্রষ্টার ওপর অটল বিশ্বাস রেখে নিজের জীবনের সেরা রূপটি ফুটিয়ে তোলার চেষ্টা করা। আমরা আমাদের অংশটুকু করি, আর ফলাফল তাঁর ওপর ছেড়ে দিই।

৪.৬ তকদিরের আধ্যাত্মিক তাৎপর্য ও মনস্তত্ত্ব

তকদির বা ভাগ্যের ওপর বিশ্বাস একজন মানুষকে চরম অহংকার থেকে রক্ষা করে এবং গভীর হতাশায় আশার আলো

দেখায়। যখন কেউ সাফল্যের শিখরে অবস্থান করে, ভাগ্য তাকে মনে করিয়ে দেয় যে এটি স্রষ্টার পক্ষ থেকে একটি উপহার; যা তাকে উদ্ধত হতে বাধা দেয়। আবার যখন কেউ নিঃস্ব হয়, ভাগ্য তাকে সান্ত্বনা দেয় যে এটি একটি মহৎ উদ্দেশ্যের পরীক্ষা; যা তাকে ভেঙে পড়তে দেয় না। এই ভারসাম্য মানুষের মনকে শক্তিশালী করে। অতীতে যা ঘটে গেছে তা আমরা পরিবর্তন করতে পারি না, কিন্তু স্রষ্টা আমাদের সামনের পথ কীভাবে পাড়ি দেব—তা নির্ধারণ করার শক্তি দিয়েছেন।

তকদিরের এই লিপি হলো একটি ঐশ্বরিক মানচিত্র; যেখানে গন্তব্য লেখা আছে, কিন্তু প্রতিটি পদক্ষেপ নির্ভর করে আমাদের বিশ্বাসের ওপর। যারা ভাগ্যের ওপর বিশ্বাস রাখে, তারা জাগতিক প্রতিকূলতায় বিচলিত হয় না। তারা জানে যে পুরো পৃথিবী যদি তাদের বিরুদ্ধে চলে যায়, তবুও স্রষ্টার লিখনের বাইরে কিছুই ঘটবে না। এই নির্ভীকতা কেবল সেই হৃদয়েই আসে যা ঐশ্বরিক বিধানকে নিজের জন্য কল্যাণকর হিসেবে মেনে নেয়।

৪.৭ ভাগ্যের রহস্য ও মানুষের স্বাধীনতা: একটি সূক্ষ্ম বিশ্লেষণ

অনেকেই প্রশ্ন করেন: যদি সবকিছু আগে থেকেই লেখা থাকে, তবে প্রচেষ্টার মূল্য কী? উত্তরটি সহজ কিন্তু গভীর। স্রষ্টা জানেন আমরা কী করব, তাই তিনি তা লিপিবদ্ধ করেছেন; এমন নয় যে তিনি লিখেছেন বলেই আমরা তা করছি। তাঁর জ্ঞান সময়ের ঊর্ধ্বে। তিনি আমাদের সামনে শত শত পথ খোলা রেখেছেন এবং সঠিকটি বেছে নেওয়ার জন্য বিবেক দিয়েছেন। আমাদের প্রচেষ্টা এবং আমাদের প্রার্থনাও ভাগ্যেরই অন্তর্ভুক্ত। আপনি যে প্রার্থনাটি করছেন এবং সেই প্রার্থনার কারণে আপনার জীবনে যে মোড় আসছে, তা-ও সেই 'মহা-পাণ্ডুলিপিতে' আগে থেকেই টুকে রাখা হয়েছে।

তাই অলস হয়ে বসে থাকা ভাগ্যের অবমাননা করার শামিল। বরং প্রতিটি নিঃশ্বাসে ঐশ্বরিক সাহায্য প্রার্থনা করে সামনের দিকে এগিয়ে যাওয়াই একজন প্রকৃত বিশ্বাসীর পরিচয়। প্রতিটি ছোট কাজ—সেটি কোনো শিশুকে একমুঠো খাবার দেওয়া হোক বা অন্যায়ের বিরুদ্ধে দাঁড়ানো—সবই অনন্তকালের সেই চমৎকার নকশার সাথে যুক্ত। আমরা যখন ভালো কাজ করি, তখন আমরা স্রষ্টার পরম কল্যাণময় ইচ্ছার অংশে পরিণত হই।

৪.৮ উপসংহার: ভাগ্যের অমোঘ আহ্বান

আমরা এই অধ্যায়টি শেষ করছি এই উপলব্ধি নিয়ে যে—জীবন কোনো বিশৃঙ্খল জট নয়, বরং একটি সুশৃঙ্খল শিল্পকর্ম। আমাদের জীবনের প্রতিটি ধূসর এলাকা বা অন্ধকারের ভেতরে একটি উজ্জ্বল রেখা লুকিয়ে থাকে। আজ যা আমাদের কাছে অস্পষ্ট, কাল হয়তো তা পরিষ্কার হয়ে যাবে। এই নিখুঁত লিখনের কাছে আমাদের আত্মসমর্পণই আমাদের মুক্তির পথ প্রশস্ত করে। আমরা মরণশীল, কিন্তু আমাদের স্রষ্টা অবিনশ্বর। তাঁর ইচ্ছাই মহাবিশ্বের একমাত্র আইন।

মূল পয়েন্ট ০৪: ভাগ্য এবং ঐশ্বরিক কর্তৃত্ব

মানুষের ভাগ্যের প্রতিটি অক্ষর এবং প্রতিটি বিরামচিহ্ন স্রষ্টা কর্তৃক পূর্বনির্ধারিত এবং তাঁর সুনির্দিষ্ট নির্দেশনায় পরিচালিত। আমাদের জীবন লক্ষ্যহীন বা আকস্মিক কোনো ঘটনা নয়; বরং এটি একটি সুসংগঠিত ঐশ্বরিক ডিক্রি এবং মহাপরিকল্পনা।

প্রতিটি মানুষ একটি অনন্য পরীক্ষার ক্ষেত্রের সম্মুখীন হয় এবং জীবনের প্রকৃত সাফল্য নিহিত রয়েছে ধৈর্য, কৃতজ্ঞতা এবং সাহসের সাথে সেই পরীক্ষাগুলোতে উত্তীর্ণ হওয়ার মধ্যে। যে ভাগ্য আমাদের জন্ম দিয়েছে, সেই একই ভাগ্য আমাদের চূড়ান্ত গন্তব্যের—জান্নাতের—পথ নির্দেশ করে, যদি আমরা তাঁর নির্ধারিত নিয়মের প্রতি অনুগত থাকি। আমাদের জীবনের প্রতিটি ছোট ঘটনা সেই বিশাল ঐশ্বরিক নাটকের অংশ, যা স্বয়ং স্রষ্টা পরিচালনা করছেন।

অধ্যায়-০৫

মহা-উপসংহার: শেষ বিচার দিবসের মহাকাব্য

৫.১ পরকাল: এক অনন্ত যাত্রার সূচনা

মানুষের পার্থিব জীবনের সমাপ্তি মানেই অস্তিত্বের বিলুপ্তি নয়; বরং এটি একটি নতুন, অসীম এবং সীমাহীন জীবনের প্রবেশদ্বার মাত্র। আমরা যদি পৃথিবীতে আমাদের এই গর্বিত জীবনকে মাতৃগর্ভে একটি ভ্রূণের কাটানো সংকীর্ণ সময়ের সাথে তুলনা করি, তবে পরকাল হলো সেই বিশাল উন্মুক্ত পৃথিবীর মতো, যার পরিধি আমাদের সীমিত মানবিক কল্পনারও বাইরে। অন্ধকার প্রকোষ্ঠে থাকা একটি অনাগত শিশু যেমন পাহাড়, মহাসাগর এবং কোটি কোটি নক্ষত্রখচিত বাইরের জগত সম্পর্কে ধারণা করতে পারে না, তেমনি এই নশ্বর দেহের খাঁচায় বন্দি আমরাও পরকালের মহাজাগতিক বিশালতা অনুভব করতে পারি না। আমাদের চোখ এখন যা দেখছে তা কেবল

একটি ক্ষণস্থায়ী বিভ্রম; পর্দার আড়ালে যা অপেক্ষা করছে, তা-ই চিরন্তন সত্য।

মৃত্যুর পরবর্তী জগতের জন্য স্রষ্টা যে নীলনকশা তৈরি করেছেন, তা আমাদের এই ক্ষুদ্র মস্তিষ্ক দিয়ে উপলব্ধি করা আক্ষরিক অর্থেই অসম্ভব। এই ক্ষণস্থায়ী জীবন মূলত একটি কর্মশালা বা পরীক্ষাগার—এক সংক্ষিপ্ত ট্রায়াল পিরিয়ড মাত্র। পৃথিবী হলো সেই ক্ষেত্র যেখানে আমরা প্রতিদিন আমাদের কর্ম ও চিন্তার বীজ বপন করি, আর পরকাল হলো সেই চিরস্থায়ী খামার যেখান থেকে আমরা সারাজীবনের ফল সংগ্রহ করব। কর্মের প্রতিটি কণা সেখানে পাহাড়সম পরিণতি নিয়ে প্রকাশ পাবে। এখানে প্রতিটি নিঃশ্বাস, প্রতিটি পদক্ষেপ, প্রতিটি উচ্চারিত শব্দ এবং এমনকি মনের গভীরে উঁকি দেওয়া প্রতিটি ক্ষণস্থায়ী চিন্তাও নিখুঁত সূক্ষ্মতায় রেকর্ড করা হচ্ছে। স্রষ্টার মহাজাগতিক ও অতি-উন্নত 'সার্ভারে' আমাদের জীবনের প্রতিটি সেকেন্ড হাই-ডেফিনিশনে ধারণ করা হচ্ছে, যা বিচার দিবসে 'প্লে-ব্যাক' করা হবে। কোনো তথ্য হারাবে না; কোনো মেমোরি কার্ড ব্যর্থ হবে না।

'শেষ বিচার দিবস' বা 'পুনরুত্থানের ময়দান'-এর এই ধারণা কোনো নির্দিষ্ট বিশ্বাসের একচেটিয়া নয়; এটি একটি সর্বজনীন

আধ্যাত্মিক সত্য। হিন্দুধর্মের 'কর্মফল', খ্রিস্টধর্মের 'জাজমেন্ট ডে' এবং ইসলাম ও ইহুদি ধর্মের 'আখিরাত'—সবই একই বিন্দুতে মিলিত হয়েছে। এটি হবে এমন এক মহাজাগতিক মুহূর্ত যখন মহাবিশ্বের প্রতিটি ধূলিকণা মানুষের পক্ষে বা বিপক্ষে সাক্ষ্য দেবে এবং প্রতিটি গোপন রহস্য সূর্যের প্রখর আলোর মতো উন্মোচিত হবে। সেদিন কোনো রাজনৈতিক প্রভাব, বংশীয় মর্যাদা বা সম্পদের অহংকার কোনো কাজে আসবে না। আদম (আ.) থেকে শুরু করে কিয়ামতের আগে জন্ম নেওয়া শেষ শিশুটি পর্যন্ত—পৃথিবীতে বিচরণকারী প্রতিটি মানুষ এক বিশাল ধূলিময় প্রান্তরে সমবেত হবে। আকাশ বিদীর্ণ হবে, নক্ষত্ররা তাদের কক্ষপথ থেকে বিচ্যুত হবে এবং পৃথিবী একটি সমতল, উত্তপ্ত তামার ময়দানে পরিণত হবে যেখানে কোনো ছায়া থাকবে না।

সেদিন সূর্যকে এত কাছে আনা হবে যে, তার প্রলয়ংকরী তাপে মস্তিষ্ক টগবগ করে ফুটতে থাকবে। সময় থমকে যাবে এবং কোটি কোটি মানুষের আর্তনাদে আকাশ-বাতাস কেঁপে উঠবে। প্রতিটি হৃদয়ে একটিই আদিম আতঙ্ক কাজ করবে: "আমার কী হবে?" (ইয়া নাফসি! ইয়া নাফসি!)। পিতা তার আদরের সন্তানকে চিনতে পারবে না, মা তার দুগ্ধপোষ্য শিশুকে ভুলে

যাবে এবং ঘনিষ্ঠ বন্ধুরাই একে অপরের শত্রু হয়ে উঠবে—যদি না তাদের সম্পর্ক স্রষ্টার সন্তুষ্টির ওপর ভিত্তি করে তৈরি হতো। কীভাবে এই মহাবিচার কার্যকর হবে? ঐশ্বরিক গ্রন্থগুলো একে এমন এক শৈল্পিক আতঙ্ক ও মহিমার সাথে বর্ণনা করেছে যে, তা কঠোরতম হৃদয়কেও কাঁপিয়ে দেয়। এটি কেবল একটি বিচার নয়; এটি সত্য থেকে মিথ্যার চূড়ান্ত বিচ্ছেদ।

৫.২ মহাপ্রলয়ের দৃশ্য: কিয়ামতের সূচনা

মহাপ্রলয় বা কিয়ামত কেবল তাত্ত্বিক ধর্মীয় শব্দ নয়; এটি মহাবিশ্বের চূড়ান্ত পরিণতি, যার সাথে আধুনিক পদার্থবিজ্ঞানের 'বিগ ক্রাঞ্চ' বা 'হিট ডেথ' তত্ত্বের রহস্যময় মিল রয়েছে। স্রষ্টার আদেশে যখন ফেরেশতা ইসরাফিল (আ.) শিঙায় ফুঁ দেবেন, তখন মহাবিশ্বের পরিচিত নিয়মগুলো এক সেকেন্ডে ভস্মীভূত হয়ে যাবে। মাধ্যাকর্ষণ শক্তি কাজ করবে না। পাহাড়গুলো ধুনিত তুলোর মতো বাতাসে উড়তে থাকবে। মহাসাগরগুলো ফুটতে শুরু করবে এবং আগ্নেয়গিরির মতো সীমানা ছাড়িয়ে উপচে পড়বে। আমরা যে গ্যালাক্সি বা নীহারিকা নিয়ে গর্ব করি, তা পাতলা কাগজের মতো ছিঁড়ে টুকরো টুকরো হয়ে যাবে।

এই বিশাল ধ্বংসযজ্ঞ হবে পরকালে প্রবেশের প্রথম পদক্ষেপ। মানুষকে মাতালের মতো উদ্দেশ্যহীন ঘুরতে দেখা যাবে, যদিও তারা নেশাগ্রস্ত হবে না; বরং স্রষ্টার ক্রোধ এবং প্রকৃতির তান্ডব দেখে তাদের জ্ঞান হারিয়ে যাবে। স্তন্যদাত্রী মা তার সন্তানকে ফেলে পালাবে এবং প্রতিটি গর্ভবতী নারী গর্ভপাত করবে। এরপর আসবে এক দীর্ঘ, নিস্তব্ধ অন্ধকার। পৃথিবী তার পেটের ভেতরের সমস্ত লুকানো ইতিহাস এবং মৃতদের দেহাবশেষ উগরে দেবে। দ্বিতীয়বার যখন শিঙায় ফুঁ দেওয়া হবে এবং সবাই পুনরুত্থিত হবে, তখন তারা দেখবে এক নতুন, অচেনা পৃথিবী—যেখানে কোনো দালানকোঠা, পাহাড় বা চেনা চিহ্ন থাকবে না।

এটিই হাশরের ময়দান, যেখানে বিচারের অপেক্ষা। মানুষ হাজার বছরের সমান সময় দাঁড়িয়ে থাকবে। ক্ষুধা এবং অসহ্য তৃষ্ণার যন্ত্রণায় তারা চিৎকার করে বলবে, "হে প্রভু! অন্তত বিচার শুরু করুন, কারণ এই অপেক্ষার যন্ত্রণা অসহ্য।"

৫.৩ আমলনামা প্রকাশ: মহাজাগতিক ডেটাবেস

বিচার দিবসে প্রতিটি মানুষের হাতে তার 'আমলনামা' বা জীবন-খাতা তুলে দেওয়া হবে—যা তার জীবনের চূড়ান্ত জীবনবৃত্তান্ত (Resume)। এই নথিতে কোনো ভুল নেই। যারা স্রষ্টার সন্তুষ্টি অর্জন করেছে, তারা তাদের আমলনামা ডান হাতে পাবে, যা থেকে নূর বা আলো বিচ্ছুরিত হবে। আর অবাধ্য ও পাপিষ্ঠরা তাদের আমলনামা পাবে বাম হাতে অথবা পেছন দিক থেকে। নিজেদের আমলনামা দেখে অপরাধীরা আর্তনাদ করে উঠবে, "হায় আফসোস! এটা কেমন কিতাব? যা আমার ছোট-বড় কোনো কাজই বাদ দেয়নি!" আজ আমরা ইন্টারনেট থেকে ডিজিটাল তথ্য মুছে ফেলতে পারি, কিন্তু ঐশ্বরিক রেকর্ডারের ক্যামেরা থেকে কিছুই এড়ায়নি। প্রতিটি হাসি, প্রতিটি গোপন দান, প্রতিটি মিথ্যা বা সুক্ষ্ম নিপীড়ন—সবই জীবন্ত অক্ষরে সেখানে লেখা থাকবে।

সেদিন আমাদের মুখ সিলগালা করে দেওয়া হবে। আমাদের জিহ্বা স্তব্ধ হয়ে যাবে। কিন্তু আশ্চর্যজনকভাবে, আমাদের হাত কথা বলবে এবং পা সাক্ষ্য দেবে তারা কোথায় গিয়েছিল এবং কী করেছিল। আমাদের চামড়া সাক্ষ্য দেবে তা কোন পাপে ব্যবহৃত হয়েছিল। আধুনিক বিজ্ঞান আমাদের বলে যে স্মৃতি

কোষের মধ্যে সংরক্ষিত থাকে এবং ডিএনএ বিশাল তথ্য ধারণ করে; সেদিন এই কোষীয় স্মৃতি স্রষ্টার আদেশে স্বয়ংক্রিয়ভাবে সাক্ষ্য দেবে। মানুষের নিজের অস্তিত্বই হবে তার নিজের পক্ষে বা বিপক্ষের সাক্ষী। এটিই স্রষ্টার নিরপেক্ষ ন্যায়বিচারের চূড়ান্ত নিদর্শন। প্রতিটি সেকেন্ডের হিসাব নেওয়া হবে; আমরা তখন উপলব্ধি করব যে প্রতিটি নিঃশ্বাস ছিল একটি বিশাল আমানত।

৫.৪ মিজান: কর্মের গাণিতিক ওজন

সেদিন সবার মনোযোগ এবং ভয়ের কেন্দ্রবিন্দু হবে 'মিজান'—অর্থাৎ ন্যায়ের পাল্লা। এটি কোনো সাধারণ দাঁড়িপাল্লা নয়; এটি এমন এক আধ্যাত্মিক যন্ত্র যা মানুষের কাজের বাহ্যিক রূপের চেয়ে তার নিয়ত বা উদ্দেশ্যের গভীরতা পরিমাপ করতে সক্ষম। একজন ব্যক্তি হয়তো খ্যাতির আশায় অঢেল সম্পদ দান করেছে, কিন্তু এই পাল্লায় সেই স্বর্ণের পাহাড়ের কোনো ওজন থাকবে না, কারণ তাতে ঐশ্বরিক ভালোবাসা ছিল না। পক্ষান্তরে, একজন দরিদ্র ব্যক্তি যদি কেবল স্রষ্টাকে খুশি করার জন্য রাস্তা থেকে একটি পাথর সরিয়ে দেয়, তবে সেই ক্ষুদ্র

কিন্তু আন্তরিক কাজটি অন্য সবকিছুর চেয়ে ভারী হয়ে উঠতে পারে এবং তাকে জান্নাতের উচ্চ মকামে পৌঁছে দিতে পারে।

মিজান পরম ন্যায়বিচার প্রতিষ্ঠা করবে। স্রষ্টা পৃথিবীর সকল অত্যাচারীর বিচার করবেন এবং মজলুমের প্রতিটি ফোঁটা চোখের জলের হিসাব কড়াকড়িভাবে বুঝিয়ে দেবেন। যারা পৃথিবীতে বিচার পায়নি, তারা সেদিন সম্রাট ও স্বৈরশাসকদের বিরুদ্ধে নালিশ জানাতে স্রষ্টার সামনে সগৌরবে দাঁড়াবে। ক্ষমতা চূর্ণ-বিচূর্ণ হবে এবং সত্যের জয় হবে। মানুষ অবশেষে বুঝতে পারবে যে ক্ষমতা নয়, বরং সততাই ছিল প্রকৃত শক্তি।

৫.৫ পুল-সিরাত: আগুনের ওপর সরু সেতু

চূড়ান্ত বিচারের পর, জান্নাতের চিরস্থায়ী আনন্দে পৌঁছাতে প্রতিটি আত্মাকে 'পুল-সিরাত' পার হতে হবে। এটি একটি অদৃশ্য, পিচ্ছিল এবং অবিশ্বাস্য রকমের সরু সেতু, যা জাহান্নামের গর্জন করতে থাকা আগুনের ওপর দিয়ে বিস্তৃত। একে চুলের চেয়েও সূক্ষ্ম এবং তলোয়ারের চেয়েও ধারালো হিসেবে বর্ণনা করা হয়েছে। যারা পৃথিবীতে সত্যের 'সরল পথে'

চলেছিল, তারা এই সেতুটি বিজলি বা বাতাসের গতিতে পার হয়ে যাবে। তাদের ঈমানের নূর বা আলো অন্ধকারের মধ্যে মশাল হিসেবে কাজ করবে।

তবে যারা অন্ধকারে চলেছিল, যাদের হৃদয় পাপ ও লোভে কলুষিত ছিল, তাদের জন্য এই সেতুটি হবে ঘুটঘুটে অন্ধকার এবং বিশ্বাসঘাতক। তারা হোঁচট খাবে এবং জাহান্নাম থেকে উঠে আসা হুক বা কাঁটার আঘাতে বিদ্ধ হয়ে অতল গহ্বরে পড়ে যাবে। নিচের সেই আগুন হাজার বছর ধরে জ্বলতে জ্বলতে কুচকুচে কালো হয়ে গেছে। পুল-সিরাত পার হওয়া হবে চূড়ান্ত রোমাঞ্চ, আতঙ্ক এবং স্নায়ুর পরীক্ষা। জান্নাতের নহর বা ঝর্ণার শব্দ কানে আসার আগে এটিই হবে শেষ বাধা।

৫.৬ জান্নাত ও জাহান্নাম: দুটি চিরস্থায়ী গন্তব্য

এই মহা-উপসংহারের পর মাত্র দুটি গন্তব্যই অবশিষ্ট থাকবে। একদল প্রবেশ করবে জান্নাতে—এক অকল্পনীয় সুন্দর উদ্যান। সেখানে দুধ ও মধুর নদী প্রবাহিত হবে এবং কোনো রোগ, বার্ধক্য বা মৃত্যু সেখানকার অধিবাসীদের স্পর্শ করবে না। জান্নাতের সবচেয়ে বড় পুরস্কার কোনো বস্তু নয়, বরং তা হলো

'দিদার'—অর্থাৎ সরাসরি স্রষ্টাকে দেখা। বিশ্বাসীরা তাদের পালনকর্তাকে ততটাই স্পষ্টভাবে দেখবে, যতটা স্পষ্টভাবে আমরা মেঘমুক্ত আকাশে পূর্ণিমার চাঁদ দেখি। সেই অনন্ত সৌন্দর্যের পাশে জান্নাতের সমস্ত প্রাসাদও তুচ্ছ মনে হবে।

অন্য দলটি প্রবেশ করবে জাহান্নামে—যা চিরস্থায়ী বন্দিশালার এক রাজত্ব। তারা আগুনের পোশাক পরবে, ফুটন্ত পানি পান করবে এবং তিক্ত ও বিষাক্ত 'যাক্কুম' গাছ থেকে খাবার খাবে। যখন তাদের চামড়া পুড়ে ছাই হয়ে যাবে, তখন আবার নতুন চামড়া দেওয়া হবে যাতে তারা প্রতিটি মুহূর্তের যন্ত্রণা অনুভব করতে পারে। জাহান্নাম হলো তাদের আবাস যারা স্রষ্টাকে অস্বীকার করেছে এবং অন্যের ওপর জুলুম করেছে। সেদিন মানুষ চিৎকার করে বলবে, "হায়! আমি যদি মাটি হয়ে যেতাম!", কিন্তু পালানোর কোনো পথ থাকবে না।

৫.৭ পার্থিব জীবনের মরীচিকা এবং পরকালের ধ্রুবতারা

আমরা কেন পরকালকে ভুলে যাই? কারণ এই পার্থিব জীবন একটি সুন্দর মরীচিকার মতো। এর জৌলুস, সম্পদ এবং

পদমর্যাদা আমাদের চোখকে ধাঁধিয়ে দেয়। কিন্তু বাস্তবে এই পৃথিবী একটি 'ট্রানজিট লাউঞ্জ' ছাড়া আর কিছুই নয়। আপনি যখন বিমানবন্দরে অপেক্ষা করেন, তখন কি সেখানে স্থায়ী ঘরবাড়ি তৈরি করেন? অবশ্যই না। পরকাল হলো সেই ধ্রুবতারা যা আমাদের জীবনের প্রকৃত লক্ষ্য নির্ধারণ করে। যে ব্যক্তি শেষ বিচারে বিশ্বাস করে, সে গোপনেও কোনো অপরাধ করতে পারে না; কারণ সে জানে 'মালিক' দেখছেন এবং সব দৃশ্য রেকর্ড করা হচ্ছে। এই জবাবদিহিতার বোধই একজন মানুষকে প্রকৃত মানুষ করে তোলে।

এই পৃথিবীতে আমরা প্রায়ই দেখি পাপিষ্ঠরা বিলাসিতায় বাস করছে আর পুণ্যবানরা লড়াই করছে। এই বৈষম্যই প্রমাণ করে যে একটি বিচার দিবস থাকা একান্ত প্রয়োজন। যদি কোনো বিচারই না থাকতো, তবে ভালো হওয়ার পেছনে কোনো যুক্তি থাকতো না। কিন্তু স্রষ্টা পরম ন্যায়বিচারক। তিনি এই জীবনের সাময়িক অসমতাগুলোকে পরবর্তী জীবনের বিশাল বণ্টনের মাধ্যমে সমতায় ফিরিয়ে আনবেন।

৫.৮ আমাদের প্রস্তুতি কতটুকু?

পরকালের এই মহাকাব্যিক বর্ণনা কেবল ভয় দেখানোর জন্য নয়, বরং আমাদের বর্তমান জীবনের প্রতিটি মুহূর্তকে সংশোধন করার জন্য। আমরা যদি জানতাম যে আগামী সপ্তাহে আমাদের জীবনের সবচেয়ে বড় পরীক্ষা, তবে আমরা রাত জেগে তার প্রস্তুতি নিতাম। একইভাবে, আমাদের প্রতিটি দিন ও ঘণ্টা হওয়া উচিত সেই 'মহাবিচারের' প্রস্তুতি। অর্থের মোহ, মিথ্যা দম্ভ এবং ক্ষমতার অহংকার এক নিমেষে বিলীন হয়ে যাবে। আমাদের বিলাসবহুল গাড়ি কিংবা ব্যাংক ব্যালেন্স কবরের সেই নিস্তব্ধ, অন্ধকার প্রকোষ্ঠে আমাদের সঙ্গী হবে না; কেবল আমাদের সৎকর্মগুলোই বিশ্বস্ত বন্ধুর মতো আমাদের পাশে দাঁড়াবে।

এই ক্ষণস্থায়ী জীবনের খেলাধুলা আর আমোদ-প্রমোদে আমরা যেন পথ হারিয়ে না ফেলি। স্রষ্টার প্রতি নিঃস্বার্থ ভালোবাসা এবং তাঁর সৃষ্টির প্রতি দয়া—এগুলোই হলো মুক্তির একমাত্র চাবিকাঠি। বিচার দিবসের সেই ভয়াবহ মুহূর্তে, যখন প্রত্যেকে নিজেকে নিয়ে ব্যস্ত থাকবে (এমনকি নিজের পরিবারকেও ত্যাগ করবে), তখন যেন আমরা স্রষ্টার আরশের শীতল ছায়াতলে আশ্রয় পাই। এই অধ্যায়টি প্রতিটি জীবন্ত আত্মার জন্য একটি চূড়ান্ত সতর্কতা এবং ভালোবাসার আহ্বান: "হে মানুষ! তোমার

দয়াময় রবের দিকে ফিরে এসো, সেই দিন আসার আগেই যখন ফিরে আসার আর কোনো সেতু থাকবে না।"

৫.৯ ন্যায়ের চূড়ান্ত মানদন্ড: ঐশ্বরিক ভারসাম্যের বিজয়

বিচারের সেই চূড়ান্ত মুহূর্তে 'পরম ন্যায়বিচার' প্রতিষ্ঠিত হবে— এমন এক মানদণ্ড যার সাথে এই নশ্বর জগতের ভঙ্গুর আইন বা ত্রুটিপূর্ণ আদালতের তুলনা করা আক্ষরিক অর্থেই অসম্ভব। এই জীবনে আমরা প্রায়ই দেখি নিরীহ মানুষ মিথ্যা অপবাদ, অর্থের অভাব বা সাক্ষীর অভাবে অন্ধকার কারাগারে ধুঁকছে। অন্যদিকে, প্রভাবশালী অপরাধীরা সম্পদ, ধূর্ত আইনজীবীর শব্দের কারসাজি বা রাজনৈতিক ক্ষমতার জোরে মুক্ত বাতাসে ঘুরে বেড়াচ্ছে। মানুষের ন্যায়বিচার সহজাতভাবেই সীমাবদ্ধ, যা কেবল বাহ্যিক প্রমাণ ও ভুল হতে পারে এমন সাক্ষ্যের ওপর নির্ভরশীল। কিন্তু সেই প্রলয়ংকরী দিনে কোনো উচ্চ পর্যায়ের সুপারিশ, গোপন তদ্বির, ঘুষ বা পক্ষপাতের স্থান থাকবে না। মহাবিশ্বের 'মহাসম্রাট' সেদিন বিচারাসনে অধিষ্ঠিত হবেন— এমন একজন বিচারক যার জ্ঞানে অতীত, বর্তমান এবং ভবিষ্যৎ একটি বিন্দুতে বন্দি। কারও প্রতি এক পরমাণু

পরিমাণও অন্যায় করা হবে না। প্রতিটি মানুষ তার নিজের কর্মের মুখোমুখি হবে এবং এক পবিত্র সমতার চাদর হাশরের ময়দানকে ঢেকে দেবে।

স্রষ্টা মানুষের জীবনের প্রতিটি ক্ষুদ্র কাজকে তাঁর ঐশ্বরিক ও অতি-সূক্ষ্ম পাল্লায় নিয়ে আসবেন। এই পাল্লা কোনো শারীরিক ভর মাপে না; এটি মাপে আত্মার ওজন। আপনি গভীর রাতে গোপনে কোনো তৃষ্ণার্থ প্রাণীর তৃষ্ণা মিটিয়েছিলেন কি না, কিংবা ডিজিটাল পর্দার আড়ালে বসে কারও সম্মান নষ্ট করার সূক্ষ্ম ষড়যন্ত্র করেছিলেন কি না—সবকিছু দুপুরের সূর্যের মতো পরিষ্কার হয়ে যাবে। আপনার জীবনের প্রতিটি সেকেন্ডের হিসাব দিতে হবে। কোনো সুপারকম্পিউটার মানুষের নেওয়া প্রতিটি নিঃশ্বাসের খবর রাখতে পারে না, কিন্তু ঐশ্বরিক রেকর্ডাররা প্রতিটি মুহূর্তকে নিখুঁতভাবে ধারণ করেছে।

এখানে 'উদ্দেশ্য' বা প্রকৃত 'নিয়ত'-কে সর্বোচ্চ প্রাধান্য দেওয়া হবে। আপনি হয়তো জনসম্মুখে বিশাল অংকের অর্থ দান করেছেন, কিন্তু আপনার অবচেতন মন যদি 'দানবীর' খেতাব চেয়ে থাকে, তবে সেই সওয়াবের পাহাড় ধুলোর মতো উড়ে

যাবে। পক্ষান্তরে, একজন নিঃস্ব ব্যক্তি কেবল তার প্রভুকে খুশি করার জন্য যদি এক লোকমা খাবারও অন্যকে দেয়, তবে ন্যায়ের পাল্লায় সেই ক্ষুদ্র কাজটি মহাবিশ্বের চেয়েও ভারী হয়ে উঠতে পারে। মানুষের আদালত হৃদয়ের গভীরতা অনুসন্ধান করতে পারে না, কিন্তু সেদিন আত্মার প্রতিটি গোপন কম্পন হবে একেকটি জীবন্ত সাক্ষী।

এই বিচার হবে গাণিতিক নির্ভুলতা এবং আধ্যাত্মিক প্রজ্ঞার এক অনন্য সংমিশ্রণ। যে অত্যাচারীরা অন্যের জমি দখল করেছে, এতিমের সম্পদ লুণ্ঠন করেছে বা নিরপরাধের রক্ত ঝরিয়েছে—তারা দেখবে তাদের ক্ষমতা বাষ্পের মতো উবে গেছে। তারা উলঙ্গ, অসহায় এবং তুচ্ছ হয়ে দাঁড়িয়ে থাকবে। অন্যদিকে, যারা নির্যাতিত হয়েছিল এবং পৃথিবীতে বিচার পায়নি, তারা আরশের সামনে মাথা উঁচু করে দাঁড়াবে এবং অতীতের প্রতাপশালী রাজা ও স্বৈরশাসকদের জবাবদিহিতার কাঠগড়ায় দাঁড় করাবে। এটি হবে সমতার এক মহাকাব্যিক জয়গান। সেদিন জাতি, বর্ণ বা সম্পদের কোনো ভেদাভেদ থাকবে না। প্রতিটি মানুষ হবে কেবল তার কর্মের নির্যাস। এই সেই মুহূর্ত, যার জন্য সৃষ্টির শুরু থেকে প্রতিটি মজলুম আত্মা অপেক্ষা করেছে।

৫.১০ আমলনামা ও কোষীয় সাক্ষ্য: যখন দেহ কথা বলবে

বিচার প্রক্রিয়াটি হবে সম্পূর্ণ অলৌকিক এবং প্রযুক্তিগতভাবে অনন্য (ঐশ্বরিক প্রযুক্তি)। বিবাদীর কোনো সাজানো অজুহাত দেওয়ার বা কোনো আইনজীবীর মাধ্যমে আইনের ফাঁক খোঁজার সুযোগ থাকবে না। পরিবর্তে, তাদের সামনে উপস্থাপন করা হবে তাদের 'আমলনামা'—যা কোনো কাগজের নোটবুক নয়, বরং তাদের জীবনের একটি বাস্তবধর্মী ও ব্যাপক ডেটাবেস। হাতের প্রতিটি স্পর্শ, চোখের প্রতিটি গোপন পলক এবং এমনকি কাউকে ঘৃণা বা অপমান করার সূক্ষ্ম ইচ্ছাও ৪-কে (4K) বা ৩-ডি (3D) ছবির চেয়ে হাজার গুণ বেশি জীবন্ত হয়ে ফুটে উঠবে।

একজন মানুষ যখন তার জীবনকে একটি বিশাল চলচ্চিত্রের মতো পুনরায় দেখতে পাবে, তখন পালানোর আর কোনো সুড়ঙ্গ অবশিষ্ট থাকবে না। যখন অপরাধী তার পাপের কালো তালিকা দেখে স্তব্ধ হয়ে যাবে এবং শেষ চেষ্টা হিসেবে তার অপরাধ

অস্বীকার করতে চাইবে, তখন আধুনিক ফরেনসিক ল্যাবের চেয়েও হাজার গুণ নির্ভুল এক বিচারিক পদ্ধতি শুরু হবে।

স্রষ্টা সেই বাচালদের মুখ সিলগালা করে দেবেন; তাদের কথা বলার জৈবিক ক্ষমতা সাময়িকভাবে কেড়ে নেওয়া হবে। কোনো সাজানো গল্প বা কূটনৈতিক বক্তব্য তখন আর মুখ দিয়ে বের হবে না। পরিবর্তে, মানুষের শরীরের অঙ্গ-প্রত্যঙ্গগুলো একেকটি স্বাধীন 'মেমোরি চিপ' বা সচেতন সত্তার মতো কথা বলতে শুরু করবে। এটি হবে জীববিজ্ঞানের এক চরম রহস্যের উন্মোচন। তথ্য ধারণকারী প্রতিটি কোষ সেদিন সাক্ষ্য দেবে। শরীর তখন সত্যের সাথে বিশ্বাসঘাতকতা করবে না; বরং তার প্রকৃত মালিকের আদেশে সত্যকে উগরে দেবে।

ডান হাত চিৎকার করে বলবে সে কাকে আঘাত করেছিল বা কী চুরি করেছিল। পা কাঁপতে কাঁপতে সাক্ষ্য দেবে সে কোন নিষিদ্ধ গন্তব্যে শরীরকে বহন করে নিয়ে গিয়েছিল। চোখগুলো সেই প্রতিটি কামুক দৃষ্টি বা নিষিদ্ধ দৃশ্যের প্রজেকশন দেখাবে যা তারা উপভোগ করেছিল। এমনকি চামড়া এবং হাড়গুলোও এক মহাজাগতিক বিদ্রোহ ঘোষণা করে সব গোপন তথ্য ফাঁস করে দেবে। মানুষের ডিএনএ (DNA) একটি হার্ড ড্রাইভের মতো কাজ করবে এবং সমস্ত লুকানো ডেটা সমর্পণ করবে।

এমন কোনো 'এনক্রিপশন' থাকবে না যা সত্যকে লুকিয়ে রাখতে পারে। মানুষ তার নিজের দেহের সাক্ষ্যের কাছেই চূড়ান্তভাবে লজ্জিত ও পরাজিত হবে—তার সবচেয়ে কাছের সঙ্গীটিই সেদিন তার সবচেয়ে বড় গোয়েন্দায় পরিণত হবে।

পঞ্চম অধ্যায়ের এই শেষ অংশটুকু অত্যন্ত শক্তিশালী এবং চিন্তাউদ্দীপক। বিজ্ঞানের সূত্র আর আধ্যাত্মিকতার সংমিশ্রণে আপনার মূল পাণ্ডুলিপির গভীরতা বজায় রেখে নিচে এর বাংলা রূপান্তর দেওয়া হলো:

৫.১১ মহাজাগতিক ফরেনসিক: ডিএনএ এবং প্রকৃতির নীরব সাক্ষ্য

এই জীবনে আমরা আঙুলের ছাপ বা ফরেনসিক বিজ্ঞানের মাধ্যমে অপরাধী শনাক্ত করি। কিন্তু পরকালের বিচার হবে তার চেয়েও অসীম গুণ উন্নত। সেদিন কেবল মানুষের দেহই নয়, বরং স্বয়ং পৃথিবী এবং এর মাটিও কথা বলবে। মহাবিশ্বের প্রতিটি পরমাণুর নিজস্ব স্মৃতি রয়েছে। যে মাটির ওপর দাঁড়িয়ে কোনো গোপন পাপ করা হয়েছিল, সেদিন সেই মাটি বাকশক্তি

ফিরে পাবে এবং চিৎকার করে বলবে— "হে প্রভু! এই ব্যক্তি আমার ওপর দাঁড়িয়ে এই জঘন্য কাজটি করেছিল!" বাতাসের প্রতিটি অণু সাক্ষ্য দেবে, কারণ তারা প্রতিটি ফিসফিসানি এবং কম্পনকে ধারণ করে রেখেছে। প্রকৃতির প্রতিটি উপাদান স্রষ্টার আদালতে সাক্ষী হিসেবে হাজির হবে। মহাবিশ্ব থেকে আসলে কোনো কিছুই মুছে যায় না; শক্তির রূপান্তর হিসেবে তা স্তরে স্তরে সংরক্ষিত থাকে।

আধুনিক বিজ্ঞান ইঙ্গিত দেয় যে, ডিএনএ (DNA) হাজার বছর ধরে পূর্বপুরুষদের স্মৃতি ধারণ করতে পারে। পুনরুত্থান দিবসে স্রষ্টা এই কোষীয় স্মৃতিকে 'আনলক' বা উন্মুক্ত করে দেবেন। একজন মানুষ তার নিজের হাত ও পায়ের সাক্ষ্য শুনে আতঙ্কিত হয়ে পড়বে। সে তার অঙ্গ-প্রত্যঙ্গকে প্রশ্ন করবে— "তোমরা কেন আমার বিরুদ্ধে সাক্ষ্য দিচ্ছ? তোমাদের আরাম আর আনন্দের জন্যই তো আমি সেইসব পাপ করেছিলাম!" তার অঙ্গ-প্রত্যঙ্গ তখন বজ্রকঠিন কণ্ঠে জবাব দেবে— "আজ আমরা আমাদের মালিকের আদেশে কথা বলছি, যিনি প্রতিটি বস্তুকে কথা বলার শক্তি দিয়েছেন।" নিজের শরীরের সাথে নিজের এই অদ্ভুত কথোপকথন হবে পরকালের অন্যতম বড় মানসিক যন্ত্রণা।

৫.১২ নিস্তব্ধতার মহিমা এবং অপরাধীর চূড়ান্ত আত্মসমর্পণ

বিচারের সেই মুহূর্তে এক অলৌকিক ও ভারী নিস্তব্ধতা বিরাজ করবে। কোটি কোটি মানুষ উপস্থিত থাকলেও কারও ফিসফিস করার সাহস হবে না। যখন আকাশ থেকে বৃষ্টির মতো আমলনামাগুলো উড়তে শুরু করবে এবং স্বয়ংক্রিয়ভাবে নিজ নিজ মালিকের হাতে গিয়ে পৌঁছাবে, তখন কেবল কাগজের খসখস শব্দ শোনা যাবে। কেউ আনন্দে আত্মহারা হবে; আবার কেউ লজ্জা ও আতঙ্কে নীল হয়ে যাবে, চাইবে মাটির সাথে মিশে যেতে। তারা বিলাপ করে বলবে— "হায়! আমি যদি মাটি হয়ে যেতাম!", কিন্তু বিচার হবেই।

সেদিন এক চরম অসহায়ত্বের অনুভূতি হবে। যে ক্ষমতাধর ব্যক্তি দুর্বলের অধিকার হরণ করেছিল, ক্ষতিপূরণ হিসেবে তার সারাজীবনের কষ্টার্জিত পুণ্যগুলো নিয়ে সেই ভুক্তভোগীকে দিয়ে দেওয়া হবে। যদি পুণ্য ফুরিয়ে যায়, তবে ভুক্তভোগীর পাপের বোঝা সেই অত্যাচারীর কাঁধে চাপিয়ে দেওয়া হবে। এটাই হলো

চূড়ান্ত সমতা। কোনো অর্থ বা সোনা সেদিন কাজ করবে না; বিনিময়ের একমাত্র মাধ্যম হবে 'আমল' বা কর্ম।

প্রথাগত ধর্মীয় আচার—নামাজ, রোজা বা দান-সদকা—সবই ঝুঁকির মুখে পড়বে যদি সেই ব্যক্তি অন্যের ক্ষতি করে থাকে বা জুলুম করে থাকে। সেই দিনটি হবে অহংকারীদের পতন এবং বিনয়ীদের উত্থানের দিন। বড় বড় অত্যাচারীদের সেদিন ধূলিকণার মতো ক্ষুদ্র দেখাবে, আর নিঃস্বরা আরশের ছায়াতলে উচ্চাসনে আসীন হবে। প্রকৃতির এই আমূল পরিবর্তন হবে স্রষ্টার ক্ষমতার চূড়ান্ত বহিঃপ্রকাশ।

৫.১৩ উপসংহার: বর্তমানের আয়নায় পরকাল

এই অধ্যায়টির আমাদের দৈনন্দিন জীবনকে বদলে দেওয়ার ক্ষমতা রয়েছে। এটি কেবল মৃত্যুর পরের কোনো ঘটনা নয়; এটি বর্তমানের জন্য একটি দিকনির্দেশনা। আমরা যখন বুঝতে পারি যে আমাদের প্রতিটি কাজ—একটি ফেসবুক কমেন্ট, একটি বিদ্রূপাত্মক হাসি কিংবা একটি গোপন ষড়যন্ত্র—সবই স্বয়ংক্রিয়ভাবে রেকর্ড করা হচ্ছে এবং আমাদের নিজস্ব

কোষগুলোই আমাদের বিরুদ্ধে সাক্ষ্য দেবে, তখন আমরা স্বাভাবিকভাবেই সতর্ক হয়ে উঠি।

পরকাল হলো একটি পূর্ণাঙ্গ নৈতিক কাঠামো। এটি আমাদের শেখায় যে এই পৃথিবী কোনো আইনহীন জঙ্গল নয় যেখানে "জোর যার মুল্লুক তার"; বরং প্রতিটি সেকেন্ডের জন্য এখানে চূড়ান্ত জবাবদিহিতা রয়েছে। আমরা যদি বিশ্বাস করতাম যে আমাদের কোনো কাজের জন্য কাউকে জবাব দিতে হবে না, তবে মানুষের জীবন অর্থহীন হয়ে পড়ত। পরকালই মানুষের জীবনকে পূর্ণতা এবং অর্থ প্রদান করে।

অধ্যায়-০৬

মূল পয়েন্টসমূহের একটি গভীর বিশ্লেষণ

মহাবিশ্বের শুরু এবং শেষ নিয়ে যখন আমরা গভীরভাবে চিন্তা করি, তখন কিছু অমীমাংসিত সমীকরণ আমাদের সামনে এসে দাঁড়ায়। এগুলো কেবল ধর্মীয় কোনো বিষয় নয়; বরং এগুলো হলো মহাজাগতিক এক জটিল ধাঁধা (Cosmic Paradoxes), যা মানুষের বুদ্ধিবৃত্তিকে তার শেষ সীমানা পর্যন্ত চ্যালেঞ্জ করে। এই অধ্যায় আমি সেই সকল 'মূল পয়েন্ট' বা মৌলিক বিষয়গুলোর গভীরে প্রবেশ করব, যেখানে সৃষ্টির আদি লগ্ন, স্রষ্টার সার্বভৌম ইচ্ছা এবং মানুষের তথাকথিত 'জবাবদিহিতা' এক রহস্যময় দ্বন্দ্বে সহাবস্থান করছে। আমরা কি সত্যিই স্বাধীন, নাকি কোনো এক অলৌকিক পাণ্ডুলিপির আড়ালে বন্দি থাকা নিছক অভিনেতা মাত্র?

মূল পয়েন্ট ০১: কলম এবং নিয়তির মহাপরিকল্পনা

একটি প্রাচীন এবং ধ্রুব তত্ত্ব হলো—সৃষ্টির ঊষালগ্নে 'কলম' মহাবিশ্বের শুরু থেকে শেষ পর্যন্ত সবকিছু লিখে ফেলেছে এবং সেই কালি চিরতরে শুকিয়ে গেছে। এর অর্থ হলো ধূলিকণার প্রতিটি কম্পন, প্রতিটি নক্ষত্রের জন্ম ও মৃত্যু, প্রতিটি বৃষ্টির ফোঁটা এবং মানুষের প্রতিটি নিঃশ্বাস এক মহাজাগতিক রেজিস্টারে নিখুঁতভাবে লিপিবদ্ধ। সৃষ্টির ইতিহাস একটি সমাপ্ত পাণ্ডুলিপির মতো; যার একটি কমাও পরিবর্তন করার সাধ্য কারও নেই।

সংশয় ও দর্শনের দ্বন্দ্ব:

এই সত্যকে মেনে নিলে একটি মৌলিক প্রশ্ন জাগে: যদি অনন্তকাল আগে থেকেই সবকিছু নিখুঁতভাবে পূর্বনির্ধারিত হয়ে থাকে, তবে স্রষ্টা কেন মানবজাতি সৃষ্টির 'ইচ্ছা' প্রকাশ করলেন? ফলাফল যদি তাঁর অনন্ত জ্ঞানে আগে থেকেই জানা থাকে, তবে কোটি কোটি বছরের এই দীর্ঘ আয়োজনের উদ্দেশ্য কী? তিনি তো জানতেনই—কে জান্নাতে যাবে আর কে জাহান্নামের আগুনে পুড়বে; তবে এই দীর্ঘ যাত্রার সূত্রপাত

কেন? এটি কি কোনো মহাজাগতিক পরিহাস, নাকি এক অজানা ঐশ্বরিক খেলা?

যদি যা ঘটছে বা ঘটবে তা একটি নির্দিষ্ট ছাঁচে আগেই আঁকা হয়ে থাকে, তবে কেন মানুষকে তার কাজের জন্য এককভাবে দায়ী করা হবে? আমরা একে একটি সিনেমা সেটের সাথে তুলনা করতে পারি। আমরা যা দেখি—নায়কের বীরত্ব বা ভিলেনের নিষ্ঠুরতা—সবই চিত্রনাট্যে পরিচালকের লেখা। অভিনেতার নিজস্ব কোনো স্বাধীন ইচ্ছা নেই; তাকে যেভাবে নির্দেশনা দেওয়া হয়েছে, সেভাবেই সে হাসে বা কাঁদে। সিনেমা শেষে কোনো বুদ্ধিমান দর্শক কি ভিলেনের চরিত্রে অভিনয় করা ব্যক্তিকে বাস্তব অপরাধী হিসেবে ঘৃণা করে? না। আমরা জানি সে কেবল একটি নির্দেশিত চরিত্রে অভিনয় করেছে।

মানুষের জীবনেও কি একই ঘটনা ঘটছে না? যদি সৃষ্টির শুরুতেই প্রতিটি পদচিহ্ন, পাপ বা পুণ্য 'তকদির' হিসেবে লেখা হয়ে থাকে, তবে বিচার দিবসে কেন কাউকে পুরস্কৃত করা হবে আর কাউকে শাস্তি দেওয়া হবে? স্রষ্টা কি একটি বিশাল মহাজাগতিক 'শো' বা প্রদর্শনী করছেন যেখানে আমরা কেবল

শেখানো বুলি আওড়ানো পুতুল মাত্র? তিনি যদি লিখে থাকেন যে একজন ব্যক্তি অপরাধী হবে এবং সেই ব্যক্তির যদি সেই লেখার বাইরে যাওয়ার ক্ষমতা না থাকে, তবে তাকে জাহান্নামের আগুনে পোড়ানোর মধ্যে 'ন্যায়বিচার' কোথায়? যদি পরিচালকই সবকিছু লেখেন এবং পরিচালনা করেন, তবে এর দায়ভার কি তাঁর ওপরই বর্তায় না? এই প্রশ্নটি বিশ্বাসের ভিত্তি নাড়িয়ে দেয় এবং 'পরম ক্ষমতা' বনাম 'পরম ন্যায়বিচারের' দ্বন্দ্বকে তীব্র করে তোলে।

মূল পয়েন্ট ০২: সূচনা, শয়তানের ভূমিকা এবং নির্বাসনের নকশা

সৃষ্টির দ্বিতীয় ধাপে আমরা একটি নাটকীয় মোড় দেখি—ফেরেশতাদের সাথে রহস্যময় কথোপকথন, শয়তানের আকস্মিক আবির্ভাব এবং জান্নাত থেকে আদম ও হাওয়ার 'পতন' বা নির্বাসন। এখানেও যুক্তি কিছু অসঙ্গতি প্রকাশ করে।

ফেরেশতাদের সাথে কথোপকথন:

স্রষ্টা যখন ফেরেশতাদের কাছে ঘোষণা করলেন যে তিনি পৃথিবীতে একজন প্রতিনিধি পাঠাবেন, তখন ফেরেশতারা বিস্ময় প্রকাশ করে বলেছিল যে মানুষ কেবল রক্তপাত ঘটাবে। প্রশ্ন হলো: সেই সার্বভৌম প্রভু—যার কোনো পরামর্শের প্রয়োজন নেই এবং যিনি সময়ের ঊর্ধ্বে—কেন ফেরেশতাদের মতামত চাইলেন? ফেরেশতারা কী বলবে তা কি তিনি জানতেন না? এই 'পরামর্শ' কি কেবল ফেরেশতাদের সাক্ষী হিসেবে রাখার জন্য একটি নাটকীয় আনুষ্ঠানিকতা ছিল?

জান্নাতে শয়তানের প্রবেশ:

সবচেয়ে বড় রহস্যটি লুকিয়ে আছে 'নিষিদ্ধ গাছ' এবং শয়তানের প্রবঞ্চনার মধ্যে। ধর্মীয় বিশ্বাস মতে, জান্নাত হলো পবিত্রতম স্থান যেখানে কোনো অপবিত্র সত্তা প্রবেশ করতে পারে না। শয়তান যখন স্রষ্টাকে অমান্য করল এবং অভিশপ্ত হলো, তখন তাকে বের করে দেওয়া হয়েছিল। তাহলে সে পুনরায় আদম ও হাওয়াকে প্রবঞ্চনা করার জন্য জান্নাতে প্রবেশ করল কীভাবে? জান্নাতের অপরাজেয় বেষ্টনী কি তার জন্য

শিথিল করা হয়েছিল? নাকি এটি সেই মহাপরিকল্পনারই একটি অনিবার্য অংশ ছিল?

যদি তার প্রবেশ এবং পরবর্তীতে 'নিষিদ্ধ ফল' ভক্ষণ করা সেই 'কলম' দ্বারা আগেই লেখা হয়ে থাকে, তবে শয়তান বা আদমের ব্যক্তিগত দোষ কতটুকু? একজন পরিচালক যদি ভিলেনের জন্য জানালা খোলা রাখেন এবং নায়ককে সেই ঘরে বসতে বলেন, তবে কি আমরা কেবল ভিলেনকে বা নায়কের মূর্খতাকে দোষ দিতে পারি? শয়তান কেবল সেই নিযুক্ত ভিলেনের ভূমিকা পালন করেছে যা সৃষ্টির কোটি বছর আগে স্রষ্টা তার জন্য নির্ধারণ করেছিলেন। শয়তানের কি স্রষ্টার ইচ্ছার বাইরে কাজ করার ক্ষমতা আছে? যদি না থাকে, তবে শয়তান কি সত্যিই একজন বিদ্রোহী, নাকি মহাপরিকল্পনার একজন বাধ্য অনুগত সেবক?

একটি ভুল নাকি নিশ্চিত মহাজাগতিক পরিকল্পনা?

পৃথিবীতে আদম ও হাওয়ার আগমনকে সাধারণত তাদের 'ভুল' বা 'পাপ' হিসেবে চিহ্নিত করা হয়। কিন্তু আপনার বিবেককে জিজ্ঞাসা করুন—তাদের কি ভুল করার ক্ষমতা ছিল? তারা তাদের নিজস্ব স্বাধীন ইচ্ছায় সেই ফল খায়নি; বরং তাদের মধ্যে একটি কৌতূহল জাগিয়ে তোলা হয়েছিল এবং জান্নাতের পরিবেশ এমনভাবে তৈরি করা হয়েছিল যাতে তারা ঠিক সেটিই করে যা 'কলম' দ্বারা লেখা ছিল।

তারা যদি ফলটি না খেত, তবে কি আজ আমরা এখানে থাকতাম? না। অথচ স্রষ্টা একেবারে শুরুতেই ফেরেশতাদের বলেছিলেন যে তিনি 'পৃথিবীতে' প্রতিনিধি পাঠাচ্ছেন, 'জান্নাতে' নয়। এর অর্থ হলো আদম ও হাওয়ার পৃথিবীতে আসা একটি পূর্বনির্ধারিত এবং নিশ্চিত গন্তব্য ছিল। শয়তানের প্রলোভন ছিল জান্নাত থেকে পৃথিবীতে স্থানান্তরের একটি 'অজুহাত' বা আনুষ্ঠানিক ট্রিগার মাত্র। স্রষ্টা যদি অনুমতি না দিতেন, তবে মহাবিশ্বের কোনো শক্তির সাধ্য ছিল না জান্নাতের একটি ধূলিকণাও স্পর্শ করার। তাহলে আমরা কি বলতে পারি যে শয়তানকে এক প্রকার 'আমন্ত্রণ' জানানো হয়েছিল যাতে পৃথিবীর যাত্রার চিত্রনাট্য শুরু হতে পারে?

উপসংহার এবং পাঠকের প্রতি একটি প্রশ্ন:

পুরো মহাজাগতিক প্রক্রিয়াটি ছিল মানুষকে 'পৃথিবী' নামক এই 'পরীক্ষাগারে' নিয়ে আসার একটি নীলনকশা। এটি ছিল কলমের অমোঘ লিখন। শয়তান এখানে একটি মাধ্যম বা হাতিয়ার, নিষিদ্ধ গাছটি একটি পরিকল্পিত প্রলোভন, আর আদম ও হাওয়া এই মহাকাব্যিক নাটকের প্রথম দুই অভিনেতা।

তাই, আমি আমার সম্মানিত পাঠকদের বিবেকের আদালতে এই গুরুতর প্রশ্নটি রেখে যাচ্ছি: এই বিশাল এবং জটিল গোলকধাঁধায় কাউকে কি সত্যিই 'দায়ী' বা 'অপরাধী' বলা যায়? আমরা কি কেবল একটি বৃহত্তর পরিকল্পনার সাক্ষী মাত্র? আমাদের ভালো বা মন্দ কাজের কৃতিত্ব কি আমাদের পাওয়া উচিত, নাকি মহাজাগতিক লেখকের? পরিচালক যদি সবকিছু লেখেন এবং পরিচালনা করেন, তবে নায়ক এবং ভিলেনের মধ্যে কি বাস্তব কোনো পার্থক্য থাকে? আমরা কি স্বাধীন সত্তা, নাকি কোনো মহাজাগতিক ভিডিও গেমের চরিত্র—যার প্রতিটি মুভমেন্ট কন্ট্রোলার দিয়ে আগে থেকেই সেট করা আছে?

ভেবে দেখুন—আপনি যে এখন এই লাইনটি পড়ছেন, এটি কি কোটি কোটি বছর আগে লেখা ছিল না? যদি তাই হয়, তবে আপনার নিজস্ব স্বকীয়তা কোথায়?

মূল পয়েন্ট ০৩: মহাবিশ্বের নিরঙ্কুশ মালিকানা—নিয়ন্ত্রণ বনাম জাগতিক বিশৃঙ্খলা

মহাবিশ্বের এই বিশাল ও অসীম ক্যানভাসের সামনে দাঁড়ালে একটি সত্য কাঁচের মতো স্বচ্ছ হয়ে ওঠে: তিনি এই বিশাল সাম্রাজ্যের একমাত্র, অপ্রতিদ্বন্দ্বী এবং পরম মালিক। তিনি কোনো নামমাত্র শাসক নন; বরং ক্ষুদ্রতম অণু-পরমাণু থেকে শুরু করে বিশালাকায় গ্যালাক্সির ছন্দময় স্পন্দন—সবকিছুই তাঁর প্রত্যক্ষ আদেশ এবং অমোঘ নিয়ন্ত্রণে পরিচালিত। সৃষ্টির শুরু থেকে অনন্ত ভবিষ্যৎ পর্যন্ত কোনো ঘটনার ক্ষুদ্রতম অংশও তাঁর ঐশ্বরিক গবেষণাগার বা গাণিতিক সীমানার বাইরে যাওয়ার ক্ষমতা রাখে না। গভীর মহাকাশের আলো-শোষক ব্ল্যাকহোল থেকে শুরু করে আটলান্টিকের অন্ধকার গভীরতার অণুবীক্ষণিক জীব—সবই স্রষ্টার মহাজাগতিক ডেটাবেসে সজীবভাবে উপস্থিত। তাঁর জ্ঞান ছাড়া একটি বালুকণাও তার

অবস্থান পরিবর্তন করতে পারে না, কিংবা একটি শুকনো পাতাও ঝরে পড়তে পারে না। প্রতিটি ইলেকট্রনের কক্ষপথ পরিবর্তনের নিখুঁত হিসাবও তাঁর কাছে সংরক্ষিত।

মন্দের রহস্য এবং ঐশ্বরিক নীরবতা: একটি বিষাক্ত প্রশ্ন

কিন্তু এই পরম নিয়ন্ত্রণ এবং সর্বব্যাপী জ্ঞানের সমান্তরালে, এই পৃথিবীতে ঘটে যাওয়া ঘটনাগুলো আমাদের সচেতন মনকে এক ভয়াবহ অস্তিত্ব সংকটের মুখোমুখি দাঁড় করায়। প্রতিদিন আমরা প্রত্যক্ষ করি বিভীষিকাময় অবিচার: সাম্প্রদায়িক দাঙ্গা, নিরপরাধ মানুষের নৃশংস হত্যাকাণ্ড, দুর্বলের ওপর পাশবিক সহিংসতা, এতিমের সম্পদ লুণ্ঠন এবং ক্ষমতার দম্ভে অধিকার ছিনিয়ে নেওয়া। যে প্রশ্নটি বিষাক্ত তীরের মতো মানুষের বিবেককে বিদ্ধ করে তা হলো—এসব কেন ঘটছে? কেন এই চরম ও অসহ্য বিশৃঙ্খলা? এই ধ্বংসযজ্ঞ কি স্রষ্টার অজান্তে ঘটে? অসম্ভব। তাহলে তিনি কি জেনেশুনেই এটি হতে দিচ্ছেন?

যেকোনো সুস্থ মানুষের কাছে এই কাজগুলো ঘৃণ্য এবং নৈতিক, ধর্মীয় ও সামাজিকভাবে অগ্রহণযোগ্য। প্রশ্ন জাগে—যদি এই ধ্বংসাত্মক ও কলঙ্কিত কাজগুলো সেই চিরন্তন 'কলম' দ্বারা নিখুঁতভাবে লেখা না হতো, তবে এই মহাজাগতিক অস্থিরতার উৎস কী? স্রষ্টা নিয়ন্ত্রিত রাজ্যে কোনো অশুভ বা বিদ্রোহী শক্তি কি তাঁর ইচ্ছার বিরুদ্ধে এক সেকেন্ডের জন্যও কাজ করতে পারে? আর যদি এই অন্ধকার অধ্যায়গুলো সত্যিই তাঁর মহাজাগতিক পাণ্ডুলিপির অংশ হয়—যদি সেগুলো তাঁর নীলনকশা অনুযায়ীই ঘটে থাকে—তবে এই সীমাহীন যন্ত্রণার প্রয়োজনীয়তা কী? একজন পরম দয়াময় স্রষ্টা কি এমন দৃশ্য লিখতে পারেন যেখানে একটি নবজাতক ডাস্টবিনে না খেয়ে ধুঁকবে, অথবা একজন নিরপরাধ ব্যক্তি বিচারহীনতার আবর্তে কারাগারে পচবে? 'ঐশ্বরিক দয়া' এবং 'পার্থিব নিষ্ঠুরতা'কে কি একই বিন্দুতে মেলানো সম্ভব?

স্বাধীন ইচ্ছা বনাম তকদিরের অপরাজেয় প্রাচীর

অনেকে হয়তো যুক্তির তূণ থেকে একটি পরিচিত ঢাল বের করে বলবেন, "স্রষ্টা মানুষকে 'স্বাধীন ইচ্ছা' দিয়েছেন। মানুষ

কোনো বুদ্ধিহীন রোবট নয়; তার বুদ্ধি ব্যবহার করে ভালো-মন্দের মধ্যে বেছে নেওয়ার ক্ষমতা আছে। তাই মন্দের দায় মানুষের ওপর, স্রষ্টার ওপর নয়।"

কিন্তু প্রিয় পাঠক, আমার প্রশ্নটি এখানেই আরও তীক্ষ্ণ হয়—যদি মানুষের 'স্বাধীন ইচ্ছা'ই সবকিছু পরিচালনা করে, তবে সৃষ্টির শুরুতে লেখা 'তকদির' বা ভাগ্যের অমোঘ বিধানের অর্থ কী? যদি একজন মানুষ নতুন কোনো পথ তৈরি করতে পারে বা স্রষ্টার নির্ধারিত ফ্রেমের বাইরে কোনো ঘটনা ঘটাতে পারে, তবে কি সেই 'সর্বশক্তিমান' ভাবমূর্তি এবং 'পূর্বনির্ধারিত বিধান' গৌণ বা অর্থহীন হয়ে পড়ে না? যদি মানুষের ইচ্ছা ঐশ্বরিক ইচ্ছাকে পাশ কাটিয়ে কোনো ফলাফল তৈরি করতে পারে, তবে মহাবিশ্বের ওপর স্রষ্টার নিরঙ্কুশ সার্বভৌমত্ব আর থাকে না। মানুষ তখন একজন 'ক্ষুদ্র ঈশ্বরে' পরিণত হয় যার স্রষ্টার পাণ্ডুলিপি এডিট করার ক্ষমতা আছে।

বিপরীতভাবে, আমরা যদি স্রষ্টার কলমের লেখাকেই চূড়ান্ত ও ধ্রুব সত্য হিসেবে মেনে নেই, তবে আমাদের দ্বিধাহীনভাবে স্বীকার করতে হবে যে—মানুষের নিজস্ব ভাগ্য গড়ার বা

স্বাধীনভাবে ভালো-মন্দ বেছে নেওয়ার কোনো বাস্তব বা কার্যকর ক্ষমতা নেই। যা লেখা ছিল তা অনিবার্যভাবেই বাস্তবায়িত হবে। এর অর্থ দাঁড়ায় মানুষের জীবন—তার প্রতিটি নিঃশ্বাস, প্রতিটি জঘন্য পাপ বা প্রতিটি মহান পুণ্য—আসলে একটি বিশাল, পূর্বপরিকল্পিত মহাজাগতিক নাটকের পাণ্ডুলিপি মাত্র। আপনি যদি ভাবেন আজ আপনি চুরি না করার সিদ্ধান্ত নেবেন, কিন্তু আপনার ভাগ্যে যদি লেখা থাকে যে আপনি করবেন, তবে আপনার 'না' বলার ইচ্ছা ভাগ্যের কাছে হার মানতে বাধ্য।

যদি প্রতিটি মানুষের 'ইচ্ছা' আসলে সেই 'আদি ইচ্ছা'রই একটি ক্ষুদ্র স্পন্দন হয়, তবে মানুষের নিজের বলে আর কিছুই অবশিষ্ট থাকে না। এই দৃষ্টিতে মানুষ বা মহাবিশ্বের কোনো কিছুরই স্বাধীন ক্ষমতা নেই; সবকিছুই পরম সত্তার ইশারায় নিয়ন্ত্রিত একটি স্বয়ংক্রিয় মেশিনের মতো। আপনি যে এই বইটি তুলে নিয়েছেন বা এই মুহূর্তে যে গভীর চিন্তাটি করছেন, তা যদি কোটি কোটি বছর আগে লেখা থাকে, তবে আপনার স্বকীয়তা কোথায়? আপনি কি স্রেফ একটি অদৃশ্য প্রজেক্টরের সামনে অভিনীত হতে থাকা একটি ছায়া মাত্র?

৬.৪ ঐশ্বরিক দৃষ্টি এবং পরম নিয়ন্ত্রণের বিভ্রম

স্রষ্টা মহাবিশ্বের কোনো কিছুকেই এক মুহূর্তের জন্যও তাঁর চোখের আড়ালে যেতে দেন না। মহাবিশ্ব এত বিশাল যে এর সীমানা বর্তমান প্রযুক্তি দিয়ে ছোঁয়া অসম্ভব হলেও, ধূলিকণার চেয়েও ছোট আমাদের এই নীল গ্রহের প্রতিটি পারমাণবিক নিউক্লিয়াস তাঁর ক্ষমতার স্পর্শে সচল। আমাজনের বন্যপ্রাণী থেকে শুরু করে অতিমারি সৃষ্টিকারী অণুবীক্ষণিক ভাইরাস—সবকিছুই তাঁর রাডার থেকে এক মিলিমিটারও বিচ্যুত হয় না। সমাজের রন্ধ্রে রন্ধ্রে ঘটে যাওয়া প্রতিটি লুকানো কাজ এবং প্রতিটি সূক্ষ্ম অপরাধ তাঁর সরাসরি পর্যবেক্ষণে রয়েছে।

প্রশ্নবিদ্ধ ন্যায়বিচার ও মহাজাগতিক মঞ্চায়ন

তাই যখন একজন মানুষ অন্যজনকে নির্মমভাবে নিপীড়ন করে, কিংবা যুদ্ধের উন্মাদনায় হাজার হাজার নিষ্পাপ প্রাণ ঝরে যায়, স্রষ্টা তা মাইক্রোস্কোপিক খুঁটিনাটিসহ দেখেন ও জানেন। তাঁর অনুমতি ছাড়া একটি ঘাসের ডগাও নড়ে না। স্রষ্টা যদি পুরো মহাজাগতিক ভারসাম্যের 'রিমোট কন্ট্রোল' ধরে থাকেন, তবে

তাঁর চোখের সামনে এই ভয়াবহ অপরাধগুলো ঘটে কীভাবে? তিনি কি জানতেন না যে অত্যাচারী আজ এই কাজটি করবে? অবশ্যই জানতেন। তবে কেন তিনি তার হাত থামিয়ে দিলেন না? আপনি যদি আপনার চোখের সামনে কাউকে খুন হতে দেখেন এবং আপনার সেটি থামানোর ক্ষমতা থাকা সত্ত্বেও আপনি নীরব থাকেন, তবে কি আপনাকে দায়ী করা হবে না?

আমরা যদি এই জীবনকে একটি 'মহাজাগতিক নাটক' হিসেবে দেখি, তবে অভিনেতার প্রকৃত ভূমিকা কী? মানুষ কি স্রেফ তা-ই করছে না যা তার পরিচালক তাকে করতে নির্দেশ দিয়েছেন? একজন কিংবদন্তি পরিচালক যেভাবে চিত্রনাট্য অনুযায়ী অভিনেতাকে হাসতে, রাগতে বা খুনি হতে বাধ্য করেন—স্রষ্টা কি প্রতিটি মানুষের কাজকে অদৃশ্য সুতোয় বাঁধা পুতুলের মতো পরিচালনা করছেন না?

এটি বিশ্বাস করা কঠিন যে যারা গুরুতর অবিচারে লিপ্ত তারা কেবল তাদের খেয়ালখুশি মতো তা করছে, যদি প্রতিটি কুৎসিত কাজ সেই নিখুঁত এবং চিরন্তন মহাপরিকল্পনার অংশ হয়। সন্দেহ কি আরও ঘনীভূত হয় না যে মানুষ আসলে নিজের

ইচ্ছায় কিছুই করতে পারে না? অপরাধী যদি ভাগ্যের চিত্রনাট্যের কাছে বন্দি হয়, তবে তাকে শেষ বিচারে কাঠগড়ায় দাঁড় করানো কি যৌক্তিক? যখন খেলার মালিকই খেলার মাঠ তৈরি করেছেন এবং বল দিয়েছেন, তখন খেলায় হেরে যাওয়ার জন্য খেলোয়াড়কে দায়ী করা এক অমীমাংসিত এবং ভয়াবহ ট্র্যাজেডি হয়েই থাকে।

৬.৫ যুক্তি ও বিশ্বাসের গোলকধাঁধা: যখন পরিচালকই খেলোয়াড়

প্রিয় পাঠক, একবার ভাবুন তো: আমরা যাকে 'বিশৃঙ্খলা' বা 'অবিচার' বলি, তা কি স্রষ্টার দৃষ্টিতে কোনো এক বৃহত্তর 'শৃঙ্খলার' প্রয়োজনীয় অংশ? একজন শিল্পী যেমন একটি সুন্দর ছবি আঁকতে কালোর ছোপ ব্যবহার করেন, পৃথিবী কি তেমনি এক ক্যানভাস যেখানে আমাদের রক্ত আর চোখের জল কেবল সেই মহাজাগতিক মাস্টারপিসের রঙ মাত্র? কিন্তু যদি তাই হয়, তবে ব্যক্তিগত দায়বদ্ধতা কোথায় দাঁড়ায়? আমরা যদি মেনে নেই যে মানুষের নিজস্ব কোনো হাত নেই, তবে প্রতিটি কারাগার, প্রতিটি আদালত এবং স্বর্গ-নরকের ব্যবস্থা অর্থহীন

ও অযৌক্তিক হয়ে পড়ে। আবার যদি বলি মানুষের পূর্ণ স্বাধীনতা আছে, তবে স্রষ্টার 'সর্বজ্ঞাতা' এবং 'নিরঙ্কুশ নিয়ন্ত্রণ'-এর ধারণা তাসের ঘরের মতো ভেঙে পড়ে। এই অদ্ভুত প্যারাডক্স বা যুক্তির গোলকধাঁধা কি স্রষ্টার কোনো রহস্যময় ও জটিল খেলা?

তিনি প্রতিটি অন্ধকার অপরাধ রিয়েল-টাইমে দেখছেন। যখন শক্তিশালীরা অসহায়ের মুখের গ্রাস কেড়ে নেয়, তিনি তা দেখছেন। তবুও তিনি নীরব। এই মহাজাগতিক নীরবতা কি তাঁর মৌন সম্মতির লক্ষণ, নাকি এটি সেই চিত্রনাট্যের অংশ যেখানে ভিলেনকে শক্তিশালী হওয়ার সুযোগ দেওয়া হয় যাতে নাটকের ক্লাইম্যাক্স আরও তীব্র হয়? কিন্তু রক্ত-মাংসে গড়া সংবেদনশীল মানুষ কি এই মহাজাগতিক নাটকে কেবল প্রাণহীন 'প্রপস' বা উপকরণ মাত্র? তাদের যন্ত্রণার আর্তনাদের কি কোনো বাস্তব মূল্য নেই?

যদি প্রতিটি মানুষের ইচ্ছা স্রষ্টার আদি সমুদ্রের একটি ছোট ঢেউ হয়, তবে সেই ছোট ঢেউয়ের কি সাধ্য আছে নিজের গতিপথ পরিবর্তন করার? সমুদ্রের স্রোত ঢেউকে সেদিকেই

ঠেলে দেয় যেদিকে তার ইচ্ছা। আমরা কি তবে তকদিরের উত্তাল সমুদ্রে কেবল অসহায় ঢেউ মাত্র? আমাদের যখন 'ন্যায়ের পাল্লায়' দাঁড় করানো হবে, তখন কি আমরা স্রষ্টাকে বলতে পারি না: "হে পরম বিচারক, আমি কেবল আপনার কলমে লেখা পাণ্ডুলিপির প্রতিটি লাইন অনুসরণ করেছি। আজ কেন আপনি আমাকে অপরাধী বলছেন? কলম ছিল আপনার, কালি ছিল আপনার—আমি তো কেবল আপনার লেখার বাস্তব রূপায়ণ ছিলাম!"

৬.৬ ভাগ্যের লিখন বনাম মানুষের অসহায়ত্ব: এক অমীমাংসিত সমাপ্তি

এই বিশাল মহাবিশ্বে মানুষের অবস্থান একটি নির্দিষ্ট ট্র্যাকে চলতে থাকা ট্রেনের মতো। ট্রেনের মনে হতে পারে সে খুব দ্রুত চলছে, কিন্তু লোহার রেললাইনের এক ইঞ্চি বাইরে যাওয়ার ক্ষমতা তার নেই। সেই লোহার রেললাইনই হলো 'তকদির'। আমরা যত বেশিই সংগ্রাম করি না কেন, আমরা সৃষ্টির শুরু থেকে আমাদের জন্য বিছিয়ে রাখা পথেই এগিয়ে চলছি। এই সত্যটি যতই নিষ্ঠুর মনে হোক না কেন, যদি কেউ

স্রষ্টার 'একক মালিকানা' এবং 'অমোঘ নিয়ন্ত্রণ'কে মেনে নেয়, তবে তাত্ত্বিকভাবে এখান থেকে বের হওয়ার আর কোনো পথ থাকে না।

স্রষ্টার দৃষ্টি থেকে যে কিছুই এড়ায় না—এই বিষয়টি যতটা সান্ত্বনার, ততটাই আতঙ্কের। সান্ত্বনার কারণ হলো, যখন আমাদের ওপর অন্যায় হয় তিনি তা দেখেন; আর আতঙ্কের কারণ হলো, সেই অন্যায় যদি আমার তকদিরে তিনিই লিখে থাকেন, তবে আমি কার কাছে অভিযোগ করব? যেখানে বিচারকই পরিচালক, সেখানে বাদী হয়ে লাভ কী?

উপসংহার এবং পাঠকের প্রতি একটি প্রশ্ন:

এই মহাজাগতিক গোলকধাঁধায় আমরা কেবল একটি জিনিসই নিশ্চিতভাবে জানি—তা হলো আমরা কিছুই জানি না। আমরা জানি না আমরা কতটা স্বাধীন আর কতটা অদৃশ্য শিকলে বাঁধা। তবে এই পয়েন্টটি স্পষ্টভাবে তুলে ধরে যে, আমরা যদি পরম ঐশ্বরিক নিয়ন্ত্রণের ধারণাটি গ্রহণ করি, তবে 'স্বাধীন ইচ্ছা'র বেলুনটি মুহূর্তেই ফুটো হয়ে যায়। যেহেতু তিনি ট্রিলিয়ন বছর

আগে থেকেই জানতেন এই মুহূর্তে আপনি ঠিক কী চাইবেন, তাই আপনার ইচ্ছাশক্তি আসলে তাঁরই 'আদি ইচ্ছা'র এক দূরবর্তী প্রতিধ্বনি মাত্র।

তাই, আমার শ্রদ্ধেয় পাঠক, আপনি কি এখনও বিশ্বাস করেন যে এই মুহূর্তে এই বইটি পড়ার সিদ্ধান্তটি আপনার নিজস্ব স্বাধীন বুদ্ধিতে নেওয়া? নাকি মহাবিশ্ব সৃষ্টির অনেক আগে আপনার তকদিরে বরাদ্দ করা 'কলমের লিখনের' এটি একটি অনিবার্য অংশ ছিল? আমরা কি এই অদ্ভুত মহাজাগতিক খেলার খেলোয়াড়, নাকি সুন্দরভাবে সাজানো দাবার ছকের কেবল প্রাণহীন গুটি মাত্র? সেই উত্তর খুঁজে পাওয়ার ভার আমি আপনার সচেতন চিন্তাশক্তি এবং বিবেকের ওপর ছেড়ে দিচ্ছি।

মূল পয়েন্ট ০৩: সারসংক্ষেপ এবং চূড়ান্ত নির্যাস

যখন মহাবিশ্বের মালিকানা এবং নিয়ন্ত্রণ শতভাগ স্রষ্টার হাতে থাকে, তখন পৃথিবীতে বিশৃঙ্খলা, জঘন্য পাপ এবং ব্যক্তিগত অপরাধের জন্য মানুষকে দায়ী করা যুক্তির ইতিহাসে অন্যতম বড় অমীমাংসিত চ্যালেঞ্জ হয়ে থাকে। যদি সবকিছু একটি সুনির্দিষ্ট, পূর্বনির্ধারিত ঐশ্বরিক চিত্রনাট্য অনুসরণ করে, তবে

দায়বদ্ধতা বিষয়টি কেবল একটি প্রতীকী বা সান্ত্বনামূলক ধারণায় পরিণত হয়। পরিচালক যখন প্রতিটি সংলাপ এবং প্রতিটি দৃশ্য নিজের হাতে লেখেন, তখন অভিনেতার করা প্রতিটি 'অপরাধ' আসলে পরিচালকের গভীর পরিকল্পনারই এক সফল বাস্তবায়ন।

পয়েন্ট নম্বর ০৪: তকদিরের লিপি—কে দায়ী এবং পরীক্ষার মহাজাগতিক বৈষম্য?

মানব অস্তিত্বের সবচেয়ে বড় এবং যন্ত্রণাদায়ক রহস্য হলো 'তকদির' বা পূর্বনির্ধারণ। যদি জীবনের প্রতিটি মোড়, প্রতিটি নিঃশ্বাস, প্রতিটি সিদ্ধান্ত এবং প্রতিটি চূড়ান্ত পরিণতি সৃষ্টির ঊষালগ্নে একটি মহাজাগতিক কলম দ্বারা অমোঘ পাণ্ডুলিপিতে খোদাই করা হয়ে থাকে, তবে শেষ বিচারে মানুষকে কেন দায়ী করা হবে? এটি কেবল কোনো তাত্ত্বিক কৌতূহল নয়; এটি আমাদের বুদ্ধিবৃত্তি, আমাদের নৈতিকতা এবং আমাদের অস্তিত্বের মূলে এক প্রচণ্ড আঘাত। যখন একজন মানুষের কাছে তার জীবনের গতিপথ এক ইঞ্চিও পরিবর্তনের চাবিকাঠি নেই—যখন সে পূর্বনির্ধারিত রেললাইনে চলতে থাকা একটি

স্বয়ংক্রিয় ট্রেনের মতো—তখন তার কাছে জবাবদিহিতা চাওয়া কতটা যৌক্তিক? রেললাইনের ক্রটির জন্য কি ট্রেনকে দোষারোপ করা যায়?

রূপালি থালা বনাম নর্দমা: এক নিষ্ঠুর মহাজাগতিক বৈষম্য

মানুষের জীবন একরূপ নয়; এটি চরম এবং নগ্ন বৈষম্যের এক গ্যালারি। আমরা আমাদের চারপাশে এটি দেখি—কেউ জন্মায় মুখে রূপালি চামচ নিয়ে, প্রচণ্ড সুযোগ-সুবিধা আর নিরাপত্তার ঘেরাটোপে। তাদের শৈশব কাটে দামি খেলনায়, যৌবন বিশ্বমানের শিক্ষায় এবং প্রাপ্তবয়স্ককাল অফুরন্ত সম্পদে। তাদের কাছে পৃথিবী এক সুন্দর বাগান।

ঠিক সেই একই মুহূর্তে, অন্য একটি শিশু জন্মায় কোনো নোংরা বস্তির তপ্ত ধুলোয়, অথবা কোনো যুদ্ধবিধ্বস্ত জনপদে যেখানে বৃষ্টির বদলে বোমা পড়ে। জন্ম থেকেই তারা অপুষ্টি, অপমান এবং দুর্দশার শিকার। বেঁচে থাকার জন্য তাদের নর্দমার পাশে এক টুকরো খাবারের জন্য নেড়ি কুকুরের সাথে লড়াই করতে হয়। কেন এই মেরুসম পার্থক্য? কেন এই ভয়াবহ বৈষম্য?

ধর্মতত্ত্ব হয়তো একটি যান্ত্রিক ও শীতল কণ্ঠে জবাব দেবে: "এটি কেবল স্রষ্টার পক্ষ থেকে একটি পরীক্ষা।" কিন্তু বিদ্রোহী বিবেক চিৎকার করে ওঠে—এ কেমন পরীক্ষা? কার পরীক্ষা? একটি পরীক্ষা তখনই ন্যায্য হয় যখন প্রশ্নপত্র, সময় এবং পরিবেশ সকল পরীক্ষার্থীর জন্য সমান থাকে। যদি এক পরীক্ষার্থীকে সহজ "২+২" দেওয়া হয় এবং অন্যজনকে জটিল জ্যোতির্পদার্থবিজ্ঞানের সমীকরণ সমাধান করতে দেওয়া হয়, তবে সেই পরীক্ষাকে কি আমরা নিরপেক্ষ বলতে পারি?

অশুভের ছায়া এবং নিষ্পাপের আর্তনাদ

একটি হৃদয়বিদারক দৃশ্যের কথা ভাবুন: একটি ছোট নিষ্পাপ মেয়ে, যে জগতের জটিলতা সম্পর্কে কিছুই জানে না। হঠাৎ সে কোনো এক নরপশুর পাশবিক হিংস্রতা বা ধর্ষণের শিকার হলো। রক্তক্ষরণ আর অসহ্য যন্ত্রণায় একটি অন্ধকার কোণে ধীরে ধীরে সে মৃত্যুর কোলে ঢলে পড়ল।

প্রথাগত উত্তর হলো: "এটি তার ভাগ্যে লেখা ছিল।" আমার প্রশ্নটি ঠিক এই গোড়াতেই আঘাত করে: কোন পরম দয়াময় স্রষ্টা ব্যক্তিগতভাবে একজন নিষ্পাপ শিশুর ভাগ্যে এমন নৃশংসতা লিখে দিতে পারেন? স্রষ্টা যদি শুরু থেকেই জানতেন যে এই জঘন্য অপরাধটি ঘটবে এবং অসীম ক্ষমতা থাকা সত্ত্বেও তিনি যদি নীরব দর্শক হয়ে থাকেন, তবে কি সেই চিত্রনাট্যটি সরাসরি তাঁর দ্বারা অনুমোদিত নয়? একজন পরিচালক যদি খুনিকে শিকারের দিকে এগিয়ে যাওয়ার নির্দেশ দেন এবং ভিকটিম যখন চিৎকার করে তখন তিনি মুচকি হাসেন—তবে সেই পরিচালককে কি আমরা 'পরম দয়াময়' বলতে পারি?

উপসংহার: ভাগ্যের কারাগার

আমরা প্রায়ই নিজেদের এই বলে সান্ত্বনা দিই যে, "কঠোর পরিশ্রম ভাগ্য বদলে দিতে পারে।" কিন্তু 'কলম' যদি শুরুতেই সবকিছু লিখে ফেলে থাকে, তবে আপনার 'কঠোর পরিশ্রম করার ইচ্ছা' কি সেখানে আগে থেকেই লেখা ছিল না? এই

চক্রাকার যুক্তি আমাদের এক ভয়াবহ জায়গায় নিয়ে যায়—আমরা আসলে এক অদৃশ্য খাঁচায় বাস করছি। কেউ হয়তো সোনার খাঁচায়, কেউ লোহার খাঁচায়; কিন্তু দিনশেষে আমরা সবাই 'তকদিরের লিপির' কাছে বন্দি।

পয়েন্ট নম্বর ০৫: শেষ বিচার—কর্মের অনিশ্চয়তা এবং করুণার মহাজাগতিক রহস্য

প্রতিটি প্রধান ধর্ম এবং আধ্যাত্মিক দর্শন আমাদের এই শিক্ষা দেয় যে, এই ক্ষণস্থায়ী জীবনের পর আমাদের জন্য একটি বিচার দিবস অপেক্ষা করছে—যা হবে চরম ভয় এবং আতঙ্কের একদিন। বলা হয় যে, সেদিন আমাদের মুখ সিলগালা করে দেওয়া হবে এবং আমাদের অঙ্গ-প্রত্যঙ্গগুলো আমাদের কর্মের সাক্ষ্য দেবে। সেই ন্যায়বিচার হবে গাণিতিক নির্ভুলতার ওপর ভিত্তি করে, যেখানে এক পরমাণু পরিমাণ ভালো বা মন্দকেও উপেক্ষা করা হবে না।

বিচার বনাম পূর্বজ্ঞান: একটি যৌক্তিক সংকট

যদি বিচারক অনন্তকাল আগে থেকেই প্রতিটি কাজ, চিন্তা এবং চূড়ান্ত পরিণতি সম্পর্কে জানেন, তবে বিচারের এই বিশাল ও নাটকীয় আয়োজনের প্রয়োজনীয়তা কী? ফলাফল যদি কোটি কোটি বছর আগে থেকেই নির্ধারিত হয়ে থাকে, তবে এই দাঁড়িপাল্লা আর বিস্তারিত হিসাব-নিকাশ কি কেবল একটি 'মহাজাগতিক আনুষ্ঠানিকতা' নয়? বিচারক যদি পকেটে আগে থেকেই লেখা রায় নিয়ে মঞ্চে বসেন, তবে প্রমাণের সার্থকতা কী? আমরা কি তবে অনেক আগে লেখা কোনো এক ট্র্যাজেডির অভিনেতা মাত্র, যাদের বলা হচ্ছে যে আমাদের 'মজুরি' নির্ভর করছে আমাদের অভিনয়ের ওপর?

করুণার গোলকধাঁধা: সৎকর্মের ধূসর গন্তব্য

মানুষের বিবেককে সবচেয়ে বেশি বিভ্রান্ত ও আতঙ্কিত করে তোলে স্রষ্টার 'করুণা' বা রহমতের রহস্যময় বণ্টন। ধর্মগ্রন্থগুলো ইঙ্গিত দেয় যে, সারাজীবন পুণ্য আর সেবা করার পরেও মানুষ তার কর্ম দিয়ে মুক্তি কিনতে পারে না; তাকে স্রষ্টার করুণার ওপরই নির্ভর করতে হয়।

বিপরীতভাবে, একজন ব্যক্তি যে সারাজীবন পাপে নিমজ্জিত ছিল, সে হয়তো শেষ মুহূর্তে—হয়তো কোনো একটি ছোট দয়াশীল কাজের জন্য—হঠাৎ করুণার এক ঝলক পেয়ে জান্নাতবাসী হতে পারে। ঠিক এখানেই বিবেক এক তীব্র দ্বন্দ্বে লিপ্ত হয়। যদি সারাজীবন ধার্মিক থাকা ব্যক্তির কোনো নিশ্চয়তা না থাকে, তবে প্রলোভনের বিরুদ্ধে তার জীবনভর সংগ্রামের মূল্য কী ছিল? আর যদি 'করুণা' ন্যায়বিচারের ওপর এতখানি প্রাধান্য বিস্তার করে, তবে 'ন্যায়ের পাল্লার' মহিমা কি ম্লান হয়ে যায় না? যদি করুণা স্বেচ্ছাধীন বা খামখেয়ালি (Arbitrary) হয়, তবে কর্মের গাণিতিক হিসাব-নিকাশের প্রয়োজন কেন ছিল?

উপসংহার: আদি ইচ্ছার এক প্রতিধ্বনি

আমি এক বিশাল ও নিস্তব্ধ শূন্যতার সামনে দাঁড়িয়ে আছি। মুক্তি যদি কেবল করুণার ওপর নির্ভর করে এবং সেই করুণা যদি পূর্বনির্ধারিত হয়, তবে সারাজীবনের ভালো কাজের নিশ্চয়তা বিলীন হয়ে যায়। আমরা এমন অভিনেতা যারা জানি

না যে পর্দা নামার পর আমরা পদক পাবো নাকি অনন্ত অন্ধকার।

এই মহাজাগতিক গোলকধাঁধার কোনো যৌক্তিক বা মানবিক উত্তর যদি আপনার কাছে থাকে, তবে আমাকে পথ দেখান; কারণ অন্ধকার ক্রমশ ঘনীভূত হচ্ছে।

পয়েন্ট ০৪ এবং ০৫-এর সারসংক্ষেপ

'তকদির'-এর দোহাই দিয়ে চরম বৈষম্য এবং নৃশংসতাকে ন্যায়সঙ্গত করার চেষ্টা যুক্তিবাদী মনের কাছে সবসময় একটি বিশাল প্রশ্নচিহ্ন হয়ে থাকে। মৌলিকভাবে অসম শর্তের একটি 'পরীক্ষা' ন্যায়বিচারের মূল চেতনার পরিপন্থী। যদি শেষ বিচার কেবল 'করুণার' ওপর ভিত্তি করে হয় এবং সেই করুণা যদি পূর্বনির্ধারিত থাকে, তবে মানুষের দায়বদ্ধতা বা জবাবদিহিতা কেবল একটি প্রতীকী আনুষ্ঠানিকতা মাত্র। আমরা মহাজাগতিক এক নাটকের অভিনেতা ছাড়া আর কিছুই নই, যারা এমন একটি চিত্রনাট্য বাস্তবায়ন করছি যা আমরা লিখিনি এবং এমন

এক বিচারের মুখোমুখি হচ্ছি যার রায় আমাদের জন্মের আগেই হয়ে গেছে।

নির্বাহী সারসংক্ষেপ: প্রথম খণ্ড

"বিশ্বাস, যুক্তি এবং বাস্তবতা" কেবল কাগজে সীমাবদ্ধ কোনো তাত্ত্বিক পাণ্ডুলিপি নয়; এটি মহাজাগতিক মহাপরিকল্পনা এবং মানব অস্তিত্বের গভীরতম রহস্যের হৃদয়ে এক সাহসী, বিশ্লেষণাত্মক এবং প্রথা-বহির্ভূত যাত্রা। যুক্তি, বিবেক এবং আধুনিক দর্শনের আলোকে এই বইটির প্রথম খণ্ড স্রষ্টা ও সৃষ্টির আদি সম্পর্ককে ব্যবচ্ছেদ করেছে এবং প্রচলিত বিশ্বাসের সমান্তরালে এক নতুন চিন্তাধারার প্রস্তাব দিয়েছে।

১. প্রাগৈতিহাসিক শূন্যতা থেকে মহাজাগতিক বিস্ময়

সূচনা অধ্যায়গুলো পাঠককে সেই আদিম শূন্যতায় ফিরিয়ে নিয়ে যায়—মহাকাশ, সময় বা পদার্থের অস্তিত্বের আগের সেই মুহূর্তে। বিজ্ঞানসম্মত যুক্তি এবং দার্শনিক বিস্ময়কে একীভূত

করে এখানে অন্বেষণ করা হয়েছে কীভাবে এই বিশাল মহাজাগতিক ক্যানভাস অস্তিত্বে এসেছে—তা বিগ ব্যাং (Big Bang)-এর মাধ্যমেই হোক বা কোনো ঐশ্বরিক মহাজাগতিক ডিক্রির মাধ্যমে। বিলিয়ন বিলিয়ন গ্যালাক্সির এই জটিল জ্যামিতিক বিন্যাস কি কেবল একটি 'মহাজাগতিক দুর্ঘটনা', নাকি কোনো 'মহা-স্থপতির' (Grand Architect) নিপুণ কারুকার্য?

২. অস্তিত্বের সংকট এবং জীবনের গভীর উদ্দেশ্য

এই বিশাল ব্যবস্থার প্রয়োজনীয়তা কী? এই অসীম মহাবিশ্বের এক নির্জন কোণে 'মানুষ' নামক এক ক্ষুদ্র সত্তার আবির্ভাব কেন ঘটল? আমরা কি স্রেফ বিবর্তনের একটি উন্নত সংস্করণ, নাকি আমাদের এই ক্ষণস্থায়ী জীবনের আড়ালে কোনো গভীর মহাজাগতিক উদ্দেশ্য লুকিয়ে আছে? লেখক প্রস্তাব করেছেন যে, প্রতিটি নিঃশ্বাস একটি নির্দিষ্ট মহাজাগতিক অর্থ বহন করে এবং এই রহস্যগুলো উন্মোচন করাই হলো জীবনের প্রকৃত সাফল্য।

৩. লিখিত বিধান: তকদির এবং বৈষম্যের গোলকধাঁধা

এটি বইটির অন্যতম উত্তেজনাপূর্ণ এবং চিন্তাউদ্দীপক অংশ। লেখক একটি তীক্ষ্ণ প্রশ্ন তুলেছেন: যদি 'মহাজাগতিক কলম' সৃষ্টির শুরুতেই আমাদের জীবনের প্রতিটি মোড় লিখে ফেলে থাকে, তবে সেই পূর্বনির্ধারিত চিত্রনাট্যের জন্য মানুষেরূপী 'অভিনেতা' কতটা দায়ী? এই পার্থিব 'পরীক্ষা' কি সত্যিই সবার জন্য ন্যায্য বা সমান? এই অধ্যায়টি নিষ্পাপের যন্ত্রণা, স্রষ্টার রহস্যময় নীরবতা এবং সুবিধাপ্রাপ্ত ও সুবিধাবঞ্চিতদের মধ্যে বিদ্যমান আকাশচুম্বী বৈষম্যকে নির্ভীকভাবে বিশ্লেষণ করেছে।

৪. শেষ বিচার: করুণা এবং অনিশ্চয়তার রহস্য

আলোচনাটি শেষ হয়েছে বিচার দিবসের ধারণার মাধ্যমে। লেখক একটি যৌক্তিক প্যারাডক্স উপস্থাপন করেছেন: যদি আমাদের চূড়ান্ত গন্তব্য আগে থেকেই নির্ধারিত হয়ে থাকে, তবে এই 'মহাজাগতিক নাটক' বা জীবন-মঞ্চের প্রকৃত উদ্দেশ্য কী? যদি পরম করুণা (রহমত) সারাজীবনের নেক আমল বা পুণ্যকে ছাপিয়ে যেতে পারে, তবে 'স্বাধীন ইচ্ছা' কি কেবল একটি

বিভ্রম? ন্যায়ের পাল্লা এবং স্রষ্টার নিরঙ্কুশ ইচ্ছার মধ্যকার এই দ্বন্দ্ব পাঠককে এক গভীর বুদ্ধিবৃত্তিক গোলকধাঁধায় রেখে যায়।

উপসংহার: আধ্যাত্মিক জাগরণ এবং চিন্তার স্বাধীনতা

বইটির এই অংশটি কোনো সহজ উত্তর দেয় না; বরং এটি কৌতূহলের বীজ বপন করে। এটি একটি সাহসী বার্তা দেয়: স্রষ্টার মহিমা এবং নিয়মগুলো বোঝার জন্য আমাদের একটি অনুসন্ধিৎসু এবং বৈজ্ঞানিক দৃষ্টিভঙ্গি প্রয়োজন, যেখানে আমরা আমাদের নিজেদের হৃদয়ে তালাবদ্ধ প্রশ্নগুলোর উত্তর খুঁজব।

এতক্ষণ আমরা বইটির প্রথম খণ্ড—'স্রষ্টার অস্তিত্ব?'—নিয়ে আলোচনা করেছি। এবার চলুন আমরা দ্বিতীয় খণ্ডে পদার্পণ করি: 'ধর্ম বনাম বাস্তবতার মধ্যে পার্থক্য '।

দ্বিতীয় খণ্ড

ধর্ম বনাম বাস্তবতার মধ্যে পার্থক্য :

অধ্যায়-০১:

ঐশ্বরিক প্রতিশ্রুতি বনাম জীবনের কঠোর বাস্তবতা

১.১ মহাজাগতিক নিয়ন্ত্রণের স্বরূপ এবং নিরঙ্কুশ মালিকানা

আমাদের ক্ষুদ্র অস্তিত্বের এক অদ্ভুত প্যারাডক্স

যখন আমরা মেঘমুক্ত রাতের আকাশের অসীম নিস্তব্ধতার দিকে তাকাই, তখন আমাদের আত্মার গভীরে এক গভীর স্থিরতা নেমে আসে। সেই প্রশান্ত মুহূর্তে আমাদের অস্তিত্বকে মনে হয় সীমাহীন এক মহাসাগরে এক ফোঁটা জলবিন্দুর চেয়েও ক্ষুদ্র, কিংবা এক মহাজাগতিক মরুভূমিতে হারিয়ে যাওয়া এক কণা বালুর মতো। ওপরের দিকে তাকানো মানে কেবল আকাশের কিছু 'আলো' দেখা নয়; এটি আসলে সময়ের মধ্য দিয়ে এক

সুদীর্ঘ ভ্রমণ। আমরা এমন সব ফোটন কণা বা আলোককণা প্রত্যক্ষ করছি যারা কোটি কোটি বছর আগে তাদের যাত্রা শুরু করেছিল—পৃথিবীতে প্রথম মানুষের পদচিহ্ন পড়ারও অনেক আগে।

বিজ্ঞান আমাদের জানায় যে, দৃশ্যমান মহাবিশ্বে দুই ট্রিলিয়নেরও বেশি গ্যালাক্সি বা ছায়াপথ রয়েছে এবং প্রতিটি গ্যালাক্সি শত শত বিলিয়ন নক্ষত্রের আবাসস্থল। আমরা সেখানে 'নেবুলা' বা নীহারিকা দেখতে পাই—যা হলো ধূলিকণা থেকে নক্ষত্রদের জন্ম নেওয়ার আঁতুড়ঘর। আমরা দেখি ব্ল্যাকহোল বা কৃষ্ণগহ্বর—যাদের প্রচণ্ড মাধ্যাকর্ষণ শক্তি স্থান ও কালের (Space-time) বুনটকে দুমড়ে-মুচড়ে দেয়। এই প্রতিটি মহাজাগতিক দানব এক সুনির্দিষ্ট ও গাণিতিক ছন্দ অনুসরণ করে চলে। তাদের কক্ষপথের পরিভ্রমণ এত বেশি নির্ভুল যে, তা বিশ্বের সেরা সুইস ঘড়িকেও লজ্জা দিতে পারে।

এই দৃশ্য একটি চিন্তাশীল মনকে এক কঠিন চৌরাস্তায় দাঁড় করিয়ে দেয়: এই নিখুঁত শৃঙ্খলা কি কেবলই একটি কাকতালীয় ঘটনা? এটি কি বিগ ব্যাং নামক এক শীতল ও যান্ত্রিক

বিস্ফোরণের অবশিষ্টাংশ—যা স্রেফ ভুল আর সংশোধনের (Trial and error) মাধ্যমে গড়ে উঠেছে? নাকি এটি এক সচেতন ও পরম সার্বভৌম সত্তার ছন্দময় নিঃশ্বাস? যুক্তি বলে যে, এত বিশাল মাপের জটিলতা কোনো একজন পথপ্রদর্শক ছাড়া বিশৃঙ্খলা থেকে জন্ম নিতে পারে না। মহাবিশ্ব যদি সত্যিই এলোমেলো হতো, তবে নক্ষত্রগুলোর সংঘর্ষই হতো স্বাভাবিক ঘটনা। কিন্তু তার বদলে আমরা এক নিখুঁত কোরিওগ্রাফি বা ছন্দের নৃত্য দেখি, যেখানে আমরা কয়েক হাজার বছর পরের কোনো গ্রহের অবস্থানও আগে থেকে নির্ভুলভাবে বলে দিতে পারি।

বিশ্ব-সম্রাটের ধারণা

ধর্ম এই বুদ্ধিবৃত্তিক শূন্যস্থান পূরণ করে। এটি আমাদের শেখায় যে, মহাবিশ্ব কোনো 'অনাথ আশ্রম' নয় যা শূন্যতার মধ্য দিয়ে লক্ষ্যহীনভাবে ভেসে বেড়াচ্ছে। এটি কোনো শীতল ও উদ্দেশ্যহীন গবেষণাগার নয় যেখানে পরমাণুগুলো স্রেফ সুযোগের অভাবে একে অপরের সাথে ধাক্কা খাচ্ছে। এর পরিবর্তে, বিশ্বাস এক পরম সার্বভৌম সত্তার অস্তিত্ব ঘোষণা

করে—একজন 'বিশ্ব-সম্রাট', যাঁর সিংহাসন সময় ও স্থানের মাত্রার ঊর্ধ্বে বিদ্যমান।

এই ঐশ্বরিক কাঠামোতে তিনি কেবল এমন একজন দূরবর্তী স্থপতি নন যিনি একটি নকশা এঁকেছেন এবং তারপর বিদায় নিয়েছেন। তিনি হলেন সার্বক্ষণিক নিয়ন্ত্রক, রক্ষক এবং প্রতিটি অতিবাহিত মিলিসেকেন্ডের সজাগ প্রহরী। অস্তিত্ব কেবল ১৩.৮ বিলিয়ন বছর আগে ঘটে যাওয়া একটি এককালীন ঘটনা নয়; এটি একটি নিরন্তর প্রক্রিয়া। প্রতি মুহূর্তে মহাবিশ্ব পুনরায় সৃষ্টি (Re-created) হচ্ছে এবং তাঁর ইচ্ছার দ্বারাই সবকিছু টিকে আছে।

একটি ডিজিটাল সিমুলেশনের কথা ভাবুন: যদি প্রসেসরটি মাত্র এক মাইক্রোসেকেন্ডের জন্যও থেমে যায়, তবে স্ক্রিনের পুরো জগতটি অদৃশ্য হয়ে যাবে। একইভাবে, যদি ঐশ্বরিক ইচ্ছা এক সেকেন্ডের ভগ্নাংশের জন্যও 'পলক ফেলে', তবে বাস্তবতার পুরো কাঠামো—গ্যালাক্সিগুলোকে ধরে রাখা মাধ্যাকর্ষণ থেকে শুরু করে পরমাণুকে বেঁধে রাখা শক্তি পর্যন্ত—সবকিছু এক নিমেষে শূন্যে মিলিয়ে যাবে।

কোয়ান্টাম অনিশ্চয়তা বনাম মহাজাগতিক নিশ্চয়তা

এই নিয়ন্ত্রণকে বুঝতে হলে আমাদের অতি-পারমাণবিক রহস্যময় জগতের দিকে তাকাতে হবে। আধুনিক কোয়ান্টাম মেকানিক্স একটি ধাঁধা উপস্থাপন করে: ক্ষুদ্রতম স্তরে ইলেকট্রনের মতো কণাগুলো 'অনিশ্চয়তার' সাথে আচরণ করে। তারা একই সাথে একাধিক অবস্থায় থাকতে পারে এবং সম্ভাবনার (Probability) দ্বারা পরিচালিত হয়। একজন সাধারণ পর্যবেক্ষকের কাছে মহাবিশ্বের ভিত্তিটি একটি মহাজাগতিক জুয়ার মতো মনে হতে পারে।

যাইহোক, আমরা যখন এই ক্ষুদ্র গণ্ডি ছাড়িয়ে বড় পরিসরে তাকাই, গল্পটি বদলে যায়। যখন ট্রিলিয়ন ট্রিলিয়ন 'অনিশ্চিত' পরমাণু মিলে একটি নক্ষত্র, একটি গ্রহ বা একজন মানুষ তৈরি করে, তখন সেই বিশৃঙ্খলা উধাও হয়ে যায়। ক্ষুদ্রের অনিশ্চয়তা তখন বিশালত্বের পরম নির্ভুলতার কাছে নতি স্বীকার করে। এটিই স্রষ্টার যুক্তিনির্ভর পদচিহ্ন। আমরা যাকে 'পদার্থবিজ্ঞানের সূত্র' বলি, তা আসলে স্রষ্টার ইচ্ছার এক সুসংগত অভ্যাস মাত্র। তাঁর সার্বক্ষণিক পর্যবেক্ষণই সকল সম্ভাবনাকে একটি কার্যকর

বাস্তবতায় রূপ দেয়। তিনি নিশ্চিত করেন যেন অতি-পারমাণবিক স্তরের জুয়া শেষ পর্যন্ত মহাজাগতিক স্তরের নিশ্চয়তায় পরিণত হয়।

'রব্বুল আলামিন' শব্দের গভীর অর্থ

কুরআনে স্রষ্টাকে 'রব্বুল আলামিন' (বিশ্বজগতের প্রতিপালক) হিসেবে পরিচয় করিয়ে দেওয়া হয়েছে। ইংরেজিতে 'Lord' বলতে সাধারণত সাধারণ মালিকানা বোঝায়, কিন্তু আরবি মূল শব্দ 'রব' অনেক বেশি গভীর। এটি এমন এক 'মুরুব্বি' বা প্রতিপালককে নির্দেশ করে—যিনি কোনো সত্তাকে তার বিবর্তনের প্রতিটি পর্যায়ে পুষ্ট করেন, নিয়ন্ত্রণ করেন এবং পথ দেখান, যতক্ষণ না সে তার পূর্ণ সম্ভাবনায় পৌঁছায়।

এটি এমন এক মাইক্রো-ম্যানেজমেন্ট বা সূক্ষ্ম নিয়ন্ত্রণের ইঙ্গিত দেয় যা আমাদের মনকে স্তব্ধ করে দেয়। এর অর্থ হলো—কোনো নামহীন নীহারিকায় ঘূর্ণায়মান প্রতিটি প্রোটন এবং আপনার শরীরের প্রতিটি কোষ প্রতি মিলিসেকেন্ডে তাঁর ওপর নির্ভর করে। মাধ্যাকর্ষণ কেবল মহাকাশের বক্রতা নয়; এটি তাঁর ধারণ ক্ষমতার এক বহিঃপ্রকাশ, যা গ্রহগুলোকে নিজ স্থানে

ধরে রাখে যাতে তারা হিমাঙ্কের অন্ধকারের দিকে ছিটকে না যায়। নক্ষত্রের জন্য জ্বালানি এবং কোষের জন্য প্রয়োজনীয় 'কোড'—সবই তিনি সরবরাহ করেন।

মানবিক ক্ষমতার ছায়া

ইতিহাস হলো সেসব 'পরম রাজতন্ত্রের' কবরস্থান—ফেরাউন, সিজার এবং সম্রাটরা যারা বিশ্বের নিরঙ্কুশ মালিকানা দাবি করেছিলেন। তাঁরা নিজেদের 'চিরন্তন' ক্ষমতা প্রমাণের জন্য বিশাল সব স্মৃতিস্তম্ভ তৈরি করেছিলেন। অথচ আজ তাঁদের সিংহাসন চূর্ণ-বিচূর্ণ এবং তাঁদের নাম ইতিহাসের পাতায় কেবল ছোট ছোট পাদটীকা হিসেবে রয়ে গেছে।

পার্থক্যটি অত্যন্ত স্পষ্ট: মানুষের ক্ষমতা সবসময়ই ভঙ্গুর এবং ধার করা। একজন রাজা তার স্বাস্থ্য, তার সেনাপতি এবং তার প্রজাদের ওপর নির্ভরশীল। তিনি যদি ঘুমান, তবে তাঁকে ক্ষমতাচ্যুত করা সম্ভব। তিনি কোনো মহামারি থামাতে পারেন না কিংবা বৃষ্টিকে আদেশ দিতে পারেন না। প্রকৃত সার্বভৌমত্ব কেবল এমন এক সত্তার হতে পারে যিনি ক্ষয়, সময় এবং প্রয়োজনের ঊর্ধ্বে। ইতিহাস প্রমাণ করে যে অমরত্বহীন ক্ষমতা

আসলে একটি বিভ্রম মাত্র; তাই প্রকৃত নিয়ন্ত্রণ অবশ্যই সেই অবিনশ্বরের হাতেই থাকতে হবে।

মহাবিশ্বের সূক্ষ্ম টিউনিং (Fine-Tuning)

জ্যোতির্পদার্থবিজ্ঞানে নিয়ন্ত্রণের প্রমাণ পাওয়া যায় 'ইউনিভার্সাল কনস্ট্যান্টস' বা মহাজাগতিক ধ্রুবকগুলোর মাধ্যমে—সুনির্দিষ্ট কিছু সংখ্যা যা মাধ্যাকর্ষণ, তড়িৎচুম্বকত্ব এবং মহাকাশের প্রসারণকে সংজ্ঞায়িত করে। যদি এই মানগুলোর কোনো একটি চুলের পরিমাণও এদিক-সেদিক হতো, তবে জীবন অসম্ভব হয়ে পড়ত।

উদাহরণস্বরূপ, বিগ ব্যাং-এর পর মহাবিশ্বের প্রসারণের হার যদি 10^{60} ভাগের এক ভাগও কমবেশি হতো, তবে মহাবিশ্ব হয় তাৎক্ষণিকভাবে ধসে পড়ত অথবা এত দ্রুত প্রসারিত হতো যে নক্ষত্ররা কখনো গঠিত হতে পারত না। এই নির্ভুলতা ঠিক এমন—যেমন একজন লক্ষ্যভেদী ২০ বিলিয়ন আলোকবর্ষ দূরে থাকা এক ইঞ্চি সমান একটি লক্ষ্যবস্তুকে নিখুঁতভাবে আঘাত

করছে। যুক্তি বলে যে, এমন 'ফাইন-টিউনিং' বা সূক্ষ্ম সমন্বয়ের জন্য একজন সচেতন সমন্বয়কারী বা 'টিউনার' প্রয়োজন।

জৈবিক বুদ্ধিমত্তা: জীবনের ডিজিটাল কোড

নক্ষত্রের মতো আমাদের ডিএনএ-তেও স্রষ্টার হাতের ছাপ একইভাবে দৃশ্যমান। প্রতিটি মানুষের কোষে তিন বিলিয়ন 'অক্ষরের' একটি ডিজিটাল ম্যানুয়াল বা নির্দেশিকা থাকে। আমরা অভিজ্ঞতা থেকে জানি যে তথ্য কখনোই কেবল পদার্থ থেকে নিজে নিজে জন্ম নেয় না। একটি বইয়ের জন্য একজন লেখক প্রয়োজন; একটি প্রোগ্রামের জন্য একজন প্রোগ্রামার প্রয়োজন। ডিএনএ হলো অস্তিত্বের সবচেয়ে পরিশীলিত সফটওয়্যার। যখন আমরা একটি কোষের ভেতরে আণবিক 'মেশিন'গুলোকে রোবোটিক নির্ভুলতার সাথে কাজ করতে দেখি, তখন আমরা আসলে ঐশ্বরিক সূক্ষ্ম-নিয়ন্ত্রণই দেখতে পাই। তিনিই সেই কোড লিখেছেন যা আপনার হৃদয়কে বলে কখন প্রথম স্পন্দন নিতে হবে এবং আপনার ফুসফুসকে বলে কখন শেষ নিঃশ্বাস ত্যাগ করতে হবে।

নিয়ন্ত্রণের মনস্তত্ত্ব: শান্তি খুঁজে পাওয়া

মানুষের উদ্বেগের মূল ভিত্তিই হলো 'নিয়ন্ত্রণ করার প্রয়োজনীয়তা'। আমরা অজানাকে ভয় পাই এবং এই ধারণা থেকে আতঙ্কিত হই যে আমরা কেবল এক এলোমেলো ও বিশৃঙ্খল ভাগ্যের শিকার। যাইহোক, বাস্তবতা শেষ পর্যন্ত আমাদের দেখিয়ে দেয় যে আমাদের নিয়ন্ত্রণ আসলে এক ভঙ্গুর বিভ্রম। একটি ক্ষুদ্র ভাইরাস বা একটি আকস্মিক দুর্ঘটনা কয়েক বছরের পরিকল্পনাকে কয়েক সেকেন্ডে ধূলিসাৎ করে দিতে পারে।

ঠিক এখানেই নিরঙ্কুশ মালিকানার ঐশ্বরিক প্রতিশ্রুতি একটি মনস্তাত্ত্বিক নোঙর হিসেবে কাজ করে। যখন আপনি বুঝতে পারেন যে "তাঁর জ্ঞান ছাড়া একটি পাতাও ঝরে না", তখন নিয়ন্ত্রণের বোঝা আপনার কাঁপতে থাকা কাঁধ থেকে তাঁর অসীম ক্ষমতার দিকে স্থানান্তরিত হয়। এই আত্মসমর্পণ (তাওয়াক্কুল) মানে অলসতা নয়; এটি হলো অপ্রয়োজনীয় উদ্বেগ থেকে মুক্তি। যদি বিগ ব্যাং পরিচালনাকারী সত্তা আপনার জীবনের চিত্রনাট্যও পরিচালনা করেন, তবে আপনি যে 'বিশৃঙ্খলা' দেখেন তা

আসলে আপনার সঠিক দৃষ্টিভঙ্গির অভাব মাত্র। নিরঙ্কুশ নিয়ন্ত্রণের একটি ব্যবস্থায় কোনো 'দুর্ঘটনা' নেই—সেখানে আছে কেবল কিছু লুকানো উদ্দেশ্য।

বাস্তব জীবনের উদাহরণ: বাস্তবতায় আঙুলের ছাপ

সেইসব 'দুর্ঘটনার' কথা ভাবুন যা প্রাণ বাঁচায়। একজন ব্যক্তি কফিতে চুমুক দিতে গিয়ে তা শরীরে পড়ে যাওয়ায় বা জুতার ফিতা ছিঁড়ে যাওয়ার মতো তুচ্ছ কারণে একটি ধ্বংসপ্রাপ্ত ফ্লাইট মিস করেন। যুক্তিসঙ্গতভাবে এগুলো বিরক্তিকর হেঁচকি মাত্র। কিন্তু ঐশ্বরিক পর্যবেক্ষণের কাঠামোতে এগুলো হলো সূক্ষ্মভাবে পরিচালিত হস্তক্ষেপ। সার্বভৌম সত্তা একটি ছোট ঘটনা—এক ফোঁটা কফি—ব্যবহার করে একটি বিশাল ভাগ্যকে বদলে দেন।

ইতিহাসের স্বৈরশাসকদের দিকে তাকান। শক্তিশালী সাম্রাজ্যগুলো ধ্বংস হয়ে গেছে ক্ষুদ্রতম কারণে—একটি মশা, আবহাওয়া হঠাৎ জমে যাওয়া বা একটি অণুবীক্ষণিক জীবাণুর দ্বারা। এই 'টার্নিং পয়েন্ট'গুলো প্রমাণ করে যে মানুষের নিয়ন্ত্রণ সবসময় একটি উচ্চতর 'ওভাররাইড' বা নিয়ন্ত্রণের অধীন।

স্বাধীন ইচ্ছা বনাম পূর্বনির্ধারণ (Taqdir)

সার্বভৌম সত্তা যদি সবকিছু নিয়ন্ত্রণ করেন, তবে কি আমরা স্রেফ পুতুল? যুক্তি এখানে 'নেস্টেড অটোনমি' বা গণ্ডিবদ্ধ স্বায়ত্তশাসনের একটি ধারণার ইঙ্গিত দেয়। কল্পনা করুন একটি বিশাল সমুদ্রগামী জাহাজের একজন যাত্রীর কথা। তিনি ডেক বা পাটাতনে হাঁটতে, খেতে বা ঘুমাতে স্বাধীন। তাঁর কাছে প্রকৃত পছন্দ রয়েছে। তবে জাহাজের গতি, তার রুট বা পথ, আবহাওয়া কিংবা গন্তব্য—এসবের ওপর তাঁর কোনো নিয়ন্ত্রণ নেই। আমরা আমাদের নৈতিক কাজগুলো বেছে নিতে স্বাধীন (পাটাতনে হাঁটার মতো), কিন্তু সার্বভৌম সত্তা এর ফলাফল এবং চূড়ান্ত গন্তব্য নিয়ন্ত্রণ করেন। আমাদের পছন্দগুলো গুরুত্বপূর্ণ, কিন্তু সেগুলো কখনোই স্রষ্টাকে 'চমকে' দেয় না।

চূড়ান্ত সমন্বয়: বিশ্ব-সম্রাট এবং বিশৃঙ্খলার মিলন

বিজ্ঞান, ইতিহাস এবং যুক্তি এমন একজন সম্রাটের দিকে আঙুল তোলে যিনি সর্বশক্তিমান এবং সর্বজ্ঞ। তবুও আমরা জীবনের 'কঠোর বাস্তবতা'-কে উপেক্ষা করতে পারি না। আমরা ভুক্তভোগীর আর্তনাদ কিংবা এতিমের ক্ষুধাকে অস্বীকার করতে পারি না। নিয়ন্ত্রণ যদি নিরঙ্কুশ হয়, তবে মানুষের এই দুঃখ-কষ্টও সেই নকশারই অংশ।

এটি আমাদের সবচেয়ে বেদনাদায়ক প্রশ্নের দিকে নিয়ে যায়: এই কষ্ট বা যন্ত্রণা কি ব্যবস্থার কোনো ব্যর্থতা, নাকি মহাপরিকল্পনার কোনো সচেতন অধ্যায়? সম্রাট যদি পর্যবেক্ষণ করেন এবং তিনি যদি শক্তিশালী হন, তবে এই ব্যথার পেছনে অবশ্যই এমন একটি যুক্তি থাকতে হবে যা আমাদের বর্তমান দৃষ্টির বাইরে। এর অর্থ হলো শান্তি ও ন্যায়বিচারের প্রতিশ্রুতিগুলো এই অস্থায়ী জীবনের চেয়েও বড় কোনো সমীকরণের অংশ। পরবর্তী বিভাগে আমরা নিয়ন্ত্রণের প্রকৃতি থেকে 'বেদনার যুক্তি'র দিকে এগিয়ে যাব।

১.২ একটি তাত্ত্বিক দ্বন্দ্ব: মধ্যস্থতাকারীর প্রয়োজনীয়তা বনাম পরম কর্তৃত্ব

সর্বময় ক্ষমতা এবং মাধ্যমের প্যারাডক্স

স্রষ্টার এই যে নিরঙ্কুশ সার্বভৌমত্বের বর্ণনা আমরা পেলাম, তা আমাদের মনে একটি চমৎকার যৌক্তিক প্রশ্ন জাগিয়ে তোলে: স্রষ্টা যদি কেবল একটি সরাসরি নির্দেশের মাধ্যমেই সবকিছু করতে পারেন—অর্থাৎ 'কুন ফায়াকুন' (হও, আর তা হয়ে যায়)—তবে এই বিশাল এবং জটিল স্বর্গীয় আমলাতন্ত্র বা প্রশাসনিক কাঠামোর প্রয়োজন কী?

এই প্রশ্নটি ক্ষমতার সাধারণ ধারণাকে চ্যালেঞ্জ করে। মানুষের জগতে আমরা ক্ষমতা পরিমাপ করি ধাপগুলো এড়িয়ে যাওয়ার দক্ষতার ওপর। একজন রাজার মন্ত্রীদের প্রয়োজন হয় কারণ তিনি স্থান এবং শক্তির সীমাবদ্ধতায় আবদ্ধ; তিনি একসাথে সব জায়গায় থাকতে পারেন না। কিন্তু যিনি 'আল-কাদির' (সর্বশক্তিমান) এবং 'আল-আলিম' (সর্বজ্ঞ), তাঁর তো কোনো সীমাবদ্ধতা নেই। তবে কেন আমরা দেখি মিকাইল (আ.) বৃষ্টি পরিচালনা করছেন, আজরাইল (আ.) জান কবজ করছেন আর জিবরাইল (আ.) ওহী নিয়ে আসছেন? স্রষ্টা যদি সরাসরি নিয়ন্ত্রক হন, তবে এই মধ্যস্থতাকারীদের ব্যবহার কি তাঁর

নিরঙ্কুশ ও সরাসরি কর্তৃত্বের ধারণার সাথে সাংঘর্ষিক নয়? এই প্রশাসনিক কাঠামোটি মহাবিশ্বের জন্য এত গুরুত্বপূর্ণ কেন?

দক্ষতার যুক্তি: ঐশ্বরিক স্বাক্ষর হিসেবে জটিলতা

বিশুদ্ধ গাণিতিক বা ইঞ্জিনিয়ারিংয়ের দৃষ্টিকোণ থেকে কোনো কাজ করার সবচেয়ে 'দক্ষ' উপায় হলো সবচেয়ে সরাসরি উপায়। কিন্তু এটি তখনই প্রযোজ্য যখন লক্ষ্য থাকে কেবল 'কাজটি শেষ করা'।

যদি লক্ষ্য কেবল কাজ শেষ করা না হয়ে, বরং নিজের মহিমা প্রকাশ করা হয়? একজন দক্ষ ঘড়ি নির্মাতা চাইলে আপনাকে কেবল সময়টা বলে দিতে পারেন, কিন্তু তার বদলে তিনি গিয়ার এবং স্প্রিংয়ের একটি জটিল সিস্টেম তৈরি করেন। তিনি এটি করেন না যে তিনি সময় জানেন না, বরং ঘড়ি তৈরির শিল্পকে প্রদর্শন করার জন্য এটি করেন। একইভাবে, এই স্বর্গীয় প্রশাসনিক কাঠামো কোনো 'ব্যস্ত' ঈশ্বরের চিহ্ন নয়; বরং এটি একজন 'প্রজ্ঞাময়' বা হাকীম স্রষ্টার কাজ, যিনি তাঁর সৃষ্টিশীল প্রতিভার অনন্ত স্তরগুলোকে প্রদর্শন করছেন। এটি একটি মাত্র

কমান্ড বা নির্দেশকে ইভেন্টের এক মহিমান্বিত ও বহুমুখী সিম্ফনিতে রূপান্তরিত করে।

দার্শনিক দৃষ্টিভঙ্গি: কার্যকারণের 'পর্দা' বা হিজাব

মধ্যস্থতাকারী থাকার অন্যতম গভীর কারণ হলো 'কার্যকরণ শৃঙ্খল' (Chain of Causality) রক্ষা করা। আমাদের পৃথিবীতে সবকিছু কার্যকারণ বা 'কজ অ্যান্ড ইফেক্ট' মেনে চলে। আমরা বৃষ্টি দেখি, আর বিজ্ঞান বাষ্পীভবন এবং ঘনীভবনের মাধ্যমে এর ব্যাখ্যা দেয়।

স্রষ্টা যদি প্রতিটি ঘটনায় সরাসরি এবং দৃশ্যমানভাবে কাজ করতেন, তবে বিশ্বাসের 'পরীক্ষায়' ফেল করা অসম্ভব হয়ে পড়ত—আর তাই সেই পরীক্ষা হতো অর্থহীন। যদি বৃষ্টির জন্য প্রতিটি প্রার্থনা আকাশ মেঘলা হওয়া ছাড়াই তাৎক্ষণিক অলৌকিকতায় কবুল হতো, তবে বিশ্বাস একটি 'প্রকাশ্য ধ্রুব সত্যে' পরিণত হতো। মধ্যস্থতাকারী ব্যবহারের মাধ্যমে—সেটি ফেরেশতাই হোক বা পদার্থবিজ্ঞানের সূত্র—স্রষ্টা কার্যকারণের একটি 'পর্দা' (হিজাব) বজায় রাখেন। এটি মহাবিশ্বকে অনুমেয়

এবং যৌক্তিক রাখে, যা মানুষের জন্য এমন এক জায়গা তৈরি করে যেখানে তার নিজস্ব পছন্দের বা 'চয়েসের' একটি মূল্য থাকে।

'ঐশ্বরিক সম্মান' (তাশরীফ)-এর ধারণা

সার্বভৌমত্বের জগতে একজন সম্রাটের মহিমা প্রায়ই তাঁর অনুসারীদের বা পারিষদবর্গের মাধ্যমে দেখা যায়। স্রষ্টার ক্ষেত্রে এটি কোনো অহংকারের বিষয় নয়, বরং এটি হলো 'তাশরীফ'—অর্থাৎ তাঁর সৃষ্টিকে সম্মানিত করা। ফেরেশতাদের বিভিন্ন দায়িত্ব দেওয়ার মাধ্যমে স্রষ্টা তাঁদের মহাজাগতিক প্রক্রিয়ার এক উদযাপিত অংশে পরিণত করেছেন। এটি একটি নিছক নির্দেশকে একটি 'মহতী ইভেন্টে' রূপ দেয়, যা অস্তিত্বের মধ্যে সৌন্দর্য এবং মর্যাদার এক স্তর যুক্ত করে।

বৈজ্ঞানিক সমান্তরাল: পদার্থবিজ্ঞানের সূত্র যেন 'কার্যকরী ফেরেশতা'

আমরা যদি 'ফেরেশতা' শব্দটিকে বিজ্ঞানের ভাষায় অনুবাদ করি, তবে আমরা তাঁদের প্রকৃতির বিভিন্ন শক্তির (Forces of Nature) সাথে তুলনা করতে পারি। মাধ্যাকর্ষণ, তড়িৎচুম্বকত্ব এবং পারমাণবিক শক্তিগুলো হলো মহাবিশ্বের 'অদৃশ্য কর্মী'। একজন প্রোগ্রামার যেমন প্রতিটি রেজাল্ট ম্যানুয়ালি টাইপ না করে একটি কাজ করার জন্য কোড লেখেন, সার্বভৌম সত্তাও তাঁর ইচ্ছা কার্যকর করার জন্য ফেরেশতা এবং প্রকৃতির নিয়মগুলোকে 'প্রোগ্রাম' করেছেন। কোড যেমন প্রোগ্রামারের গুরুত্ব কমায় না, বরং তার বুদ্ধিমত্তার পরিচয় দেয়, ফেরেশতা বা প্রাকৃতিক নিয়মগুলোও স্রষ্টার শ্রেষ্ঠত্বকেই প্রমাণ করে।

'বাফার' তত্ত্ব: সসীমকে রক্ষা করা

এর পেছনে একটি আধিভৌতিক প্রয়োজনীয়তাও রয়েছে: সসীমকে (Finite) অসীম (Infinite) থেকে রক্ষা করা। স্রষ্টার সরাসরি এবং আবরণহীন ক্ষমতা এমন এক তেজ যা পাহাড়কে গলিয়ে দিতে পারে বলে বর্ণিত আছে। জিবরাইল (আ.)-এর মতো মধ্যস্থতাকারীরা এখানে 'স্টেপ-ডাউন ট্রান্সফরমার'-এর মতো কাজ করেন। একটি ট্রান্সফরমার যেমন উচ্চ ভোল্টেজের বিদ্যুৎকে কমিয়ে দেয় যাতে এটি আপনার ঘরের বাল্বটিকে নিরাপদে জ্বালাতে পারে, ফেরেশতারাও তেমনি অনন্ত ঐশ্বরিক

শক্তিকে এমন একটি ফ্রিকোয়েন্সিতে অনুবাদ করেন যা আমাদের এই ভঙ্গুর ও সসীম জগত সহ্য করতে পারে।

বৈচিত্র্য এবং বহুত্বের রহস্য

সার্বভৌম সত্তা হলেন 'আল-ওয়াহিদ' (একক), কিন্তু তাঁর প্রকাশ বা ম্যানিফেস্টেশন অন্তহীন। বিশাল সংখ্যক ফেরেশতা আসলে স্রষ্টার অসীম গুণাবলিরই প্রতিফলন ঘটায়:

মিকাইল প্রতিফলিত করেন 'আর-রাজ্জাক' (রিজিকদাতা)-কে।

আজরাইল প্রতিফলিত করেন 'আল-মুমীত' (মৃত্যুদাতা)-কে।

জিবরাইল প্রতিফলিত করেন 'আল-হাদী' (পথপ্রদর্শক)-কে। মধ্যস্থতাকারীরা এখানে একটি প্রিজম বা কাঁচের ত্রিকোণ দণ্ডের মতো কাজ করে। সাদা আলো আসলে এক, কিন্তু একটি প্রিজম তাকে সাতটি রঙে বিভক্ত করে আমাদের সামনে তার ভেতরের গভীরতা প্রকাশ করে।

যৌক্তিক সমন্বয়: নিরঙ্কুশ কর্তৃত্ব বনাম মাধ্যম

এই যৌক্তিক দ্বন্দ্বটি তখন মিটে যায় যখন আমরা উপলব্ধি করি যে মধ্যস্থতাকারীর নিজস্ব কোনো স্বাধীন ক্ষমতা নেই। মানুষের সরকারে একজন মন্ত্রী বিদ্রোহ করতে পারেন। কিন্তু ঐশ্বরিক সরকারে একজন ফেরেশতা কেবল ঐশ্বরিক ইচ্ছারই একটি সম্প্রসারিত রূপ। আমি যদি একটি কলম তুলি, তবে সেটি কি 'আমি' তুলেছি নাকি আমার 'আঙুল' তুলেছে? উত্তর হলো—উভয়ই। মধ্যস্থতাকারীরা তাঁর কর্তৃত্বকে সীমিত করে না; বরং তাঁর ক্ষমতার অবিশ্বাস্য ব্যাপ্তিকেই প্রদর্শন করে।

১.৩ আশরাফুল মাখলুকাত: সৃষ্টির মুকুট এবং ভালোবাসার সংজ্ঞা

মহাজাগতিক মর্যাদা: অসীমের মধ্যে মানুষের স্থান

ট্রিলিয়ন ট্রিলিয়ন গ্যালাক্সি এবং নক্ষত্রের এই মহাবিশ্বে 'মানুষ' নামক এই রক্ত-মাংসের ক্ষুদ্র সত্তাটি কেন এত গুরুত্বপূর্ণ?

ধর্মগ্রন্থগুলো আমাদের 'আশরাফুল মাখলুকাত' বা সৃষ্টির সেরা জীব হিসেবে পরিচয় করিয়ে দেয়।

আদম সৃষ্টির মুহূর্তে স্রষ্টা উল্লেখ করেছেন যে তিনি মানুষকে তাঁর নিজের 'দুই হাত' দিয়ে তৈরি করেছেন—এটি বিশেষ ঐশ্বরিক যত্নের একটি রূপক। যখন মহাবিশ্বের বাকি সবকিছু তৈরি হয়েছিল 'কুন' (হও) নির্দেশের মাধ্যমে, মানুষকে দেওয়া হয়েছিল 'রুহ'—স্রষ্টার নিজের ফুঁকে দেওয়া প্রাণবায়ু। এই একটি কাজই মানবজাতিকে এক আধ্যাত্মিক সিংহাসনে বসিয়ে দেয়। আমরা কেবল কিছু পরমাণুর সমষ্টি নই; আমরা এক ঐশ্বরিক রহস্যের বাহক।

ভালোবাসার সংজ্ঞা: সত্তর জন মায়ের চেয়েও বেশি

আমাদের প্রায়ই বলা হয় যে স্রষ্টা তাঁর বান্দাকে 'সত্তর জন মায়ের' চেয়েও বেশি ভালোবাসেন। এটি কোনো আক্ষরিক সংখ্যা নয়; বরং এটি অসীমতাকে বোঝানোর একটি উপায় মাত্র। একজন মায়ের নিঃস্বার্থ ত্যাগ হলো এই পৃথিবীর সর্বোচ্চ ভালোবাসা যা আমরা চিনি। সেই ভালোবাসাই যদি এত বিশাল

হয়, তবে যিনি সেই ভালোবাসা সৃষ্টি করেছেন তাঁর দয়ার কথা আমরা কীভাবে কল্পনা করব? এই বিশ্বাসটি একটি মনস্তাত্ত্বিক নোঙর দেয়, যা আমাদের জানায় যে যখন পৃথিবী আমাদের ত্যাগ করে, তখনও কেউ একজন আমাদের নীরব কান্না শুনতে পান।

মানুষ বনাম ফেরেশতা: স্বাধীন ইচ্ছার মহিমা

ফেরেশতারা নিষ্পাপ কারণ তাঁদের কোনো গত্যন্তর নেই; তাঁরা আনুগত্য করার জন্য 'প্রোগ্রামড'। অন্যদিকে মানুষকে ক্ষুধা, ক্রোধ এবং লালসা সামলাতে হয়। যুক্তি বলে যে, একটি সত্তা যার ব্যর্থ হওয়ার সম্ভাবনা থাকা সত্ত্বেও সে ভালো কাজ করার সিদ্ধান্ত নেয়, সে তার চেয়ে অনেক উচ্চ মর্যাদার অধিকারী যার ভালো কাজ করা ছাড়া আর কোনো বিকল্প নেই। এই 'স্বাধীন ইচ্ছা'ই আমাদের অনন্য করে তোলে। আমাদের মধ্যে পশুর চেয়েও নিচে নামার সম্ভাবনা আছে, আবার ফেরেশতার চেয়েও উপরে ওঠার ক্ষমতা আছে।

ভালোবাসার একটি রূপ হিসেবে কষ্ট: ডিভাইন সার্জারি

স্রষ্টা যদি আমাদের ভালোবাসেনই, তবে এত যন্ত্রণা কেন? শিশুরা কেন কষ্ট পায়? এটি আমাদের যুক্তির জন্য এক বিশাল চ্যালেঞ্জ।

কিন্তু ভালোবাসাকে কি কেবল 'আরাম' দিয়ে পরিমাপ করা ঠিক হবে? একজন সার্জন বা ডাক্তার ঘৃণা থেকে রোগীর শরীরে ছুরি চালান না, বরং তার জীবননাশী রোগ দূর করার জন্য চালান। একজন পিতা তার সন্তানকে বাঁচানোর জন্য তেতো ওষুধ দেন। ঐশ্বরিক ভালোবাসা প্রায়ই আমাদের তাৎক্ষণিক বুদ্ধির বাইরে কাজ করে—এটি এক প্রকার 'ডিভাইন সার্জারি' যা আমাদের আত্মাকে অনন্তকালের পূর্ণতার জন্য প্রস্তুত করতে জং পরিষ্কার করে দেয়।

আত্মার পবিত্রতা: কাবার চেয়েও বেশি মর্যাদাবান

একটি সুন্দর শিক্ষা আছে যে—একজন মানুষের জীবন এবং মর্যাদা স্বয়ং কাবার চেয়েও বেশি পবিত্র। কাবা যেমন ইবাদতের কেন্দ্র, মানুষের হৃদয় তেমনি ঐশ্বরিক আত্মার এক জীবন্ত আধার। স্রষ্টার 'মাস্টারপিস' (মানুষ)-কে ঘৃণা করে স্রষ্টাকে ভালোবাসার দাবি করা একটি যৌক্তিক স্ববিরোধিতা।

অশ্রুর মূল্য: ঐশ্বরিক ডেটাবেস

আমরা প্রায়ই ভাবি আমাদের দুঃখগুলো অদৃশ্য। কিন্তু যুক্তি এবং বিশ্বাস বলে যে আমাদের একটি দীর্ঘশ্বাসও বৃথা যায় না। প্রতিটি অব্যক্ত বেদনা এবং অন্ধকারে ঝরা প্রতিটি চোখের জল একটি 'ঐশ্বরিক ডেটাবেসে' সংরক্ষিত থাকে। তিনি 'আল-খাবীর' (সর্বজ্ঞ)—এমন এক অভিভাবক যিনি আমাদের ভুলগুলো গণনার চেয়ে আমাদের ফিরে আসাকেই বেশি উদযাপন করেন।

উপসংহার: মানুষ হওয়ার দায়বদ্ধতা

আমরা সৃষ্টির সেরা কারণ আমাদের মধ্যে ভালোবাসার, বেছে নেওয়ার এবং আত্মত্যাগ করার ক্ষমতা আছে। আমাদের এমন এক 'আমানত' (বুদ্ধিবৃত্তি) দেওয়া হয়েছে যা বহন করতে পাহাড়ও ভয় পেয়েছিল। এই ঐশ্বরিক ভালোবাসা কেবল একটি ধর্মীয় আবেগ নয়; এটি এক যৌক্তিক শক্তি যা আমাদের অস্তিত্বের শূন্যতাকে পূরণ করে। যখন আমরা উপলব্ধি করি যে আমরা কেবল ধুলিকণা নই বরং এক অনন্ত সম্রাটের 'বিশেষ প্রজেক্ট', তখন আমাদের হীনম্মন্যতা দূর হয়ে যায়। আমরা প্রিয়, আমরা সম্মানিত, এবং আমরাই সেই কারণ যার জন্য এই মহাবিশ্বকে সচল করা হয়েছে।

১.৪ বাস্তবতার নির্মম কষাঘাত: ধর্ম এবং জীবনের ব্যবধান

এক নিষ্ঠুর মুখোমুখি অবস্থান

এই পর্যায়ে আমরা এমন এক নিষ্ঠুর বাস্তবতার মুখোমুখি হতে বাধ্য হই, যা এতক্ষণ আমরা যে প্রাণবন্ত ধর্মীয় বর্ণনাগুলো নিয়ে আলোচনা করেছি, তার সাথে প্রচণ্ডভাবে সাংঘর্ষিক। এই বাস্তবতা পবিত্র গ্রন্থগুলোতে বর্ণিত পরম দয়াময় স্রষ্টার সেই

প্রশান্ত ছবির হৃদয়ে সরাসরি আঘাত হানে। আমাদের প্রশ্ন করতেই হয়: সেই ঐশ্বরিক প্রশান্তি কি আমাদের প্রাত্যহিক জীবনের যন্ত্রণাদায়ক ছবিগুলোর সাথে সবসময় সামঞ্জস্যপূর্ণ?

আমরা যখন আইসিইউ (ICU)-তে থাকা একজন রোগীকে দেখি, যিনি প্রতিটি নিঃশ্বাসের জন্য ছটফট করছেন, আর ক্যান্সারের কোষগুলো তাঁর হাড় আর মজ্জাকে কুরে কুরে খাচ্ছে—যখন ব্যথা এত তীব্র হয় যে চিৎকার করার ক্ষমতাটুকুও শারীরিকভাবে বিলীন হয়ে যায়—তখন সেই নীরব যন্ত্রণা কি 'পরম দয়াময়' সত্তার আরশ পর্যন্ত পৌঁছায় না? বাস্তবতার এই নগ্ন মুহূর্তকে কোনো ভাষাগত অলঙ্কার বা ধর্মীয় সান্ত্বনা দিয়ে ঢেকে রাখা সম্ভব নয়। এটি এক জীবন্ত আগুন, যা বিশ্বাসের ভিত্তিকেও কাঁপিয়ে দেয়।

নিষ্পাপের আর্তনাদ এবং ঐশ্বরিক নীরবতা

ধর্মতত্ত্ব আমাদের শেখায় যে স্রষ্টা প্রতিটি অণুর অবস্থা সম্পর্কে অবগত। তবুও, যখন আমরা একটি নিষ্পাপ শিশুকে দেখি—যে পাপ, অপরাধ বা ঘৃণা সম্পর্কে কিছুই জানে না—কোনো

নরপশুর লালসার শিকার হতে কিংবা যুদ্ধের গোলার আঘাতে ছিন্নভিন্ন হতে, তখন সেই আকাশ-বিদীর্ণ করা আর্তনাদ কি পরম সত্তার দয়াকে এক মুহূর্তের জন্যও নাড়া দেয় না?

স্রষ্টা যদি সত্যিই তাঁর বান্দার কষ্ট সহ্য করতে না পারেন, তবে কেন প্রতিদিন হাজার হাজার মানুষ ক্ষুধা, অপমান আর অসহ্য যন্ত্রণায় প্রাণ হারায়? কেন একজন নির্যাতিত মানুষের হাহাকার চারটি শীতল দেয়ালের মধ্যে প্রতিধ্বনিত হয়ে মিলিয়ে যায়, আকাশ থেকে কোনো সাহায্য নেমে আসে না? এখানে আমরা শাস্ত্রের 'পরম করুণাময়' সত্তা এবং ভৌত জগতের এই অনুভূত 'নিষ্ঠুরতা'র মধ্যে একটি বিশাল 'লজিস্টিক্যাল গ্যাপ' বা সমন্বয়হীনতা লক্ষ্য করি। অন্ধ বিশ্বাসের চশমা পরে এই শূন্যতাকে উপেক্ষা করা যায় না; এটি একটি জ্বলন্ত যৌক্তিক প্যারাডক্স।

করুণার কি কোনো 'ফিক্সড ডিপোজিট' আছে?

ধর্ম আমাদের ধৈর্য ধরতে বলে এবং পরকালের পুরস্কারের স্বপ্ন দেখায়। কিন্তু বর্তমানের রক্তক্ষরণ যখন মানুষের সহ্যক্ষমতার

সকল সীমা ছাড়িয়ে যায়, তখন একজন যুক্তিবাদী মনের পক্ষে এই টাইমিং বা সময় নিয়ে প্রশ্ন তোলা কি অপরাধ? স্রষ্টার সেই অসীম করুণা কি কেবল পরকালের জন্য একটি 'ফিক্সড ডিপোজিট' হিসেবে সংরক্ষিত?

আমাদের বলা হয় যে এই পৃথিবী একটি গবেষণাগার, একটি পরীক্ষার ক্ষেত্র। তবে যুক্তি বলে যে, একটি ল্যাবরেটরিতেও পরীক্ষার কিছু নৈতিক সীমা থাকা উচিত। যখন সেই 'পরীক্ষা' মানুষের আত্মাকে পদ্ধতিগতভাবে পিষে ফেলার পর্যায়ে চলে যায়, তখন সেই পদ্ধতির নৈতিকতা নিয়ে প্রশ্ন তোলা স্বাভাবিক। এই ভয়াবহ পার্থিব দুঃখ-কষ্টগুলো কি কোনো রহস্যময় ঐশ্বরিক পরিকল্পনার অংশ, নাকি ধর্ম এবং বাস্তবতার মধ্যে এমন কোনো মৌলিক বিচ্ছিন্নতা রয়েছে যা আমরা এখনো উন্মোচন করতে পারিনি?

প্রতিচ্ছবি বনাম বাস্তবতা

একটি যৌক্তিক মনের জন্য একজন প্রেমময়, ঘনিষ্ঠ স্রষ্টার ছবির সাথে আমাদের এই নির্মম, স্বার্থপর জগতের মিল ঘটানো প্রায় অসম্ভব হয়ে পড়ে। আমাদের বলা হয় তিনি সাত

আসমানের ওপর থেকে সবকিছু দেখেন এবং শোনেন। তবুও প্রশ্ন থেকে যায়: তিনি যদি মানবজাতিকে এতই ভালোবাসেন, তবে এই চরম অসহায়ত্ব তাঁর ভালোবাসার সংজ্ঞায় কীভাবে খাপ খায়?

আমরা কি এমন এক স্রষ্টার কল্পনা করেছি যিনি কেবল ধর্মীয় বইয়ের কালো কালিতেই সীমাবদ্ধ? নাকি বাস্তবতা এবং ধর্মের মাঝখানে কোনো এক অভেদ্য দেয়াল দাঁড়িয়ে আছে? এই বইটি এই প্যারাডক্স বা ধাঁধা থেকেই তার যাত্রা শুরু করে—স্রষ্টাকে অস্বীকার করার জন্য নয়, বরং শাস্ত্রের গণ্ডি পেরিয়ে এই কঠোর বাস্তবতার মাঝে তাঁর প্রকৃত সত্তাকে খুঁজে পাওয়ার জন্য।

যৌক্তিক দ্বন্দ্ব: ক্ষমতা বনাম মমতা

দর্শনে 'মন্দের সমস্যা' (Problem of Evil) নিয়ে একটি বিখ্যাত বিতর্ক আছে: স্রষ্টা যদি একই সাথে সর্বশক্তিমান (Omnipotent) এবং পরম মঙ্গলময় (Omnibenevolent) হন, তবে জগতে অশুভ বা মন্দের অস্তিত্ব কেন?

১. তিনি যদি অশুভ দূর করতে চান কিন্তু পারেন না, তবে তিনি সর্বশক্তিমান নন।

২. তিনি যদি পারেন কিন্তু করতে চান না, তবে তিনি পরম মঙ্গলময় নন।

৩. যদি তিনি পারেনও না আবার চানও না, তবে তিনি ঈশ্বরের সংজ্ঞার মধ্যেই পড়েন না।

এই যৌক্তিক গোলকধাঁধাই একজন বিশ্বাসীর জন্য সবচেয়ে বেশি অস্বস্তির কারণ হয়ে দাঁড়ায়। আমরা যখন দেখি একজন সৎ ব্যক্তি সারাজীবন দারিদ্র্য আর অসুখের সাথে লড়াই করছেন, অন্যদিকে একজন অপরাধী সোনার সিংহাসনে বসে আছেন, তখন 'ঐশ্বরিক ন্যায়বিচার' ধারণাটি একটি সুন্দর মিথ বা উপকথার মতো মনে হতে থাকে। পার্থিব ন্যায়বিচারের এই অনুপস্থিতিই হলো ধর্ম এবং জীবনের মধ্যকার প্রাথমিক সংঘাত।

প্রকৃতির সামনে মানুষের তুচ্ছতা

যদিও আমরা মহাজাগতিক স্কেলে নিজেদের 'আশরাফুল মাখলুকাত' (সৃষ্টির সেরা) বলে দাবি করি, কিন্তু একটি সুনামির ঢেউ বা এক সেকেন্ডের ভূমিকম্পের ঝাকুনি সেই গর্বকে ধূলিসাৎ করে দেয়। সেই মুহূর্তগুলোতে সেই "বিশেষ যত্ন" বা "ঐশ্বরিক হাত" কোথায় থাকে? প্রকৃতি কেন তার অন্ধ উন্মাদনায় বাছবিচার ছাড়াই হাজার হাজার জীবনকে পিষে ফেলে?

ধর্ম এগুলোকে 'পরীক্ষা' বা 'সতর্কবার্তা' হিসেবে চিহ্নিত করে। কিন্তু যুক্তি প্রশ্ন করে: একজন দয়ালু বাবা কি তাঁর সন্তানকে শিক্ষা দেওয়ার জন্য জীবন্ত পুড়িয়ে মারবেন? এই চরম স্ববিরোধিতা আমাদের প্রচলিত ব্যাখ্যার বাইরে গিয়ে চিন্তা করতে বাধ্য করে। হয়তো স্রষ্টা সম্পর্কে আমাদের সংজ্ঞা অথবা তাঁর পদ্ধতি সম্পর্কে আমাদের ধারণা মৌলিকভাবে ত্রুটিপূর্ণ। সম্ভবত আমরা ব্যর্থ হয়েছি কারণ আমরা তাঁকে আমাদের সীমাবদ্ধ মানবিক আবেগের লেন্স দিয়ে বিচার করার চেষ্টা করি।

আকাশের নীরবতা

সবচেয়ে বড় ট্র্যাজেডি হলো আকাশের নীরবতা। যখন একজন মানুষ তার আশার শেষ কণাটুকু হারিয়ে আকাশের দিকে তাকিয়ে চিৎকার করে, তখন আকাশ বিদীর্ণ হয় না। সূর্য তার স্বাভাবিক নিয়মেই ওঠে। এই মহাজাগতিক উদাসীনতা (Cosmic Indifference) আমাদের মনে করিয়ে দেয় যে আমরা হয়তো এমন একটি সিস্টেমের মধ্যে বাস করছি যা যান্ত্রিক এবং আবেগহীন। অথচ ধর্ম এর উল্টো দাবি করে—যে আমাদের মাথা থেকে একটি চুল ছিঁড়ে পড়লেও তিনি তা জানেন।

শাস্ত্রের সেই 'ব্যক্তিগত ঈশ্বর' (Personal God) এবং বাস্তবতার এই 'উদাসীন মহাবিশ্ব'-এর মিলনস্থল কোথায়? আমরা কি কেবল নিজেদের সান্ত্বনা দেওয়ার জন্য একটি করুণাময় প্রতিচ্ছবি জন্ম দিয়েছি? নাকি বাস্তবতার এই কঠোরতা আধ্যাত্মিক বিবর্তনের এমন কোনো গোপন সিঁড়ি যা আমরা এখনো চিনতে পারিনি?

উপসংহার: কালির গণ্ডি পেরিয়ে অন্বেষণ

এই বইটি কোনো নাস্তিকতামূলক ইশতেহার নয়, আবার অন্ধ বিশ্বাসের প্রচারণাও নয়। এটি একটি অনুসন্ধান। আমরা সেই ঈশ্বরকে খুঁজছি যিনি হাসপাতালের বিছানায় এবং ক্ষুধার্তের জঠরে উপস্থিত আছেন। ধর্মগ্রন্থের কালো কালিতে আঁকা ঈশ্বর যদি এই রক্ত-মাংসের পৃথিবীতে কার্যকর না হন, তবে সেই ঈশ্বর আমাদের কোনো কাজে আসেন না।

আমরা বাস্তবতা এবং ধর্মের মধ্যবর্তী অভেদ্য দেয়ালটি ভাঙতে চাই। আমরা জানতে চাই: এই রক্তপাত, এই চোখের জল এবং এই চরম অসহায়ত্বের মাঝেও কি ভালোবাসার কোনো সুতো অবশিষ্ট আছে? নাকি আমরা এক বিশাল মহাজাগতিক ভুল বোঝাবুঝির মধ্যে বাস করছি? এই অধ্যায় আমাদের এক কঠিন পথে নিয়ে যাচ্ছে যেখানে বিশ্বাসের চেয়ে প্রশ্নগুলো বেশি গুরুত্বপূর্ণ, এবং অন্ধভাবে বেঁচে থাকার চেয়ে সত্যের সন্ধান বেশি জরুরি।

অধ্যায়-০২

কিবলার পরিবর্তন—আবেগ, আদেশ এবং বাস্তবতার সমীকরণ

২.১ ঐতিহাসিক প্রেক্ষাপট: জেরুজালেম থেকে মক্কা

মহাপ্যারাডক্স: যখন গন্তব্য এবং আবেগের সংঘাত ঘটে

ইসলামি ইতিহাসের সুবিশাল পটে 'তাহউইল আল-কিবলা' বা প্রার্থনার দিক পরিবর্তনের ঘটনাটি কেবল একটি প্রশাসনিক রদবদল বা ধর্মীয় ফরমান নয়। এটি ছিল এক উচ্চপর্যায়ের মনস্তাত্ত্বিক ড্রামা, এক গভীর মহাজাগতিক বিন্যাস এবং একটি চূড়ান্ত টার্নিং পয়েন্ট—যা প্রাথমিক মুসলিম উম্মাহর পরিচয়কে নতুনভাবে সংজ্ঞায়িত করেছিল।

এই ঘটনার গুরুত্ব অনুধাবন করতে হলে আমাদের ৬২২ খ্রিস্টাব্দের সেই সময়ে ফিরে যেতে হবে। মক্কায় দীর্ঘ তেরো বছরের নিরবচ্ছিন্ন নিপীড়ন, পদ্ধতিগত নিষ্ঠুরতা এবং অর্থনৈতিক বয়কট সহ্য করার পর মুসলমানরা মদিনার মরূদ্যানে হিজরত করেন। এই হিজরত ছিল এক অনিশ্চিত ভবিষ্যতের দিকে যাত্রা। মদিনায় পৌঁছানোর পর একটি নতুন আধ্যাত্মিক বাস্তবতা প্রতিষ্ঠিত হলো: মদিনার জীবনের প্রথম ১৬ থেকে ১৭ মাস পর্যন্ত মহানবী (সা.) এবং তাঁর সাহাবীদের জেরুজালেমের বায়তুল মুকাদ্দাসের দিকে মুখ করে নামাজ পড়ার নির্দেশ দেওয়া হয়েছিল।

আমরা যদি এই অঞ্চলের ভৌগোলিক মানচিত্রটি বিশ্লেষণ করি, তবে একটি চমকপ্রদ জ্যামিতিক সত্য উন্মোচিত হয়—যা বিশ্বাসীদের জীবনে এক নিরন্তর মানসিক টানাপোড়েন তৈরি করেছিল। মদিনাকে যদি একটি কম্পাসের কেন্দ্রবিন্দু হিসেবে কল্পনা করেন, তবে জেরুজালেম ঠিক উত্তর দিকে অবস্থিত। অন্যদিকে, পবিত্র মক্কা শহরটি ঠিক তার বিপরীত দিকে—অর্থাৎ দক্ষিণ দিকে অবস্থিত। এটি একটি গভীর আবেগীয় এবং আধ্যাত্মিক প্যারাডক্স তৈরি করেছিল যা প্রতিদিন পাঁচবার পুনরাবৃত্ত হতো। প্রতিবার যখন একজন বিশ্বাসী উত্তর দিকে

জেরুজালেমের দিকে মুখ করে নামাজে দাঁড়াতেন, তখন কাবার দিকে—যা ছিল তাঁদের আত্মপরিচয়ের কেন্দ্রবিন্দু, তাঁদের পরিবারের আবাস এবং তাঁদের সবচেয়ে যন্ত্রণাদায়ক ত্যাগের সাক্ষী—তা ঠিক তাঁদের পিঠের পেছনে পড়ে থাকত।

এটি ছিল সুশৃঙ্খল আনুগত্যের এক চরম পরীক্ষা। তাঁদের দেহ ছিল উত্তরের দিকে (আদেশ), কিন্তু তাঁদের আত্মা স্বাভাবিকভাবেই আকুল হয়ে থাকত দক্ষিণের জন্য (শিকড়)। প্রতিটি সিজদাহ ছিল বর্তমানের কর্তব্যের সাথে অতীতের ভালোবাসার এক নীরব সংগ্রাম।

রাসূল (সা.)-এর নীরব আকুলতা

ঐতিহাসিক বর্ণনা এবং হাদিস সাহিত্যে থেকে জানা যায় যে, এই সময়ে রাসূল (সা.)-এর হৃদয়ে এক গভীর, অব্যক্ত বেদনা বাস করত। মক্কা তাঁর কাছে মানচিত্রের কোনো সাধারণ শহর ছিল না; এটি ছিল তাঁর জন্মভূমি, তাঁর শৈশবের দোলনা এবং তাঁর প্রথম ওহী বা প্রত্যাদেশ প্রাপ্তির স্থান। এর চেয়েও বড় কথা হলো, কাবা ছিল তাঁর পূর্বপুরুষ ইব্রাহিম (আ.)-এর পবিত্র

একেশ্বরবাদী উত্তরাধিকার। তিনি মনেপ্রাণে চাইতেন তাঁর প্রার্থনা যেন আবার সেই প্রাচীন কেন্দ্রে ফিরে যায়, যেন কয়েক হাজার বছর আগে শুরু হওয়া সেই বৃত্তটি পূর্ণতা পায়।

এটি কেবল পুরোনো দিনের স্মৃতিচারণ বা সাধারণ 'দেশপ্রেম' ছিল না। এটি ছিল আধ্যাত্মিক পূর্ণতার জন্য এক মহাজাগতিক আকাঙ্ক্ষা। দিনের পর দিন রাসূল (সা.) যখন মদিনার খেজুর বাগানের মধ্য দিয়ে হাঁটতেন, তখন প্রায়ই তাঁর চোখ চলে যেত আরবের সেই বিশাল নীল আকাশের দিকে। তিনি একটি চিহ্নের সন্ধান করতেন—অপেক্ষা করতেন জিবরাইল (আ.)-এর আগমনের জন্য, যিনি এমন একটি বার্তা নিয়ে আসবেন যা শেষ পর্যন্ত তাঁর ঐশ্বরিক কর্তব্যের সাথে হৃদয়ের গভীরতম আকাঙ্ক্ষার সেতুবন্ধন তৈরি করবে।

ঐশ্বরিক বিধানের প্রতি অগাধ এবং বিনীত শ্রদ্ধার কারণে তিনি কখনো এই ইচ্ছার কথা মুখে প্রকাশ করেননি। তিনি কোনো অভিযোগ বা আবেদন জানাননি। তবুও, তাঁর হৃদয়ের স্পন্দন ছিল এক অলিখিত প্রার্থনা যা আসমানে প্রতিধ্বনিত হতো। সেই নীরবতা এতই শক্তিশালী এবং এতই আন্তরিক ছিল যে

তা শেষ পর্যন্ত ঐশ্বরিক ইচ্ছাকে নাড়া দেয়। কুরআন সূরা আল-বাকারার ১৪৪ নম্বর আয়াতে এই অন্তরঙ্গ মুহূর্তটিকে ধারণ করেছে:

"নিশ্চয়ই আমি আপনার মুখ আকাশের দিকে বারবার তাকাতে দেখছি। অতএব আমি অবশ্যই আপনাকে এমন কিবলার দিকে ফিরিয়ে দেব যা আপনি পছন্দ করেন..."

এই আয়াতটি এক সুন্দর ও শাশ্বত প্রমাণ যে, একজন বিশ্বাসীর হৃদয়ের অব্যক্ত ইচ্ছাগুলো স্রষ্টার কাছে অত্যন্ত মূল্যবান। এটি এমন এক ঈশ্বরকে প্রকাশ করে যিনি কোনো দূরবর্তী শীতল আইনপ্রণেতা নন, বরং এমন এক সার্বভৌম সত্তা যিনি তাঁর প্রিয়জনের আত্মার 'তৃষ্ণা' সম্পর্কে নিবিড়ভাবে অবগত। তিনি নবীর হৃদয়ের সাথে বিশ্বের প্রার্থনার দিককে একীভূত করে তাঁর ধৈর্যের পুরস্কার দিয়েছিলেন।

আনুগত্যের সমীকরণ: যুক্তি বনাম আদেশ

কিবলা পরিবর্তন ছিল বিশ্বাসের এক কঠোর গবেষণাগার, যা মুনাফিক বা ভণ্ডদের থেকে নিষ্ঠাবানদের আলাদা করার জন্য তৈরি করা হয়েছিল। সেই সময় মদিনার পরিবেশ সামাজিক ও রাজনৈতিক উত্তেজনায় উত্তপ্ত ছিল। স্থানীয় ইহুদি গোত্রগুলো, যারাও জেরুজালেমের দিকে মুখ করত, এই পরিস্থিতিকে উপহাসের অস্ত্র হিসেবে ব্যবহার করত। তারা উপহাস করে বলত, "তোমরা ইবাদতে আমাদের দিক অনুসরণ করো, অথচ দাবি করো তোমাদের ধর্ম নতুন ও স্বতন্ত্র।" এটি মুসলমানদের ওপর এক বিশাল মনস্তাত্ত্বিক বোঝা তৈরি করেছিল।

অতঃপর রূপান্তরের সেই মুহূর্তটি এল। কিবলা পরিবর্তনের প্রত্যাদেশটি এল অত্যন্ত আকস্মিকভাবে—এতই হঠাৎ যে এটি জামাতে নামাজ পড়া অবস্থায় ঘটেছিল। দৃশ্যটি ছিল অসাধারণ। কোনো প্রকার ইতস্তত করা ছাড়া, "এখনই কেন?" বা "মাত্র যে নামাজটা শুরু করলাম তার কী হবে?"—এমন কোনো প্রশ্ন তোলা ছাড়াই রাসূল (সা.) এবং সাহাবীরা নামাজের মাঝখানেই ১৮০ ডিগ্রি ঘুরে গেলেন। মানবিক যুক্তি হয়তো একটি 'সুশৃঙ্খল' পরিবর্তনের কথা বলত: "চলুন এই নামাজটি উত্তর দিকে মুখ করে শেষ করি এবং পরেরটি দক্ষিণ দিকে মুখ করে

শুরু করি।" কিন্তু ঐশ্বরিক সমীকরণ ভিন্ন। এখানে মানবিক সুবিধার চেয়ে 'পরম আত্মসমর্পণ' অগ্রাধিকার পেয়েছে।

স্রষ্টা এখানে আত্মার এক মৌলিক নীতি পরীক্ষা করছিলেন: মানুষ কি পৃথিবীর কোনো নির্দিষ্ট দিককে ভালোবাসে, নাকি তারা সেই সার্বভৌম সত্তাকে ভালোবাসে যিনি সকল দিকের মালিক? নামাজের মাঝপথে ঘোরার নির্দেশ দেওয়ার মাধ্যমে স্রষ্টা সমস্ত আনুষ্ঠানিক আরাম-আয়েশ কেড়ে নিলেন এবং প্রমাণ করলেন যে—একজন মুমিনের জীবনের মূল চালিকাশক্তি সে কোন দিকে মুখ করছে তা নয়, বরং সে কার কর্তৃত্ব বা আদেশ অনুসরণ করছে তা-ই আসল।

২.২ নামাজের মাঝপথে কিবলা পরিবর্তন: একটি অসাধারণ ঘটনা

প্রেক্ষাপট: অন্য যেকোনো সকালের মতো

এই ঘটনার বিশালতা উপলব্ধি করতে হলে আমাদের মদিনার শহরতলির এক শান্ত সকালে ফিরে যেতে হবে। রাসূল (সা.)

বনী সালামাহ গোত্রের সাথে দেখা করতে গিয়েছিলেন। জোহরের নামাজের সময় হলে সবাই তাঁর পেছনে একটি স্থানীয় মসজিদে একত্রিত হলেন। সেই মুহূর্তে তাঁরা তখনও প্রতিষ্ঠিত নিয়ম অনুযায়ী উত্তর দিকে জেরুজালেমের পাহাড়ের দিকে মুখ করে দাঁড়িয়েছিলেন।

দীর্ঘ সতেরো মাস ধরে এটিই ছিল তাঁদের রুটিন। তাঁদের আধ্যাত্মিক স্নায়ুগুলো উত্তর দিকের সেই স্থানাঙ্কের সাথে অভ্যস্ত হয়ে গিয়েছিল। তাঁরা তাকবিরে তাহরিমা দিয়ে নামাজ শুরু করেছিলেন এবং প্রথম দুই রাকাত সম্পন্ন করেছিলেন। পরিবেশ ছিল অত্যন্ত গম্ভীর এবং নিয়মিত ছন্দের—যতক্ষণ না তাঁদের বাস্তবতার বুনটটি হঠাৎ বদলে গেল।

প্রত্যাদেশের মুহূর্ত: আসমানি নির্দেশ

রাসূল (সা.) যখন নামাজের মাঝখানে ছিলেন—কিছু বর্ণনা অনুযায়ী তিনি দাঁড়ানো অবস্থায় ছিলেন, আবার কেউ বলেন রুকুতে ছিলেন—ঠিক তখন জিবরাইল (আ.) সূরা আল-বাকারার সেই দীর্ঘ প্রতীক্ষিত আয়াতটি নিয়ে অবতীর্ণ হলেন।

এটি 'পরের' জন্য কোনো আদেশ ছিল না; এটি ছিল 'এখনই' পালনের নির্দেশ।

অন্য যেকোনো প্রেক্ষাপটে, একজন নেতা যদি কোনো আনুষ্ঠানিকতার মাঝখানে তাঁর অবস্থান পরিবর্তন করেন, তবে তা বিশৃঙ্খলা বা বিভ্রান্তি তৈরি করত। একটি সামরিক বিন্যাসে আগে থেকে ব্রিফিং দেওয়া ছাড়া মাঝপথে ১৮০ ডিগ্রি ঘুরে যাওয়া মানেই একে অপরের সাথে ধাক্কা খাওয়া। কিন্তু এই 'বিশ্বাসের গবেষণাগারে' অলৌকিক কিছু ঘটল। রাসূল (সা.) নামাজ শেষ হওয়ার অপেক্ষা করেননি। তিনি পেছনের মানুষদের নতুন ওহী বা নির্দেশের ব্যাখ্যা দিতে থামেননি। তিনি কেবল নড়াচড়া শুরু করলেন।

১৮০ ডিগ্রির ঘূর্ণন: আত্মার কোরিওগ্রাফি

দৃশ্যটি কল্পনা করুন: রাসূল (সা.) মসজিদের সামনের অংশ (উত্তর দেওয়াল) থেকে হাঁটতে শুরু করলেন সেই দিকে যা আগে মসজিদের পেছনের অংশ (দক্ষিণ দেওয়াল) ছিল। তিনি যখন হাঁটছিলেন, পেছনের নারী-পুরুষরা তাঁদের নামাজ ভাঙেননি। তাঁরা বিভ্রান্ত হয়ে ফিসফিস করেননি বা অন্যরা

অনুসরণ করছে কি না তা দেখার জন্য আশেপাশে তাকাননি। মানবিক যুক্তিকে হার মানিয়ে এক অদ্ভুত সাবলীলতায় পুরো জামাত—নারী, পুরুষ এবং শিশুসহ—এক বিশাল ও সুসংগত বৃত্তে ঘুরে গেল।

তাঁরা ১৮০ ডিগ্রি ঘুরে গেলেন। তাঁদের 'সামনে' যা ছিল তা এখন 'পেছনে' চলে এল। তাঁদের হৃদয়ের ইবাদতের অবস্থা অপরিবর্তিত রেখে শারীরিক অবস্থান সম্পূর্ণ বদলে গেল। এটিই ছিল 'মসজিদে কিবলাতাইন' বা দুই কিবলার মসজিদের জন্ম। এটি আজও এমন এক নামাজের নীরব স্মারক হিসেবে দাঁড়িয়ে আছে যা শুরু হয়েছিল এক শহরের দিকে মুখ করে আর শেষ হয়েছিল অন্য শহরের দিকে মুখ করে।

'এখনই'-এর যুক্তি: কেন নামাজের মাঝপথে?

প্রশ্ন উঠতে পারে: স্রষ্টা কেন নামাজের মাঝখানে এই আদেশ পাঠানোর সিদ্ধান্ত নিলেন? কেন নামাজের শেষ হওয়া পর্যন্ত দশ মিনিট অপেক্ষা করলেন না? এই টাইমিংটি ছিল 'তাৎক্ষণিকতা' বা 'ইমিডিয়েসি'র একটি সচেতন পরীক্ষা:

১. আসক্তির পরীক্ষা: এটি প্রমাণ করেছিল যে বিশ্বাসীরা কোনো 'দিক' বা 'আনুষ্ঠানিকতার' সাথে যুক্ত নয়, বরং তারা আদেশের উৎসের (স্রষ্টা) সাথে যুক্ত। যদি তারা আনুষ্ঠানিকতায় আসক্ত হতো, তবে তারা 'পুরোনো পদ্ধতিতে' নামাজ শেষ করার জন্য জিদ ধরত।

২. দ্বিধার মৃত্যু: আত্মার ভ্রমণে দ্বিধা বা ইতস্তত করা উন্নতির প্রধান শত্রু। নামাজের মাঝপথে পরিবর্তনের মাধ্যমে সাহাবীরা প্রমাণ করেছেন যে যখন সত্য উপস্থিত হয়, তখন 'পুরোনো সত্য'কে তাৎক্ষণিকভাবে ত্যাগ করতে হবে, তাতে আগে যত শ্রমই ব্যয় করা হোক না কেন।

৩. কর্মের ঐক্য: পুরো জামাত একসাথে ঘুরে যাওয়া—একজন মানুষও কাতার বিচ্ছিন্ন না হয়ে—তাঁদের নেতৃত্বের ওপর অগাধ আস্থার পরিচয় দেয়। তাঁদের ওহী দেখার প্রয়োজন ছিল না; কেবল যিনি ওহী গ্রহণ করেছেন তাঁকে দেখাই যথেষ্ট ছিল।

আধুনিক জীবনের শিক্ষা: ঝড়ের মাঝখানে ঘুরে দাঁড়ানো

এই অসাধারণ ঘটনাটি আমাদের নিজেদের জীবনের জন্য একটি শক্তিশালী রূপক। আমরা প্রায়ই জীবনের 'নামাজের মাঝখানে' থাকি—হয়তো কোনো ক্যারিয়ার, দীর্ঘমেয়াদী প্রজেক্ট বা নির্দিষ্ট কোনো জীবনপথের মাঝপথে আছি। হঠাৎ একটি 'ঐশ্বরিক ফরমান' কোনো বড় ঘটনার (চাকরি হারানো, স্বাস্থ্য সংকট বা নতুন সুযোগ) মাধ্যমে আমাদের দিক সম্পূর্ণ বদলে দিতে বাধ্য করে।

আমাদের বেশিরভাগই এই পরিবর্তনের সাথে লড়াই করি। আমরা শুরু করা 'ইউনিট'টি শেষ করতে চাই। আমরা বলি, "আগে এই বছরটা শেষ করি" অথবা "আমি প্রস্তুত হওয়া পর্যন্ত অপেক্ষা করি।" কিন্তু কিবলাতাইনের ঘটনা আমাদের শেখায় 'মাঝপথে ঘুরে দাঁড়ানোর যুক্তি'। প্রকৃত সাফল্য মানে এমন কোনো পথে একগুঁয়েভাবে পড়ে থাকা নয় যা আপনার জন্য আর নির্ধারিত নেই; বরং যখন ডাক আসবে তখন আপনি কত দ্রুত ও সাবলীলভাবে আপনার নতুন কিবলার দিকে ঘুরতে পারছেন, তা-ই হলো আসল।

২.৩ যুক্তি ও বাস্তবতার আদালতে: জ্যামিতিক এবং ব্যবহারিক অন্বেষণ

ইসলামি শরীয়াহর কঠোর 'ব্যাকরণ' অনুযায়ী, জামাতে নামাজ কোনো এলোমেলো জনসমাবেশ নয়; এটি একটি উচ্চপর্যায়ের সুসংগত ও সুশৃঙ্খল বিন্যাস। ইমাম থাকেন সম্মুখভাগে সেনাপতির মতো, আর মুক্তাদিরা বা অনুসারীরা তাঁর পেছনে সোজা ও অবিচ্ছিন্ন কাতার গঠন করেন এবং প্রতিটি ভঙ্গি নিখুঁতভাবে অনুসরণ করেন। তবে, আমরা যখন নামাজের মাঝখানে সেই ১৮০ ডিগ্রি ঘূর্ণনের ওপর পদার্থবিজ্ঞান, জ্যামিতি এবং মনোবিজ্ঞানের সূত্রগুলো প্রয়োগ করি, তখন বেশ কিছু গভীর প্যারাডক্স বা ধাঁধা সামনে আসে। এই প্রশ্নগুলো বিশ্বাসকে দুর্বল করে না—বরং আমাদের যৌক্তিক মনকে 'পরম আত্মসমর্পণে'র রহস্য আরও গভীরভাবে খনন করতে বাধ্য করে।

ক. উপলব্ধির মেকানিক্স: সংকেতটি কীভাবে ছড়িয়ে পড়ল?

প্রথম লজিস্টিক্যাল বাধা হলো 'যোগাযোগের ব্যবধান' (Communication Gap)। নামাজের সময়, বিশেষ করে রুকু

বা সেজদাহর মতো অবস্থায়, একজন মানুষ তীব্র অভ্যন্তরীণ একাগ্রতার মধ্যে থাকেন এবং তাঁর দৃষ্টি থাকে মাটির দিকে নিবদ্ধ। সেখানে কোনো আয়না নেই এবং ডানে-বামে তাকানোরও কোনো সুযোগ নেই।

আধুনিক সাউন্ড সিস্টেম, মাইক্রোফোন বা মিম্বার ছাড়া সেই যুগে নামাজের মাঝখানে এই পরিবর্তনের সংকেতটি কীভাবে সবগুলো কাতারে পৌঁছেছিল? রাসূল (সা.) যদি ১৮০ ডিগ্রি ঘুরে যান, তবে প্রথম কাতারের লোকেরা হয়তো তাঁর নড়াচড়া দেখেছিলেন, কিন্তু দশম কাতারের মানুষেরা কিংবা একদম পেছনের নারী সেকশনের মানুষেরা কীভাবে তা জানলেন? এমন একটি ব্যবস্থায় যেখানে ইমামের আগে নড়াচড়া করা কঠোরভাবে নিষিদ্ধ এবং নামাজ ভঙ্গের কারণ, সেখানে কয়েকশ মানুষের পুরো জামাত কীভাবে মুহূর্তের মধ্যে এই দিক পরিবর্তনের বিষয়টি উপলব্ধি করল? সেখানে কি কোনো 'ঐশ্বরিক সুসংগতি' কাজ করেছিল যা সবার অঙ্গ-প্রত্যঙ্গকে একসাথে চালিত করেছিল, নাকি সংকেত আদান-প্রদানের এমন কোনো ব্যবহারিক পদ্ধতি ছিল যা ইতিহাসের পাতায় স্পষ্টভাবে রেকর্ড করা হয়নি?

খ. জ্যামিতিক বিশৃঙ্খলা: 'পিছিয়ে পড়া ইমাম'-এর সমস্যা

এটি সম্ভবত এই ঘটনার সবচেয়ে বড় কাঠামোগত ধাঁধা। এটি কল্পনা করতে আমাদের সাধারণ জ্যামিতি ব্যবহার করতে হবে। ধরুন, জামাত উত্তর দিকে (জেরুজালেম) মুখ করে আছে। রাসূল (সা.) আছেন একদম সামনে—অর্থাৎ মসজিদের উত্তরতম প্রান্তে। অনুসারীদের কাতারগুলো তাঁর পেছনে দক্ষিণ দিকে সারিবদ্ধ।

যেই মুহূর্তে দক্ষিণ দিকে (মক্কা) ফেরার আদেশ এল, সেখানে একটি 'জ্যামিতিক শূন্যতা' তৈরি হলো। যদি সবাই দাঁড়িয়ে থাকা অবস্থাতেই স্রেফ ঘুরে যেতেন, তবে একদম পেছনের কাতারের লোকেরা হঠাৎ করে একদম সামনে চলে আসতেন। তার চেয়েও বড় কথা, রাসূল (সা.)—যিনি সামনে থেকে ইমামতি করছিলেন—তিনি এখন সবার পেছনে দাঁড়িয়ে সবার গোড়ালির দিকে মুখ করে থাকতেন। যেহেতু নামাজের প্রধান শর্ত হলো ইমামকে মুক্তাদিদের সামনে থাকতে হবে, তবে এই ব্যবস্থাপনাটি কীভাবে হয়েছিল?

রাসূল (সা.) কি কাতারের মাঝখান দিয়ে হেঁটে নতুন 'সামনে' (দক্ষিণ দেওয়াল) গিয়েছিলেন? যদি তাই হয়, তবে সাহাবীরা কি কাতার ভেঙে লোহিত সাগরের মতো দ্বিখণ্ডিত হয়ে পথ করে দিয়েছিলেন এবং নামাজের অবস্থাতেই আবার কাতারবদ্ধ হয়েছিলেন? ইসলামি বিধানে অতিরিক্ত নড়াচড়া (আমলে কাসীর) সাধারণত নামাজ বাতিল করে দেয়। পুরো মসজিদের জনসংখ্যার এই বিশাল কাঠামোগত রদবদল কীভাবে নামাজের আধ্যাত্মিক পবিত্রতা নষ্ট না করে সম্পন্ন হয়েছিল? এটি যৌক্তিক মনের কাছে এক বিশাল রহস্য হয়ে আছে।

গ. তথ্যের শুদ্ধতা: বিশ্বাস বনাম জনশ্রুতি

কিবলা পরিবর্তনের খবরটি যখন মদিনায় ছড়িয়ে পড়ে, তখন অনেক মসজিদে মানুষ ইতিমধ্যে নামাজে লিপ্ত ছিল। ইতিহাস সাক্ষী যে, মসজিদে কুবার মতো জায়গাগুলোতে একজন পথচারী চিৎকার করে বলে উঠেছিলেন, "কিবলা মক্কার দিকে পরিবর্তিত হয়েছে!" এবং পুরো জামাত নামাজের মাঝখানেই ঘুরে গিয়েছিল।

ব্যবহারিক দৃষ্টিকোণ থেকে এটি স্তম্ভিত করার মতো। সাধারণত বড় কোনো পরিবর্তনের জন্য ইসলামি আইনে একাধিক সাক্ষী এবং উচ্চপর্যায়ের যাচাই-বাছাই প্রয়োজন হয়। কিন্তু একটি পুরো সম্প্রদায়—যারা অভ্যাস এবং ঐতিহ্যের ওপর প্রশিক্ষিত—কীভাবে রাস্তার একজনের চিৎকারের ওপর ভিত্তি করে কয়েক শতাব্দীর পুরোনো ভৌগোলিক দিক মুহূর্তের মধ্যে বদলে ফেলল? এটি ইঙ্গিত দেয় যে, তাঁদের বিশ্বাস 'তাৎক্ষণিক প্রতিক্রিয়ার' এমন এক ভিত্তিতে গড়া ছিল যেখানে আধুনিক আমলাতান্ত্রিক যাচাই-বাছাইয়ের প্রয়োজনীয়তা তুচ্ছ হয়ে গিয়েছিল। তাঁদের কান এমন এক সত্যের ফ্রিকোয়েন্সিতে টিউন করা ছিল যা আধুনিক যৌক্তিক মন বুঝতে হিমশিম খায়।

ঘ. সর্বব্যাপী সত্তার প্যারাডক্স: দিক কেন এত গুরুত্বপূর্ণ?

ধর্মীয় দর্শন স্পষ্টভাবে বলে যে স্রষ্টা হলেন 'আল-ওয়াসিউ' (সর্বব্যাপী) এবং 'আল-মুহিত' (সবকিছু পরিবেষ্টনকারী)। তাঁর কোনো নির্দিষ্ট ঘর নেই, কোনো ভৌত স্থানাঙ্ক নেই এবং তিনি মানচিত্রের কোনো একটি বিন্দুতে সীমাবদ্ধ নন। "তোমরা

যেদিকেই ফেরো না কেন, সেদিকেই আল্লাহর মুখ বা অস্তিত্ব বিদ্যমান।"

যদি এটি সত্য হয়, তবে যৌক্তিক মন প্রশ্ন করে: কেন একটি নির্দিষ্ট জ্যামিতিক দিক এতই গুরুত্বপূর্ণ ছিল যে নামাজের মাঝখানে এমন নাটকীয় পরিবর্তনের প্রয়োজন পড়ল? উত্তর থেকে দক্ষিণে ঘোরা যদি নামাজের আধ্যাত্মিক একাগ্রতা নষ্ট না করে, তবে এর মানে হলো 'অবস্থান' নিজেই গৌণ। কিবলা কি তবে মানুষের শৃঙ্খলা, ঐক্য এবং মনস্তাত্ত্বিক সংহতির একটি প্রতীকী মাধ্যম মাত্র? দিক যদি স্রষ্টার মূল নির্যাস না হয়, তবে ইবাদতের মাঝখানে এমন এক জটিল ও বিঘ্ন সৃষ্টিকারী পরিবর্তনের প্রয়োজন কেন ছিল? উত্তরটি সম্ভবত এই সত্যের মধ্যে নিহিত যে—গন্তব্যে পৌঁছানোর চেয়ে 'ঘুরে দাঁড়ানোর' এই প্রক্রিয়াটিই বেশি গুরুত্বপূর্ণ ছিল।

ঙ. মাসল মেমোরি এবং কগনিটিভ ডিসোনেন্স

সবশেষে, আমাদের উপাসকদের মনস্তাত্ত্বিক স্থিতিশীলতার কথা বিবেচনা করতে হবে। আধুনিক শরীরতত্ত্ব আমাদের 'মাসল

মেমোরি' বা মাংসপেশির স্মৃতি সম্পর্কে জানায়। যখন আপনি গভীর ধ্যান বা অভ্যাসের বশবর্তী হয়ে নড়াচড়া করেন, তখন আপনার শরীর 'অটোপাইলট' মোডে চলে। রুকুর মতো একটি ভঙ্গিতে থাকা অবস্থায় হঠাৎ ১৮০ ডিগ্রি ঘুরে যাওয়া এবং মুহূর্তের মধ্যে পূর্ণ আধ্যাত্মিক একাগ্রতা ফিরে পাওয়া একজন সাধারণ মানুষের পক্ষে প্রায় অসম্ভব। সাধারণত এমন আকস্মিক পরিবর্তন 'কগনিটিভ কনফিউশন' বা মানসিক বিভ্রান্তি তৈরি করে—একটি 'আমি এখন কোথায়?' টাইপ মুহূর্ত।

অথচ ইতিহাসে কোনো বিশৃঙ্খলা, হোঁচট খাওয়া বা মনোযোগ হারানোর রেকর্ড নেই। সেই প্রজন্মের মনস্তাত্ত্বিক গঠন কি আমাদের চেয়ে মৌলিকভাবে আলাদা ছিল? নাকি স্রষ্টা সেই সুনির্দিষ্ট মাইক্রোসেকেন্ডে তাঁদের মস্তিষ্কে এক অনন্য 'সাকিনা' বা ঐশ্বরিক প্রশান্তি 'ডাউনলোড' করে দিয়েছিলেন, যা তাঁদের প্রাকৃতিক শরীরবৃত্তীয় প্রতিক্রিয়াকেও ছাপিয়ে গিয়েছিল? আমরা এখানে এমন এক মুহূর্ত দেখছি যেখানে মানুষের জীববিজ্ঞান ঐশ্বরিক হস্তক্ষেপের কাছে হার মেনেছে।

২.৪ ধর্ম এবং বাস্তবতার মিলনস্থল: চূড়ান্ত সীমান্ত

দুই জগতের সংঘাত: নিছক পর্যবেক্ষণের ঊর্ধ্বে

নিছক ধর্মীয় দৃষ্টিকোণ থেকে, মসজিদে কিবলাতাইনের এই ঘটনাটি সাহাবীদের নিঃশর্ত আত্মসমর্পণের (তাসলীম) এক উজ্জ্বল মহিমা হিসেবে উদযাপিত হয়। একে দেখা হয় আত্মার ওপর জয়ের এক পরম মুহূর্ত হিসেবে। তবে, যখন আমরা ভক্তির চশমা খুলে আধুনিক 'পদার্থবিজ্ঞান', 'কাইনেসিওলজি' (গতিবিদ্যা) বা 'বস্তুগত যুক্তির' শীতল চোখে এই ঘটনাটি দেখি, তখন মানুষের বুদ্ধিবৃত্তি থমকে যায়। আমরা নিজেদের এমন এক মাথা ঘোরানো খাদের কিনারে খুঁজে পাই যেখানে স্থান, কাল এবং ভৌত ভরের চিরাচরিত ধারণা আর খাটছে না।

ইতিহাসের এই ঘূর্ণন একটি গভীর এবং সম্ভবত অস্বস্তিকর সত্যকে তুলে ধরে: অনেক ধর্মীয় মতবাদ এবং ঐতিহাসিক বিবরণ আমাদের চেনা ত্রিমাত্রিক জগতের 'ইউক্লিডীয় জ্যামিতি' বা গাণিতিক হিসাব মেনে চলে না। বাস্তব জীবনে, আপনি একটি জনাকীর্ণ জায়গায় অত্যন্ত সুসংগত কাজের মাঝখানে মানুষকে ১৮০ ডিগ্রি ঘুরিয়ে দিতে পারেন না কোনো বিশৃঙ্খলা

ছাড়া। সেখানে কাঁধে কাঁধের ধাক্কা লাগার কথা ছিল, মানুষের হোঁচট খাওয়ার কথা ছিল এবং নামাজের সেই ছন্দময় নীরবতা তছনছ হয়ে যাওয়ার কথা ছিল। অথচ বিশ্বাসের ইতিহাসে এই সম্ভাব্য বিশৃঙ্খলাকে এক উচ্চতর অদৃশ্য আইন দ্বারা অতিক্রম করা হয়েছে। এটি ইঙ্গিত দেয় যে, এই মহাবিশ্ব দুই সেট আইন দ্বারা পরিচালিত—একটি আমরা যে পরমাণু দেখি তার জন্য, আর অন্যটি আমরা যে আত্মাকে দেখি না তার জন্য।

যুক্তির বিসর্জন: ঐশ্বরিক স্ট্রেস টেস্ট

ধর্ম এবং বাস্তবতার মধ্যকার শাশ্বত দ্বন্দ্ব কি এখানেই শেষ হয়, নাকি এখান থেকেই প্রকৃত শিক্ষার শুরু? আমাদের ভেবে দেখতে হবে: স্রষ্টা কি এই ঘটনাটিকে মানবতার জন্য একটি 'লজিক্যাল স্ট্রেস টেস্ট' বা যুক্তির কঠিন পরীক্ষা হিসেবে রাখতে চেয়েছিলেন? সম্ভবত মূল শিক্ষাটি কখনোই জেরুজালেম বনাম মক্কার ভৌগোলিক স্থানাঙ্ক নিয়ে ছিল না। এক অনন্ত সত্তার চোখে একটি ঘূর্ণায়মান গোলকের এক বিন্দু আর অন্য বিন্দুর মধ্যে কোনো তফাত নেই। সম্ভবত স্রষ্টা প্রমাণ করতে

চেয়েছিলেন যে, অনন্তকালের প্রেক্ষাপটে জ্যামিতিক অবস্থান একেবারেই গুরুত্বহীন।

আসল অলৌকিকতা শারীরিক ঘূর্ণন ছিল না, বরং ঐশ্বরিক আদেশের সামনে মানুষের যুক্তির আমূল বিসর্জন ছিল। একজন বিশ্লেষণাত্মক মনের কাছে নামাজের মাঝখানে ঘোরা মানেই প্রতিটি দিক থেকে 'অযৌক্তিক'। এটি পবিত্র প্রবাহকে নষ্ট করে, অভ্যাসের আরামকে চ্যালেঞ্জ করে এবং যা শুরু করা হয়েছে তা শেষ করার 'কমন সেন্স'কে বিঘ্নিত করে। সবচেয়ে 'অসুবিধাজনক' মুহূর্তে এই পরিবর্তন দাবি করে স্রষ্টা বিশ্বাসীদের বাধ্য করেছিলেন তাঁদের বুদ্ধিবৃত্তিক আরাম এবং তাঁর 'পরম কর্তৃত্বের' মধ্যে একটিকে বেছে নিতে। এটি ইঙ্গিত দেয় যে, 'প্রকৃত কিবলা' কোনো মরুভূমির পাথর দিয়ে তৈরি দালান নয়, বরং মানুষের নিজের অভ্যন্তরীণ ইচ্ছার দিক।

জ্যামিতিক শূন্যতা এবং মহাজাগতিক পদার্থবিজ্ঞানের অমীমাংসিত রহস্য

চৌদ্দশ বছর পরও এই রহস্য আগের মতোই অমীমাংসিত: কীভাবে মসজিদে কিবলাতাইনের মানুষগুলো কোনো বিশৃঙ্খলা

ছাড়াই ইমামের অবস্থান পরিবর্তনের প্যারাডক্সটি সমাধান করেছিলেন? জড়তা (Inertia), ভরবেগ (Momentum) এবং স্থান দখলের আইন অনুযায়ী—এমন একটি কাজ মানুষের একে অপরের গায়ের ওপর পড়া এবং কাতারগুলো ভেঙে পড়ার কারণ হওয়া উচিত ছিল।

এই ঘটনাটি মানুষের বিশৃঙ্খলার বদলে এক অতিপ্রাকৃত শৃঙ্খলার পরম উদাহরণ হয়ে ওঠার মানে হলো সেখানে এক 'অদৃশ্য স্থাপত্য' সক্রিয় ছিল। এটি আমাদের ভাবিয়ে তোলে: ঐশ্বরিক ইচ্ছার কি নিজস্ব পদার্থবিজ্ঞান রয়েছে যা আমাদের আইনকে ছাপিয়ে যায়? এমন কোনো 'স্বর্গীয় জ্যামিতি' কি আছে যা অসম্ভবকে সাবলীল করে তোলে? একজন যৌক্তিক পর্যবেক্ষকের কাছে এই রূপান্তর একটি গাণিতিক ধাঁধা; কিন্তু বিশ্বাসীর কাছে এটি এক জীবন্ত প্রমাণ যে—যখন সার্বভৌম সম্রাট আদেশ দেন, তখন প্রকৃতির নিয়মগুলো—মাধ্যাকর্ষণ, স্থান এবং গতি—আনুগত্য সহজতর করার জন্য নিজেদের পুনর্গঠিত করে। এটি এমন যেন সেই মসজিদটি নিজেই প্রশস্ত হয়ে গিয়েছিল, অথবা সময় নিজেই থমকে গিয়েছিল যাতে সাহাবীদের হৃদয় তাঁদের দেহকে এক নতুন বাস্তবতায় নিয়ে যেতে পারে।

ঐশ্বরিক রহস্যের সেতুবন্ধন: মহাসাগর পরিমাপ করা

আমাদের চোখ যা 'অসম্ভব' হিসেবে দেখে এবং আমাদের আত্মা যা 'সত্য' হিসেবে জানে—এই দুইয়ের মধ্যবর্তী রহস্যময় 'শূন্যতা' আমাদের অনুসন্ধানের পরবর্তী ধাপের দিকে নিয়ে যায়। আমাদের একটি বিনম্র সত্য স্বীকার করতে হবে: যদিও স্রষ্টা মানুষকে 'আশরাফুল মাখলুকাত' বানিয়েছেন এবং বুদ্ধিবৃত্তির মশাল দিয়েছেন, তবুও মানুষের যুক্তি এবং ঐশ্বরিক ইচ্ছার মধ্যে এক চিরস্থায়ী, অলঙ্ঘনীয় দূরত্ব রয়ে গেছে।

আমাদের যুক্তি সসীম, পরিমাপযোগ্য এবং দৃশ্যমান জিনিসের ওপর ভিত্তি করে তৈরি; কিন্তু তাঁর ইচ্ছা অনন্ত, শাশ্বত এবং অদৃশ্যের মধ্যে প্রোথিত। আমরা আসলে একটি ছোট কাঠের কাপ দিয়ে মহাসাগরের বিশালতা মাপার চেষ্টা করছি; আর যখন কাপটি উপচে পড়ছে, তখন আমরা সেই অতিরিক্ত জলকে 'রহস্য' বা 'অলৌকিকতা' বলে তকমা দিচ্ছি। কিন্তু উপচে পড়া জল মহাসাগরের ব্যর্থতা নয়, বরং কাপের সীমাবদ্ধতা। বাস্তবতার এই কষাঘাত বিশ্বাসের শত্রু নয়, বরং বিবর্তনের সিঁড়ি। এটি আমাদের ত্রিমাত্রিক চিন্তার সীমাবদ্ধতা থেকে বের

করে এক উচ্চতর রাজ্যে নিয়ে যাওয়ার জন্য ডিজাইন করা হয়েছে—যেখানে হৃদয় আত্মসমর্পণের মাধ্যমে তা বোঝে যা মস্তিষ্ক যুক্তি দিয়ে কখনোই হিসাব করতে পারে না। এই ঘটনা আমাদের শেখায় যে, ঈশ্বরের রাজ্যে দুই বিন্দুর মধ্যে ক্ষুদ্রতম দূরত্ব কোনো সরলরেখা নয়, বরং একটি সহজ ও দ্বিধাহীন 'হ্যাঁ'।

অধ্যায়-০৩

প্রতিবেশীর অধিকার—আদর্শিক উচ্চতা বনাম ভৌগোলিক বাস্তবতা

৩.১ সামাজিক দায়বদ্ধতা এবং ইসলাম: মানবতার এক অনন্য মানদণ্ড

পুণ্যের বিশ্বজনীন স্থাপত্য: উল্লম্ব ও অণুভূমিক অক্ষ

আমরা যখন বিশ্বের প্রধান ধর্মসমূহ এবং প্রাচীন দার্শনিক ঐতিহ্যগুলোর সুবিশাল ল্যান্ডস্কেপ পর্যবেক্ষণ করি, তখন সেই জটিলতার মধ্য থেকে একটি উজ্জ্বল সোনালী সুতো বেরিয়ে আসে: আর তা হলো 'সত্তা' বা 'অহম' (Self)-কে একজন 'সেবক' (Servant)-এ রূপান্তর করা। প্রাচীন বৈদিক স্তোত্র থেকে শুরু করে আব্রাহামিক ঐতিহ্যের আধুনিক ব্যাখ্যা পর্যন্ত—পৃথিবীর প্রায় প্রতিটি বিশ্বাস ব্যবস্থা আসলে আত্মার জন্য এক একটি কঠোর পাঠশালা। এই পাঠশালার প্রধান পাঠ্যক্রমটি

ডিজাইন করা হয়েছে মানুষকে এটা শেখানোর জন্য যে, কীভাবে স্বার্থপরতা এবং অহংকারের আদিম প্রবৃত্তিগুলোকে ঝেড়ে ফেলে নিজেকে আরও পরিশীলিত সত্তায় বিবর্তিত করা যায়—এমন এক গুণী মানুষে পরিণত হওয়া, যে একই সাথে একজন দায়িত্বশীল ও সহানুভূতিশীল নাগরিক।

যদিও বাহ্যিক আচার-অনুষ্ঠানগুলো ভিন্ন হতে পারে—তা মসজিদে ছন্দময় রুকু-সেজদাহ হোক, কোনো গির্জার আবছা আলোয় মোমবাতি জ্বালানো হোক বা কোনো দূরবর্তী মন্দিরে নিভৃত ধ্যান হোক—সবার চূড়ান্ত আধ্যাত্মিক লক্ষ্যটি আশ্চর্যজনকভাবে এক ও অভিন্ন। প্রার্থনা, রোজা বা হজের মতো আনুষ্ঠানিক ইবাদতগুলো মূলত বিশ্বাসের 'উল্লম্ব' (Vertical) অক্ষ। এগুলো সসীম মানুষের সাথে অসীম স্রষ্টার একটি সরাসরি এবং মাধ্যমহীন সংযোগ স্থাপনের জন্য তৈরি। তবে, কেবল একটি উল্লম্ব রেখা সবসময়ই অস্থিতিশীল। একটি প্রকৃত সভ্যতার ভার বহন করতে পারে এমন কাঠামো তৈরি করতে ধর্মের একটি 'অণুভূমিক' (Horizontal) অক্ষের প্রয়োজন হয়—যা হলো এক মানুষের সাথে অন্য মানুষের সংযোগ। এই আড়াআড়ি সংযোগ ছাড়া ব্যক্তিগত পরহেজগারির মিনারটি তার নিজস্ব বিচ্ছিন্নতার ভারে ধসে পড়ার ঝুঁকিতে থাকে।

'হক্কুল জিবর'-এর আমূল ম্যান্ডেট: মসজিদের গণ্ডি পেরিয়ে বিশ্বাস

ইসলামের সুনির্দিষ্ট নৈতিক কাঠামোতে এই অণুভূমিক দায়বদ্ধতার একটি বিশাল এবং কৌশলগত অংশ দখল করে আছে 'হক্কুল জিবর' বা প্রতিবেশীর অধিকারের ধারণা। এটি কোনো আত্মোন্নয়নমূলক বইয়ে পাওয়া সৌহার্দ্যপূর্ণ জীবনযাপনের নিছক পরামর্শ বা "ভালো মানুষ হওয়ার" কোনো টিপস নয়। এটি একটি আইনি, আধ্যাত্মিক এবং আধিভৌতিক ম্যান্ডেট—যা ধর্মকে কেবল স্রষ্টা ও তাঁর বান্দার মধ্যকার ব্যক্তিগত বিষয় মনে করার আধুনিক ও ব্যক্তিবাদী সংজ্ঞাকে চ্যালেঞ্জ করে।

ইসলাম স্পষ্টভাবে এই ধারণাটিকে প্রত্যাখ্যান করে যে, কপালে সিজদাহর চিহ্ন, হাঁটুতে ইবাদতের কড়া বা উপাসনালয়ে নিয়মিত উপস্থিতির মাধ্যমেই কেবল একজন 'প্রকৃত মুমিন' হওয়ার দাবি করা যায়। প্রকৃতপক্ষে, ইসলামি দর্শন একটি চমকপ্রদ ব্যবহারিক, প্রায় বৈজ্ঞানিক বাস্তবতা উপস্থাপন করে:

একজন ব্যক্তির ঈমানের সততা জায়নামাজের নির্জন নীরবতায় পরিমাপ করা হয় না, বরং তা পরিমাপ করা হয় প্রতিবেশীর কোলাহলময়, গোলমেলে এবং মাঝেমধ্যে বিরক্তিকর পরিস্থিতির মাঝে।

এটি একটি বৈপ্লবিক মানদণ্ড। এটি বলে যে—আপনার আধ্যাত্মিক অবস্থান পরিমাপ করা হবে আপনার উপস্থিতিতে একজন প্রতিবেশীর নিরাপদ বোধ করা এবং আপনার সান্নিধ্যে তাদের স্বস্তির মাত্রা দিয়ে। আপনার সদর দরজা থেকে মাত্র তিন ফুট দূরে থাকা ব্যক্তিটি যদি আপনার মুখ দ্বারা হুমকিবোধ করে কিংবা আপনার হাত দ্বারা অবহেলিত হয়, তবে ঐশ্বরিকভাবে আপনার 'ভার্টিক্যাল সংযোগ' বা স্রষ্টার সাথে সম্পর্ক বিচ্ছিন্ন বলে গণ্য হয়। এটি এমন এক সামাজিক দর্শন যেখানে একজন ব্যক্তির আধ্যাত্মিক মুক্তি তার দেয়ালের ওপাশে বসবাসকারী মানুষের শান্তি, মর্যাদা এবং অর্থনৈতিক সচ্ছলতার সাথে ওতপ্রোতভাবে—এবং হয়তো ভয়াবহভাবে—যুক্ত।

প্রতিবেশী যখন আধ্যাত্মিক দর্পণ: 'অনির্বাচিত অন্য'র পরীক্ষা

ইসলাম কেন প্রতিবেশীর ওপর এত অসাধারণ, প্রায় আচ্ছন্ন করার মতো গুরুত্ব আরোপ করে? মনস্তাত্ত্বিক দৃষ্টিকোণ থেকে, একজন প্রতিবেশী চরিত্রের চূড়ান্ত 'লিটমাস টেস্ট' বা পরীক্ষা। কারণ তারা হলো 'অনির্বাচিত অন্য' (Unchosen Other)। অপরিচিত পথচারীর সাথে ১০ মিনিটের জন্য সৌজন্যের মুখোশ পরে ভদ্রতা দেখানো সহজ। এমনকি বন্ধু বা জীবনসঙ্গী—যাদের আপনি নিজেই পছন্দ করে জীবনে এনেছেন—তাদের প্রতি সদয় হওয়াও সহজ।

কিন্তু প্রতিবেশী হলো এমন এক ভৌগোলিক বাস্তবতা যাদের আপনি পছন্দ করেননি। তারা স্রেফ সেখানে 'আছে'। আপনি যখন ক্লান্ত এবং খিটখিটে মেজাজে থাকেন, তারা আপনাকে তখনো দেখে; আপনার ঘরের ঝগড়াঝাঁটি তাদের কানে যায়; তারা আপনার বাতাস, আপনার সীমানা এবং আপনার প্রপার্টি লাইন শেয়ার করে। আপনার প্রকৃত সত্তার নিখুঁত আয়না হলো আপনার প্রতিবেশী। প্রতিবেশীকে বিশ্বাসের ঠিক কেন্দ্রবিন্দুতে রাখার মাধ্যমে ইসলাম একজন মানুষকে নিরন্তর আঞ্চলিক সহমর্মিতা (Localized Empathy) চর্চা করতে বাধ্য করে।

এটি একটি সাধারণ রাস্তা বা ফ্ল্যাটবাড়ির ব্লককে এক একটি 'জীবন্ত অভয়ারণ্যে' রূপান্তরিত করে। আপনি তৃপ্ত হয়ে খেলেন অথচ আপনার প্রতিবেশী ক্ষুধার্ত অবস্থায় ঘুমাল—এমনটি হলে আসমানি আদালতে আপনার প্রার্থনা প্রযুক্তিগতভাবে 'অগ্রহণযোগ্য' বলে বিবেচিত হয়। এটি এমন এক সামাজিক নিরাপত্তা বেষ্টনী তৈরি করে যা শীতল সরকারি নীতি, আমলাতান্ত্রিক কল্যাণ ব্যবস্থা বা কর-মুক্ত দাতব্য সংস্থার ওপর ভিত্তি করে তৈরি নয়, বরং তৈরি হয়েছে ধর্মীয় কর্তব্যের এক গভীর দহন থেকে। এটি একটি গভীর যৌক্তিক সিদ্ধান্তে পৌঁছায়: আপনি "যে ঈশ্বরকে দেখতে পান না" তাঁকে প্রকৃত অর্থে ভালোবাসতে পারেন না, যদি আপনি "যাকে প্রতিদিন দেখতে পান" সেই মানুষের প্রতি উদাসীন থাকেন।

ঈমানের পূর্ণতা: মহান সামাজিক সমীকরণ

পরিশেষে, মানবতার এই অনন্য মানদণ্ড ধর্মীয় জীবনকে 'আনুষ্ঠানিকতা' থেকে 'সম্পর্কের' দিকে সরিয়ে নেয়। ইসলামি দৃষ্টিভঙ্গিতে, 'ইনসানে কামেল' বা পূর্ণাঙ্গ মানুষ তিনি নন যিনি ঈশ্বরকে খোঁজার জন্য গুহায় লুকিয়ে থাকেন, বরং তিনি—যিনি

ঐশ্বরিক ইচ্ছা এবং পৃথিবীর দৃশ্যমান প্রয়োজনের মধ্যে একটি কার্যকর সেতু হিসেবে কাজ করেন। সামাজিক দায়বদ্ধতা ধর্মের কোনো বাই-প্রোডাক্ট বা 'বোনাস' নয়; এটিই হলো ধর্মের অস্তিত্বের প্রধান প্রমাণ। আপনার নামাজের ফল যদি পাশের বাড়ির মানুষের মুখে অন্ন না তুলে দেয়, তবে সেই নামাজের অস্তিত্ব নিয়েই প্রশ্ন ওঠে।

আমরা এই অধ্যায়ে প্রতিবেশীর অধিকারের গভীরে প্রবেশ করার সাথে সাথে লক্ষ্য করব কীভাবে এই আদর্শিক উচ্চতা—এই সুন্দর মহিমান্বিত আন্তঃসংযুক্ত সমাজ—আমাদের কঠোর আধুনিক ভৌগোলিক বাস্তবতার সাথে সাংঘর্ষিক হয় কিংবা মিশে যায়। আমাদের কিছু অস্বস্তিকর প্রশ্ন করতে হবে: হাই-টেক বেড়া, ডিজিটাল বিচ্ছিন্নতা এবং 'ডেলিভারি-অনলি' জীবনযাত্রার এই যুগে আমরা কি এখনো সেই মানদণ্ড বজায় রাখতে পারব যেখানে আমাদের নিজেদের মুক্তি পাশের বাড়ির মানুষের হাসির সাথে বাধা? আমরা কি আমাদের বিশ্বাসকে একটি ব্যক্তিগত ডিজিটাল লেনদেনে নামিয়ে এনেছি, ভুলে গেছি যে স্রষ্টার করুণা প্রায়শই একজন সাহায্যকারী প্রতিবেশীর রক্ত-মাংসের হাতের মধ্য দিয়ে প্রবাহিত হয়? আমরা সেই বিন্দুটি খুঁজছি যেখানে 'জমিনের আইন' এবং 'আত্মার আইন' মিলিত

হয়—আর সেই বিন্দুটি সাধারণত আমাদের নিজেদের দোরগোড়াতেই পাওয়া যায়।

নিকটবর্তী থাকার আধিভৌতিক দর্শন: ভূগোলই যখন ভাগ্য

সবশেষে আমাদের বিবেচনা করতে হবে যে, প্রতিবেশী কেবল একটি সামাজিক সত্তা নয়, বরং একটি আধিভৌতিক সত্তাও বটে। ইসলামি ঐতিহ্যে, ফেরেশতা জিবরাইল (আ.) প্রতিবেশীর অধিকারের ওপর এত ঘনঘন গুরুত্বারোপ করেছিলেন যে, রাসূল (সা.) মনে করেছিলেন প্রতিবেশীকে হয়তো শেষ পর্যন্ত উত্তরাধিকারের (Inheritance) অংশীদারও করে দেওয়া হবে। এই উচ্চমর্যাদা ইঙ্গিত দেয় যে—নিকটবর্তী থাকা বা 'প্রক্সিমিটি' আসলে একটি 'ঐশ্বরিক নিয়োগ' (Divine Assignment)।

আপনার পাশের বাড়িতে বসবাসকারী ব্যক্তিটি কোনো কাকতালীয় কারণে সেখানে নেই; তারা আপনার আধ্যাত্মিক বৃদ্ধির জন্য একটি নির্দিষ্ট পরীক্ষা হিসেবে নিযুক্ত। তাদের উপেক্ষা করা কেবল একটি সামাজিক ত্রুটি নয়; এটি একটি ঐশ্বরিক অ্যাপয়েন্টমেন্ট প্রত্যাখ্যান করার শামিল। এই অধ্যায়ে

আমরা 'করুণার জ্যামিতি' (Geometry of Mercy) অন্বেষণ করব—কীভাবে আমাদের দায়বদ্ধতার ব্যাসার্ধ আমাদের নিজেদের হৃদয় থেকে শুরু করে চারপাশে চল্লিশ ঘর পর্যন্ত বিস্তৃত হয়ে এক জবাবদিহিতার জাল তৈরি করে, যেখানে কেউ সত্যিই একা থাকে না। আমরা দেখব যে ঐশ্বরিক পরিকল্পনায় 'প্রতিবেশ' হলো সেই প্রধান গবেষণাগার যেখানে 'বিশ্বাস'কে 'কর্মে' রূপান্তরিত করা হয়।

৩.২ প্রতিবেশীর ব্যাপারে ঐশ্বরিক নির্দেশনা: এক আদর্শিক উচ্চতা

সহমর্মিতার স্থাপত্য: আনুষ্ঠানিক গণ্ডির বাইরে

আমরা যখন পর্দার আড়ালে গিয়ে প্রতিবেশীর ব্যাপারে কুরআনের আয়াত এবং রাসূল (সা.)-এর হাদিসগুলো গভীরভাবে বিশ্লেষণ করি, তখন আমরা এক বিস্ময়কর নৈতিক উচ্চতার দেখা পাই। এটি এমন এক উন্নত মানদণ্ড, যা মানুষের সাধারণ অহংবোধ বা নিজের স্বার্থ রক্ষার আদিম প্রবৃত্তির কাছে প্রায় অসম্ভব মনে হতে পারে।

স্রষ্টা কেবল নিজের উপাসনা বা 'মালিক' ও 'দাসে'র মধ্যকার উল্লম্ব আধ্যাত্মিক সম্পর্ক সংজ্ঞায়িত করেই থেমে যাননি। বরং তিনি মানুষের পারস্পরিক মিথস্ক্রিয়ার জন্য একটি অত্যন্ত জটিল ও সুনির্দিষ্ট অণুভূমিক জাল বুনেছেন। এটি করার মাধ্যমে তিনি 'প্রতিবেশী'কে আধ্যাত্মিক মানচিত্রের একেবারে কেন্দ্রে স্থাপন করেছেন। এই ঐশ্বরিক কাঠামোতে, আসমানের পথ আপনার প্রতিবেশীর বাড়ি এড়িয়ে যায় না; বরং তা সরাসরি প্রতিবেশীর বাড়ির ওপর দিয়েই চলে গেছে। এই অনুচ্ছেদটি সেই আদর্শিক উচ্চতার তিনটি প্রধান স্তম্ভ নিয়ে আলোচনা করে।

ক. পবিত্র কুরআনের ঘোষণা: মহত্ত্বের এক সোপান

ইসলামি আইন এবং অলঙ্কারশাস্ত্রের স্থাপত্যে কোনো নির্দেশের অবস্থান কখনোই আকস্মিক নয়; এটি সর্বদা সেই নির্দেশের অন্তর্নিহিত গুরুত্ব নির্দেশ করে। সূরা আন-নিসা-র ৩৬ নম্বর আয়াতে সর্বশক্তিমান একটি মৌলিক ডিক্রি বা ফরমান জারি

করেছেন যা কর্তব্যের একটি স্পষ্ট ও অনস্বীকার্য ক্রমধারা তৈরি করে। তিনি বলেন:

"আর উপাসনা করো আল্লাহর এবং তাঁর সাথে কাউকে শরিক করো না, আর সদয় ব্যবহার করো পিতা-মাতার সাথে, নিকটাত্মীয়, এতিম, মিসকিন, নিকট প্রতিবেশী ও দূর প্রতিবেশীর সাথে..."

তাত্ত্বিকভাবে এটি অত্যন্ত চমকপ্রদ এবং আধ্যাত্মিকভাবে বিনম্র হওয়ার মতো একটি বিষয় যে, এই আয়াতে 'প্রতিবেশী'কে ঠিক কোথায় স্থান দেওয়া হয়েছে। তাঁদের নাম উল্লেখ করা হয়েছে পিতা-মাতা এবং নিকটাত্মীয়দের সাথে একই নিঃশ্বাসে—যা মানুষের জানা সবচেয়ে পবিত্র ও জৈবিক বন্ধন। এটি করার মাধ্যমে কুরআন কার্যকরভাবে আমাদের ক্ষুদ্র পরিবারের চারপাশের দেয়ালগুলো ভেঙে চুরমার করে দেয়। এটি দাবি করে যে—আমাদের নিজেদের রক্ত ও মাংসের সম্পর্কের প্রতি আমরা যে পবিত্র দায়িত্ব, যে কোমলতা এবং যে সুরক্ষামূলক প্রবৃত্তি অনুভব করি, তা রাস্তার পাশের মানুষটির প্রতিও প্রসারিত করতে হবে।

তাছাড়া, এই আয়াতে 'নিকট প্রতিবেশী' (আল-জার জিল কুরবা) এবং 'দূর প্রতিবেশী' (আল-জার আল জুনুব)-এর মধ্যে এক গভীর পার্থক্য করা হয়েছে। এটি কেবল দূরত্বের কোনো পাঠ নয়, বরং সহমর্মিতার এক কৌশলগত বিস্তৃতি। 'নিকট প্রতিবেশী' বলতে সেই সব মানুষকে বোঝানো যেতে পারে যারা একই দেয়াল বা একই বিশ্বাস বা বংশ শেয়ার করে। কিন্তু 'দূর প্রতিবেশী' প্রতিনিধিত্ব করে বাইরের মানুষকে—অপরিচিত ব্যক্তি, ভিন্ন গোত্রের মানুষ বা এমনকি ভিন্ন ধর্মাবলম্বী কেউ। এটি ইঙ্গিত দেয় যে, প্রতিবেশীর ইসলামি সংজ্ঞা সংকীর্ণ কোনো বিষয় নয়। এটি জবাবদিহিতার এক বিশাল ও ক্রমবর্ধমান বৃত্ত, যা নিশ্চিত করে যে—একটি প্রকৃত ইসলামি সমাজে কোনো মানুষই অদৃশ্য থাকবে না কিংবা দয়ার নাগালের বাইরে থাকবে না।

খ. জিবরাইল (আ.)-এর তাগিদ: নৈকট্যের এক বৈপ্লবিক আইন

রাসূল (সা.)-এর হাদিসে আমরা এমন এক বর্ণনা পাই যা একটি সামগ্রিক সমাজতাত্ত্বিক বিপ্লবের সমতুল্য। বর্ণিত আছে যে, রাসূল (সা.) বলেছেন:

"জিবরাইল (আ.) আমাকে প্রতিবেশীর সাথে সদয় ব্যবহার করার ব্যাপারে এত কঠোরভাবে এবং বারবার তাগিদ দিচ্ছিলেন যে, আমার মনে হচ্ছিল শীঘ্রই হয়তো আল্লাহর পক্ষ থেকে এমন কোনো নির্দেশ আসবে যেখানে প্রতিবেশীকে আমার সম্পদের উত্তরাধিকারী বা ওয়ারিশ করে দেওয়া হবে।"

এই বক্তব্যের গুরুত্ব বুঝতে হলে মানুষের সমাজতাত্ত্বিক কাঠামোর উচ্চতা বিবেচনা করতে হবে। প্রাচীন বা আধুনিক—প্রায় প্রতিটি মানব সভ্যতায় 'উত্তরাধিকার' হলো রক্ত সম্পর্কের সবচেয়ে সুরক্ষিত দুর্গ। এটি কেবল সন্তান, পিতা-মাতা এবং জীবনসঙ্গীর জন্য সংরক্ষিত একটি আইনি পবিত্রতা। এর মাধ্যমেই সম্পদ একটি নির্দিষ্ট 'বংশের' মধ্যে সীমাবদ্ধ থাকে। অথচ ঐশ্বরিক ইচ্ছার বাহক ফেরেশতা জিবরাইল (আ.) প্রতিবেশীর অধিকারের পক্ষে এতই অনড়, সোচ্চার এবং নাছোড়বান্দা ছিলেন যে, রাসূল (সা.) সত্যিই ব্যক্তিগত সম্পত্তির আইনের এক আমূল পরিবর্তনের প্রত্যাশা করেছিলেন।

আপনার ডিএনএ-র সাথে কোনো সম্পর্ক নেই এমন একজন অপরিচিত প্রতিবেশীকে ‘সম্ভাব্য উত্তরাধিকারী’র মর্যাদায় উন্নীত

করা হলো সীমান্তহীন মানবতার চূড়ান্ত বহিঃপ্রকাশ। এটি এমন এক জগতের ইঙ্গিত দেয় যেখানে 'নৈকট্যের বন্ধন' (একে অপরের কাছাকাছি বসবাস করা) রক্ত সম্পর্কের মতোই গভীর, পবিত্র এবং আইনত বাধ্যতামূলক। এটি 'আমার এবং তোমার' এই আদিম ধারণাকে চ্যালেঞ্জ করে এবং শেখায় যে—আমরা যদি একসাথে বসবাস করি, তবে এক অর্থে আমরা একই পরিবারের সদস্য।

গ. ঈমানের কঠোর পরিমাপ: ক্ষুধার্ত প্রতিবেশী

পুরো অধ্যায়ের মধ্যে বাস্তবতার সবচেয়ে 'নিষ্ঠুর কষাঘাত' সম্ভবত আসে একটি সহীহ হাদিস থেকে, যা এক আতঙ্কিত স্বচ্ছতার সাথে রায় প্রদান করে:

"সে মোমিন নয়, যে পেট পুরে খায় অথচ তার পাশেই তার প্রতিবেশী ক্ষুধার্ত থাকে।"

এই একটি ধ্বংসাত্মক বাক্য আনুষ্ঠানিক ও আচার-সর্বস্ব ধর্মের পুরো কাঠামোকেই প্রশ্নের মুখে দাঁড় করিয়ে দেয়। এখানে ধর্মীয় পরিচয় বা 'মুমিন' হওয়ার তকমাটিকে একটি মৌলিক শারীরিক মানবিক প্রয়োজন—ক্ষুধার—সামনে গৌণ করে দেওয়া হয়েছে।

রাসূল (সা.) এখানে কোনো নরম ভাষা ব্যবহার করেননি; তিনি বলেননি যে "সে একজন নিখুঁত মুমিন নয়"। বরং তিনি পরম নেতিবাচক শব্দ ব্যবহার করেছেন: "সে মুমিনই নয়।"

এর অর্থ হলো—আপনার দেয়ালের ওপাশে যদি একটি ক্ষুধার্ত পেটকে আপনি উপেক্ষা করেন, তবে আপনার নিজের ঈমানের অস্তিত্বই বাতিল এবং অকার্যকর হয়ে যাবে। লক্ষণীয় বিষয় হলো, এই নির্দেশনায় প্রতিবেশীর ধর্মের কোনো উল্লেখ নেই। এখানে "তোমার মুসলিম প্রতিবেশী" বলা হয়নি। এই ম্যান্ডেটটি বিশ্বজনীন এবং মতাদর্শের ঊর্ধ্বে। আপনার পাশের বাড়ির মানুষের ক্ষুধা নিবারণ করা কোনো 'দান' নয় যা আপনি মন চাইলে করবেন; বরং এটি আপনার নিজের আত্মার ওপর একটি বাধ্যতামূলক 'ট্যাক্স'। এটি আমাদের এক নিষ্ঠুর যৌক্তিক সত্য শেখায়: আপনি "স্রষ্টার কাছে আত্মসমর্পণে"র দাবি করতে পারেন না যদি আপনি "মানুষের প্রতি উদাসীন" থাকেন। আপনার পেট যদি ভরা থাকে আর আপনার প্রতিবেশীর পেট খালি, তবে আপনার ও স্রষ্টার মধ্যবর্তী সেতুটি ভেঙে পড়েছে।

৩.৩ আদর্শের স্বর্গ বনাম বাস্তবতার মাটি: এক বিশাল ব্যবধান

প্রাচীন ধর্মীয় গ্রন্থে বর্ণিত প্রতিবেশীর অধিকারের বর্ণনাগুলো একটি স্বর্গীয় সুরের মতো শোনায়—সুন্দর, ছন্দময় এবং অত্যন্ত আদর্শিক। তারা এমন এক জগতের ছবি আঁকে যেখানে প্রতিটি ঘর একটি অভয়ারণ্য এবং প্রতিটি রাস্তা পারস্পরিক সুরক্ষার এক জাল। তবে, আমরা যখন মসজিদ বা পাঠশালা থেকে বের হয়ে আধুনিক রাস্তার তীব্র আলোর নিচে দাঁড়াই, তখন আমাদের সেই কঠিন প্রশ্নটি করতেই হয়: একবিংশ শতাব্দীর যান্ত্রিক জীবনে এই আইনগুলোর প্রয়োগ কি আদৌ সহজ?

এখান থেকেই এই বইয়ের মূল অনুসন্ধান রূপ নেয়: ধর্মের "স্বর্গীয় আদর্শ" এবং আমাদের "কঠোর ভৌগোলিক বাস্তবতা" কি একই সমান্তরালে চলছে, নাকি তারা এক বিপজ্জনক এবং সম্ভবত অপরিবর্তনীয় বিচ্ছিন্নতার দিকে চলে যাচ্ছে?

১. শহুরে কংক্রিটের দেয়াল এবং বেনামী মুখ: নৈকট্যের প্যারাডক্স

হাইপার-মডার্ন নগরায়নের এই যুগে আমরা এক অদ্ভুত ও ভুতুড়ে মানবিক প্যারাডক্স লক্ষ্য করি। আমরা একই ছাদের

নিচে বা একই বহুতল অ্যাপার্টমেন্টে বছরের পর বছর কাটাই। ইতিহাসের অন্য যেকোনো সময়ের চেয়ে আমরা এখন শারীরিকভাবে একে অপরের অনেক কাছাকাছি। তবুও আধুনিক শহরের ট্র্যাজেডি হলো—এই শারীরিক ঘনত্বের কারণে এক গভীর মনস্তাত্ত্বিক দূরত্ব তৈরি হয়েছে।

আমরা প্রায়ই পাশের ফ্ল্যাটে থাকা লোকটির নাম পর্যন্ত জানি না। আমরা একই লিফট ব্যবহার করি, একই বাতাস গ্রহণ করি, কিন্তু আমরা পরস্পরের কাছে সজাগ ও সতর্ক অপরিচিত মানুষ। আমাদের কোনো ধারণাই নেই যে পাশের দরজার মানুষটি আজ রাতে খেয়েছে কি না, বা মাঝরাতে সে কোনো প্রিয়জন হারানোর শোকে কাঁদছে কি না, কিংবা কোনো নীরব মরণব্যাধির সাথে লড়ছে কি না।

আমাদের ব্যক্তিগত জীবনের মাঝখানে মাত্র পাঁচ ইঞ্চির একটি ইটের দেয়াল বা একটি পাতলা বোর্ড থাকে, কিন্তু মানসিকভাবে আমরা একে অপরের থেকে আলোকবর্ষ দূরে। ধর্ম যেখানে বলে যে প্রতিবেশীর মঙ্গল দেখা ঈমানের অবিচ্ছেদ্য অংশ, আধুনিক ধর্মনিরপেক্ষ সভ্যতা আমাদের শিখিয়েছে এক নিষ্ঠুর

বাণী: "নিজের চরকায় তেল দাও" (Mind Your Own Business)। আমরা 'ভদ্রতা'কে 'উদাসীনতা' হিসেবে নতুন করে সংজ্ঞায়িত করেছি। ধর্মের 'সহানুভূতিশীল হস্তক্ষেপ' এবং আধুনিক জীবনের 'বিচ্ছিন্ন ব্যক্তিগত গোপনীয়তা'র মধ্যকার এই সংঘাতই আমাদের সময়ের প্রধান বাস্তবতা। আমরা যান্ত্রিক আরামের জন্য পাড়ার বা সমাজের সেই উষ্ণতা ত্যাগ করে একটি শীতল ও বন্ধ্যা খাঁচাকে বেছে নিয়েছি।

২. নিরাপত্তাহীনতার আতঙ্ক বনাম সামাজিক মিথস্ক্রিয়া: খিলবদ্ধ হৃদয়

প্রাচীনকাল বা ঐতিহ্যবাহী গ্রামগুলোতে প্রতিবেশীরা ছিল একে অপরের স্বাভাবিক অভিভাবক। লোহার তালা বা সিন্দুকের চেয়ে প্রতিবেশীর সজাগ দৃষ্টিকে বেশি নিরাপত্তা মনে করা হতো। কিন্তু আজ, একজন অপরিচিত মানুষের প্রতি—এমনকি দশ ফুট দূরে থাকা মানুষটির প্রতিও—আমাদের প্রাথমিক প্রবৃত্তি 'আতিথেয়তা' নয়, বরং 'সন্দেহ'। আমরা এখন ‘ভয়ের স্থাপত্যে’ (Architecture of Fear) বাস করি। চোর, প্রতারক বা নরপশুদের হাত থেকে বাঁচতে আমরা আমাদের ঘরকে

স্টিলের দরজা, একাধিক তালা এবং হাই-টেক বায়োমেট্রিক ক্যামেরায় মুড়ে ফেলি। এই নিরাপত্তাহীনতা মানুষের আস্থার সেই প্রাকৃতিক ভিত্তি বা 'ফিতরাত'কে ধ্বংস করে দিয়েছে। ধর্ম যেখানে প্রতিবেশীর জন্য হৃদয় ও ঘরের দরজা খোলা রাখতে বলে, ব্যবহারিক নিরাপত্তা আমাদের তা দ্বিগুণ খিলবদ্ধ করে রাখতে বাধ্য করে।

৩. ভৌগোলিক সীমাবদ্ধতা এবং যান্ত্রিক ব্যস্ততা: সময়ের দারিদ্র্য

আধুনিক জীবন আর সূর্য ওঠা-ডুবার ওপর নির্ভর করে না; এটি চলে ঘড়ির ডিজিটাল টিকটিক শব্দে। আমরা উচ্চচাপের অফিস, যানজট আর ক্যারিয়ার গড়ার এক অন্তহীন ইঁদুর দৌড়ে আটকা পড়ে আছি। এই যান্ত্রিক ব্যস্ততায় মানুষ তার নিজের সন্তান বা জীবনসঙ্গীর জন্যই যথেষ্ট সময় পায় না।

এই পরিশ্রান্ত অবস্থায় প্রতিবেশীর খবর নেওয়া অনেকের কাছে একটি বিলাসবহুল কাজ বা অতিরিক্ত আবেগীয় বোঝা মনে হয়। ধর্ম যখন প্রতিবেশীর জন্য এই বিশাল নিয়মগুলো দিয়েছিল, তখন মানুষের জীবন ছিল ধীরস্থির এবং 'সময়' ছিল

একটি পর্যাপ্ত ও অংশীদারিত্বমূলক সম্পদ। আজ আমরা এক বৈশ্বিক 'সময়ের দারিদ্র্যে' ভুগছি। যখন আমাদের জীবনের প্রতিটি সেকেন্ডে অর্থায়ন করা হয় বা ডিজিটাল বিভ্রান্তিতে খরচ করা হয়, তখন ধর্মের এই আদর্শিক উচ্চতা 'অবাস্তব প্রত্যাশা'র মেঘে ঢেকে যায়। আমাদের এই প্রশ্নের উত্তর খুঁজতে হবে: একবিংশ শতাব্দীর এই শিল্পায়িত প্রকৃতি কি ধর্মীয় আদর্শের বাস্তবায়নকে শারীরিকভাবে অসম্ভব করে তুলেছে?

৪. ডিজিটাল দেয়াল: ভার্চুয়াল সংযোগ বনাম ভৌত অবহেলা

সবশেষে, একবিংশ শতাব্দী একটি নতুন ভৌগোলিক বাধা তৈরি করেছে: ডিজিটাল স্ক্রিন। দশ ফুট দূরে থাকা প্রতিবেশীর চেয়ে আমরা দশ হাজার মাইল দূরে থাকা মানুষের সাথে বেশি সংযুক্ত। একজন আধুনিক মানুষ সোশ্যাল মিডিয়ায় একটি 'কমিউনিটি'র সাথে চার ঘণ্টা সময় কাটাতে পারে, কিন্তু গত তিন দিন ধরে ঘর থেকে বের না হওয়া তার বৃদ্ধ প্রতিবেশীর খবর নেওয়ার কথা তার মাথায়ও আসে না।

এটি এক 'ডিজিটাল বিচ্ছিন্নতা' তৈরি করে যেখানে আমাদের সহমর্মিতা বিশ্বজনীন হয়েছে ঠিকই, কিন্তু স্থানীয় দায়বদ্ধতা পক্ষাঘাতগ্রস্ত হয়ে পড়েছে। ধর্ম সেই প্রতিবেশীর ওপর গুরুত্ব দেয় যার শরীরের গন্ধ, গলার আওয়াজ এবং উপস্থিতি আপনি অনুভব করতে পারেন। অথচ আধুনিক বাস্তবতা আমাদের ভার্চুয়াল স্পেসে ঢুকে পড়তে উৎসাহিত করে যেখানে আমরা আমাদের পছন্দমতো মানুষকে প্রতিবেশী হিসেবে বেছে নিতে পারি। এটিই ধর্মীয় আদর্শের চূড়ান্ত পরাজয়—যখন আমরা ভূগোলের বদলে অ্যালগরিদমের ওপর ভিত্তি করে প্রতিবেশী নির্বাচন করি, তখন সেই আধ্যাত্মিক বৃদ্ধি আমরা হারিয়ে ফেলি যা কেবল 'অনির্বাচিত অন্য'র সাথে মেলামেশার মাধ্যমেই সম্ভব ছিল।

৩.৪ প্রতিবেশীর অধিকার: এগুলো কি কেবল বইয়ের পাতায় সীমাবদ্ধ?

কাঠামোগত প্রত্যাবর্তনের অসম্ভবতা: এক নাগরিক বিবর্তন

আমরা যদি প্রতিবেশীর অধিকার সংক্রান্ত প্রথাগত ধর্মীয় নির্দেশনাবলীকে আক্ষরিকভাবে অনুসরণ করতে চাই—অর্থাৎ কুরআন ও সুন্নাহর প্রতিটি সূক্ষ্ম আদেশকে বর্তমান সমাজে নিখুঁতভাবে বাস্তবায়ন করতে চাই—তবে আমাদের বর্তমান সামাজিক কাঠামোর এক আমূল এবং বৈপ্লবিক পরিবর্তন প্রয়োজন হবে। আমাদের এই ব্যক্তিবাদী এবং ব্যক্তিগত গোপনীয়তা-ঘেঁষা সংস্কৃতির ভিত্তি উপড়ে ফেলে শহরগুলোকে নতুন করে গড়ে তুলতে হবে। কিন্তু আমাদের এক অত্যন্ত রূঢ় এবং যন্ত্রণাদায়ক বাস্তবতার মুখোমুখি হতে হবে: আজ যদি আমাদের মধ্যে বিশাল কোনো গণ-ইচ্ছাশক্তি তৈরিও হয়, তবুও আমরা অতীতের সেই চিরাচরিত ও জৈবিক সামাজিক কাঠামোতে ফিরে যেতে পারব না।

পৃথিবী তার রূপ মৌলিকভাবে বদলে ফেলেছে। গ্রামের সেই কুয়ো বা পুকুরঘাট, যা ছিল সামাজিক মিথস্ক্রিয়া এবং খবর আদান-প্রদানের প্রাকৃতিক কেন্দ্র, তার জায়গা দখল করেছে উচ্চগতির ফাইবার অপটিকস আর একাকী স্ক্রিন। সেই খোলা উঠোন, যেখানে পাড়ার সব শিশু অসংখ্য 'চাচি' বা 'খালাম্মা'র নজরদারিতে বড় হতো, সেখানে আজ শব্দরোধী বহুতল অ্যাপার্টমেন্ট—যেখানে একমাত্র শব্দ যা আমরা শুনতে পাই তা হলো আমাদের নিজেদের এসি (AC)-র গুঞ্জন। আমরা এমন

এক উত্তর-শিল্পায়িত ল্যান্ডস্কেপে বাস করছি যা মধ্যযুগীয় শহরের স্থপতিরা কখনো কল্পনাও করেননি। আমাদের জীবনের প্রতিটি 'হার্ডওয়্যার'—আমাদের রাস্তাঘাট, গেটেড কমিউনিটি এবং অফিস-কেন্দ্রিক রুটিন—এমনভাবে তৈরি করা হয়েছে যা মানুষকে বিচ্ছিন্ন থাকতেই উৎসাহিত করে।

জ্যামিতিক দুঃস্বপ্ন: মেগাসিটিতে '৪০ ঘর'-এর ব্যাসার্ধ

প্রাচীন ধর্মীয় ব্যাখ্যা অনুযায়ী প্রতিবেশীর সংজ্ঞা চারদিকের চল্লিশ ঘর পর্যন্ত বিস্তৃত। সপ্তম শতাব্দীর একটি গ্রাম বা মরুভূমির ছোট জনপদে চল্লিশটি ঘর মানে ছিল একটি ঘনিষ্ঠ এবং পরিচিত সমাজ—যেখানে সবার নাম, বংশ, পেশা এবং প্রতিদিনের সংগ্রাম একে অপরের নখদর্পণে ছিল। এটি ছিল মানবতার এমন এক বৃত্ত যেখানে পাশের বাড়িতে রান্না হওয়া তরকারির ঘ্রাণও অনুভব করা যেত।

এখন এই '৪০ ঘর'-এর নিয়মটিকে যদি আপনি একবিংশ শতাব্দীর ঢাকা, নিউ ইয়র্ক বা টোকিওর মতো মেগাসিটির 'ভার্টিক্যাল জঙ্গল' বা বহুতল ভবনের অরণ্যে স্থাপন করেন, তবে কী দাঁড়াবে? এই কংক্রিটের গোলকধাঁধায়, যেখানে এক

বর্গকিলোমিটারে হাজার হাজার মানুষ বাস করে, সেখানে '৪০ ঘর' নিয়মটি একটি জ্যামিতিক এবং মনস্তাত্ত্বিক দুঃস্বপ্ন হয়ে দাঁড়ায়। বিশ তলার একটি বিশাল অ্যাপার্টমেন্ট কমপ্লেক্সে চল্লিশটি 'ঘর' মানে হতে পারে শত শত বা হাজার হাজার মানুষ, যারা একটি জটিল ত্রিমাত্রিক গ্রিডের ভেতর বাস করছে।

একজন আধুনিক পেশাজীবীর পক্ষে কি আদৌ সম্ভব—যিনি দিনে দশ ঘণ্টা কাজ করেন, দুই ঘণ্টা যানজটে কাটান এবং নিজের পরিবার সামলান—সেই চল্লিশটি আলাদা পরিবারের ক্ষুধা, স্বাস্থ্য এবং মানসিক স্থিতিশীলতার খোঁজ রাখা? আধুনিক জীবনের এই ঘনত্ব এবং ক্লান্তি বিবেচনা না করে যখন আমরা এই প্রাচীন সংজ্ঞাগুলো আক্ষরিকভাবে মেনে চলার জেদ ধরি, তখন আমরা একটি 'অপরাধবোধের শূন্যতা' (Guilt Gap) তৈরি করি। আধ্যাত্মিক আদর্শ তখন এত দূরে মনে হয় যে, সাধারণ মানুষ শেষ পর্যন্ত হাল ছেড়ে দেয় এবং চেষ্টা করাই বন্ধ করে দেয়।

এক বিশাল ব্যবধান: আবেগ বনাম ব্যবহারিকতা

আমাদের ভৌগোলিক বাস্তবতা এবং ধর্মীয় আদর্শের মধ্যকার এই ক্রমবর্ধমান ব্যবধান এক রূঢ় প্রমাণ যে—ধর্ম এবং জীবনের যান্ত্রিক বাস্তবতা সবসময় হাত ধরাধরি করে চলে না। আমরা প্রায়ই এই সামাজিক ইস্যুগুলোকে কেবল ধর্মীয় আবেগ বা 'পুরোনো দিনের' নস্টালজিয়া দিয়ে বিচার করি, কিন্তু আধুনিক অর্থনীতির নির্মম ব্যবহারিক চ্যালেঞ্জগুলোকে সম্পূর্ণ এড়িয়ে যাই।

আমরা 'হক্কুল জিবর'-এর সৌন্দর্য নিয়ে জোরালো বয়ান শুনি এবং আমাদের হৃদয় এক মুহূর্তের জন্য ভালো মানুষ হওয়ার তীব্র আকাঙ্ক্ষায় ভরে ওঠে। কিন্তু যেই মুহূর্তে আমরা আবার সেই 'ইঁদুর দৌড়ে' ফিরে যাই, সেই মুহূর্তেই আমাদের চারপাশের কঠোর যান্ত্রিকতা এবং গেটেড কমিউনিটির ইস্পাত-কঠিন দরজা সেই আবেগকে বাষ্পের মতো উড়িয়ে দেয়। এটি এজন্য নয় যে আমরা 'মন্দ' বা 'নিষ্ঠুর' মানুষ; বরং এজন্য যে আমাদের পুরো পরিবেশটাই এমনভাবে ডিজাইন করা হয়েছে যাতে প্রতিবেশীসুলভ আচরণকে এক ধরণের 'অদক্ষতা' বা সময়ের অপচয় মনে হয়। আমরা মূলত এমন এক হার্ডওয়্যারে প্রাচীন 'কমিউনাল সফটওয়্যার' চালানোর চেষ্টা করছি যা

বিশেষভাবে তৈরি করা হয়েছে সামাজিক সংযোগ ডিলিট করার জন্য এবং ব্যক্তিগত ভোগবাদকে সর্বোচ্চ পর্যায়ে নেওয়ার জন্য।

আধুনিক পরহেজগারদের ভণ্ডামি: খণ্ডিত বিশ্বাস

প্রতিবেশীর অধিকারের ক্ষেত্রে আমরা কি এক ধরণের মার্জিত ও সামষ্টিক ভণ্ডামিতে লিপ্ত? আমরা এমন এক ধর্ম অনুসরণের দাবি করি যা প্রতিবেশীর ক্ষুধাকে ঈমান হারানোর সমতুল্য মনে করে, অথচ আমরা প্রতিদিন সকালে প্রতিবেশীর দরজার সামনে দিয়ে চলে যাই সামান্য মাথা নাড়ানো বা একটি 'হ্যালো' বলা ছাড়াই। আমরা কি সেই গভীর দর্শনটি হারিয়ে ফেলেছি যেখানে মানবসেবাকে ইবাদতের শ্রেষ্ঠ ও পরিশীলিত রূপ মনে করা হতো?

মনে হচ্ছে আমরা আমাদের বিশ্বাসকে সুবিধাজনক কিছু বাক্সে ভাগ করে ফেলেছি। আমরা 'ধর্ম'কে মসজিদ, জায়নামাজ এবং ডিজিটাল লেকচারের ভেতরে বন্দি করে ফেলেছি; আর 'প্রতিবেশ' বা সমাজকে ছেড়ে দিয়েছি সম্পত্তি, গোপনীয়তা এবং রিয়েল এস্টেটের শীতল আইনের ওপর। আমরা ভুলে

গেছি যে ঐশ্বরিক নিয়মে প্রতিবেশই হলো আমাদের আত্মার প্রাথমিক গবেষণাগার। রাস্তার সেই ল্যাবরেটরিতে যদি আমরা ফেল করি, তবে মসজিদের 'ফাইনাল এক্সাম'-এর কোনো মূল্যই থাকে না। আমরা এক বিশাল ট্র্যাজিক আয়রনির মধ্যে দাঁড়িয়ে আছি: স্মার্টফোনের মাধ্যমে আমরা সারা বিশ্বের হাজার মাইল দূরের অপরিচিত মানুষের সাথে যতটা যুক্ত, আমাদের শোবার ঘরের দেয়ালের ওপাশে থাকা রক্ত-মাংসের মানুষটির সাথে ততটাই বিচ্ছিন্ন।

ব্যক্তিগত ব্যর্থতা নয়, বরং বিবর্তনের ফল

এই অধ্যায়ের চূড়ান্ত উদ্দেশ্য হলো একটি গুরুত্বপূর্ণ এবং মুক্তিকামী পার্থক্য চিহ্নিত করা: আমাদের প্রতিবেশীদের প্রতি বর্তমান উদাসীনতা কেবল ব্যক্তিগত নৈতিক ব্যর্থতা বা 'দুর্বল ঈমানের' চিহ্ন নয়। এটি একটি বিশাল সামাজিক, প্রযুক্তিগত এবং ভৌগোলিক বিবর্তনের সরাসরি ফল। আমরা এমন এক পৃথিবীতে বাস করছি যা ‘বেনামী পরিচয়’ এবং ‘লেনদেনের গতি’র জন্য তৈরি করা হয়েছে, ‘কমিউনিটি’ বা ‘অবদানের’ জন্য নয়।

এই বিবর্তনের মাঝখানে দাঁড়িয়ে এখন সময় এসেছে এক আমূল এবং সৎ চিন্তাভাবনার। আমাদের প্রশ্ন করতে হবে: আমরা কীভাবে সেই প্রাচীন ঐশ্বরিক নির্দেশনাবলীকে এমন এক পৃথিবীতে বাস্তবায়ন করতে পারি যা মূলত সেগুলো বাধা দেওয়ার জন্যই তৈরি? সম্ভবত আধুনিক যুগের জন্য '৪০ ঘর'-এর নিয়মকে '৪ প্রতিবেশী'র নিয়মে পুনর্জ্জায়িত করতে হবে। সম্ভবত 'খাবার ভাগ করে নেওয়া'র মানে বদলে গিয়ে 'ডিজিটাল সেফটি নেট শেয়ার করা' বা একটি 'খোঁজখবর নেওয়ার টেক্সট মেসেজ' পাঠানোতে রূপান্তরিত হতে পারে।

আমরা আমাদের মেগাসিটিগুলোর ভূগোল রাতারাতি বদলে ফেলতে পারব না, কিন্তু আমরা আমাদের হৃদয়ের ভূগোল বদলে ফেলতে পারি। আধুনিক মুমিনের চ্যালেঞ্জ হলো বাস্তবতার এই 'খাঁচার' ভেতর থেকেই আইনের 'মূল সুর' খুঁজে বের করা। যদি আমরা তা না করি, তবে প্রতিবেশীর অধিকার ঠিক সেখানেই পড়ে থাকবে যেখানে এখন আছে—প্রাচীন বইয়ের সুন্দর ধূলাময় পাতায় বন্দি হয়ে; আর বাইরের পৃথিবীটা দিন দিন আরও শীতল, অন্ধকার এবং একাকী হয়ে উঠবে। আমাদের আদর্শিক উচ্চতা এবং ভৌগোলিক মাটির মধ্যকার এই শূন্যস্থান আমাদের পূরণ করতেই হবে, নইলে আমরা

আমাদের নিজেদের তৈরি যন্ত্রের কাছেই আমাদের মনুষ্যত্ব হারিয়ে ফেলব।

অধ্যায়-০৪

দোয়ার অলৌকিক শক্তি বনাম বাস্তবতার সমীকরণ

৪.১ পবিত্রতা ও শ্রেষ্ঠত্বের এক অনন্য আসন: পিতা-মাতা

অস্তিত্বের আদিম রূপ: কেবল জন্মদাতা পরিচয়ের ঊর্ধ্বে

ধর্মীয় মতবাদ এবং শাশ্বত আধ্যাত্মিক দর্শনের বিশাল স্থাপত্যে পবিত্রতার এমন এক সোপান বিদ্যমান যা কাঠামোগতভাবে যেমন দৃঢ়, নান্দনিকভাবে তেমনই সুন্দর। পরম স্রষ্টার স্বীকৃতির পরেই যে অবস্থানটি সবচেয়ে গভীর গুরুত্ব এবং পবিত্র তাৎপর্য বহন করে, তা হলো 'পিতা-মাতা'। এই দুই ব্যক্তিকে কেবল 'জন্মদাতা' বা আমাদের জাগতিক জন্মের কার্যকরী কারণ হিসেবে দেখা হবে এক ধরণের চরম সংকীর্ণতা।

আধ্যাত্মিক দৃষ্টিতে, পিতা-মাতা কেবল সন্তানের 'উৎপাদক' নন; তাঁরা মানব অস্তিত্বের মূল শিকড়—ঐশ্বরিক করুণার পার্থিব

বহিঃপ্রকাশ এবং বস্তুগত পৃথিবীতে আত্মার প্রথম যাত্রার জাগতিক অভিভাবক। তাঁরা 'অদৃশ্য' এবং 'দৃশ্যমান' জগতের মধ্যকার প্রধান সেতু হিসেবে কাজ করেন। ধর্ম বলে যে, অস্তিত্বের ঋণ এতই বিশাল যে কোনো পরিমাণ পার্থিব সম্পদ বা সেবা দিয়ে মা-বাবার দেওয়া সেই রক্ত, হাড় এবং নিঃশ্বাসের ঋণ শোধ করা সম্ভব নয়। তাঁরাই হলেন আমাদের জীবনের প্রথম 'পবিত্র অন্য' (Sacred Other), যাঁরা আমাদের ভালোবাসা, ত্যাগ এবং কর্তৃত্বের প্রকৃত অর্থ শেখান।

আধ্যাত্মিক প্রবেশদ্বার: দুনিয়া এবং আখিরাত

বিশেষ করে ইসলামি দর্শন পিতা-মাতার মর্যাদাকে এমন এক উচ্চতায় নিয়ে গেছে যা সাধারণ সামাজিক কর্তব্য বা সাংস্কৃতিক শিষ্টাচারকে ছাড়িয়ে যায়। এটি একটি বৈপ্লবিক এবং গম্ভীর ধারণা প্রবর্তন করে: তা হলো—একজন মানুষের পার্থিব শান্তি (দুনিয়া) এবং চিরন্তন মুক্তি (আখিরাত) উভয়ই মৌলিকভাবে তার পিতা-মাতার প্রতি আচরণের ওপর নির্ভরশীল। এটি কেবল একটি নৈতিক পরামর্শ বা সুন্দর জীবনের জন্য

'সুপারিশ' নয়; বরং এটি একটি আধিভৌতিক আইন, যা মাধ্যাকর্ষণ সূত্রের মতোই অমোঘ।

এই কাঠামোতে পিতা-মাতাকে 'জান্নাতের দরজা' অথবা 'জাহান্নামের দেয়াল' হিসেবে দেখা হয়—যা সম্পূর্ণ নির্ভর করে তাঁদের সাথে সন্তানের আচরণের ওপর। ঘরে তাঁদের উপস্থিতি কেবল জায়গা ভাগ করে নেওয়ার কোনো গার্হস্থ্য বাস্তবতা নয়; এটি একটি আধ্যাত্মিক পোর্টাল। তাঁদের সেবা করা মানে স্রষ্টার দরজায় কড়া নাড়া; আর তাঁদের অবহেলা করা মানে এক আধ্যাত্মিক মরুভূমিতে পথ হারানো। এটি এমন এক বাস্তবতা তৈরি করে যেখানে একজন ব্যক্তির জীবনের সাফল্য কেবল তার বুদ্ধিমত্তা (IQ) বা কর্মদক্ষতার ওপর নির্ভর করে না, বরং তা তার পিতা-মাতার সন্তুষ্টি থেকে প্রবাহিত 'বারাকাহ' বা আশীর্বাদের প্রতিফলন।

ঐশ্বরিক দর্পণ: সন্তুষ্টির সমলয় এবং আরশ

এই পবিত্রতার সবচেয়ে আকর্ষণীয় দিক হলো 'সন্তুষ্টির সমলয়' (Synchronized Pleasure)। রাসূল (সা.)-এর হাদিসে

স্পষ্টভাবে বলা হয়েছে যে, পিতা-মাতার সন্তুষ্টিই হলো স্রষ্টার সন্তুষ্টি। এটি একটি চমকপ্রদ আধ্যাত্মিক সমীকরণ তৈরি করে: আপনি যদি স্রষ্টার কাছে নিজের অবস্থান জানতে চান, তবে আপনার পিতা-মাতার মুখের অভিব্যক্তির দিকে তাকান। ঈশ্বর তাঁর অসীম প্রজ্ঞায় নিজের 'সন্তুষ্টি'কে এই দুই মানুষের হাতে ন্যস্ত করেছেন।

বিপরীতভাবে, ধর্মগ্রন্থে দেওয়া সতর্কতাগুলোও সমভাবে কঠোর। সন্তানের কারণে মা-বাবার চোখের পানি—তা সে যন্ত্রণায় হোক, একাকীত্বে হোক বা অবহেলায় হোক—তা এক গুরুতর অপরাধ। এটি এমন এক আধ্যাত্মিক ভূমিকম্প যা স্রষ্টার আরশকে কাঁপিয়ে দেওয়ার ক্ষমতা রাখে। শেখানো হয় যে, সন্তানের জন্য বা সন্তানের বিরুদ্ধে পিতা-মাতার দোয়া আসমানি মাত্রাগুলোতে 'ফাস্ট-ট্র্যাক' বা দ্রুততম গতিতে চলে যায়—যা ভাগ্যের সাধারণ বিলম্ব বা মহাবিশ্বের নিয়মকানুনকে ডিঙিয়ে সরাসরি কবুল হয়। এটিই হলো 'আশীর্বাদের অলৌকিক শক্তি' যা এই অধ্যায় অন্বেষণ করে। ভোরবেলা মায়ের একটি ফিসফিসে দোয়া বা বাবার নিরব অশ্রুসজল সম্মতির মাথা নাড়া 'বাস্তবতার সমীকরণ' বদলে দিতে পারে। এটি এমন সব দরজা খুলে দিতে পারে যা যুক্তি অনুযায়ী বন্ধ

ছিল এবং একজন মানুষের জীবনের গতিপথ এমনভাবে বদলে দিতে পারে যা কেবল গাণিতিক পরিশ্রম দিয়ে ব্যাখ্যা করা সম্ভব নয়।

'উফ' বলার বিধান: কোমলতার সূক্ষ্ম নীতি

পিতা-মাতার মর্যাদা রক্ষায় ধর্মগ্রন্থগুলো এতই সূক্ষ্ম যে, তারা মানুষের ক্ষুদ্রতম এবং ক্ষণস্থায়ী অভিব্যক্তিকেও নিয়ন্ত্রণ করে। কুরআনের সেই বিখ্যাত নির্দেশ: "তাঁদের 'উফ' (বিরক্তির একটি দীর্ঘশ্বাস) পর্যন্ত বোলো না এবং তাঁদের ধমক দিয়ো না, বরং তাঁদের সাথে সম্মানজনক কথা বলো।" এটি নৈতিক উচ্চতার এক চূড়ান্ত শিখর। এটি ইঙ্গিত দেয় যে, বিরক্তির একটি সামান্য বহিঃপ্রকাশ—হয়তো একটি দীর্ঘশ্বাস ফেলা, চোখ পাকানো, অথবা দশমবারের মতো তাঁদের একই গল্প বলার সময় অধৈর্য হয়ে নীরব থাকা—তা-ও সেই পবিত্র চুক্তির লঙ্ঘন।

আধুনিক বিশ্বে যেখানে 'আত্ম-প্রকাশ', 'ব্যক্তিগত স্বাধীনতা' এবং 'আবেগীয় সীমানা'কে প্রাধান্য দেওয়া হয়, সেখানে এই

ঐশ্বরিক ম্যান্ডেট অহংবোধ বিসর্জনের দাবি রাখে। এটি সন্তানকে সেই বাবা-মায়ের 'সেবক' হতে বলে যারা একসময় সন্তানের অসহায় শৈশবে তার সেবা করেছিলেন। এটি নিঃস্বার্থ করুণার এমন এক চক্র তৈরি করে যা বার্ধক্যের অবমাননা এবং সময়ের নিষ্ঠুরতার মাঝেও মানব পরিবারকে টিকিয়ে রাখে। এটিই আত্মার জন্য 'সবর' (ধৈর্য) এবং 'ইহসান' (শ্রেষ্ঠত্ব) শেখার চূড়ান্ত প্রশিক্ষণ ক্ষেত্র।

সংঘাত: ঐশ্বরিক পবিত্রতা বনাম আধুনিক জটিলতা

তবে, এই অধ্যায়ে আমাদের শেষ পর্যন্ত ‘বাস্তবতার সমীকরণ’-এর মুখোমুখি হতে হবে। পিতা-মাতার অধিকারের ‘আদর্শিক উচ্চতা’ স্পষ্ট এবং আপসহীন হলেও, একবিংশ শতাব্দীতে এর ব্যবহারিক প্রয়োগ মনস্তাত্ত্বিক এবং লজিস্টিক জটিলতায় পূর্ণ। কীভাবে আমরা এই পরম আত্মসমর্পণকে আধুনিক ক্যারিয়ারের লক্ষ্য, বেঁচে থাকার প্রয়োজনে দেশান্তর এবং একক পরিবার কাঠামোতে বার্ধক্যের কঠিন মনস্তাত্ত্বিক চ্যালেঞ্জগুলোর সাথে মেলাব?

ঠাণ্ডা গাণিতিক যুক্তি এবং কৃত্রিম বুদ্ধিমত্তার এই যুগে 'আশীর্বাদের অলৌকিক শক্তি' কি আজও তার গুরুত্ব ধরে রেখেছে? নাকি আমরা সেই অদৃশ্য সুতোগুলো অনুভব করার ক্ষমতা হারিয়ে ফেলেছি যা আমাদের জাগতিক সাফল্যকে বাবা-মায়ের নীরব সন্তুষ্টির সাথে যুক্ত করে? এই অনুচ্ছেদের উদ্দেশ্য হলো আমাদের মনে করিয়ে দেওয়া যে—আমরা পেশাজীবী, নাগরিক বা স্বাধীন ব্যক্তি হওয়ার আগে মূলত আমরা 'সন্তান'; আর এই প্রাথমিক পরিচয়ের মধ্যেই লুকিয়ে আছে আমাদের চূড়ান্ত আধ্যাত্মিক ব্যর্থতা অথবা আমাদের সবচেয়ে মহিমান্বিত মানবিক সাফল্যের গোপন রহস্য।

পিতা-মাতার পবিত্রতার চার স্তম্ভ: গভীর দার্শনিক বিশ্লেষণ

১. মায়ের আধিভৌতিক অবস্থান: মায়ের পায়ের নিচে জান্নাত

রাসূল (সা.)-এর সেই বিখ্যাত ঘোষণা—"মায়ের পায়ের নিচে জান্নাত"—সম্ভবত ধর্মীয় ইতিহাসের সবচেয়ে কাব্যিক এবং সমাজতাত্ত্বিকভাবে গুরুত্বপূর্ণ বক্তব্য। এখানে বলা হয়নি জান্নাত মায়ের হাতে (যিনি দান করেন) বা তাঁর হৃদয়ে (যিনি ভালোবাসেন), বরং বলা হয়েছে তাঁর পায়ের নিচে—দেহের

সবচেয়ে নিম্ন ও বিনম্র অংশ যা মাটির ধুলো স্পর্শ করে। এটি প্রতীকীভাবে শেখায় যে, সর্বোচ্চ আধ্যাত্মিক অর্জন করতে হলে সেই মানুষটির প্রতি চরম বিনয় এবং শারীরিক সেবা প্রয়োজন যিনি আমাদের অস্তিত্বের ভার বহন করেছেন।

জৈবিক দৃষ্টিকোণ থেকে, মায়ের শরীর হলো একজন মানুষের দেখা প্রথম 'মসজিদ'; এটিই পুষ্টি, আশ্রয় এবং নিরাপত্তার প্রথম স্থান। ধর্ম এই জৈবিক ঋণকে স্বীকৃতি দিয়ে মাকে বাবার চেয়ে তিন গুণ বেশি 'সাহচর্য বা সেবার অধিকার' প্রদান করেছে। এই 'আদর্শিক উচ্চতা' ইঙ্গিত দেয় যে, মা হলেন পৃথিবীতে ঐশ্বরিক করুণার প্রধান পরিবেশক। তাঁর হৃদয় যদি ভেঙে যায়, তবে সন্তানের জীবনের আধ্যাত্মিক 'আবহাওয়া' সর্বদা ঝড়ো হয়ে থাকে, তাতে তার যত ধন-সম্পদ বা পেশাগত সম্মানই থাকুক না কেন। একজন মানুষ সারা বিশ্বের মালিক হতে পারে, কিন্তু তার মায়ের হৃদয় যদি তার প্রতি শীতল থাকে, তবে আধ্যাত্মিকভাবে সে একজন ভিখারি।

২. বাবা: শক্তির স্তম্ভ এবং ভাগ্যের রক্ষক

মা যদি রহমতের অভ্যন্তরীণ জরায়ুর প্রতিনিধিত্ব করেন, তবে বাবা হলেন 'প্রবেশদ্বার' এবং 'বাহ্যিক পালনকর্তা'। তিনিই সেই ব্যক্তি যাঁর কঠোর পরিশ্রম, শৃঙ্খলা এবং ধৈর্য সেই শারীরিক ও সামাজিক কাঠামো তৈরি করে যার ভেতর একটি আত্মা নিরাপদে বেড়ে উঠতে পারে। ধর্মীয় চিন্তাধারায়, বাবার সন্তুষ্টি হলো 'জান্নাতের মধ্যবর্তী দরজা'—মুক্তির সবচেয়ে মজবুত প্রবেশপথ।

বাবার ভূমিকার মধ্যে এক নীরব, প্রায়ই অস্বীকৃত পবিত্রতা রয়েছে। তাঁর আশীর্বাদকে 'বাস্তবতার সমীকরণ'-এর বিরুদ্ধে একটি আধিভৌতিক ঢাল হিসেবে দেখা হয়। যখন একজন বাবা সন্তানের মাথায় হাত রেখে তার সাফল্যের জন্য দোয়া করেন, তখন বিশ্বাস করা হয় যে 'সম্ভাব্যতা', 'বাজারের শক্তি' এবং 'ভাগ্যের' সাধারণ নিয়মগুলো একটি উচ্চতর স্বর্গীয় ডিক্রি দ্বারা স্থগিত হয়ে যায়। এই অধ্যায়ে আমরা বিশ্লেষণ করব কীভাবে আধুনিক সমাজের 'পিতৃত্বের সংকট' এবং বাবার প্রতি সম্মানের ক্ষয় আমাদের এই শক্তির উৎস থেকে বিচ্ছিন্ন করে দিয়েছে, যা অনেককে আধ্যাত্মিকভাবে 'শিকড়হীন' এবং বিশৃঙ্খল বিশ্বের খামখেয়ালিপনার কাছে অসহায় করে তুলেছে।

৩. 'আক্কুন' বা অবাধ্যতার পাপ: আধ্যাত্মিক আত্মহত্যা

'আক্কুল ওয়ালিদাইন' (পিতা-মাতার অবাধ্যতা, রূঢ়তা বা সম্পর্ক ছিন্ন করা) শব্দটিকে 'কবিরা গুনাহ' বা মহাপাপের অন্তর্ভুক্ত করা হয়েছে, যা স্বয়ং স্রষ্টাকে অস্বীকার করার সমান্তরাল। কেন একে এত ভয়াবহ গুরুত্ব দিয়ে দেখা হয়? কারণ মা-বাবার প্রতি অকৃতজ্ঞ হওয়া মানে জীবনের মূল উৎসের প্রতি অকৃতজ্ঞ হওয়া। এটি সেই দয়ার শিকলকে অস্বীকার করা যা আপনাকে অস্তিত্বে এনেছে।

একজন মানুষ যদি সেই দুই ব্যক্তির প্রতি অনুগত হতে না পারে যারা নিজের ঘুম, স্বাস্থ্য, যৌবন এবং স্বপ্ন বিসর্জন দিয়েছেন, তবে সে কীভাবে একজন অদৃশ্য ঈশ্বর বা দূরবর্তী সমাজের প্রতি অনুগত হবে? পিতা-মাতার অবাধ্যতাকে 'আধ্যাত্মিক আত্মহত্যা' হিসেবে দেখা হয়—এটি ব্যক্তিকে ঐশ্বরিক উৎসের সাথে সংযুক্তকারী রূপালি সুতোটি ছিঁড়ে ফেলে এবং এক 'বরকতহীন' সংগ্রামের জীবনের দিকে ঠেলে দেয়। আমরা এর যৌক্তিক ফলাফলগুলো পরীক্ষা করব: কীভাবে অনেক 'সফল' মানুষ—সিইও, নেতা এবং সেলিব্রিটিরা—পিতা-

মাতার সাথে সম্পর্ক ছিন্ন থাকার কারণে এক ব্যাখ্যাতীত শূন্যতা এবং বারবার 'দুর্ভাগ্যের' শিকার হন।

৪. বার্ধক্যের ভূগোল: আত্মার চূড়ান্ত পরীক্ষা

এই পবিত্রতার আসল পরীক্ষা তখন নয় যখন মা-বাবা শক্তিশালী, উপার্জনক্ষম এবং প্রভাবশালী থাকেন; বরং পরীক্ষা শুরু হয় তখন যখন তাঁরা 'জীবনের শীতকাল' বা বার্ধক্যে পৌঁছান। ধর্মগ্রন্থগুলো এই সুনির্দিষ্ট সময়ের ওপর গভীর গুরুত্ব দেয়: "যদি তাঁদের একজন বা উভয়ই তোমার কাছে বার্ধক্যে পৌঁছান..." এখানেই 'আদর্শিক উচ্চতা' 'নিষ্ঠুর বাস্তবতার' মুখোমুখি হয়।

বার্ধক্য প্রায়ই শারীরিক দুর্বলতা, স্মৃতিভ্রংশ, খিটখিটে মেজাজ এবং একই আচরণের পুনরাবৃত্তি নিয়ে আসে। আমাদের আধুনিক 'দক্ষতা-চালিত' বিশ্বে বৃদ্ধ বাবা-মাকে প্রায়ই 'বোঝা' বা 'খরচ' হিসেবে দেখা হয় যা শীতল প্রতিষ্ঠানগুলো দিয়ে পরিচালনা করতে হয়। কিন্তু ধর্মীয় কাঠামোতে এই সময়টি হলো 'আশীর্বাদের স্বর্ণখনি'। একজন বয়স্ক, খিটখিটে বা অসুস্থ

মা-বাবার সেবা করা কোনো বোঝা নয়; এটি আধ্যাত্মিক শ্রেষ্ঠত্বের সর্বোচ্চ স্তরে পৌঁছানোর সবচেয়ে সরাসরি এবং দ্রুততম পথ। এটি আত্মার চূড়ান্ত পরীক্ষা। তাঁদের মন যখন শক্ত হয়ে যায় তখনো আপনি যদি আপনার হৃদয়কে নরম রাখতে পারেন, তবে আপনি 'ইহসান'-এর এমন এক স্তরে পৌঁছেছেন যা কোনো ধ্যান বা নির্জন প্রার্থনা দিতে পারবে না।

৪.২ পবিত্র কুরআনের চিরন্তন দিকনির্দেশনা: 'উফ' বলার নিষেধাজ্ঞা

অগ্রাধিকারের ঐশ্বরিক স্থাপত্য: এক পবিত্র যোগসূত্র

পবিত্র কুরআনের অলঙ্কারশাস্ত্র এবং গাঠনিক বিন্যাসে কোনো নির্দেশের অবস্থান কখনোই আকস্মিক নয়; বরং এটি সেই নির্দেশের আধ্যাত্মিক গুরুত্ব এবং মানব জীবনের সাথে তার কেন্দ্রীয় সম্পর্কের এক গভীর সূচক। সূরা আল-ইসরা-র (১৭:২৩-২৪) আয়াতগুলোতে আমরা এমন এক বিস্ময়কর নৈকট্য দেখতে পাই যা প্রতিটি আত্মাকে গভীরভাবে ভাবতে বাধ্য করে। স্রষ্টার একত্ববাদের (তাওহীদ)—যা ইসলামি অস্তিত্বের মূল ভিত্তি—অকাট্য ঘোষণার ঠিক পরপরই সর্বশক্তিমান পিতা-মাতার অধিকারের কথা উল্লেখ করেছেন।

'স্রষ্টার ইবাদত'-এর সাথে একই নিঃশ্বাসে 'পিতা-মাতার প্রতি সদাচরণ' (ইহসানুল ওয়ালিদাইন)-কে যুক্ত করে কুরআন এক অবিচ্ছেদ্য এবং আপসহীন আধ্যাত্মিক যোগসূত্র স্থাপন করেছে। এটি একটি বৈপ্লবিক ধর্মতাত্ত্বিক সত্যের ইঙ্গিত দেয়: একজন মানুষের ঈমান কাঠামোগতভাবে অপূর্ণ এবং সম্ভবত অকার্যকর হিসেবে গণ্য হবে, যদি না তা পিতা-মাতার প্রতি পরম ভক্তির মাধ্যমে প্রকাশ পায়। ঐশ্বরিক অর্থব্যবস্থায়, আপনি অদৃশ্য ঈশ্বরকে ভালোবাসার দাবি করতে পারেন না যদি আপনি সেই দৃশ্যমান বাবা-মায়ের প্রতি উদাসীন থাকেন যারা আপনার অস্তিত্বের মাধ্যম ছিলেন। এটি কেবল সামাজিক কোনো উপদেশ নয়; এটি একজন মুমিনের পরিচয়ের মূল ভিত্তি।

'উফ' শব্দের ব্যবচ্ছেদ: মানব আত্মার সূক্ষ্ম নৈতিকতা

এই আয়াতে ব্যবহৃত আরবি 'উফ' শব্দটি আচরণগত মনোবিজ্ঞান এবং নৈতিক উচ্চতার এক অনবদ্য উদাহরণ। ভাষাগত এবং ধ্বনিগতভাবে 'উফ' কোনো রাগান্বিত চিৎকার, উচ্চস্বরে অপমান বা শারীরিক অবাধ্যতা নয়। এটি বিরক্তির

ক্ষুদ্রতম ও সূক্ষ্মতম একটি শব্দ—স্রেফ একটি ক্লান্তিকর হাহুতাশ, একটি দীর্ঘশ্বাস বা অধৈর্য হয়ে নিঃশ্বাস নেওয়া।

এমনকি 'উফ' বলাকেও নিষিদ্ধ করে স্রষ্টা কেবল আমাদের কথাকেই নিয়ন্ত্রণ করেননি, বরং তিনি আমাদের অভ্যন্তরীণ মানসিক অবস্থা এবং আমাদের সূক্ষ্মতম অনুভূতিগুলোকেও নিয়ন্ত্রণ করেছেন। এটি প্রমাণ করে যে, পিতা-মাতার প্রতি সামান্যতম বা আণুবীক্ষণিক অধৈর্য বা বিরক্তি প্রকাশ করাও মহান আল্লাহর দরবারে এক গুরুতর আধ্যাত্মিক অপরাধ হিসেবে বিবেচিত।

আমাদের সমকালীন আধুনিক বিশ্বে—যেখানে 'সেলফ-হেল্প' সংস্কৃতি আমাদের শেখায় নিজের বিরক্তি প্রকাশ করতে (vent), 'নিজের সত্য' বলতে এবং ব্যক্তিগত আবেগীয় সীমানাকে কঠোরভাবে প্রাধান্য দিতে—সেখানে কুরআন এক অহং-বিসর্জনকারী নীরবতার দাবি জানায়। এটি আমাদের সেই সহজাত মানবিক প্রবৃত্তি দমন করতে বলে, যা মা-বাবা যখন একই কথার পুনরাবৃত্তি করেন, নড়াচড়ায় ধীর হয়ে যান বা বার্ধক্যজনিত কারণে মানসিকভাবে কঠিন হয়ে পড়েন তখন

উৎপন্ন হয়। এটিই মানব চরিত্রের সেই 'আদর্শিক উচ্চতা'— যেখানে সন্তানের অহংকে পরম ও ঐশ্বরিক ধৈর্যের এক বিশাল নীরব সমুদ্রে সম্পূর্ণ বিলীন করে দিতে হয়।

বিনয়ের ডানা: পরম আত্মসমর্পণের রূপক

এই আয়াত মুমিনকে আরও নির্দেশ দেয় তাঁদের সামনে 'বিনয়ের ডানা অবনমিত' করতে। প্রাণিজগৎ থেকে নেওয়া এই রূপকটি অত্যন্ত মর্মস্পর্শী—যেভাবে একটি পাখি তার অসহায় শাবকদের রক্ষা করতে বা উচ্চতর কোনো শক্তির কাছে আত্মসমর্পণ করতে তার ডানাগুলো নরম করে নিচে নামিয়ে দেয়। এটি জীবনের চক্রের এক গভীর ও সুন্দর প্রতিচ্ছবি।

আমাদের অসহায় শৈশবে মা-বাবাই ছিলেন সেই 'ডানা' যারা আমাদের পৃথিবীর ঝড় থেকে আগলে রেখেছিলেন; এখন তাঁদের বার্ধক্যের অসহায়ত্বে ঐশ্বরিক আইন আমাদের দাবি করে তাঁদের জন্য 'ডানা' হতে। এই 'বিনয়ের ডানা অবনমিত করা' কেবল একটি শারীরিক সেবা নয়; এটি একটি মৌলিক মনস্তাত্ত্বিক অবস্থান। এটি বোঝায় যে, একজন সন্তান

জাগতিকভাবে যতই সফল, সম্পদশালী, মেধাবী বা রাজনৈতিকভাবে ক্ষমতাধর হোক না কেন—এমনকি সে যদি কোনো রাজা, খ্যাতিমান সিইও বা বিশ্বখ্যাত পণ্ডিতও হয়—পিতা-মাতার সামনে তাকে অবশ্যই 'নিচু', 'কোমল' এবং 'অনুগত' থাকতে হবে। পিতা-মাতার সামনে নিজের পাণ্ডিত্য বা পার্থিব শ্রেষ্ঠত্বের কোনো প্রদর্শন সাফল্য নয়, বরং এক স্বর্গীয় জ্যামিতির চরম লঙ্ঘন।

সূরা লুকমান এবং কৃতজ্ঞতার ঐশ্বরিক সমীকরণ

পিতা-মাতার আধ্যাত্মিক উচ্চতা সূরা লুকমানে আরেকটি শিখরে পৌঁছেছে, যেখানে সর্বশক্তিমান একটি দ্বৈত এবং অবিচ্ছেদ্য নির্দেশ দিয়েছেন: "আমার প্রতি কৃতজ্ঞ হও এবং তোমার পিতা-মাতার প্রতি।" এই বাক্যের ধর্মতাত্ত্বিক বিশালতা একবার চিন্তা করুন। যে স্রষ্টা সকল অস্তিত্বের উৎস, প্রতিটি গ্যালাক্সির পালনকর্তা এবং আমাদের প্রতিটি নিঃশ্বাসের যোগানদাতা—তিনি নিজের প্রতি কৃতজ্ঞতাকে পিতা-মাতার প্রতি কৃতজ্ঞতার সাথে স্পষ্টভাবে যুক্ত করেছেন।

এটি একটি গভীর দার্শনিক সত্যের ইঙ্গিত দেয়: "মানবিক কৃতজ্ঞতা" হলো "ঐশ্বরিক কৃতজ্ঞতা"র দিকে যাওয়ার অপরিহার্য সেতু। একজন মানুষ যদি সেই দুই ব্যক্তির প্রতি অকৃতজ্ঞ বা শীতল থাকে যারা তার অস্তিত্বের দৃশ্যমান ও বাস্তব মাধ্যম ছিলেন, তবে অদৃশ্য ঈশ্বরের প্রতি তার কৃতজ্ঞতার দাবিটি যৌক্তিকভাবে অসঙ্গত এবং আধ্যাত্মিকভাবে ফাঁপা বলে গণ্য হয়। এই মানবিক সম্পর্ককে এমন এক অসাধারণ উচ্চতায় উন্নীত করে কুরআন আমাদের শেখায় যে—স্রষ্টার আরশের পথ কেবল প্রার্থনা এবং আনুষ্ঠানিকতা দিয়ে তৈরি নয়, বরং তা তৈরি হয়েছে ঘরের কোণে মা-বাবার সাথে বলা কোমল ও সম্মানজনক কথাগুলোর মাধ্যমে।

৪.৩ হাদিসের আয়নায় পিতা-মাতার মর্যাদা: জিহাদের চেয়েও শ্রেষ্ঠ

চূড়ান্ত আধ্যাত্মিক সোপান: ত্যাগের ধারণার পুনর্সংজ্ঞা

রাসূল (সা.)-এর জীবন ও দর্শনে আমরা বিশ্বাসের 'বীর' হওয়ার সংজ্ঞার এক বৈপ্লবিক পরিবর্তন দেখতে পাই। ইসলামের

প্রাথমিক যুগে জিহাদ বা সত্য রক্ষার সংগ্রামকে ধর্মীয় প্রতিশ্রুতির চূড়ান্ত শিখর মনে করা হতো। একে নিজের জীবন, পরিবার এবং সম্পদ বিসর্জনের চূড়ান্ত ত্যাগের পথ হিসেবে দেখা হতো। অথচ রাসূল (সা.) এমন একটি মানদণ্ড প্রবর্তন করলেন যা আরও বেশি কঠিন, আরও সূক্ষ্ম এবং শেষ পর্যন্ত আরও বেশি আধ্যাত্মিক পুরস্কারের অধিকারী: আর তা হলো নিজের পিতা-মাতার জন্য নীরব, দৈনন্দিন এবং ক্লান্তিহীন সেবা।

এই মনোযোগের পরিবর্তন কেবল কোনো সামাজিক নীতি নয়; এটি ছিল একটি গভীর আধ্যাত্মিক ঘোষণা। এটি ইঙ্গিত দেয় যে, সবচেয়ে পবিত্র 'রণক্ষেত্র' সবসময় কোনো দূরবর্তী ভূমি বা কোনো মহিমান্বিত সংঘাত নয়। বরং অধিকাংশ ক্ষেত্রে তা খুঁজে পাওয়া যায় আমাদের ঘরের শান্ত কোণে, পিতা-মাতার বারবার করা প্রশ্নের ধৈর্যশীল উত্তরে এবং তাঁদের বৃদ্ধ শরীরের শারীরিক পরিচর্যার মাঝে। এই 'নীরব জিহাদ' পালনের জন্য অহংবোধের যে বিলোপ প্রয়োজন, তা খুব কম মানুষই অর্জন করতে পারে।

সহীহ বুখারীর ম্যান্ডেট: তরবারির চেয়ে সেবার গুরুত্ব

সহীহ বুখারীর একটি বর্ণনায় পাওয়া যায়, একজন উদ্যমী যুবক জিহাদে অংশগ্রহণের অনুমতি চেয়ে রাসূল (সা.)-এর কাছে এসেছিলেন। তাঁর চোখে রণক্ষেত্রই ছিল ঐশ্বরিক সন্তুষ্টি লাভের সবচেয়ে সরাসরি ও আকর্ষণীয় পথ। কিন্তু রাসূল (সা.) সেই যুবকের শারীরিক শক্তি বা তীক্ষ্ণ তলোয়ারের দিকে তাকাননি; বরং তিনি তাঁর হৃদয়ের 'ভৌগোলিক বাস্তবতা' সম্পর্কে জিজ্ঞাসা করেছিলেন।

তিনি জিজ্ঞেস করলেন, "তোমার মা-বাবা কি জীবিত?" যখন যুবকটি উত্তর দিল, "হ্যাঁ," তখন রাসূল (সা.) এমন এক রায় দিলেন যা আধ্যাত্মিক শ্রেষ্ঠত্বের সংজ্ঞাকে চিরতরে বদলে দিল: "তবে তাঁদের সেবাতেই শ্রম দাও (ফাফি-হিমা ফা-জাহিদ)।" এটি একটি ভাষাগত এবং ধর্মতাত্ত্বিক মাস্টারপিস। পিতা-মাতার সেবাকে বোঝাতে 'জিহাদ' শব্দটি ব্যবহার করে রাসূল (সা.) ইঙ্গিত দিয়েছেন যে—বয়স্ক, অসুস্থ বা মেজাজি বাবা-মায়ের সেবা করা আত্মার এমন এক সংগ্রাম যা অস্ত্র ধরার চেয়েও বেশি আধ্যাত্মিক গুরুত্ব বহন করে। এটি আমাদের শেখায় যে, 'শ্রেষ্ঠ যুদ্ধ'টি লড়তে হয় নিজের ঘরের দেয়ালের ভেতরে, নিজের অহং, একঘেয়েমি এবং অধৈর্যের বিরুদ্ধে।

ফিরে গিয়ে সেবা করা কোনো ভীরুতা নয়; বরং এটি আধ্যাত্মিক বীরত্বের সর্বোচ্চ রূপ।

মায়ের ত্রিমাত্রিক মর্যাদা: জৈবিক ও আধ্যাত্মিক ঋণ

ইসলাম উভয় পিতা-মাতার জন্য অত্যন্ত উচ্চ আসন নির্ধারণ করলেও রাসূল (সা.) মায়ের ওপর এক অনন্য, ত্রিমাত্রিক গুরুত্বারোপ করেছেন। এক বিখ্যাত হাদিসে একজন সাহাবী জিজ্ঞাসা করেছিলেন, "আমার সুন্দর সাহচর্যের সবচেয়ে বেশি দাবিদার কে?" রাসূল (সা.) উত্তর দিলেন, "তোমার মা।" লোকটি আবার জিজ্ঞেস করলেন, এবং আবারও উত্তর এল, "তোমার মা।" তৃতীয়বার জিজ্ঞাসার পরও উত্তর ছিল, "তোমার মা।" চতুর্থবারে তিনি বললেন, "তারপর তোমার বাবা।"

এই ত্রিমাত্রিক অগ্রাধিকার কেবল প্রতীকী কোনো বিষয় নয়; বরং এটি মা একা যে তিনটি অনন্য জৈবিক ও মানসিক যন্ত্রণা সহ্য করেন তার এক গভীর স্বীকৃতি। প্রথমত, গর্ভধারণের বোঝা (হামলান), যেখানে দীর্ঘ নয় মাস তাঁর শরীর আক্ষরিক অর্থেই অন্য এক প্রাণের জন্য ব্যবহৃত হয়। দ্বিতীয়ত, সন্তান

প্রসবের প্রাণঘাতী যন্ত্রণা (ওয়াদান), যেখানে তিনি জীবন ও মৃত্যুর সন্ধিক্ষণে দাঁড়িয়ে নতুন এক প্রাণকে পৃথিবীতে আনেন। তৃতীয়ত, নিঃস্বার্থভাবে বুকের দুধ খাওয়ানো এবং লালন-পালন (ফিসালান), যেখানে তিনি নিজের শক্তি ক্ষয় করে সন্তানের বৃদ্ধি নিশ্চিত করেন। 'সাহচর্যের অধিকার'-এর ক্ষেত্রে বাবাকে মায়ের চেয়ে তিন গুণ মর্যাদা দিয়ে ইসলাম সম্মানের এক 'আদর্শিক উচ্চতা' তৈরি করেছে যা আধুনিক সমাজবিজ্ঞান আজও স্পর্শ করতে পারেনি। এটি আমাদের শেখায় যে, মায়ের হৃদয়ই হলো আমাদের আধ্যাত্মিক স্বাস্থ্যের প্রধান ব্যারোমিটার—যদি মায়ের হৃদয় অবহেলিত হয়, তবে একজন মুমিনের জীবনের পুরো স্থাপত্যই মৌলিকভাবে ত্রুটিপূর্ণ এবং অস্থিতিশীল।

বাবা: আসমানি সন্তুষ্টির স্বাক্ষর

মা যখন রহমতের ত্রিমাত্রিক মুকুটের অধিকারী, বাবা তখন কর্তৃত্ব, সুরক্ষা এবং অবলম্বনের এক মহান স্তম্ভ। রাসূল (সা.) স্পষ্টভাবে বলেছেন: "রবের সন্তুষ্টি পিতার সন্তুষ্টিতে এবং রবের অসন্তুষ্টি পিতার অসন্তুষ্টিতে নিহিত" (তিরমিযী)। এই হাদিসটি এমন এক সরাসরি আধ্যাত্মিক সমীকরণ প্রবর্তন করে যা সমস্ত

ধর্মীয় আমলাতান্ত্রিকতাকে ডিঙিয়ে যায়। এটি ইঙ্গিত দেয় যে, স্রষ্টা তাঁর নিজের সন্তুষ্টিকে ঘরের কর্তার সন্তুষ্টির ওপর 'অর্পণ' করেছেন।

আমাদের আধুনিক বিশ্বে আমরা সাফল্য অর্জনের জন্য পেশাগত 'নেটওয়ার্কিং', 'সোশ্যাল ক্লাইম্বিং' এবং 'পলিটিক্যাল কারেক্টনেস'-কে প্রাধান্য দিই। তবে এই ঐতিহ্য আমাদের অস্তিত্বের সবচেয়ে মৌলিক ভিত্তির দিকে ফিরিয়ে নিয়ে যায়। এটি আমাদের সতর্ক করে যে, সমাজের চোখে আমরা যতই উপরে উঠি না কেন—আমরা প্রেসিডেন্ট হই, পণ্ডিত হই বা বিশ্বখ্যাত বিলিয়নেয়ার হই—যদি আমাদের বাবার হৃদয় আমাদের নৈতিক আচরণে অসন্তুষ্ট থাকে, তবে 'জান্নাতের দরজা' শক্তভাবে বন্ধই থেকে যায়। বাবার সন্তুষ্টিকে একটি 'আসমানি স্বাক্ষর' হিসেবে দেখা হয় যা আমাদের অন্যান্য সমস্ত ভালো কাজ, নামাজ এবং দান-সদকাকে বৈধতা দেয়।

আধুনিকতার সংঘাত: আকর্ষণীয় বনাম কঠিন বাস্তবতা

আমাদের বর্তমান 'যান্ত্রিক ব্যস্ততা' এবং 'সোশ্যাল মিডিয়া ভ্যালিডেশন'-এর যুগে পিতা-মাতার সেবাকে জিহাদের সমতুল্য

করার হাদিসটি আগের চেয়ে অনেক বেশি প্রাসঙ্গিক—এবং অনেক বেশি কঠিন। আজকের দিনের 'রণক্ষেত্র' হলো কর্পোরেট অফিস, স্টার্টআপ জগৎ এবং গ্লোবাল মার্কেটপ্লেস। আমরা প্রায়ই সাফল্যের পেছনে ছুটতে গিয়ে দাবি করি যে আমরা "বৃহত্তর কল্যাণ" বা "সামাজিক সেবা" করছি, অথচ আমাদের মা-বাবা একাকীত্ব আর ডিজিটাল নীরবতার ছায়ায় বার্ধক্যের দিকে এগিয়ে যান।

রাসূল (সা.)-এর এই নির্দেশনা আমাদের এক রূঢ় অভ্যন্তরীণ প্রশ্নের মুখোমুখি করে: আমরা কি জনসমক্ষে সাফল্য, পুরস্কার আর স্বীকৃতির 'আকর্ষণীয় জিহাদ' করছি অথচ ব্যক্তিগত সেবার 'নীরব জিহাদে' ফেল করছি? 'আশীর্বাদের অলৌকিক শক্তি' হলো মুমিনের গোপন অস্ত্র। যেখানে পৃথিবী 'বাস্তবতার সমীকরণ'-এর ওপর নির্ভর করে—যেখানে পরিশ্রম মানেই ফলাফল—সেখানে মুমিন এক উচ্চতর যুক্তি বোঝে। সন্তুষ্ট মা-বাবার একটি অন্তর থেকে আসা দোয়া এমন এক ঐশ্বরিক হস্তক্ষেপ ঘটাতে পারে যা পার্থিব প্রতিটি বাধা, মার্কেটের পতন বা পেশাগত বিপর্যয়কে ছাপিয়ে যায়। তাঁদের সেবা করা আপনার সময়ের অপচয় নয়; বরং এটি এমন এক 'আধ্যাত্মিক পুঁজিতে' বিনিয়োগ যা এই দুনিয়া এবং আখিরাত উভয় জায়গাতেই মুনাফা প্রদান করে।

৪.৪ বদদোয়া ও দোয়ার অতিপ্রাকৃত শক্তি: এক অব্যর্থ অস্ত্র

আধিভৌতিক প্রবেশদ্বার: পর্দাহীন প্রার্থনা

ইসলামি ধর্মতত্ত্বের গভীরতা এবং ধ্রুপদী পণ্ডিতদের শত বছরের ব্যাখ্যা অনুযায়ী, পিতা-মাতা ও সন্তানের বন্ধনের ক্ষেত্রে এক অনন্য, প্রায় অতিপ্রাকৃত আধ্যাত্মিক প্রপঞ্চ বিদ্যমান। এটি এমন এক সংযোগ যা কেবল জীববিজ্ঞানের সীমানা ছাড়িয়ে ঐশ্বরিক ডিক্রি বা ফয়সালার রাজ্যে প্রবেশ করে। মা-বাবার অকৃত্রিম, নিপাট এবং মাঝেমধ্যে কম্পিত হৃদয় থেকে আসা কোনো দোয়া (Dua) বা বদদোয়া (Bad-Dua) ভাগ্যের সাধারণ পথে ঘুরে বেড়ায় না কিংবা নিয়তির দীর্ঘ লাইনে অপেক্ষা করে না; বরং তা কোনো পর্দা, বাধা বা বিলম্ব ছাড়াই সরাসরি স্রষ্টার কাছে পৌঁছে যায়।

উচ্চ-মার্গীয় আধ্যাত্মিক দর্শনে ধর্মতাত্ত্বিকরা এই প্রপঞ্চটিকে প্রায়ই একটি ‘লক্ষ্যভেদী মিসাইল’ বা ‘অব্যর্থ গুলিবর্ষণ’-এর

সাথে তুলনা করেন। এটি আত্মার এমন এক অস্ত্র যা কখনোই লক্ষ্যভ্রষ্ট হয় না; কারণ এর জ্বালানি হলো বিশুদ্ধতম মানবিক আবেগ এবং একটি গভীর জৈবিক সংযোগ যা স্বয়ং স্রষ্টার করুণার প্রতিফলন। মা-বাবার হৃদয় হলো আসমানের সাথে সরাসরি যুক্ত একটি 'ট্রান্সমিটার'। যখন মা-বাবার চোখ দিয়ে জল পড়ে—তা সে আনন্দের হোক বা যন্ত্রণার—পুরো মহাবিশ্ব যেন তা শোনার জন্য ঝুঁকে পড়ে। এই 'আধিভৌতিক প্রবেশদ্বার' ইঙ্গিত দেয় যে, আমরা কেবল পদার্থবিজ্ঞান বা অর্থনীতির নিয়ম দ্বারা পরিচালিত হই না, বরং আমাদের অস্তিত্বের পেছনে সেই মানুষের সন্তুষ্টি বা অসন্তুষ্টির দ্বারা তৈরি এক অদৃশ্য 'বায়ুমণ্ডলীয় চাপ' কাজ করে যারা আমাদের পৃথিবীতে এনেছেন।

রাসূলের মোহর: তিনটি অপ্রতিরোধ্য প্রার্থনা

রাসূল (সা.) অত্যন্ত গম্ভীরভাবে আধ্যাত্মিক জগতের এই 'ফাস্ট-ট্র্যাক' বা দ্রুততম পথটিকে একটি বিখ্যাত বর্ণনায় ফুটিয়ে তুলেছেন, যা সকল প্রজন্মের জন্য এক সতর্কতা:

"তিনটি দোয়া কবুল হওয়ার ব্যাপারে কোনো সন্দেহ নেই: মজলুমের (অত্যাচারিত) দোয়া, মুসাফিরের (পথিক) দোয়া এবং সন্তানের জন্য পিতা-মাতার দোয়া।" (আবু দাউদ)

একবার চিন্তা করুন, পিতা-মাতার কণ্ঠস্বরকে ধর্মতাত্ত্বিকভাবে কাদের সারিতে রাখা হয়েছে! এর অবস্থান 'মজলুমের আর্তনাদে'র পাশে—যাঁর আল্লাহ ছাড়া আর কেউ নেই; এবং 'মুসাফিরের প্রার্থনা'র পাশে—যিনি অসহায় এবং আপনজন থেকে বিচ্ছিন্ন। এই শ্রেণিবিন্যাস প্রমাণ করে যে, আধ্যাত্মিক রাজ্যে মা-বাবার হৃদয়ের এক সার্বভৌম, প্রায় আতঙ্কিত করার মতো কর্তৃত্ব রয়েছে। যখন একজন পিতা বা মাতা পরম সন্তুষ্টির মুহূর্তে আকাশের দিকে হাত তোলেন, তখন জাগতিক পৃথিবীর সাধারণ নিয়মগুলো—সম্ভাব্যতা, গাণিতিক ভাগ্য এবং মানুষের প্রচেষ্টা—প্রায়ই স্থগিত হয়ে যায় এক উচ্চতর আসমানি নির্দেশের মাধ্যমে। এটিই পিতা-মাতার শক্তির 'আদর্শিক উচ্চতা'; তাঁদের কাছে এমন এক রাজ্যের চাবিকাঠি রয়েছে যা কোনো অর্থ দিয়ে কেনা যায় না এবং কোনো সেনাবাহিনী দিয়ে জয় করা যায় না।

বদদোয়া: ধ্বংসাত্মক শক্তি

সামাজিকভাবে, সাংস্কৃতিকভাবে এবং সর্বোপরি আধ্যাত্মিকভাবে এটি এক গভীর ও আতঙ্কিত বিশ্বাস যে—সন্তানের ক্রমাগত নিষ্ঠুরতা, শীতল অবহেলা বা চরম ঔদ্ধত্যের কারণে মা-বাবার হৃদয় যদি হতাশায় ভেঙে পড়ে এবং তাঁরা যদি কোনো অভিশাপ বা বদদোয়া দেন, তবে সেই সন্তানের ধ্বংস আধিভৌতিকভাবে অনিবার্য হয়ে পড়ে। ধর্মীয় কাঠামোতে একে 'আদিম কুসংস্কার' বা 'লোককথা' বলে উড়িয়ে দেওয়া হয় না; বরং একে দেখা হয় পৃথিবীর সবচেয়ে পবিত্র চুক্তি লঙ্ঘনের এক নৈতিক ও মহাজাগতিক পরিণতি হিসেবে।

মা-বাবার বদদোয়াকে একটি নীরব, আধ্যাত্মিক বিষ হিসেবে দেখা হয় যা সন্তানের অস্তিত্বের প্রতিটি তন্তুতে মিশে যায়। মা-বাবার ভগ্ন হৃদয়ের ছায়ায় থাকা কোনো সন্তানকে উপরে উপরে খুব সফল মনে হতে পারে—তার সম্পদ বাড়তে পারে, সামাজিক মর্যাদা বাড়তে পারে, সে সাম্রাজ্য গড়ে তুলতে পারে—কিন্তু তার জীবন থেকে 'বারাকাহ' (ঐশ্বরিক করুণা) মৌলিকভাবে হারিয়ে যাবে। তার স্বাস্থ্য ভালো মনে হলেও তার

মনের শান্তি উধাও হয়ে যাবে, যার জায়গা দখল করবে এক অস্থির ও কুরে কুরে খাওয়া দুশ্চিন্তা যা কোনো থেরাপিস্ট নিরাময় করতে পারবেন না। বিশ্বাস করা হয় যে, এমন সন্তানের দুর্ভাগ্য কেবল এই পৃথিবীতেই শেষ হবে না; সে প্রতিনিয়ত 'অহেতুক' বিপর্যয়, ভেঙে যাওয়া সম্পর্ক এবং এক ধরণের 'দুর্ভাগ্যের' শিকার হবে যা তাকে ভূতের মতো তাড়া করবে।

এটিই 'বাস্তবতার নিষ্ঠুর কশাঘাত'—এক রূঢ় সতর্কতা যে, জাগতিক কোনো সাফল্য, রাজনৈতিক ক্ষমতা বা অ্যাকাডেমিক মেধা মা-বাবার ভাঙা হৃদয়ের বিরুদ্ধে বুলেটপ্রুফ ঢাল হতে পারে না। শিকড় যদি অভিশপ্ত হয়, তবে ফল দেখতে যতই সুন্দর হোক না কেন, তা শেষ পর্যন্ত ছাই হয়ে যাবে।

দোয়া বা আশীর্বাদ: মহিমান্বিত সাফল্যের অদৃশ্য স্থপতি

বিপরীতভাবে, 'দোয়ার অলৌকিক শক্তি' হলো বিশ্বের অনেক ব্যাখ্যাতীত সফল ব্যক্তিদের পেছনের অদৃশ্য স্থপতি এবং গোপন ভিত্তি। আমরা প্রায়ই এমন সব মানুষকে দেখি যারা সাধারণ প্রতিভা বা পাহাড়সম বাধা সত্ত্বেও বিস্ময়কর উচ্চতায় পৌঁছে

যান। বাইরে থেকে আমরা একে 'ভাগ্য' বা 'সঠিক সময়' বলি। কিন্তু এই অধ্যায়ের আলোকে আমরা বুঝতে পারি যে, এই ব্যক্তিরা মূলত পিতা-মাতার সন্তুষ্টির প্রধান সুবিধাভোগী।

মায়ের নীরব, প্রশান্তির হাসি বা বাবার অন্তরের গভীর থেকে আসা "আল্লাহ তোমার মঙ্গল করুন" কথাটি একটি রক্ষাকবচ হিসেবে কাজ করে—এক 'স্বর্গীয় ঢাল' যা সন্তানকে পৃথিবীর অন্ধকার গলিপথগুলোতে সুরক্ষা দেয়। এটি সুযোগের এমন সব দরজা খুলে দেয় যা আগে শক্তভাবে বন্ধ ছিল এবং অর্থনৈতিক বা ব্যক্তিগত সংকটের সময় একটি অদৃশ্য 'সেফটি নেট' প্রদান করে। এটিই সেই 'অতিপ্রাকৃত শক্তি' যা আধুনিক লজিক বা এমবিএ প্রোগ্রামগুলো গণনা করতে পারে না। এটি এমন এক ধারণা যে—আপনার ক্যারিয়ারের গতিপথ, আপনার পরিবারের নিরাপত্তা, আপনার সন্তানের কল্যাণ এবং আপনার নিজস্ব মানসিক সুখ—সবই আপনার পিতা-মাতার আধ্যাত্মিক অবস্থার সাথে নোঙর করা। মা-বাবার দোয়া যার সাথে আছে, সে এমন এক 'অনুকূল বাতাস' নিয়ে পথ চলে যা অন্যদের থাকে না।

৪.৫ যুক্তির আদালতে এক নীরব আর্তনাদ: দোয়া বনাম বাস্তবতা

বিভ্রান্তির গোলকধাঁধা: পবিত্রতা ও দৃশ্যমানতার সমন্বয়

এতক্ষণ আমরা ধর্মীয় মতবাদের সেই সুউচ্চ 'আদর্শিক উচ্চতা' নিয়ে আলোচনা করেছি—যেখানে প্রতিটি কর্মের একটি আধ্যাত্মিক প্রতিক্রিয়া আছে এবং যেখানে পিতা-মাতা ও সন্তানের বন্ধন হলো ঐশ্বরিক করুণার প্রধান অক্ষ। মা-বাবার সম্মান করা নিঃসন্দেহে একটি সর্বোচ্চ মানবিক কাজ; এ নিয়ে কোনো সংস্কৃতি বা যুগে কোনো দ্বিমত নেই। এটি একটি স্থিতিশীল সমাজের ভিত্তি এবং মানব আত্মার শ্রেষ্ঠ অলঙ্কার। তবে, যখন আমরা এই 'দোয়া বনাম বদদোয়া'র সমীকরণটিকে 'নিষ্ঠুর বাস্তবতার' মুখোমুখি দাঁড় করাই, তখন এক জটিল ও ভুতুড়ে বিভ্রান্তির গোলকধাঁধা তৈরি হয়।

প্রথাগত ধর্মীয় মানসিকতায় আমরা 'আধ্যাত্মিক কার্যকারণ' (Spiritual Causality)-এর এক স্বস্তিদায়ক বলয় তৈরি করেছি। আমরা আমাদের চারপাশে অনেক মানুষকে দেখি যারা চরম দুঃখ, দীর্ঘস্থায়ী অভাব এবং ব্যাখ্যাতীত যন্ত্রণার মধ্য দিয়ে জীবন কাটান। যখনই কোনো সন্তান—এমনকি সে প্রাপ্তবয়স্ক

হলেও—বিপদ, পেশাগত ব্যর্থতা বা দারিদ্র্যের ফাঁদে পড়ে, সমাজ তখন প্রতিফলিতভাবেই তার দিকে বিচারকের আঙুল তোলে। রায়টি হয় তাৎক্ষণিক ও রূঢ়: "সে নিশ্চয়ই তার মা-বাবার অবাধ্য ছিল; তাই অভিশাপ লেগেছে।" আমরা একে ধর্মের একটি 'অপরিবর্তনীয় নিয়ম' হিসেবে গ্রহণ করেছি—একটি যান্ত্রিক আইন যেখানে 'খারাপ আচরণ' মানেই স্বয়ংক্রিয়ভাবে 'পার্থিব ধ্বংস'।

কিন্তু মানুষের জীবনের গোলমেলে, ট্র্যাজিক এবং প্রায়শই নীরব বাস্তবতার দিকে তাকালে কি এই সমীকরণ সবসময় মেলে? আমরা যদি এই যুক্তিটিকে কঠোরভাবে প্রয়োগ করি, তবে আমাদের এই সিদ্ধান্তে পৌঁছাতে হয় যে—প্রতিটি সফল মানুষই একজন আদর্শ সন্তান এবং প্রতিটি কষ্টে থাকা মানুষই তার মা-বাবার অবাধ্য পাপী। অথচ পৃথিবীটা বিলিয়নেয়ার 'বিদ্রোহী' এবং যন্ত্রণাকাতর 'সাধু' সন্তানে পরিপূর্ণ। এটি এক গভীর বুদ্ধিবৃত্তিক টানাপোড়েন তৈরি করে যা আমরা আর উপেক্ষা করতে পারি না।

হাসপাতালের বিছানার প্যারাডক্স: যেখানে দোয়ার সাথে যন্ত্রণার সাক্ষাৎ

এখন বিশ্বাসের ছায়া থেকে এক রূঢ় ও জ্বলন্ত প্রশ্ন বেরিয়ে আসে—যা 'যুক্তির আদালতে' উত্তর দাবি করে। ধরুন একটি সন্তান—সে নির্দোষ হোক বা না হোক—হাসপাতালের একটি শীতল বিছানায় জীবনের সাথে লড়াই করছে। সে তীব্র শারীরিক যন্ত্রণায় কাতরাচ্ছে, তার শ্বাস ক্ষীণ, তার ভবিষ্যৎ অনিশ্চিত। সেই মুহূর্তে পৃথিবীর কোনো বাবা বা মা কি—অতীতের সমস্ত আঘাত ভুলে গিয়ে—একটিও বদদোয়া দেবেন? কক্ষনো না! জৈবিক এবং আবেগীয় বন্ধন এতই শক্তিশালী যে তা অতীতের সমস্ত অভিযোগকে মুছে দেয়। সেই সংকটের মুহূর্তে অতীতের সমস্ত রাগ, সমস্ত 'উফ' বলা এবং অবাধ্যতার স্মৃতি মুহূর্তেই বিলীন হয়ে যায়। এর পরিবর্তে ওয়েটিং রুমের বাতাসে ধ্বনিত হয় সেই মা-বাবার হৃদয়বিদারক, আত্মা-কাঁপানো আর্তনাদ। তাঁরা স্রষ্টার কাছে নিজেদের আধ্যাত্মিক পুণ্য, নিজেদের স্বাস্থ্য, এমনকি জীবনের অবশিষ্ট বছরগুলো বিনিময় করতে চাইবেন—কেবল তাঁদের সন্তানকে সুস্থ ও হাস্যোজ্জ্বল দেখার জন্য। তাঁরা অশ্রুসজল চোখে, কাঁপাকাঁপা হাতে আসমানের কাছে এক অলৌকিক ঘটনার ভিক্ষা চান।

তাঁরা তাঁদের 'চূড়ান্ত দোয়া বা আশীর্বাদ' দিচ্ছেন এর সবচেয়ে ঘনীভূত ও মরিয়া রূপে।

ঐশ্বরিক দরজা যদি সত্যিই মা-বাবার কণ্ঠস্বরের জন্য সর্বদা খোলা থাকে, তবে হাসপাতালগুলো হওয়ার কথা ছিল তাৎক্ষণিক মিরাকল বা অলৌকিক নিরাময়ের জায়গা। কিন্তু এই প্রার্থনার পরে যে নীরবতা প্রায়ই নেমে আসে, সেটিই 'বাস্তবতার সমীকরণ' সম্পর্কে আমাদের ধারণাকে চ্যালেঞ্জ করে।

আত্মার নীরব জিজ্ঞাসা

আমরা যদি বুদ্ধিবৃত্তিকভাবে সৎ এবং আধ্যাত্মিকভাবে সাহসী হতে চাই, তবে হাসপাতালের করিডোর এবং দারিদ্র্যপীড়িত রাস্তা থেকে উঠে আসা এই প্রশ্নগুলোর মুখোমুখি হতে হবে:

১. প্রভাবের অসামঞ্জস্য: মা-বাবার 'বদদোয়া' যদি সত্যিই একটি অব্যর্থ গুলির মতো এবং লক্ষ্যভেদী মিসাইলের মতো দ্রুত হয়, তবে তাঁদের অন্তর থেকে আসা সেই হাহাকারমাখা 'দোয়া' কেন প্রায়ই সন্তানের প্রাণ বাঁচাতে ব্যর্থ হয়? কেন ধ্বংসের অস্ত্রটিকে

এত কার্যকর মনে হয়, কিন্তু সুরক্ষার ঢালটি জৈবিক রোগের সামনে এত ভঙ্গুর হয়ে পড়ে?

২. ভাগ্যের স্থির প্রকৃতি: একটি মাত্র 'বদদোয়া'র কারণে যদি ভাগ্য রাতারাতি অন্ধকার ও বিশৃঙ্খল হতে পারে, তবে শয্যাশায়ী সন্তানের জন্য মায়ের নিরন্তর দিন-রাতের প্রার্থনায় তা কেন দ্রুত বদলে যায় না? স্রষ্টা ও পিতা-মাতার মাঝখানের 'পর্দা' যদি আসলেই না থাকে, তবে ঐশ্বরিক সাড়া মাঝে মাঝে পাথরের দেয়ালের মতো নিশ্চুপ কেন মনে হয়?

৩. কষ্টের স্থায়িত্ব: মা-বাবার প্রতিটি নিঃশ্বাসের দোয়ায় সিক্ত হাজার হাজার সন্তান কেন এখনো জনসমক্ষে অপমান, বারবার ব্যর্থতা এবং দারিদ্র্যের পিষ্ট করার মতো বোঝা নিয়ে বেঁচে আছে? 'বারাকাহ' যদি পিতা-মাতার সন্তুষ্টির গ্যারান্টিযুক্ত ফলাফল হয়, তবে আমরা কেন দেখি অনেক ভক্ত সন্তান 'ইঁদুর দৌড়ে' হিমশিম খাচ্ছে, অথচ যারা তাদের মা-বাবাকে ত্যাগ করেছে তারা জাগতিক বিলাসিতায় দিব্যি টিকে আছে?

অদৃশ্য ছায়া: যখন বাস্তবতার প্রখর সূর্য আঘাত হানে

বাস্তবতা আমাদের এমন এক জগত দেখায় যা প্রায়ই আমাদের সাধারণ আধ্যাত্মিক সমীকরণগুলোর প্রতি উদাসীন। ভক্ত পিতা-মাতার সমুদ্রসম দোয়া থাকা সত্ত্বেও অনেক সন্তান কষ্ট পায়, অকালে ঝরে যায় এবং ধ্বংসের মুখে পড়ে। এটি আমাদের এক গভীর দার্শনিক কোণঠাসা অবস্থায় নিয়ে যায়: তবে কি 'বদদোয়া'র শক্তি কি স্বভাবজাতভাবেই 'দোয়া'র চেয়ে বেশি শক্তিশালী? মহাবিশ্ব কি আমাদের কৃতজ্ঞতার গানের চেয়ে যন্ত্রণার আর্তনাদ শুনতেই বেশি অভ্যস্ত?

অথবা—এবং এই সম্ভাবনাটিই ধর্মীয় আবেগের ভিত কাঁপিয়ে দেয়—দোয়া এবং বদদোয়া কি কেবল মানবিক আবেগেরই প্রগাঢ় প্রকাশ মাত্র, যার সাথে ভৌত ও জৈবিক জগতের ভাগ্য পরিবর্তনের কোনো সরাসরি গাণিতিক যোগসূত্র নেই?

ধর্ম আমাদের বিশ্বাসের এক শান্ত জগত উপহার দেয় যেখানে মা-বাবার হাত হলো একটি শীতল সুরক্ষাদায়ী ছায়া। এটি এমন এক জগত যেখানে 'সঠিক কর্ম' মানেই 'সঠিক ফলাফল'। কিন্তু জীবনের বাস্তবতা যখন তপ্ত দুপুরের সূর্যের মতো জ্বলতে থাকে,

তখন সেই ছায়াটি প্রায়ই অদৃশ্য হয়ে যায়, সন্তানকে ‘বাস্তবতার সমীকরণ’-এর সামনে একা ফেলে রেখে। এই বিচ্ছিন্নতা ইঙ্গিত দেয় যে, আধ্যাত্মিক জগত এবং বস্তুগত জগত ভিন্ন ভিন্ন নিয়ম দ্বারা পরিচালিত হয় যা কেবল মাঝেমধ্যে একে অপরের সাথে মিলিত হয়, যাকে আমরা ‘মিরাকল’ বা অলৌকিক বলি।

রহস্যময় ‘শূন্যস্থান’: লুকানো সেতুর সন্ধান

এই রহস্যময় এবং যন্ত্রণাদায়ক ‘শূন্যস্থান’ বা গ্যাপ-টিই এই বই অন্বেষণ করতে চায়। এটি ধর্মগ্রন্থের ‘আদর্শিক উচ্চতা’ এবং হাসপাতালের ওয়ার্ডের ‘রুক্ষ মাটির’ মধ্যবর্তী স্থান। সম্ভবত ঐশ্বরিক পরিকল্পনা আমাদের মানুষের সাধারণ হিসাব ‘A + B = C’-এর চেয়ে অনেক বেশি জটিল। সম্ভবত ‘দোয়া’ সবসময় ‘আরোগ্য’ বা ‘পদোন্নতি’ হিসেবে ধরা দেয় না, বরং তা অন্য কোনো অদৃশ্য রূপে প্রকাশ পায়—হয়তো হৃদয়ের শক্তি হিসেবে, হয়তো আরও বড় কোনো অনিষ্ট থেকে গোপন সুরক্ষা হিসেবে, অথবা এমন কোনো আধ্যাত্মিক উচ্চতা হিসেবে যা মানুষের চোখ দেখতে পায় না।

অথবা সম্ভবত ধর্মীয় শিক্ষা এবং জীবনের বাস্তবতার মধ্যে এমন কোনো সেতু আছে যা আমাদের আবিষ্কার করা এখনো বাকি। আমাদের প্রশ্ন করতে হবে: ঈশ্বর কি মা-বাবার প্রার্থনার উত্তর এমনভাবে দেন যা 'মহাবিশ্বের বৈশ্বিক সমীকরণ'-এর সাথে সামঞ্জস্যপূর্ণ, সেই মুহূর্তের নির্দিষ্ট আবেগীয় দাবির সাথে নয়? যদি অসুস্থ সন্তানের জন্য প্রতিটি মায়ের প্রার্থনা ১০০% সফল হতো, তবে অল্পবয়সীদের জন্য মৃত্যু বলতে কিছু থাকত না এবং পৃথিবীর প্রাকৃতিক শৃঙ্খলা ধসে পড়ত।

উপসংহার: রোদের ভেতর দিয়ে হাঁটা

এই অনুচ্ছেদটি ইঙ্গিত দেয় যে—আমাদের যেমন 'দোয়ার অলৌকিক শক্তি'র অনুসন্ধান থামানো উচিত নয়, তেমনই 'বাস্তবতার সমীকরণ' মেনে নেওয়ার মতো 'আধ্যাত্মিক পরিপক্কতা'ও অর্জন করতে হবে। আমরা দুটি জগতের মোড়ে দাঁড়িয়ে আছি: একটি পরিচালিত হয় 'হৃদয়ের যুক্তি' দিয়ে এবং অন্যটি 'ভৌতিক জগতের আইন' দিয়ে। এই দুটির মধ্যকার টানাপোড়েনই আধুনিক মুমিনের প্রধান সংগ্রাম।

আমাদের বুঝতে হবে যে—দোয়া বা আশীর্বাদ জীবনের পরীক্ষাগুলোকে ডিলিট করার কোনো 'যাদুর কাঠি' নয়, বরং এগুলো হলো সেই পরীক্ষাগুলো পার করার জন্য এক 'ঐশ্বরিক আলো'। আমরা 'ছায়া' চাই, কিন্তু আমাদের মর্যাদার সাথে 'রোদের' ভেতর দিয়েও হাঁটা শিখতে হবে। পিতা-মাতার মর্যাদা পবিত্রই থাকবে, কিন্তু পৃথিবী বদলে দেওয়ার তাঁদের যে ক্ষমতা, তা কোনো যান্ত্রিক লিভার নয়—এটি একটি ঐশ্বরিক রহস্য যা অনেকাংশেই স্রষ্টার প্রজ্ঞার আড়ালে লুকানো থাকে।

অধ্যায়-০৫

শৃঙ্খলিত শয়তান এবং অমীমাংসিত বাস্তবতা

৫.১ ধর্মীয় প্রেক্ষাপট এবং সওমের মহিমা: আধ্যাত্মিক বিবর্তনের এক অনন্য অধ্যায়

ইসলামের পাঁচটি স্তম্ভের মধ্যে রমজানের রোজা বা 'সওম' একটি অত্যন্ত প্রভাবশালী এবং মনস্তাত্ত্বিক অবস্থান দখল করে আছে, যার গুরুত্ব দৈনিক সালাতের পরেই। তবে উপবাস বা ত্যাগের এই ধারণাটি কেবল ইসলামের একচেটিয়া বৈশিষ্ট্য নয়। আমরা যদি ইতিহাসের ধূলিমলিন পাতাগুলো উল্টাই, তবে দেখব যে মানব সভ্যতার উষালগ্ন থেকেই প্রায় প্রতিটি ধর্মীয় দর্শন, ভৌগোলিক অঞ্চল এবং যুগে বিভিন্ন আধ্যাত্মিক উদ্দেশ্যে উপবাস পালিত হয়ে আসছে। প্রাচীন মিশরীয় সভ্যতার পুরোহিতদের কঠোর উপবাস থেকে শুরু করে হিন্দু ঐতিহ্যের 'একাদশী', খ্রিস্টানদের 'লেন্ট' (Lent), কিংবা নির্বাণ লাভের

সন্ধানে বৌদ্ধধর্মে দীর্ঘ ধ্যান ও কৃচ্ছ্রসাধন—সর্বত্রই উপবাস আধ্যাত্মিক শুদ্ধি এবং আধিভৌতিক শক্তি অর্জনের একটি অপরিহার্য মাধ্যম হিসেবে গণ্য হয়েছে।

তবে ইসলামে এই রোজাকে কেবল একটি নির্দিষ্ট দিন বা উৎসবের আচার হিসেবে দেখা হয় না। বরং একে একটি সুশৃঙ্খল, বিজ্ঞানসম্মত এবং গভীর আধ্যাত্মিক যাত্রায় রূপান্তরিত করা হয়েছে। ইসলামি দর্শনে রোজা রাখা মানে কেবল নির্দিষ্ট সময়ের জন্য খাবার, পানীয় এবং জৈবিক চাহিদা থেকে বিরত থাকা নয়; এটি হলো পঞ্চইন্দ্রিয় নিয়ন্ত্রণ এবং আত্মশুদ্ধির এক মাসব্যাপী কঠোর প্রশিক্ষণ বা "রিহার্সাল"। সওমের প্রকৃত সারমর্ম হলো শরীরকে ক্ষুধার্ত রেখে আত্মাকে পুষ্ট করা এবং জৈবিক প্রবৃত্তির ওপর বিবেকের শাসন প্রতিষ্ঠা করা। এটি ব্যক্তিকে শেখায় কীভাবে তার ভেতরের অবাধ্য 'নফস' (পার্থিব অহং) বা পশুপ্রবৃত্তিকে নিয়ন্ত্রণ করতে হয়। সওমের প্রকৃত জগত নিহিত রয়েছে মিথ্যা, গীবত (পরনিন্দা), পাপ, ক্রোধ এবং সব ধরনের অশ্লীলতা থেকে নিজেকে মাইল দূরে রাখার মধ্যে। এটি একটি অনন্য ইবাদত যা মানুষের আদিম ও পাশবিক প্রবণতাকে শৃঙ্খলিত করে তাকে এক পরিশীলিত ও ফেরেশতাসুলভ চরিত্রের দিকে ধাবিত করে।

সংযমের এই মাসটি বছরের বাকি সময়ের জন্য একজন ব্যক্তির আচরণের নৈতিক কম্পাস হিসেবে কাজ করে।

৫.২ আল-কুরআনের আলোকবর্তিকা এবং রমজানের মহিমা: তাকওয়ার সোপান

রোজার বিধান মুমিনদের ওপর আরোপিত কোনো আকস্মিক নিয়ম নয়, বরং এটি মানব ইতিহাসের একটি নিরবচ্ছিন্ন ঐশ্বরিক ঐতিহ্য, যা যুগে যুগে আত্মাকে পবিত্র করার জন্য নাযিল হয়েছে। সওমের প্রয়োজনীয়তা সম্পর্কে আল্লাহ তাআলা পবিত্র কুরআনে এক বৈপ্লবিক ও সুস্পষ্ট ঘোষণা দিয়েছেন:

"হে মুমিনগণ, তোমাদের ওপর রোজা ফরজ করা হয়েছে, যেমন ফরজ করা হয়েছিল তোমাদের পূর্ববর্তীদের ওপর; যেন তোমরা পরহেজগারী (তাকওয়া) অর্জন করতে পারো।" (সূরা আল-বাকারা: ১৮৩)

এই আয়াতের প্রতিটি শব্দের দিকে গভীরভাবে তাকালে দেখা যায় যে, সওমের চূড়ান্ত লক্ষ্য বা 'ফলাফল' হলো 'তাকওয়া'। তাকওয়া মানে কেবল আক্ষরিক ভয় নয়; বরং এটি উচ্চতর চেতনার একটি রূপ বা 'ডিভাইন কনশাসনেস'—যা একজন ব্যক্তিকে প্রতিনিয়ত মনে করিয়ে দেয় যে, একটি অন্ধকার নির্জন প্রকোষ্ঠেও তার প্রতিটি কাজ আল্লাহর নজরদারিতে রয়েছে। কেন আল্লাহ এই মহৎ প্রচেষ্টার জন্য রমজান মাসকে বেছে নিয়েছেন, তার উত্তর পাওয়া যায় কুরআনের মহিমার মধ্যে। এটিই সেই বরকতময় মাস যে মাসে মানব মুক্তির চিরন্তন সনদ 'আল-কুরআন' নাযিল হয়েছিল। কুরআন হলো সত্য ও মিথ্যার মধ্যে পার্থক্যের চূড়ান্ত মানদণ্ড (আল-ফুরকান)। তাই রমজান এবং কুরআন একে অপরের পরিপূরক। কুরআন যেভাবে একটি অন্ধকার সমাজকে হেদায়েতের আলোতে নিয়ে আসে, রমজানের রোজা তেমনি কলুষিত হৃদয়কে পাপের অন্ধকার থেকে বের করে এনে তাকওয়ার আলোকবর্তিকায় আলোকিত করে। এই মাসটি মানুষের চিন্তা ও কর্মে এক বিশাল বিপ্লবের সময়, যেখানে কুরআনের তিলাওয়াতের মাধ্যমে মন আলোকিত হয় এবং সওমের মাধ্যমে আত্মা উদ্ভাসিত হয়।

৫.৩ হাদিসের শিক্ষা: রোজা কি কেবলই উপবাস? (আধ্যাত্মিক ওজনের ব্যবচ্ছেদ)

রাসূলুল্লাহ (সা.) রোজার আধ্যাত্মিক গুরুত্ব এবং এর গোপন রহস্য সম্পর্কে এমন কালজয়ী শিক্ষা দিয়েছেন, যা আজও মনোবিজ্ঞানীদের কাছে বিস্ময়ের বিষয়। সওমের অনন্যতা বোঝাতে তিনি একটি বিখ্যাত 'হাদিসে কুদসি' বর্ণনা করেছেন যেখানে স্বয়ং আল্লাহ ঘোষণা করেন:

"রোজা আমারই জন্য, আর আমি নিজেই এর প্রতিদান দেব।" (বুখারী ও মুসলিম)।

অন্যান্য ইবাদতে (যেমন নামাজ বা দান) লোকদেখানোর (রিয়া) সুযোগ থাকতে পারে, কিন্তু রোজা হলো একটি গোপন ইবাদত যা বান্দা ও তার রবের মধ্যকার সম্পর্কের চূড়ান্ত আনুগত্য প্রকাশ করে। কেউ যদি নির্জনে পানাহার করে, তবে পৃথিবীর কেউ তা জানবে না; কেবল স্রষ্টা এবং বান্দা নিজেই তা জানতে পারবে।

তবে রাসূল (সা.) অত্যন্ত কঠোর ভাষায় সতর্ক করেছেন যে, সওমের সার্থকতা কেবল পেট খালি রাখার মধ্যে নিহিত নয়। তিনি আধ্যাত্মিক শূন্যতা এবং যান্ত্রিক রোজাকে ঘৃণা করতেন। তাঁর বজ্রকণ্ঠের সেই হুঁশিয়ারি ছিল:

"যে ব্যক্তি মিথ্যা কথা এবং মন্দ কাজ বর্জন করল না, তার পানাহার ত্যাগ করায় আল্লাহর কোনো প্রয়োজন নেই।" (বুখারী)

এই হাদিসটি সওমের একটি নতুন ও গভীর মাত্রা উন্মোচন করে। এটি আমাদের মনে করিয়ে দেয় যে, পাকস্থলীর রোজার চেয়ে জিহ্বা, চোখ, কান এবং হৃদয়ের রোজা অনেক বেশি গুরুত্বপূর্ণ। কঠোর সংযমের এই মাসটি যদি একজন মানুষের কর্মে পরিবর্তন আনতে না পারে, তার আচরণে বিনয় বৃদ্ধি করতে না পারে এবং তার চরিত্রকে রূপান্তরিত করতে ব্যর্থ হয়, তবে সেই রোজা অর্থহীন ও যান্ত্রিক অনশন ধর্মঘট ছাড়া আর কিছুই নয়। একজন প্রকৃত রোজাদার তিনিই, যার হাত ও মুখ থেকে অন্য মানুষ নিরাপদ থাকে এবং যার জিহ্বা সর্বদা সত্য, ন্যায় ও জনকল্যাণের পথে সচল থাকে। এটি ত্যাগের খোলস ভেঙে সওমের প্রাণশক্তিতে পৌঁছানোর এক আহ্বান।

৫.৪ সওমের মনস্তাত্ত্বিক, সামাজিক ও বৈশ্বিক প্রভাব

সওমের মহিমা কেবল ব্যক্তিগত আধ্যাত্মিকতার চার দেয়ালের মধ্যে সীমাবদ্ধ নয়; এটি একটি বৈশ্বিক ও সামষ্টিক বিপ্লব বহন করে। এটি বিত্তবানদের শেখায় অভাবীদের ক্ষুধার তীব্র জ্বালা অনুভব করতে, যা সমাজে গভীর সহমর্মিতা এবং মানবিক সমতার পরিবেশ তৈরি করে। এটি এই উপলব্ধি জাগ্রত করে যে—ক্ষুধার কোনো ধর্ম নেই এবং তৃষ্ণার কোনো সীমানা নেই।

একই সাথে, আধুনিক চিকিৎসা ও পুষ্টিবিজ্ঞান এখন সম্মানের সাথে স্বীকার করে যে, রমজানে রোজার সুনির্দিষ্ট সময়কাল শরীরের অভ্যন্তরীণ সিস্টেম মেরামতের ক্ষেত্রে অলৌকিক ভূমিকা পালন করে। বিজ্ঞানের ভাষায় একে বলা হয় 'অটফ্যাগি' (Autophagy), এমন একটি প্রক্রিয়া যেখানে শরীর তার ক্ষতিগ্রস্ত কোষগুলো ধ্বংস করে নতুন কোষ গঠন করে। তাছাড়া, পরিপাক প্রক্রিয়াকে বিশ্রাম দিয়ে শরীরকে বিষমুক্ত (Detoxification) করা এবং দীর্ঘায়ু বৃদ্ধিতে সওমের কোনো বিকল্প নেই।

সুতরাং, রোজা কেবল একটি ধর্মীয় আচার বা ঐতিহ্যের ধারাবাহিকতা নয়; বরং এটি শারীরিক স্বাস্থ্য, মানসিক শান্তি এবং আধ্যাত্মিক বিবর্তনের এক পূর্ণাঙ্গ জীবনদর্শন। এই অধ্যায়ের পরবর্তী অংশগুলোতে আমরা পরীক্ষা করব—কীভাবে মানুষের ভেতরের 'অমীমাংসিত বাস্তবতা' এই 'শৃঙ্খলিত শয়তানের' মাসেও জটিল সংঘাত তৈরি করে। শয়তান শৃঙ্খলিত থাকা সত্ত্বেও কেন পৃথিবীতে এখনও অপরাধ ঘটে? এবং সওমের প্রকৃত দর্শনের মাধ্যমে কীভাবে সেই মনস্তাত্ত্বিক দ্বন্দ্বের স্থায়ী সমাধান সম্ভব, তা-ই হবে আমাদের আলোচনার মূল কেন্দ্রবিন্দু।

৫.৪ শয়তানকে শৃঙ্খলিতকরণ: একটি তাত্ত্বিক ও আধিভৌতিক ব্যবচ্ছেদ

শয়তান বা ইবলিসের ধারণা ধর্মীয় ও আধ্যাত্মিক দর্শনের এক বিশাল ও রহস্যময় অংশ দখল করে আছে। ইসলামি ধর্মতত্ত্ব ও কসমোলজি অনুসারে, শয়তান হলো পৃথিবীতে সমস্ত মন্দ, পাপ এবং নৈতিক অবক্ষয়ের প্রধান কারিগর। সে রক্ত-মাংসের কোনো দৃশ্যমান শত্রু নয়, বরং এক অমর ও অদৃশ্য

প্ররোচনাকারী—যার মানুষের শিরা-উপশিরায় বিচরণ করার ক্ষমতা রয়েছে এবং যে অনবরত মনের গভীরে প্রলোভন বা 'ওয়াসওয়াসা'র মন্ত্র জপ করে। সাধারণ বান্দাকে এই চিরন্তন ও আদিম শত্রুর হাত থেকে রক্ষা করতে এবং পবিত্র রমজান মাসে যাতে কোনো বাহ্যিক বাধা ছাড়াই ইবাদতের চূড়ান্ত আধ্যাত্মিক স্বাদ অনুভব করা যায়, সেজন্য আমরা এক বিশেষ মহাজাগতিক প্রশাসনিক ব্যবস্থার কথা জানতে পারি।

সহীহ হাদিসের কালজয়ী বর্ণনায় বলা হয়েছে:

"যখন রমজান মাস শুরু হয়, জান্নাতের দরজাগুলো খুলে দেওয়া হয়, জাহান্নামের দরজাগুলো শক্তভাবে বন্ধ করে দেওয়া হয় এবং শয়তানদের শৃঙ্খলিত করা হয় (শিকল দিয়ে বেঁধে রাখা হয়)।" (বুখারী ও মুসলিম)

অন্য একটি বর্ণনায় অত্যন্ত গুরুত্বের সাথে বলা হয়েছে যে, রমজানের প্রথম রাতেই বিদ্রোহী জিন এবং উচ্চপদস্থ শয়তানদের বন্দি করা হয়। পবিত্র কুরআনও ঘোষণা করে যে, যারা আন্তরিকভাবে আল্লাহর ওপর ভরসা করে, তাদের ওপর

শয়তানের কোনো চূড়ান্ত কর্তৃত্ব বা ক্ষমতা নেই। এই তাত্ত্বিক আলোচনা থেকে স্পষ্ট বোঝা যায় যে, রমজান হলো একটি 'প্যাসিভ স্পিরিচুয়াল এনভায়রনমেন্ট' বা পরোক্ষ আধ্যাত্মিক পরিবেশ—যেখানে জান্নাতের পথ সুগম করার জন্য খোদ স্রষ্টা মানুষের আধ্যাত্মিক উন্নতির পথে প্রধান বাধাগুলো অপসারণ করেন। এটি যেন একটি ঐশ্বরিক অভয়ারণ্য, যেখানে কোনো বাহ্যিক শত্রুর আক্রমণ করার বা মানুষকে পথভ্রষ্ট করার কথা নয়। এখানে মানুষের আত্মা তার রবের দিকে অবাধে অগ্রসর হওয়ার পূর্ণ সুযোগ পায়।

৫.৫ বাস্তবতার মুখোমুখি: দুটি মৌলিক ও সাহসী প্রশ্নের ব্যবচ্ছেদ

আমরা যখন ধর্মগ্রন্থের এই শান্ত ও স্বস্তিদায়ক তত্ত্বগুলো থেকে চোখ সরিয়ে আমাদের চারপাশের নিষ্ঠুর, রক্তাক্ত এবং রূঢ় বাস্তবতার দিকে তাকাই, তখন ধর্মীয় পাঠ এবং প্রাত্যহিক জীবনের মধ্যে এক বিশাল ফাটল বা প্যারাডক্স দৃশ্যমান হয়। এই ফাটল থেকে দুটি অত্যন্ত মৌলিক, অস্বস্তিকর এবং সাহসী প্রশ্ন জন্ম নেয়—যা আমাদের পরিচিত বিশ্বাস এবং আধুনিক যুক্তিকে সরাসরি মুখোমুখি দাঁড় করিয়ে দেয়।

প্রশ্ন নং ০১: শয়তানহীন পৃথিবীতে পাপের উৎস কোথায়?

ধর্মীয় গ্রন্থ এবং তাত্ত্বিক আলোচনার মাধ্যমে আমরা নিশ্চিত হয়েছি যে রমজানে শয়তান বন্দি থাকে এবং ঐশ্বরিক রহমতের দ্বার উন্মুক্ত থাকে। আমরা যদি এই তত্ত্বটিকে আক্ষরিকভাবে গ্রহণ করি যে—শয়তানই পৃথিবীতে সমস্ত পাপের 'প্রধান উৎস' বা মূল প্ররোচনাকারী এবং সেই প্ররোচনাকারীই এখন সর্বশক্তিমান স্রষ্টার আদেশে শৃঙ্খলিত—তবে আমাদের যুক্তির দেয়ালে কিছু বিশাল প্রশ্নবোধক চিহ্ন আছড়ে পড়ে:

পাপের নিরবচ্ছিন্ন ধারাবাহিকতা কেন? যদি মন্দের প্রধান কারিগরই বন্দি থাকে, তবে রমজান মাসে পৃথিবী থেকে অপরাধ, প্রতারণা এবং পাপ পুরোপুরি বিলীন হয়ে যায় না কেন? কেন আমরা দেখি যে রমজানেও মানুষ দ্বিধাহীনভাবে মিথ্যা বলছে, ওজনে কম দিয়ে অসহায়কে ঠকাচ্ছে বা ধর্মীয় লেবাসে অন্যের হক অবলীলায় আত্মসাৎ করছে?

বিদ্বেষ ও আদিম কামনার চালক কে? শয়তান যদি সত্যিই শৃঙ্খলিত থাকে, তবে কার অদৃশ্য প্ররোচনায় মানুষ আজও

প্রতিহিংসা, পরশ্রীকাতরতা এবং অবৈধ লালসার বশবর্তী হয়ে চরিত্রহনন করছে? শয়তানের প্রলোভন যদি অনুপস্থিত থাকে, তবে এই ঘৃণা কি মানুষের মজ্জাগত প্রবৃত্তি?

পৈশাচিক কাজের উৎস কী? আমরা অত্যন্ত বেদনার সাথে লক্ষ্য করি যে, রমজান মাসেও সমাজে চুরি, ডাকাতি এমনকি নৃশংস হত্যাকাণ্ডের মতো ঘটনা ঘটে। এই দানবীয় কাজগুলোর পেছনে যদি সেই মহাপ্ররোচনাকারী (শয়তান) না থাকে, তবে কি আমাদের মেনে নিতে হবে যে মানুষের ভেতরেই অন্য এক ভয়াবহ 'শয়তান' মুক্তভাবে বিচরণ করছে? এটি কি মানুষের নিজস্ব প্রবৃত্তি বা 'নফস-এ-আম্মারা'র এক স্বাধীন বহিঃপ্রকাশ—যা শয়তানের চেয়েও বেশি ভয়ঙ্কর?

প্রশ্ন নং ০২: শৃঙ্খলিত শয়তানের মাসে দুঃস্বপ্নের রহস্য কী?

মানবজীবনের এক গভীর ও রহস্যময় অধ্যায় হলো স্বপ্ন। ঘুমের ঘোরে মানুষ এক বিচিত্র সমান্তরাল জগতের মুখোমুখি হয়—কখনও তা অত্যন্ত আনন্দদায়ক, আবার কখনও তা কলিজা কাঁপানো বিভীষিকাময় ও যন্ত্রণাদায়ক। ইসলামি ধর্মতত্ত্ব এবং

রাসূল (সা.)-এর সুন্নাহ অনুযায়ী স্বপ্নের বিষয়টি অত্যন্ত তাৎপর্যপূর্ণ। ইসলামে স্বপ্নকে কেবল অবচেতন মনের এলোমেলো কল্পনা বা নিউরনের খেলা হিসেবে দেখা হয় না; বরং এর একটি সুনির্দিষ্ট আধ্যাত্মিক ও মনস্তাত্ত্বিক কাঠামো রয়েছে।

হাদিসের দৃষ্টিভঙ্গিতে আমরা স্বপ্নের প্রধান তিনটি ধরণ সম্পর্কে জানি:

১. রুইয়া-এ-সালেহা (সত্য স্বপ্ন): যা সরাসরি আল্লাহর পক্ষ থেকে সুসংবাদ হিসেবে আসে।

২. নফস-এ-খায়াল (মনের কল্পনা): অবচেতন মনের দৈনন্দিন প্রতিফলন বা রুটিন চিন্তাভাবনা।

৩. হুলাম (শয়তানের পক্ষ থেকে স্বপ্ন): মানুষকে ভয় দেখাতে বা দুশ্চিন্তায় ফেলতে শয়তান এই স্বপ্নগুলো দেখায়।

বিভীষিকাময়, অশ্লীল বা বিচিত্র ভীতিকর স্বপ্নগুলো এই ক্যাটাগরির অন্তর্ভুক্ত।

পবিত্র কুরআনে ইউসুফ (আ.), ইব্রাহিম (আ.) এবং স্বয়ং রাসূল (সা.)-এর স্বপ্নের সত্যতা সম্পর্কে অজস্র অকাট্য প্রমাণ রয়েছে। এখন এখানে একটি যৌক্তিক বৈপরীত্য তৈরি হয়। যেহেতু আমরা বিশ্বাস করি এবং হাদিস থেকে জানি যে—বিভীষিকাময় ও মন্দ স্বপ্ন শয়তানের পক্ষ থেকে আসে, আর রমজান মাসে শয়তান আল্লাহর আদেশে শৃঙ্খলিত বন্দি অবস্থায় থাকে—তবে রমজানে ঘুমের ঘোরে মানুষ কেন আজও অত্যন্ত ভয়ঙ্কর ও দানবীয় দুঃস্বপ্ন দেখে? শয়তান যদি সত্যিই শিকলে বন্দি থাকে, তবে সে কীভাবে একজন রোজাদার মুমিনের শোবার ঘরে ঢুকে তাকে দুঃস্বপ্ন দিয়ে আতঙ্কিত করার সুযোগ পায়? এই অভিজ্ঞতা কি সরাসরি প্রমাণ করে না যে, শয়তান ছাড়াও আমাদের নিজেদের অস্তিত্বের গভীরে মন্দের আরও গভীর ও শক্তিশালী কোনো উৎস বিদ্যমান? নাকি 'শৃঙ্খলিত শয়তান' বিষয়টি কেবলই একটি রূপক?

৫.৬ আলেমদের ব্যাখ্যা এবং যুক্তির ব্যবচ্ছেদ: এক গভীর দার্শনিক সংকট

এই জটিল ও বুদ্ধিবৃত্তিক প্রশ্নগুলোর উত্তরে অনেক ধর্মীয় স্কলার বা আলেম বিভিন্ন রূপক ব্যবহার করেন। তাঁদের সবচেয়ে জনপ্রিয় যুক্তি হলো—অভ্যাস বা 'মোমেন্টাম' (Momentum)। তাঁরা বলেন, "খাঁচা থেকে পাখি উড়ে যাওয়ার পরেও যেমন গাছের ডাল কিছুক্ষণ দুলতে থাকে, অথবা ইঞ্জিন বন্ধ করার পরেও দ্রুতগামী গাড়ি মোমেন্টামের কারণে কিছুটা পথ এগিয়ে যায়; তেমনি এগারো মাসের পাপের অভ্যাস মানুষকে রমজানেও শয়তান ছাড়াই পাপে লিপ্ত করে।" তাঁরা আরও যুক্তি দেন যে, সমস্ত শয়তান বন্দি থাকলেও মানুষের 'নফস' বা অহং সম্পূর্ণ স্বাধীন থাকে।

কিন্তু গভীর দর্শন এবং তীক্ষ্ণ যুক্তির আলোকে বিশ্লেষণ করলে এই যুক্তিগুলো কি বাস্তবতার সাথে পুরোপুরি সংগতিপূর্ণ?

অভ্যাস বনাম আধ্যাত্মিক শক্তি: শয়তান যদি সমস্ত মন্দের 'মাস্টারমাইন্ড' হয় এবং মহাবিশ্বের স্রষ্টা স্বয়ং সেই অশুভ

শক্তিকে নিষ্ক্রিয় করে দেন, তবে সেই বিশাল আধ্যাত্মিক প্রভাবে মানুষের 'নফস' কেন তাৎক্ষণিকভাবে নিজেকে সংশোধন করতে পারে না? এগারো মাসের অভ্যাস কি স্রষ্টার দেওয়া ঐশ্বরিক পরিবেশের চেয়েও বেশি শক্তিশালী? আধ্যাত্মিকতা যদি অভ্যাসের কাছে হেরে যায়, তবে সওমের 'রূপান্তরকারী' (transformative) ক্ষমতা কোথায়?

মজ্জাগত অন্ধকার: নাকি মন্দের উৎস কেবল শয়তানের প্ররোচনা নয়, বরং মানুষের হৃদয়ের গভীরে লুকানো এক মজ্জাগত ও আদিম অন্ধকার? ধর্ম বারবার শয়তানকে দোষারোপ করে মানুষের মুক্তির এক সহজ পথ খুঁজলেও, বাস্তবতার রূঢ় আয়না কি মানুষের নিজস্ব নৈতিক কাঠামোর চরম ভঙ্গুরতাকেই নির্দেশ করছে?

ধর্ম এবং বাস্তবতার এই ব্যবধান আমাদের আবারও ভাবতে বাধ্য করে: আসল শয়তান কি বাইরে শৃঙ্খলিত, নাকি সে আমাদের প্রতিটি নিঃশ্বাসের সাথে অক্সিজেন হয়ে আমাদের ভেতরেই অবাধে বিচরণ করছে? আমরা কি শয়তানকে একটি

‘এসকেপ গোট’ (Escape Goat) বা অজুহাত হিসেবে ব্যবহার করছি আমাদের নিজস্ব নৈতিক দায়বদ্ধতা এড়ানোর জন্য?

আমাদের এই আলোচনা স্রষ্টাকে অস্বীকার করার জন্য নয়, বরং ধর্মের গৎবাঁধা ব্যাখ্যার আড়ালে লুকিয়ে থাকা সেই রূঢ় সত্যগুলোকে উন্মোচন করার জন্য—যে সত্যগুলোকে আমরা প্রায়ই ভয় বা অন্ধবিশ্বাসের কারণে এড়িয়ে চলি। সত্য কি কেবল বইয়ের হলদে পাতায় সীমাবদ্ধ, নাকি আমাদের এই রক্তাক্ত, ঘর্মাক্ত এবং অমীমাংসিত জীবনই একমাত্র বাস্তবতা? শৃঙ্খলিত শয়তানের এই রহস্যের জট খুলতে হলে আমাদের মানুষের মনস্তত্ত্ব এবং ধর্মের গূঢ় রহস্যের আরও গভীরে প্রবেশ করতে হবে। আমাদের উপলব্ধি করতে হবে যে—বাইরের শয়তান হয়তো শৃঙ্খলিত হতে পারে, কিন্তু ভেতরের শয়তানকে শৃঙ্খলিত করার দায়িত্ব স্রষ্টা বোধহয় কেবল আমাদের হাতেই ছেড়ে দিয়েছেন।

অধ্যায়-০৬

স্রষ্টার অবস্থান: অসীম অস্তিত্ব বনাম সসীম ধারণা

৬.১ প্রারম্ভিক আলোচনা: ঐশ্বরিক আবাসের এক চিরন্তন অন্বেষণ

নক্ষত্রখচিত রাতের সেই গভীরতম এবং সবচেয়ে তীক্ষ্ণ নিস্তব্ধতায়—যখন কোটি কোটি সূর্যের হিমশীতল ও মহিমান্বিত শামিয়ানার নিচে মানুষের অহংবোধ নিজেকে অত্যন্ত ক্ষুদ্রাতিক্ষুদ্র মনে করে; অথবা আধুনিক মেগাসিটির সেই কান ফাটানো বিশৃঙ্খল কোলাহলের মাঝে—যেখানে আত্মা একটুখানি স্থিরতা খুঁজে পেতে লড়াই করে, তখন সহস্রাব্দ ধরে মানব চেতনার অলিন্দে একটিমাত্র প্রশ্নই প্রতিধ্বনিত হয়ে আসছে: সেই পরম সত্তার প্রকৃত আবাস কোথায়? সেই আদি স্থপতি, যাঁর একক ও বোধাতীত ইচ্ছার স্পন্দন মহাজাগতিক ধূলিকণার প্রতিটি আণুবীক্ষণিক কণিকায় অনুরণিত হয় এবং যিনি এই

বিশাল ও ভয়ানক সুন্দর মহাবিশ্বের সর্পিলাকার ছায়াপথগুলোকে শাসন করেন—তাঁর সেই কেন্দ্রবিন্দু বা পবিত্র আশ্রয়স্থলটি কোথায়? এটি এমন এক প্রশ্ন যা নবীদের নির্ঘুম প্রার্থনায় জাগিয়ে রেখেছে, দার্শনিকদের যুক্তির শেষ সীমায় নিয়ে গেছে এবং প্রাচীন ধর্মগ্রন্থের পবিত্র পাতা ও গভীর মহাকাশ টেলিস্কোপের শীতল তথ্য-উপাত্তের মাঝে আধুনিক বিশ্বাসীকে এক অস্থির টানাপোড়েনে ফেলে দিয়েছে।

এই অনুসন্ধান কেবল মহাজাগতিক ভূগোলের কোনো চর্চা কিংবা স্রষ্টার স্থানাঙ্ক (Coordinates) জানার তুচ্ছ কৌতূহল নয়। এটি তার বিশুদ্ধতম এবং আদিমতম রূপে খোদ অস্তিত্বের স্বরূপ উন্মোচনের এক চূড়ান্ত তদন্ত। আমরা প্রতিনিয়ত উপলব্ধির এক প্যারাডক্স বা দ্বিধায় বন্দি হয়ে আছি: স্রষ্টা কি মহাকাশের কোনো নির্দিষ্ট, স্থানীয় এবং শনাক্তযোগ্য বিন্দু দখল করে আছেন? তিনি কি সেই মহিমান্বিত স্বর্গীয় আরশে (Arsh) সমাসীন, যা সপ্তম আসমানের সেই আলোকময় ও রহস্যময় পর্দার ওপারে অবস্থিত—যেমনটি প্রাচীন ধর্মগ্রন্থগুলোর বিস্ময়কর বর্ণনায় চিত্রায়িত করা হয়েছে? এই চিত্রকল্পগুলো কেবল কাব্যিক নয়; বরং এগুলো মানুষের মনকে তার প্রার্থনার জন্য একটি নির্দিষ্ট 'দিক' এবং তার আধ্যাত্মিক আকাঙ্ক্ষার জন্য

একটি সুনির্দিষ্ট 'গন্তব্য' প্রদান করে। অথচ, এই ধর্মতাত্ত্বিক মুদ্রার উল্টো পিঠে অন্য এক আমূল সম্ভাবনা বিদ্যমান: স্রষ্টা কি এক সর্বব্যাপী, অ-স্থানীয় (Non-local) বাস্তবতা—এক উপস্থিতি যা স্থান-কালের কাঠামোর ভেতরেই ওতপ্রোতভাবে জড়িয়ে আছে? তিনি কি আমাদের ঘাড়ের শাহরগ থেকেও বেশি কাছে—যেমনটি পবিত্র গ্রন্থ বলে—অথবা তিনি কি আমাদের বেঁচে থাকার অক্সিজেনের মতোই অত্যাবশ্যক অথচ অদৃশ্য?

মানব সভ্যতার সেই উষালগ্ন থেকে—যখন প্রথম আদিম চিন্তাবিদ আকাশের মিটিমিটি আলোর দিকে বিস্ময়ে তাকিয়েছিল, আজ অবধি—যখন জ্যোতির্বিজ্ঞানীরা কোয়ান্টাম ফোমের গভীরতম রহস্য অনুসন্ধান করছে, মানুষ নিরন্তরভাবে 'ঈশ্বরের মানচিত্র' আঁকতে আচ্ছন্ন হয়ে আছে। ধর্মতাত্ত্বিকরা হাজার হাজার বছর ধরে একাডেমির আইভরি টাওয়ারে এবং মঠের নির্জনতায় 'উচ্চতা' (Transcendence)—অর্থাৎ স্রষ্টা মহাবিশ্বের ভৌত ও জাগতিক সীমাবদ্ধতার সম্পূর্ণ বাইরে অবস্থান করেন—বনাম 'সর্বেশ্বরবাদ' (Immanence)—অর্থাৎ স্রষ্টা মহাবিশ্বের প্রতিটি অণু এবং স্পন্দনের সাথে মিশে আছেন—এই ধারণার সূক্ষ্ম পার্থক্যের বিতর্কে কাটিয়ে দিয়েছেন। বিজ্ঞান তার পরীক্ষালব্ধ সত্যের অন্বেষণে নিজস্ব

কিছু মৌলিক প্রশ্ন তুলে ধরে: যদি কোনো স্রষ্টা থেকেই থাকেন, তবে তিনি কি এমন কোনো উচ্চতর ডাইমেনশন বা মাত্রায় বাস করেন যা আমাদের ত্রিমাত্রিক ইন্দ্রিয়গুলো এখনো শনাক্ত করতে পারেনি? নাকি 'অবস্থান' (Location) শব্দটির ধারণাই মানুষের এক ত্রুটিপূর্ণ সীমাবদ্ধতা—একটি ভাষাগত খাঁচা যা সেই অসীম, নিরাকার এবং পরম সত্তার ক্ষেত্রে প্রয়োগ করা অসম্ভব, যিনি মহাকাশ বা স্থানের সৃষ্টিরও আগে থেকে বিদ্যমান?

ধর্ম তার গভীর ও শাশ্বত করুণায় আমাদের একটি আধ্যাত্মিক ও রূপক মানচিত্র প্রদান করে—যা পবিত্র বাণী, নবীদের দর্শন এবং যুগ যুগের পুঞ্জীভূত প্রজ্ঞায় গঠিত। এই মানচিত্রটি সেই 'অসীম' সত্তাকে একটি 'স্থান' দেওয়ার মাধ্যমে আমাদের মনে এক গভীর মনস্তাত্ত্বিক স্বস্তি দান করে, যেদিকে আমরা তাকাতে পারি, একটি সিংহাসনের কল্পনা করতে পারি এবং একটি জান্নাতের আশা করতে পারি। এটি মানুষের হৃদয়ের ঘনিষ্ঠ ভাষায় সেই অবোধ্য ও মহাজাগতিক বিষয়গুলোকে অনুবাদ করে দেয়। তবে, আমরা যখন সেই প্রাচীন ও পরম শ্রদ্ধেয় মানচিত্রটিকে আধুনিক বিজ্ঞান এবং তাত্ত্বিক পদার্থবিজ্ঞানের হাই-রেজোলিউশন লেন্সের নিচে রাখি, তখন উপলব্ধির এই

গোলকধাঁধাটি অসীমভাবে জটিল হয়ে ওঠে। ‘উপরে’ এবং ‘নিচে’, ‘ভেতরে’ এবং ‘বাইরে’, ‘উর্ধ্বে’ এবং ‘নিম্নে’—এই সনাতন ও স্বস্তিদায়ক সীমানাগুলো গাণিতিক বিমূর্ততার এক পরাবাস্তব সমুদ্রে বিলীন হতে শুরু করে। আমরা তখন ব্ল্যাক হোল, মাল্টি-ডাইমেনশনাল স্ট্রিং এবং এক ভয়াবহ উপলব্ধির মুখোমুখি হই যে—আমাদের পুরো মহাবিশ্ব হয়তো এক অনন্ত ও ফেনিল মাল্টিভার্সের মধ্যে একটি ক্ষুদ্র বুদবুদ মাত্র।

এই অধ্যায়ে আমরা এমন কোনো সহজ বা অগভীর উত্তর খোঁজার চেষ্টা করিনি যা আত্মাকে চ্যালেঞ্জ না করে কেবল মনকে সন্তুষ্ট করে। পরিবর্তে, আমরা প্রাচীন বিশ্বাস এবং আধুনিক তথ্যের মধ্যে সেই ব্যবধান ঘুচানোর জন্য এক সাহসী, এমনকি সম্ভবত বিপজ্জনক এক বুদ্ধিবৃত্তিক যাত্রা শুরু করেছি। ধর্মতত্ত্ব যখন মহাবিশ্বতত্ত্বের (Cosmology) সাথে মিলিত হয়, তখন যে কঠিন দ্বন্দ্বগুলো তৈরি হয়, আমরা তা থেকে মুখ ফিরিয়ে নেব না; বরং আমরা সেগুলোর চোখের দিকে সরাসরি তাকাব। আমরা প্রথমে ধর্মগ্রন্থের পবিত্র দর্পণ এবং হাদিসের সেই মরমী বর্ণনার মাধ্যমে ‘স্রষ্টার অবস্থান’ পর্যবেক্ষণ করব—যেখানে ‘আরশ’ এবং ‘কুরসি’র সেই প্রথাগত ধারণাগুলো অন্বেষণ করা হয়েছে যা অসংখ্য প্রজন্ম ধরে মানুষের হৃদয়কে আকুল

করেছে। এগুলোই বিশ্বাসের সেই স্তম্ভ যা সভ্যতাগুলোকে ধরে রেখেছে। এরপর আমরা সেই ধারণাগুলোকে বাস্তবতার কষ্টিপাথর, আধুনিক মহাকাশবিজ্ঞানের আবিষ্কার এবং মানুষের ইন্দ্রিয়লব্ধ উপলব্ধির সহজাত সীমাবদ্ধতা দিয়ে যাচাই করব।

আমরা 'কিতাবের ঈশ্বর' এবং 'পরমাণুর ঈশ্বর'-এর মধ্যে সেই লুকানো সেতুটি খুঁজছি। আমাদের নিজেদের কাছে চরম সততার সাথে প্রশ্ন করতে হবে: স্রষ্টা কি 'কোথাও' (Somewhere)—কোনো সুদূর স্বর্গীয় রাজ্যের স্থানীয় সার্বভৌম অধিপতি? তিনি কি 'সর্বত্র' (Everywhere)—গাছপালা, নক্ষত্র এবং শূন্যতার মধ্য দিয়ে প্রবাহিত কোনো শক্তি? নাকি তিনি 'কোথাও না' বা অবস্থানের উর্ধ্বে (Beyond Where)—এমন এক অস্তিত্ব যা এতই পরম ও আদিম যে স্থান-কালের কোনো সংজ্ঞা তাঁর ক্ষেত্রে প্রযোজ্যই নয়? আসুন আমরা বিনয় এবং দৃঢ় সংকল্প নিয়ে এই বুদ্ধিবৃত্তিক গোলকধাঁধায় প্রবেশ করি। আমরা সেই সেতুটি খুঁজছি যা ধর্মগ্রন্থের পবিত্র উচ্চতাকে দৃশ্যমান জগতের রুক্ষ ও প্রামাণিক মাটির সাথে যুক্ত করে। আমাদের নির্ধারণ করতে হবে যে, 'অবস্থান' সম্পর্কে আমাদের এই ধারণাগুলো কি আমাদের স্রষ্টাকে খুঁজে পেতে সাহায্য করছে, নাকি এগুলোই সেই দেয়াল যা আমাদের তাঁর প্রকৃত স্বরূপ অনুধাবন করতে বাধা দিচ্ছে।

৬.২ ধর্মীয় দলিল: আরশের সার্বভৌম অধিপতি হিসেবে স্রষ্টা

ইসলামি ধর্মতত্ত্বের বিশাল এবং অনেক সময় ভীতিজাগানিয়া ল্যান্ডস্কেপে, সেই 'পরম' সত্তার আবাসের রহস্য—অর্থাৎ তাঁর ‘কোথায়’ থাকার বিষয়টি—অনাদি কাল থেকে 'আরশ' বা 'সর্বোচ্চ সিংহাসন'-এর ধারণার সাথে অবিচ্ছেদ্যভাবে যুক্ত। এটি কেবল কোনো কাব্যিক অলঙ্কার বা ধর্মগ্রন্থের প্রান্তিক কোনো বিবরণ নয়; বরং মুমিনের জন্য চূড়ান্ত মানদণ্ড পবিত্র কুরআন অত্যন্ত সুনির্দিষ্ট এবং কৌশলগতভাবে এই মহাজাগতিক রহস্যকে অন্তত সাতটি পৃথক ও গুরুত্বপূর্ণ স্থানে উল্লেখ করেছে। প্রতিটি উল্লেখই এমন এক গভীর আধিভৌতিক বাস্তবতাকে পুনরুত্থিত করে যা মানুষের চেনা বোধশক্তির ভিত্তিকে চ্যালেঞ্জ জানায়। এটি সেই স্তম্ভিত করে দেওয়া ধারণার অবতারণা করে যে—শূন্য থেকে (Ex-nihilo) আলো, পদার্থ এবং খোদ সময়কে বের করে এনে এই মহাবিশ্ব সৃষ্টির সেই মহিমান্বিত কর্মের পর, আল্লাহ আরশের ওপর সমাসীন হয়েছেন।

আরবি ভাষায় এই "সমাসীন হওয়া" বা 'ইস্তিওয়া' (Istiwa) শব্দটি শতাব্দী ধরে সুফী, দার্শনিক এবং ফকীহদের গভীর চিন্তার বিষয় হয়ে রয়েছে। এটি এমন এক ধারণা যা মন এবং আত্মার সূক্ষ্ম ভারসাম্য দাবি করে। প্রাজ্ঞ পণ্ডিতরা একে কখনোই কোনো জড় বস্তুর ওপর বসার মতো স্থূল, শারীরিক বা মানবিক (Anthropomorphic) কাজ হিসেবে দেখেন না। এমন আক্ষরিক ব্যাখ্যা বর্জন করা হয়েছে, কারণ স্রষ্টা মৌলিকভাবেই শরীর, রূপ, ওজন বা জৈবিক প্রয়োজনের সীমাবদ্ধতা থেকে মুক্ত। পরিবর্তে, 'ইস্তিওয়া'কে তাঁর পরম সার্বভৌমত্বের এক সর্বোচ্চ স্বর্গীয় প্রতীক হিসেবে ব্যাখ্যা করা হয়—যা পদার্থবিজ্ঞানের নিয়ম, সময়ের প্রবাহ এবং তাঁর অস্তিত্বের 'ঊর্ধ্বতা'র (Transcendence) ওপর তাঁর অপ্রতিদ্বন্দ্বী কর্তৃত্বের এক ঘোষণা। এটি এই বাস্তবতাকে প্রতিষ্ঠিত করে যে, তিনি তাঁর নিজের সৃষ্টির জাগতিক মেকানিক্স, মহাকর্ষীয় শিকল এবং সময়ের অনিবার্য ক্ষয় থেকে সম্পূর্ণ আলাদা এবং অনেক উর্ধ্বে অবস্থান করেন।

কুরআনে বর্ণিত সর্বোচ্চ সার্বভৌমত্বের ঘোষণা

বিশ্বাসের এই স্তম্ভটির প্রধান ভিত্তি হলো সূরা তহা-র (২০:৫) সেই মহিমান্বিত বাণী: "পরম করুণাময় আরশের ওপর সমাসীন হয়েছেন।" এই আয়াতটি ধর্মতাত্ত্বিকদের বর্ণিত 'ট্রানসেনডেন্ট মডেল' বা 'ঊর্ধ্বতন মডেলে'র একটি আধ্যাত্মিক ও বুদ্ধিবৃত্তিক ভিত্তিপ্রস্তর হিসেবে কাজ করে। এটি মহাবিশ্বের একটি স্তরবিন্যাস বা উল্লম্ব (Vertical) শৃঙ্খলার ইঙ্গিত দেয়—এক স্বর্গীয় সিঁড়ি যেখানে স্রষ্টা যদিও অস্তিত্বের প্রতিটি পরমাণুর কোয়ান্টাম স্পন্দন সম্পর্কে অবগত, তবুও তিনি এক সর্বোচ্চ ও অগম্য উচ্চতায় অবস্থান করেন। তিনি এমন এক পর্যবেক্ষক যিনি তাঁর পর্যবেক্ষণের সিস্টেমের অংশ নন।

একইভাবে, সূরা আল-আরাফ (৭:৫৪) এই রহস্যের একটি গুরুত্বপূর্ণ সময়কাল এবং বিবর্তনীয় প্রেক্ষাপট প্রদান করে। এখানে উল্লেখ করা হয়েছে যে, আকাশমণ্ডলী এবং পৃথিবী ছয়টি প্রতীকী "দিনে"—অর্থাৎ এমন এক বিশাল সময়কাল যার প্রকৃত দৈর্ঘ্য কেবল সেই 'অসীম' সত্তাই জানেন—সৃষ্টির সেই মহাযজ্ঞ শেষ করার পর তিনি আরশে সমাসীন হন। এই আয়াতগুলো কেবল একটি ত্রিমাত্রিক মানচিত্রের স্থানাঙ্ক বর্ণনা করে না; বরং এগুলো সেই আধিভৌতিক মুহূর্তকে বর্ণনা করে যখন মহাবিশ্বের মৌলিক আইনগুলো এর সার্বভৌম অধিপতির হাতে

গতিশীল হয়েছিল। এটি মানুষের বুদ্ধিবৃত্তিকে এই সংকেত দেয় যে—মহারাজা তাঁর বিচারের আসনে বসেছেন সময়, স্থান এবং কার্যকারণের এই বিশাল বিস্তারকে এক পরম ও অ-স্থানীয় (non-local) সুবিধাজনক অবস্থান থেকে শাসন করার জন্য। এটি সেই মুহূর্ত যখন "অস্তিত্ব" তার "গভর্নর" বা পরিচালক খুঁজে পেয়েছিল।

আরশের অকল্পনীয় বিশালতা

কুরআনের মূল পাঠ এবং রাসূল (সা.)-এর গভীর মরমী হাদিস থেকে প্রাপ্ত বর্ণনায় 'আরশ'-কে এমন এক স্কেলে চিত্রায়িত করা হয়েছে যা মানুষের গণিত এবং ইউক্লিডীয় জ্যামিতিকে অচল করে দেয়। এটি কোনো সাধারণ ক্ষমতার আসন নয়, কিংবা মানুষ যেভাবে সোনা বা মণির সিংহাসন বোঝে তেমন কোনো আসবাবও নয়। একে সৃষ্টির সমগ্র শৃঙ্খলার মধ্যে সবচেয়ে মহৎ, সবচেয়ে বিশালাকার এবং প্রাচীনতম সত্তা হিসেবে বর্ণনা করা হয়েছে—এমন এক কাঠামো যা এতই বিশাল যে ত্রিমাত্রিক উপলব্ধির সংকীর্ণ দেয়ালে বন্দি মানুষের কল্পনা একে ধারণ করতে গিয়ে থমকে যায় এবং হার মেনে নেয়।

অনুসন্ধিৎসু মনকে এই স্তম্ভিত করে দেওয়া বিশালতা সম্পর্কে ধারণা দিতে রাসূল (সা.) একবার একটি তুলনা দিয়েছিলেন যা মহাজাগতিক স্কেলিং বা তুলনামূলক মাপকাঠির এক অনবদ্য উদাহরণ। তিনি উল্লেখ করেছিলেন যে, এই সাত আসমান এবং জমিন—প্রতিটি গ্যালাক্সি, সুপারক্লাস্টার, ব্ল্যাক হোল এবং নেবুলা যা আমরা আমাদের উন্নত সেন্সর দিয়ে শনাক্ত করতে পারি—সবকিছুই যদি 'কুরসি'র (পাদপীঠ) তুলনায় রাখা হয়, তবে তা বিশাল ও তপ্ত এক মরুভূমির মাঝখানে হারিয়ে যাওয়া একটি ছোট নগণ্য আংটির মতো।

কিন্তু বর্ণনা এখানেই শেষ নয়। 'কুরসি' নিজেই মহাবিশ্বকে পরিবেষ্টনকারী এক অবিশ্বাস্য আকার ধারণ করলেও, তা 'আরশ'-এর তুলনায় সেই একই ছোট আংটির মতো যা আরও বড় কোনো অসীম ও ভয়াবহ অরণ্যে হারিয়ে গেছে। আমরা কেবল রাজকীয় অর্থে কোনো "সিংহাসন" নিয়ে আলোচনা করছি না; বরং আমরা এক "মহাজাগতিক ছাদ" (Cosmic Roof) নিয়ে ভাবছি—একটি সীমানা যা অস্তিত্বের শেষ প্রান্তকে ঘিরে রেখেছে এবং যা 'সৃষ্টি' ও 'স্রষ্টা'র মধ্যবর্তী ইন্টারফেস বা সংযোগস্থল হিসেবে কাজ করে।

ঐশ্বরিক শাসনের এক কেন্দ্রীভূত প্রতিচ্ছবি

এই চিত্রকল্প আমাদের সামনে স্রষ্টার এক "কেন্দ্রীভূত" বা "রাজকীয়" মডেল উপস্থাপন করে। এটি স্রষ্টাকে এমন এক 'ঊর্ধ্বতন' (Transcendent) সত্তা হিসেবে চিত্রায়িত করে যিনি স্বর্গীয় গোলকগুলোর ভৌত, মহাকর্ষীয় এবং বিশৃঙ্খলার সীমাবদ্ধতার "উপরে" এবং "বাইরে" অবস্থান করেন। স্রষ্টার উপস্থিতিকে আরশের ওপর স্থাপন করার মাধ্যমে ধর্মগ্রন্থ মানুষের হৃদয়কে বিশ্বাসের একটি উল্লম্ব অক্ষ (Vertical Axis) প্রদান করে—যাতে গভীর প্রার্থনা বা নীরব বিস্ময়ের মুহূর্তে মানুষ আকাশের দিকে তাকানোর একটি সুগভীর মনস্তাত্ত্বিক কারণ খুঁজে পায়।

এটি একটি শীতল এবং লক্ষ্যহীন মহাবিশ্বে আমাদের আধ্যাত্মিক অভিমুখের জন্য একটি স্থির ফোকাস পয়েন্ট প্রদান করে। এটি স্রষ্টাকে "আরশের অধিপতি" হিসেবে প্রতিষ্ঠিত করে, যিনি মহাজাগতিক শৃঙ্খলার উচ্চতর কমান্ডিং অফিসার; যাঁর ডিক্রি বা নির্দেশগুলো অস্তিত্বের সর্বোচ্চ বিন্দু থেকে

পৃথিবীর সর্বনিম্ন ও বিস্মৃত আণুবীক্ষণিক গভীরতায় আলোক রশ্মির মতো নেমে আসে। এটি ইঙ্গিত দেয় যে—বিশৃঙ্খলা বা বিশৃঙ্খল মনে হওয়া পরিস্থিতিরও একটি "কেন্দ্র" আছে, নক্ষত্রদের কক্ষপথে ধরে রাখা প্রতিটি আইনের একটি আদি উৎস আছে।

একটি গভীর দার্শনিক প্যারাডক্সের উদ্ভব

ধর্মীয় এই দলিলটি কর্তৃত্বের একটি পরিষ্কার এবং আশ্বস্তকারী চিত্র প্রদান করলেও, এটি আমাদের এমন এক দার্শনিক টানাপোড়েনের সামনে দাঁড় করিয়ে দেয় যা যুগের পর যুগ শ্রেষ্ঠ মনিষী, সাধু এবং বিজ্ঞানীদের ধাঁধায় ফেলেছে। স্রষ্টা যদি সপ্ত আসমানের ওপারে উচ্চতর অবস্থানে "আরশের ওপর" থাকেন, তবে তাঁর "সর্বব্যাপীতা" (Omnipresence)—অর্থাৎ সব জায়গায়, সব সময়ে তাঁর উপস্থিত থাকার যে অসংখ্য বর্ণনা রয়েছে, সেটির সাথে আমরা কীভাবে সমন্বয় করব?

কীভাবে একজন সত্তা একই সাথে সর্বোচ্চ স্বর্গে 'স্থানীয়ভাবে' (প্রতীকী বা আধ্যাত্মিকভাবে) অবস্থান করতে পারেন, আবার

একই সাথে একজন ভিক্ষুকের কম্পিত হৃদস্পন্দনে, ঝরে পড়া পাতার জটিল রাসায়নিক বন্ধনে কিংবা সুদূর কোনো নামহীন নক্ষত্রের ভেতরের প্রচণ্ড নিউক্লিয়ার ফিউশনে উপস্থিত থাকতে পারেন? আরশ কি উচ্চতর কোনো মাত্রার একটি আক্ষরিক 'স্থান', নাকি এটি একটি ধারণাগত সীমা—যা অসীমতাকে প্রক্রিয়াকরণ করতে অক্ষম মানুষের মস্তিষ্কের জন্য ব্যবহৃত একটি ভাষাগত ছাড়? পরবর্তী অংশগুলোতে আমরা এই প্রথাগত প্রতীক আর কাব্যিক চিত্রকল্পের ঊর্ধ্বে গিয়ে 'আরশের অধিপতি' ধারণাকে আধুনিক জ্যোতির্বিজ্ঞান এবং অ-রৈখিক অসীম অস্তিত্বের গাণিতিক বাস্তবতার কষ্টিপাথরে যাচাই করব। আমরা জিজ্ঞেস করতে যাচ্ছি: ঈশ্বর যদি আরশে থাকেন, আবার ঈশ্বর যদি "এখানে"ও থাকেন, তবে তা আমাদের কাছে স্থানের (Space) প্রকৃতি সম্পর্কে কী বার্তা দেয়?

৬.৩ মহান প্যারাডক্স: অসীম নৈকট্য বনাম স্বর্গীয় সর্বব্যাপীতা

পবিত্র গ্রন্থের গম্ভীর এবং বুদ্ধিবৃত্তিকভাবে দাবিদার করিডোর দিয়ে যাওয়ার সময় আমরা দৃষ্টিভঙ্গির এক স্তম্ভিত করে দেওয়া এবং আপাতদৃষ্টিতে স্ববিরোধী পরিবর্তনের মুখোমুখি হই।

পূর্ববর্তী অংশে স্রষ্টাকে ‘ট্রানসেনডেন্ট মডেল’-এ উপস্থাপন করা হয়েছে—যেখানে তিনি আরশের অধিপতি এবং মহাবিশ্বের সর্বোচ্চ শিখর থেকে শাসনকারী এক সার্বভৌম রাজা। কিন্তু পরক্ষণেই ধর্মগ্রন্থ হঠাৎ করে এক নিবিড় এবং প্রায় চমকে দেওয়ার মতো নিকটবর্তী বাস্তবতার দিকে মোড় নেয়। আশ্চর্যজনকভাবে, কুরআন যখনই মানবতার সাথে স্রষ্টার ব্যক্তিগত ও জীবন্ত সম্পর্কের কথা বলে, তখন তা আরশের সেই বিশাল ও মহাবিশ্ব-পরিবেষ্টনকারী সীমানা অতিক্রম করে সরাসরি মানুষের শারীরিক, মনস্তাত্ত্বিক এবং আধ্যাত্মিক মূলে প্রবেশ করে।

এই উত্তরণটি ‘ম্যাক্রো-কসমিক অথরিটি’ (যেখানে তিনি সুপারক্লাস্টার ও ব্ল্যাক হোলের মালিক) থেকে ‘মাইক্রো-ইন্টারনাল প্রেজেন্স’ (যেখানে তিনি একটি ভঙ্গুর হৃদস্পন্দনের নীরব সাক্ষী)—এই দুই মেরুর মধ্যে ঘটে। এই পরিবর্তন অনুসন্ধানকারীকে এমন এক রহস্যের মুখোমুখি ফেলে দেয় যা রৈখিক বা ত্রিমাত্রিক যুক্তিকে অস্বীকার করে: কীভাবে সর্বোচ্চ ও দূরতম স্বর্গের নিবাসী একই সাথে ক্ষুদ্রতম ও ভাঙা হৃদয়ের প্রধান নিবাসী হতে পারেন? কীভাবে ঐশ্বরিক জ্যামিতিতে "ঊর্ধ্বে" এবং "অভ্যন্তরে" একই বিন্দু হতে পারে?

স্পন্দিত শাহরগের চেয়েও কাছে: এক জৈবিক অঙ্গীকার

এই নিবিড় নৈকট্যের সবচেয়ে স্ট্রাইকিং এবং বুদ্ধিবৃত্তিকভাবে উস্কানিমূলক ঘোষণাটি পাওয়া যায় সূরা কাফ-এর (৫০:১৬) সেই ছন্দময় আয়াতে, যেখানে আল্লাহ বলছেন: "আর আমরা তার শাহরগের (Jugular vein) চেয়েও নিকটবর্তী।" এটি কেবল একটি কাব্যিক রূপক বা সান্ত্বনামূলক সাহিত্যিক অলঙ্কার নয়; বরং এটি একটি আমূল শারীরতাত্ত্বিক, অস্তিত্ববাদী এবং আধ্যাত্মিক দাবি যা আমাদের পূর্ণ মনোযোগ দাবি করে।

'শাহরগ' বা হাবলি আল-ওয়ারিদ-কে ধর্মগ্রন্থ যদৃচ্ছভাবে বেছে নেয়নি; এটি হলো হৃদপিণ্ড থেকে মস্তিষ্কে জীবনদায়ী অক্সিজেনযুক্ত রক্ত পরিবহনের প্রধান মাধ্যম। এটি জীবন ও মৃত্যুর মধ্যকার সীমানার প্রতিনিধিত্ব করে—মানুষের জৈবিক মেশিনের সবচেয়ে গুরুত্বপূর্ণ 'হাইওয়ে'। এই শিরাটি বিচ্ছিন্ন হলে চেতনা লোপ পায়; জীবন থেমে যায়। এই অত্যাবশ্যকীয় রক্তনালীর চেয়েও বেশি কাছে থাকার দাবি করে স্রষ্টা মূলত ঘোষণা করছেন যে—আমাদের অস্তিত্বের জন্য তাঁর উপস্থিতি

আমাদের নিজস্ব জৈবিক জীবনীশক্তির চেয়েও বেশি মৌলিক। তিনি ইঙ্গিত দিচ্ছেন যে, রক্ত তৈরি হওয়ার আগে ছিল তাঁর ইচ্ছা; নাড়ি স্পন্দিত হওয়ার আগে ছিল তাঁর উপস্থিতি। তিনি কোনো দূরবর্তী বা বিচ্ছিন্ন পর্যবেক্ষক নন যিনি শীতল স্বর্গীয় উচ্চতা থেকে মানুষের নাটক দেখছেন; বরং তিনি একটি অভ্যন্তরীণ বাস্তবতা, যা আমাদের চেতনা, আমাদের আণবিক গঠন এবং আমাদের সবচেয়ে ব্যক্তিগত ও অব্যক্ত মুহূর্তগুলোর পরতে পরতে বোনা। তিনি দ্রষ্টার ভেতরে থাকা স্বয়ং দ্রষ্টা।

অ-স্থানীয় বাস্তবতা: "তোমরা যেখানেই থাকো না কেন, তিনি তোমাদের সাথে আছেন"

এই পরম ও ভয়াবহ সর্বব্যাপীতার বোধকে আরও বাড়িয়ে দিতে সূরা আল-হাদিদ (৫৭:৪) একটি বিস্তৃত ও অ-স্থানীয় (non-local) ডিক্রি প্রদান করে, যা স্থান সম্পর্কে আমাদের প্রচলিত নিউটনীয় ধারণাকে চূর্ণ করে দেয়: "আর তোমরা যেখানেই থাকো না কেন, তিনি তোমাদের সাথে আছেন।" এই আয়াতটি কার্যকরভাবে 'ভৌগোলিক' পবিত্রতা বা স্থানীয় দেবত্বের ধারণাকে বিলীন করে দেয়। এটি নির্দেশ করে যে, ঐশ্বরিক উপস্থিতি আরশ থেকে পৃথিবীতে কোনো সংকেতের মতো 'ভ্রমণ' করে বা 'নেমে' আসে না; বরং এটি মহাবিশ্বের প্রতিটি স্থানাঙ্কে একই সাথে উপস্থিত রয়েছে।

কেউ যদি অন্ধকার সমুদ্রের গভীর কোনো খাদে থাকে, আন্তঃনাক্ষত্রিক মহাকাশের পরম শূন্যতায় থাকে, কিংবা আধুনিক মেগাসিটির দমবন্ধ করা ভিড়ের রাস্তায় থাকে—ঐশ্বরিক উপস্থিতি সর্বত্র সমানভাবে এবং পূর্ণমাত্রায় লভ্য। এটি এমন এক বাস্তবতার ইঙ্গিত দেয় যা আধুনিক পদার্থবিজ্ঞানীরা 'ফিল্ড-লাইক এক্সিস্টেন্স' (Field-like Existence) বলতে পারেন—এমন এক বাস্তবতা যেখানে স্রষ্টা আমাদের কাছে আসা কোনো 'বস্তু' বা 'দেহ' নন, বরং তিনি বাস্তবতার সেই মৌলিক ও অন্তর্নিহিত স্তর যা ইতিমধ্যেই শূন্যতার প্রতিটি স্থানাঙ্কে বিরাজমান। তিনি প্রতিটি 'কোথায়'-এর মধ্যে থাকা 'এখন', এবং প্রতিটি 'সেথা'-র মধ্যে থাকা 'হেথা'। তিনি স্থান দখল করেন না; তিনি স্থানকে পরিবেষ্টন করে রাখেন।

একটি গভীর তাত্ত্বিক এবং জ্যামিতিক প্যারাডক্স

এই দ্বৈততা এমন এক গভীর তাত্ত্বিক প্যারাডক্স তৈরি করে যা মানুষের চিন্তার স্থাপত্য এবং আমাদের ভাষাগত সংজ্ঞার সংকীর্ণ সীমানাকে চ্যালেঞ্জ করে। আমরা স্রষ্টার দুটি আপাতদৃষ্টিতে বেমানান মানচিত্রের মধ্যে আটকা পড়েছি:

১. ঊর্ধ্বতন মডেল (Transcendent Model): এক হাতে তিনি আরশের ওপর স্থানীয়ভাবে (প্রতীকীভাবে বা উচ্চতর মাত্রার বাস্তবতায়) অবস্থান করছেন এবং সপ্ত আসমানের ওপর থেকে একটি পৃথক সত্তা হিসেবে মহাবিশ্বকে পর্যবেক্ষণ করছেন।

২. সর্বব্যাপী মডেল (Immanent Model): অন্য হাতে তিনি প্রতিটি মানুষের গভীরতম কোষ, কোয়ান্টাম স্পন্দন, স্নায়ুপথ এবং নীরব চিন্তার গভীরে বিদ্যমান।

এটি আমাদের ধর্মতত্ত্ব এবং তাত্ত্বিক পদার্থবিজ্ঞানের সেই জ্বলন্ত মোড়ে কিছু সাহসী ও অস্বস্তিকর প্রশ্নের মুখোমুখি করে:

সীমাবদ্ধতা বনাম অসীমতা: স্রষ্টা কি 'আরশ' নামক কোনো সুনির্দিষ্ট উচ্চ-মাত্রিক স্থানে 'আবদ্ধ' বা 'যুক্ত', নাকি তিনি মহাবিশ্বের প্রতিটি পরমাণুর মধ্য দিয়ে সচেতন আলোর মতো ছড়িয়ে আছেন যার ভ্রমণের জন্য কোনো মাধ্যমের প্রয়োজন নেই? আরশ কি নড়ে, নাকি মহাবিশ্ব আরশের ভেতরে নড়ে?

আরশের জ্যামিতিক ধাঁধা: তিনি যদি সত্যিই সর্বত্র থাকেন—বিশাল মহাজাগতিক শূন্যতার প্রতি ঘন সেন্টিমিটারে উপস্থিত থাকেন—তবে "আরশে সমাসীন হওয়া"-র জ্যামিতিক ও আধ্যাত্মিক তাৎপর্য কী? 'আরশ' কি মহাবিশ্বের কোনো সুনির্দিষ্ট আক্ষরিক কমান্ড সেন্টার যা কোনো 'হাইপার-ডাইমেনশনে' অবস্থিত, নাকি এটি একটি ভাষাগত ছাড়—একটি 'ঐশ্বরিক রূপক'—যা সসীম ও ত্রিমাত্রিক মানুষের মস্তিষ্ককে এমন এক কর্তৃত্ব কল্পনা করতে সাহায্য করে যা আসলে সমস্ত মাত্রা ও দিকের উর্ধ্বে?

রূপক নাকি বহু-মাত্রিক সত্য: আরশ কি কেবল পরম ক্ষমতার একটি আধ্যাত্মিক প্রতীক, নাকি এটি এমন কোনো গভীর 'বাস্তববাদী' সত্য বহন করে যা বর্তমানে আমাদের সীমিত ইন্দ্রিয়লব্ধ উপলব্ধির বাইরে? এমন কি হতে পারে যে—স্রষ্টা কোনো উচ্চতর মাত্রায় (হয়তো এম-থিরির ১১তম ডাইমেনশনে) 'আরশের ওপর' আছেন, আবার একই সাথে স্থান-কালের নিম্নতর মাত্রাগুলোতে 'আমাদের সাথে' আছেন? যেভাবে একটি ত্রিমাত্রিক বস্তু একই সাথে একাধিক দ্বিমাত্রিক তলে উপস্থিত থাকতে পারে, অসীম কি একইভাবে কোনো স্থানে সীমাবদ্ধ না হয়েও সমস্ত 'স্থান' দখল করতে পারে?

"সবার উর্ধ্বে" এবং "সবার অভ্যন্তরে" থাকার এই টানাপোড়েনই স্রষ্টার আবাসের রহস্যের স্পন্দিত ও অস্থির হৃদপিণ্ড। এটি আমাদের 'অবস্থান' বা লোকেশন শব্দটির অর্থ নিয়ে নতুন করে ভাবতে বাধ্য করে। 'অবস্থান' কি আদৌ তাঁর ক্ষেত্রে প্রযোজ্য যিনি 'কোথায়' নামক ধারণাটির স্রষ্টা? পরবর্তী অংশগুলোতে আমরা এই প্রাচীন ও অমীমাংসিত প্যারাডক্সটিকে আধুনিক বিজ্ঞানের শীতল আলোর নিচে ধরব। আমরা জিজ্ঞেস করব যে—অ-স্থানীয়তা (non-locality), কোয়ান্টাম এন্ট্যাঙ্গলমেন্ট এবং অতিরিক্ত ডাইমেনশনাল মেমব্রেন কি আমাদের এমন কোনো আধুনিক সেতু দিতে পারে যা দিয়ে বোঝা সম্ভব কীভাবে 'অসীম' সত্তা একই সাথে সুদূর মহিমান্বিত আরশে সমাসীন থেকে আবার একটি ঘুমন্ত শিশুর নীরব ও আণুবীক্ষণিক হৃদস্পন্দনে উপস্থিত থাকেন। আমরা আবিষ্কার করতে যাচ্ছি যে, ঈশ্বরের 'কোথায়' থাকা সম্ভবত মানবজাতির জিজ্ঞেস করা সবচেয়ে গুরুত্বপূর্ণ বৈজ্ঞানিক প্রশ্ন।

৬.৪ হাদিসের বর্ণনা এবং মি'রাজ: উর্ধ্বগমনের বাস্তবতা

কুরআনের আয়াতগুলো স্রষ্টার আবাস সম্পর্কে একটি মৌলিক, কাঠামোগত এবং অপরিবর্তনীয় রূপরেখা প্রদান করলেও, হাদিস সাহিত্যের—অর্থাৎ রাসূল (সা.)-এর সুনির্দিষ্ট পর্যবেক্ষণ ও সরাসরি বাণীর—বিশাল ও বিস্ময়কর ভাণ্ডারে স্রষ্টার "ঊর্ধ্বমুখী" অবস্থানের বিষয়টি অত্যন্ত স্পষ্ট ও আক্ষরিক চিত্রকল্পের মাধ্যমে জোরালো করা হয়েছে। এই বর্ণনাগুলো কেবল কোনো অস্পষ্ট আধ্যাত্মিক উচ্চতার ইঙ্গিত দেয় না, বরং এমন এক সুনির্দিষ্ট দিকনির্দেশনা প্রদান করে যা আধুনিক ও সেকুলার মনস্তত্ত্বকে মৌলিকভাবে চ্যালেঞ্জ জানায়। এগুলো আমাদের বাধ্য করে—স্রষ্টার 'সর্বব্যাপী আধ্যাত্মিক ক্ষেত্র' (Omnipresent Divine Field)-এর বিমূর্ত ধারণার সাথে 'কেন্দ্রীভূত ঐশ্বরিক গন্তব্য' (Centralized Divine Destination)-এর এক অটল ও বাস্তব চিত্রকে মেলাতে। আমরা এমন এক সত্তার মুখোমুখি হই, যিনি একই সাথে আমাদের নিঃশ্বাসের বাতাসের মতো নীরব ও সর্বব্যাপী, আবার সুদূর কোনো স্বর্গীয় প্রাসাদের সার্বভৌম সম্রাট—যাঁর আরশ বা সিংহাসনটি হলো সমগ্র অস্তিত্বের নোঙর।

মি'রাজ: স্থান-কালের কাঠামোর ওপারে এক যাত্রা

এই স্থানিক বাস্তবতার সবচেয়ে উজ্জ্বল, বিস্ময়কর এবং বুদ্ধিবৃত্তিকভাবে আলোড়ন সৃষ্টিকারী উদাহরণ হলো মি'রাজ (ঊর্ধ্বগমন)। ইসলামি আধিভৌতিক দর্শনের সুগভীর ঐতিহ্যে মি'রাজকে কেবল একটি অভ্যন্তরীণ মনস্তাত্ত্বিক দর্শন, অবচেতন মনের কোনো স্বচ্ছ স্বপ্ন বা সাধারণ মানুষকে সান্ত্বনা দেওয়ার জন্য তৈরি কোনো রূপক হিসেবে দেখা হয় না। বরং একে বর্ণনা করা হয়েছে মহাজাগতিক স্তরবিন্যাসের একটি পূর্ণাঙ্গ শারীরিক ও আধ্যাত্মিক পরিভ্রমণ হিসেবে—যা বাস্তবতার গোপন স্তরগুলোর ভেতর দিয়ে এক আক্ষরিক 'উল্লম্ব' গতিপথ।

সর্বোচ্চ পর্যায়ের এক "মুখোমুখি" সাক্ষাতের জন্য রাসূল (সা.)-কে আরোহণ করতে হয়েছিল। তাঁকে সাত আসমানের পর্দা ভেদ করে শারীরিকভাবে ও আধ্যাত্মিকভাবে "উপরের দিকে" যেতে হয়েছিল। এই আসমানগুলোকে কোনো শূন্য মহাকাশ হিসেবে বর্ণনা করা হয়নি; বরং এগুলো বাস্তবতার এক একটি স্বতন্ত্র ও জনবহুল জগত—যা নিজস্ব স্বর্গীয় আইন দ্বারা পরিচালিত, নির্দিষ্ট ফেরেশতাদের দ্বারা অধ্যুষিত এবং ঐশ্বরিক আলো ও আধিভৌতিক ঘনত্বের বিভিন্ন মাত্রায় স্পন্দিত। প্রতিটি আসমান ছিল সেই 'পরম' সত্তার দিকে মহিমান্বিত চড়াই-উৎরাইয়ের একেকটি চেকপোস্ট।

এই যাত্রার শ্বাসরুদ্ধকর চূড়ান্ত পর্যায় ছিল 'সিদরাতুল মুনতাহা' (প্রান্তীয় কুলবৃক্ষ)—বাস্তবতার এক আধিভৌতিক টার্মিনাল, যাকে সমস্ত সৃষ্টিজগতের "শেষ সীমানা" বলা হয়। এটি মহাবিশ্বের অস্তিত্বের চূড়ান্ত সীমা; এমন এক বিন্দু যা অতিক্রম করলে যেকোনো সৃষ্টি—সে যতই পবিত্র হোক না কেন, এমনকি ওহীর বাহক এবং পবিত্র আত্মার অধিকারী জিবরাঈল (আ.)-ও—ঐশ্বরিক উপস্থিতির প্রখর তীব্রতায় ভস্মীভূত হয়ে যাবেন। এই সীমানাটিকে বর্ণনা করা হয়েছে সরাসরি সর্বোচ্চ আরশ বা সিংহাসনের সন্নিকটে।

এখানে আধুনিক অনুসন্ধানকারীর মনে এক গভীর ও অস্বস্তিকর প্রশ্ন জাগে: স্রষ্টা যদি ইতিমধ্যেই "শাহরগের চেয়েও কাছে" থাকেন, যদি তিনি ইতিমধ্যেই রাসূল (সা.)-এর শরীরের প্রতিটি কণার সাব-অ্যাটোমিক স্পন্দনের ভেতরে উপস্থিত থাকেন, তবে মহাকাশের এই সুউচ্চ স্তরে এই বিশাল, ঝুঁকিপূর্ণ এবং বিস্ময়কর যাত্রার আধিভৌতিক বা কৌশলগত প্রয়োজন কী ছিল? এই যাত্রা কি কেবল একটি আধ্যাত্মিক আনুষ্ঠানিকতা ছিল—একটি প্রতীকী ও রূপক আরোহণ যা মানুষকে কেবল এটি বোঝানোর জন্য যে ঈশ্বর "উচ্চে" থাকেন? নাকি এটি

কোনো উচ্চতর বাস্তবতার এক আক্ষরিক ‘ঐশ্বরিক কমান্ড সেন্টার’-এর দিকে ইঙ্গিত করে—যেখানে ঐশ্বরিক উপস্থিতি তার সবচেয়ে ঘনীভূত, পরম এবং অনাবৃত রূপে প্রকাশ পায়? ঈশ্বর যদি সত্যিই সর্বত্র থাকেন, তবে তাঁর সাথে কথা বলার জন্য রাসূল (সা.)-এর "সেখানে" যাওয়ার প্রয়োজন কেন ছিল?

নুজুলের রহস্য: ঐশ্বরিক অবতরণের প্রপঞ্চ

এই স্থানিক ধাঁধার ওপর আরও এক স্তরের জটিলতা যোগ করে সহীহ বুখারীতে বর্ণিত একটি বিখ্যাত হাদিস, যা ‘নুজুল’ বা ঐশ্বরিক অবতরণের ধারণা দেয়। রাসূল (সা.) বলেছেন:

"আমাদের রব প্রতি রাতের শেষ তৃতীয়াংশে দুনিয়ার আকাশে (নিকটতম আসমানে) নেমে আসেন (Yanzilu) এবং বলেন: 'কে আমাকে ডাকছ যে আমি তার ডাকে সাড়া দেব? কে আমার কাছে চাইছ যে আমি তাকে দেব? কে আমার কাছে ক্ষমা চাইছ যে আমি তাকে ক্ষমা করব?'"

এই বর্ণনাটি ধর্মতাত্ত্বিকদের বর্ণিত 'রিলেশনাল থিওলজি' বা সম্পর্কযুক্ত ধর্মতত্ত্বের একটি ভিত্তিপ্রস্তর—এমন এক ঈশ্বরের ধারণা যিনি কেবল একজন স্থির পর্যবেক্ষক নন, বরং যিনি সক্রিয়ভাবে তাঁর সৃষ্টির কাছে পৌঁছান। তবে জ্যামিতিক ও মহাজাগতিক দৃষ্টিকোণ থেকে এটি এক বিশাল ধাঁধা। আরবি শব্দ 'নুজুল'—যা ভাষাগত ও যৌক্তিকভাবে উচ্চতর স্থানাঙ্ক থেকে নিম্নতর স্থানাঙ্কে আসা বোঝায়—তা আমাদের এই ক্ষুদ্র গ্রহের সাপেক্ষে স্রষ্টার অবস্থান সম্পর্কে একটি নির্দিষ্ট স্থানিক ধারণাকে জোরালো করে। স্রষ্টা যদি "নেমে আসেন" নিকটতম আসমানে (সেই জগত যা আমরা তারা, নেবুলা এবং ছায়াপথের ভৌত মহাবিশ্ব হিসেবে দেখি), তবে তার যৌক্তিক ও অনিবার্য অর্থ দাঁড়ায় এই যে—তাঁর 'প্রধান স্টেশন' বা 'কর্তৃত্বের মূল কেন্দ্র' সেই ভৌত গোলকের মৌলিকভাবে উপরে এবং বাইরে কোথাও অবস্থিত।

আধুনিক মেধার জন্য জ্যামিতিক এবং স্থানিক প্রভাব

আধুনিক মনের জন্য এই বর্ণনাগুলো প্রাচীন বিশ্বাস এবং বর্তমান পর্যবেক্ষণের মধ্যে এক নিরন্তর টানাপোড়েন তৈরি

করে। হাদিসে "উপরে" এবং "নিচে" শব্দগুলো কেবল আকস্মিক কোনো ভাষাগত শব্দ নয়; বরং স্রষ্টা ও মানুষের মিথস্ক্রিয়া কীভাবে গঠিত হয়, তার ভিত্তি। এটি আমাদের বিশ্বাসের কিছু 'অসংগতি' অন্বেষণ করতে বাধ্য করে যা বিজ্ঞান এখনো পুরোপুরি সংজ্ঞায়িত করতে পারেনি:

আকাশের প্রতি সর্বজনীন প্রবৃত্তি: মানব ইতিহাসে কেন প্রতিটি সংস্কৃতি, ভাষা এবং বিচ্ছিন্ন জনপদের মানুষ চরম বিপদে বা প্রার্থনায় সহজাতভাবে আকাশের দিকে হাত তোলে এবং চোখ ফেরায়? এটি কি কেবল আদিম ধর্মের "ঊর্ধ্বমুখী" চিত্রকল্প দ্বারা কন্ডিশন্ড হওয়া কোনো মনস্তাত্ত্বিক রিফ্লেক্স, নাকি এটি আরশের প্রকৃত দিকের প্রতি মানুষের আত্মার এক গভীর, অবচেতন এবং সম্ভবত জৈবিক স্বীকৃতি? মানুষের আত্মার ভেতরে কি কোনো আধ্যাত্মিক কম্পাস রয়েছে যা উচ্চতর কোনো ডাইমেনশনের দিকে ইঙ্গিত করে?

ঘূর্ণায়মান তৃতীয়াংশের প্যারাডক্স: বৈশ্বিক ও বৈজ্ঞানিক দৃষ্টিকোণ থেকে "রাতের শেষ তৃতীয়াংশ" কোনো নির্দিষ্ট বা একক মুহূর্ত নয়; এটি একটি চলমান উইন্ডো বা জানালা।

যেহেতু পৃথিবী একটি গোলক যা তার অক্ষের ওপর ঘুরছে, তাই পৃথিবীর কোথাও না কোথাও সবসময়ই 'রাতের শেষ তৃতীয়াংশ' চলছে। স্রষ্টা যদি এই নির্দিষ্ট সময়ে দোয়া শোনার জন্য "নেমে আসেন", তবে তিনি কি সার্বক্ষণিক ও নিরবচ্ছিন্ন অবতরণের অবস্থায় থাকেন? পৃথিবী যখন শূন্যে ঘুরছে, ঐশ্বরিক উপস্থিতি কি সেই ছায়াকে অনুসরণ করে সমানে নৈকট্য ও দূরত্বের এক অনন্ত চক্রে আবর্তিত হতে থাকে?

৬.৫ ধর্ম বনাম বাস্তবতা: গভীর যৌক্তিক ও বৈজ্ঞানিক ব্যবচ্ছেদ

আমরা যখন বিশ্বাসের সুরক্ষিত আশ্রয়স্থল থেকে বেরিয়ে বিশুদ্ধ যুক্তির রূঢ় ল্যাবে প্রবেশ করি এবং স্রষ্টার মহাজাগতিক বর্ণনাগুলোকে আধুনিক কসমোলজির হাই-রেজোলিউশন লেন্সের নিচে ধরি, তখন কিছু তীব্র অসংগতি—যাকে ইমানুয়েল কান্ট "অ্যান্টিনোমিস" (Antinomies) বলেছেন—উঠে আসতে শুরু করে। এই প্যারাডক্সগুলো কেবল বুদ্ধিবৃত্তিক কৌতূহল নয়; বরং এগুলো মহাবিশ্বকে দেখার দুটি ভিন্ন পদ্ধতির মধ্যকার এক মৌলিক সংঘর্ষ। এগুলো এক ভুতুড়ে সম্ভাবনার দিকে ইঙ্গিত দেয়: হয় আমাদের পবিত্র ধর্মগ্রন্থের ঐতিহ্যগত বোধটি

বিয়োগান্তকভাবে অসম্পূর্ণ, অথবা আমাদের ভৌত জগত এমন কোনো বহুমাত্রিক (Multidimensional) স্তরে কাজ করে যা প্রকাশ করার মতো শব্দভাণ্ডার মানুষের নেই। আসুন আমরা এই বৈপরীত্যগুলোকে পূর্ণ বুদ্ধিবৃত্তিক সততার সাথে ব্যবচ্ছেদ করি।

১. অসীম নৈকট্য বনাম স্বর্গীয় দূরত্বের প্যারাডক্স

প্রথম বড় টানাপোড়েনটি তৈরি হয় পবিত্র সাহিত্যে বর্ণিত ঐশ্বরিক উপস্থিতির পরস্পরবিরোধী স্কেল থেকে। একদিকে কুরআন আমাদের 'চরম নৈকট্যের' (Extreme Immanence) মডেল দেয়—এমন এক ঈশ্বর যিনি মানুষের জৈবিক ও আণবিক কাঠামোর সাথে এত নিবিড়ভাবে মিশে আছেন যে তাঁকে শাহরগের চেয়েও কাছে বলা হয়। এটি 'অভ্যন্তরীণ' এক ঈশ্বরের কথা বলে—যিনি এখানেই আছেন, এখনই আছেন এবং ভেতরেই আছেন।

কিন্তু এর বিপরীতে মি'রাজের কাহিনী 'চরম ঊর্ধ্বতা'র (Extreme Transcendence) মডেল দেয়। এটি এমন এক

ঈশ্বরের কথা বলে যাঁর কাছে পৌঁছাতে বিলিয়ন বিলিয়ন মাইলের শূন্যতা পাড়ি দিয়ে, সাতটি স্বতন্ত্র ভৌত বা আধিভৌতিক আসমান অতিক্রম করে সৃষ্টির শেষ সীমানার এক 'টার্মিনাল পয়েন্টে' পৌঁছাতে হয়।

আধুনিক বিজ্ঞানের দৃষ্টিতে স্রষ্টা যদি সত্যিই 'সর্বব্যাপী' (Omnipresent) হন—অর্থাৎ তাঁর অস্তিত্ব যদি একটি অ-স্থানীয় (non-local) ক্ষেত্র হয় যা মহাবিশ্বের প্রতিটি বিন্দুতে একই সাথে বিদ্যমান থাকে—তবে "তাঁকে দেখতে যাওয়া" বা "তাঁর আমাদের দিকে আসা"-র ধারণাগুলো বৈজ্ঞানিকভাবে অপ্রয়োজনীয় এবং যৌক্তিকভাবে ভিত্তিহীন হয়ে পড়ে। যে মহাবিশ্বে যাত্রী যাত্রা শুরু করার আগেই স্রষ্টা সেই গন্তব্যে উপস্থিত আছেন, সেখানে "যাত্রা" করা একটি যৌক্তিক অসম্ভবতা। এটি আমাদের দেওয়ালে পিঠ ঠেকিয়ে দেয়: রাসূল (সা.)-এর সেই আসমানি আরোহণ কি কেবল মানুষের আত্মার আধ্যাত্মিক বিবর্তনের এক রূপক ছিল? নাকি ধর্মের পৌরাণিক বর্ণনা এবং মহাবিশ্বের শীতল ভৌগোলিক সত্যের মধ্যে এক বিশাল শূন্যতা রয়েছে? মি'রাজের দূরত্ব যদি আক্ষরিক হয়, তবে ঈশ্বর সর্বত্র নেই; আর ঈশ্বর যদি সর্বত্র থাকেন, তবে

সেই দূরত্বটি একটি রূপক। চিন্তার এই দুটি স্তম্ভের একটিকে অবশ্যই অন্যটির জন্য জায়গা ছেড়ে দিতে হবে।

২. টাইম জোন এবং গোলকীয় আবর্তনের জটিলতা

সবচেয়ে বড় গাণিতিক চ্যালেঞ্জটি আসে রাতের শেষ তৃতীয়াংশে স্রষ্টার নিকটতম আসমানে 'অবতরণ' (নুজুল) সংক্রান্ত হাদিসটি থেকে। এই চিত্রকল্পটি প্রাচীন মরুচারীদের জন্য এক গভীর মনস্তাত্ত্বিক স্বস্তি দিলেও—যারা আকাশকে একটি স্থির গম্বুজ মনে করত—আধুনিক জ্যোতির্বিজ্ঞানের তথ্যের সাথে এর এক প্রচণ্ড সংঘর্ষ ঘটে। আমরা এখন জানি যে পৃথিবী সমতল নয়, বরং এটি একটি উপবৃত্তাকার গোলক যা ঘণ্টায় প্রায় ১০০০ মাইল বেগে নিজের অক্ষের ওপর ঘুরছে।

এর ফলে, "রাত ৩টা"—যা রাতের শেষ তৃতীয়াংশের প্রতীকী সময়—তা কোনো একক বা বৈশ্বিক মুহূর্ত নয়। নিউ ইয়র্কে যখন শেষ রাত, ঢাকায় তখন ভরদুপুর। পৃথিবী যেহেতু ঘোরা থামায় না, তাই ২৪ ঘণ্টার চক্রের প্রতিটি মিলিসেকেন্ডেই পৃথিবীর কোথাও না কোথাও 'রাতের শেষ তৃতীয়াংশ' চলছে।

আমরা যদি ‘নুজুল’ বা অবতরণকে আক্ষরিকভাবে নিই, তবে স্রষ্টা এক নিরবচ্ছিন্ন ও অনন্ত অবতরণের চক্রে আটকা পড়বেন। পৃথিবীর প্রতিটি দ্রাঘিমাংশের (Longitude) জন্য ঐশ্বরিক শর্ত পূরণ করতে হলে তাঁকে ২৪ ঘণ্টা এবং ৩৬৫ দিনই "নিকটতম আসমানে" অবস্থান করতে হবে। এটি এক চূড়ান্ত যৌক্তিক বিপর্যয় ডেকে আনে: স্রষ্টা যদি সবসময়ই এখানে "নিচে" থাকেন রাতের সেই উইন্ডোটি সামলাতে, তবে তিনি কখন তাঁর আরশে "ফিরে" যান? নাকি তিনি অস্তিত্বের সর্বোচ্চ শিখর এবং সর্বনিম্ন ভিত্তি—উভয় স্থানেই একই সাথে অবস্থান করেন? যদি তিনি উভয়টিই করতে পারেন, তবে "অবতরণ" শব্দটি তার স্থানিক অর্থ সম্পূর্ণ হারায়। এই বর্ণনা কি কেবল একটি প্রাচীন "সমতল-পৃথিবী" দৃষ্টিভঙ্গির অবশেষ যা আধুনিক ঘূর্ণায়মান পৃথিবীর বাস্তবতায় এসে মুখ থুবড়ে পড়ছে, নাকি আমরা এমন কোনো জটিল বহুমাত্রিক ব্যাখ্যা মিস করছি যা আমাদের ত্রিমাত্রিক যুক্তিকে অকেজো করে দেয়?

৩. স্থান-কালের সীমাবদ্ধতা এবং নিরাকার অস্তিত্বের মিথ

ভৌত বাস্তবতার অমোঘ নিয়ম বলে যে—যেকোনো কিছুর "অস্তিত্ব" থাকতে হলে তাকে স্থান ও কালের (Space and Time) চতুর্মাত্রিক কাঠামোর ভেতরে থাকতে হবে। অথচ ধর্মতত্ত্ব জোর দিয়ে বলে যে স্রষ্টা স্বয়ং এই মাত্রাগুলোর রচয়িতা এবং তিনি এগুলোর বাইরে। এখানেই অলঙ্ঘনীয় বৈপরীত্যটি নিহিত: কোনো সত্তা যদি সত্যিই স্থান-কালের "বাইরে" থাকেন, তবে তাঁর ক্ষেত্রে "উপরে", "নিচে", "বসা" বা "নামা"-র মতো স্থানিক বিশেষণ ব্যবহার করা যৌক্তিকভাবে অসংলগ্ন—এমনকি অর্থহীন।

এই শব্দগুলো কেবল একটি মহাকর্ষীয় ক্ষেত্র এবং ত্রিমাত্রিক স্থানাঙ্ক ব্যবস্থার ভেতরেই অর্থবহ। ঈশ্বর আসমানের "উপরে" আছেন বলার অর্থ হলো—একটি নির্দিষ্ট গ্রহের সাপেক্ষে তাঁর একটি অবস্থান আছে। কিন্তু উত্তর গোলার্ধের জন্য যা "উপরে", দক্ষিণ গোলার্ধের জন্য তা "নিচে"। গভীর মহাকাশের শূন্যতায় কোনো "উপরে" বা "নিচে" নেই। প্রথম শতাব্দীর মানুষের ভাষা ব্যবহার করে কি আমরা একাদশ-মাত্রিক (11th-dimensional) বাস্তবতাকে বর্ণনা করতে গিয়ে সেই 'অসীম পরম' সত্তাকে একটি সসীম ও 'স্থানিক' বস্তুতে নামিয়ে আনছি না? আমরা কি কেবল একটি সমতল বর্গক্ষেত্রের ভাষা দিয়ে

একটি হাইপার-কিউবকে (Hyper-cube) বর্ণনা করার চেষ্টা করছি?

৪. ঐশ্বরিক সত্তা এবং মহাজাগতিক সম্প্রসারণের বৈজ্ঞানিক লেন্স

পরিশেষে, আধুনিক বিজ্ঞান প্রকাশ করে যে, মহাবিশ্ব কোনো ছাদওয়ালা স্থির পাত্র নয়; বরং এটি একটি প্রসারমান বহুগুণিতক (Expanding manifold), যা 'কসমোলজিক্যাল প্রিন্সিপাল' অনুযায়ী কোনো শনাক্তযোগ্য কেন্দ্র বা সুনির্দিষ্ট সীমানা ছাড়াই বিস্তৃত হচ্ছে। যদি মহাবিশ্বের কোনো 'মধ্যভাগ' এবং কোনো 'বাহ্যিক সীমানা' না থাকে, তবে ঠিক কোথায় আল্লাহর আরশ অবস্থিত?

আমরা কি মানুষের মতো গুণাবলীসম্পন্ন একজন স্রষ্টাকে কল্পনা করেছি—যাঁর আসনের প্রয়োজন, হাতের ব্যবহার, পায়ের নড়াচড়া এবং একটি স্থির সিংহাসন আছে—কেবল এই কারণে যে আমাদের সসীম, আদিম মস্তিষ্ক নিরাকার, বস্তুহীন এবং অ-স্থানীয় (non-local) এক 'পরম' সত্তাকে ধারণ করতে অক্ষম?

আমরা যখন একটি সমতাপূর্ণ ও সুষম (Isotropic and Homogeneous) মহাবিশ্বের গাণিতিক কাঠামোর বিপরীতে আরশের সেই রাজকীয় ও মহিমান্বিত চিত্রকল্পকে স্থাপন করি, তখন "সিংহাসনে উপবিষ্ট রাজা"র যুক্তি বিমূর্ততার এক সমুদ্রে বিলীন হতে শুরু করে। আমাদের এই সম্ভাবনার মুখোমুখি হতে হবে যে—আমাদের ধর্মীয় রূপকগুলো আসলে এক একটি 'ইউজার ইন্টারফেস' (User Interface)। অর্থাৎ এগুলো সরলীকৃত কিছু 'ক্লিকেবল আইকন', যা মানুষের আত্মাকে এমন এক বাস্তবতার সাথে যোগাযোগ করতে সাহায্য করে যা কোনো রাজকীয় কক্ষের চেয়েও অসীম গুণ বেশি জটিল, গাণিতিক এবং ভীতিজাগানিয়াভাবে বিশাল। আমরা আসলে পর্দার ওপর ফোল্ডারের 'আইকন'টির দিকে তাকিয়ে আছি, ডেটার সেই জটিল ও আদি 'কোড' বা সূত্রের দিকে নয়।

৬.৬ উপসংহার: ধর্মীয় আখ্যান এবং মহাজাগতিক বাস্তবতার মাঝে চিরন্তন ব্যবধান

এই বুদ্ধিবৃত্তিক এবং আধ্যাত্মিক অনুসন্ধানের চূড়ান্ত ও গম্ভীর সংশ্লেষণে আমরা এক স্তম্ভিত করে দেওয়া এবং সম্ভবত

গভীরভাবে অস্বস্তিকর উপলব্ধির মুখোমুখি হতে বাধ্য হই: প্রাতিষ্ঠানিক ধর্মের দেওয়া তাত্ত্বিক ও কাব্যিক বর্ণনার সাথে আধুনিক মহাবিশ্বের শীতল ও প্রকৃত ভৌত বাস্তবতার মাঝে এক বিশাল, আপাতদৃষ্টিতে অলঙ্ঘনীয় ফাটল বিদ্যমান। ধর্ম যখন মানুষের মনস্তাত্ত্বিক প্রশান্তি, নৈতিক কাঠামো এবং একাত্মতার বোধ দেওয়ার সুগভীর ও শাশ্বত আকাঙ্ক্ষা থেকে সেই 'অসীম' স্রষ্টাকে মানুষের চেনা আবেগ, রাজকীয় স্তরবিন্যাস এবং চেনা স্থানিক সীমানার ভেতরে বন্দি করার চেষ্টা করে; তখন বাস্তবতার রূঢ় ও প্রামাণিক তথ্যগুলো অনেক বেশি ভীতিজাগানিয়া জটিল কিছুর ইঙ্গিত দেয়। আমরা আর কেবল একটি 'স্বর্গীয় সাম্রাজ্য'র দিকে তাকিয়ে নেই; আমরা এমন এক অসীম, অস্পর্শীয় এবং মৌলিকভাবে রহস্যময় শক্তির গভীরে উঁকি দিচ্ছি—যাকে সম্ভবত কোনো পবিত্র গ্রন্থের কালি ও কাগজে বন্দি করা যায় না, কিংবা সসীম মানুষের মস্তিষ্কের প্রাথমিক ত্রিমাত্রিক জ্যামিতিক সংজ্ঞায় সীমাবদ্ধ করা অসম্ভব।

স্রষ্টাকে একটি নির্দিষ্ট 'স্থানে' স্থাপনের মানবিক প্রয়োজন: একটি মানসিক নোঙর

আমাদের অত্যন্ত সাহসের সাথে এবং পূর্ণ বুদ্ধিবৃত্তিক সততার সাথে নিজেদের প্রশ্ন করতে হবে: আমরা কি স্রষ্টাকে একটি

"রূপ", একটি "দিক" বা একটি "সুনির্দিষ্ট অবস্থান" কেবল আমাদের নিজেদের মনস্তাত্ত্বিক সুবিধা এবং অস্তিত্ব টিকিয়ে রাখার জন্য প্রদান করেছি? মানুষের চেতনা, যা গ্রহের কঠিন ভূপৃষ্ঠে চলাচলের জন্য বিবর্তিত হয়েছে, তা অ-স্থানীয়তা (non-locality)-র বিমূর্ত ধারণাটি প্রক্রিয়াজাত করতে মৌলিকভাবেই অক্ষম। অর্থাৎ এমন এক সত্তা যিনি কোথাও নেই অথচ সর্বত্র আছেন, অথবা এমন এক শক্তি যা যৌক্তিকভাবে স্থান-কালের সৃষ্টিরও পূর্ববর্তী—তাকে গ্রহণ করা আমাদের জন্য কঠিন। অসীমের এই অস্তিত্ববাদী বিভ্রম (Vertigo) থেকে নিজেদের বাঁচাতে—পাসকাল যাকে বলেছিলেন "এই অসীম শূন্যতার ভয়াবহ নিস্তব্ধতা"—আমরা ঐতিহাসিকভাবে ও সাংস্কৃতিকভাবে "সিংহাসনে উপবিষ্ট রাজা"র চিত্রকল্পটি নির্মাণ করেছি।

আমরা সেই 'পরম' সত্তাকে একজন 'সার্বভৌম সম্রাট' হিসেবে এবং এই শীতল ও বিশাল মহাবিশ্বকে তাঁর 'বিলাসবহুল প্রাসাদ' হিসেবে অনুবাদ করেছি। এই চিত্রকল্প কেবল শিল্প নয়; এটি একটি মানসিক নোঙর (Cognitive anchor)। এটি আমাদের হাতগুলোকে "উপরের দিকে" তোলার সুযোগ দেয়, আমাদের তীব্র আকাঙ্ক্ষার জন্য একটি দৃশ্যমান কেন্দ্রবিন্দু এবং

আমাদের লক্ষ্যহীন আত্মার জন্য একটি চেনা গন্তব্য প্রদান করে। কিন্তু আমরা যখন হাবল এবং জেমস ওয়েব টেলিস্কোপের ভেতর দিয়ে তাকাই, তখন আমাদের প্রশ্ন করতে হবে: এই "উপরের দিক" কি কোনো ভৌত মহাজাগতিক সত্য, নাকি এটি কেবল একটি মানসিক লাঠি (Cognitive crutch)—একটি ভাষাগত মই যা আমরা অজ্ঞতার গুহা থেকে বেরিয়ে আসার জন্য ব্যবহার করেছি, কিন্তু শেষে দেখা গেল যে মইটি নক্ষত্র পর্যন্ত পৌঁছায় না?

উপলব্ধির দুর্ভেদ্য দেয়াল: ইন্টারফেস বনাম অপারেটিং সিস্টেম

মহাবিশ্বের গাণিতিক বাস্তবতা এবং মানুষের হৃদয়ের আবেগপূর্ণ ধর্মের মাঝে কি কোনো দুর্ভেদ্য দেয়াল আছে যা আমরা এখনো ভাঙতে পারিনি? এই অধ্যায়ে আমরা যে গভীর প্যারাডক্সগুলো উন্মোচন করেছি, সেগুলো সেই দেয়ালের ফাটল হিসেবে কাজ করে। 'ঐশ্বরিক অবতরণ'-এর সেই চলমান ২৪ ঘণ্টার উইন্ডো, একই সাথে শাহরগের চেয়ে কাছে আবার কোটি আলোকবর্ষ দূরে আরশে থাকা ঈশ্বরের সেই বিভ্রান্তিকর বৈপরীত্য এবং একটি কেন্দ্রহীন প্রসারমান মহাবিশ্বে 'উপরে' বা 'নিচে'র মতো

আদিম স্থানিক শব্দের প্রয়োগ—সবই একটিমাত্র সিদ্ধান্তের দিকে ইঙ্গিত দেয়।

আমাদের বর্তমান ধর্মতাত্ত্বিক মডেলগুলো বাস্তবতার প্রকৃত 'অপারেটিং সিস্টেম' (Operating System) হওয়ার বদলে কেবল 'ইউজার ইন্টারফেস' (User Interface) ছাড়া আর কিছুই নয়। কম্পিউটার স্ক্রিনের 'রিসাইকেল বিন' বা ডাস্টবিনের আইকনটি যেমন হার্ডড্রাইভের ভেতরে বাইনারি ডিলিট হওয়ার একটি জটিল প্রক্রিয়ার সরলীকৃত দৃশ্যমান রূপক মাত্র, তেমনি আমাদের 'আরশ', 'আসমান' এবং 'অবতরণ'-এর ধারণাগুলো হয়তো মানুষের আত্মাকে এক অসীম বিশাল বাস্তবতার সাথে মিথস্ক্রিয়া করার সুযোগ দেওয়ার জন্য তৈরি করা কিছু সরলীকৃত আইকন। সেই বাস্তবতা আইকনগুলোর চেয়ে অসীম গুণ বেশি বহুমাত্রিক এবং গাণিতিকভাবে উন্নত। আমরা পর্দার রঙিন আইকনগুলোর দিকে তাকিয়ে আছি এবং ভুলবশত সেগুলোকে মহাবিশ্বের আদি কোড বা সূত্র বলে বিশ্বাস করছি।

অদৃশ্য বাস্তবতার দিকে উত্তরণ: রূপকের ওপারে

এই গভীর ও অমীমাংসিত প্রশ্নগুলো আমাদের অনুসন্ধানের সমাপ্তি নয়, কিংবা এগুলো বিশ্বাসের মৃত্যুঘণ্টাও বাজায় না; বরং এগুলো বিশ্বাসের এক আমূল ও সাহসী রূপান্তর দাবি করে। এগুলো আমাদের অনিবার্যভাবে আমাদের যাত্রার পরবর্তী এবং আরও চ্যালেঞ্জিং ধাপের দিকে নিয়ে যায়: স্রষ্টাকে প্রাচীন ধর্মগ্রন্থের চিরাচরিত ও নিরাপদ সীমানার বাইরে খোঁজার এবং অস্তিত্বের সেই কাঁচা, স্পন্দিত ও বৈজ্ঞানিক বাস্তবতায় সাহসের সাথে প্রবেশ করার আবশ্যকতা। আমরা 'ইতিহাসের ঈশ্বর' থেকে 'পদার্থবিজ্ঞানের ঈশ্বর'-এর দিকে এগিয়ে যাচ্ছি।

যদি 'আরশ' কোনো সুদূর ভৌত স্বর্গের সোনা বা আলোর আক্ষরিক সিংহাসন না হয়, তবে এটি কি উচ্চতর মাত্রার 'ইভেন্ট হরাইজন'-এর কোনো গাণিতিক সীমানা হতে পারে? যদি 'অবতরণ' মেঘের মধ্য দিয়ে কোনো শারীরিক নড়াচড়া না হয়, তবে এটি কি মহাকাশের শূন্যতায় মিশে থাকা এক সর্বজনীন অন্তর্নিহিত চেতনার কোয়ান্টাম ফ্লাকচুয়েশন বা স্পন্দন হতে পারে? আমাদের এখন অতীতের সেই স্বস্তিদায়ক এবং মানবিক রূপকগুলোকে—অর্থাৎ 'আকাশের সেই বৃদ্ধ মানুষ'কে—পিছনে ফেলার শক্তি অর্জন করতে হবে। আমাদের এমন এক স্রষ্টার মুখোমুখি হওয়ার প্রস্তুতি নিতে হবে যিনি

নক্ষত্রের ওপর বসে নেই, বরং যিনি স্বয়ং সেই 'গাণিতিক ধ্রুবক' (Mathematical Constant) যার কারণে নক্ষত্রগুলো জ্বলে ওঠে। 'কিতাবের ঈশ্বর' থেকে 'বাস্তবতার ঈশ্বর'-এর দিকে যাত্রা মাত্র শুরু হলো, এবং এটি মানব ইতিহাসের সবচেয়ে দাবিদার বুদ্ধিবৃত্তিক মহাকাব্য হতে যাচ্ছে।

অধ্যায়-০৭

নিরীহ প্রাণীর অসহায়ত্ব এবং সৃষ্টির রহস্য: এক অনন্ত আর্তনাদ

এই রহস্যময় মহাবিশ্বের বিশাল ও অকল্পনীয় রঙ্গমঞ্চে পরম স্রষ্টা প্রাণের এক অন্তহীন বৈচিত্র্য সৃষ্টি করেছেন। সাগরের অতল অন্ধকারের আণুবীক্ষণিক জীব থেকে শুরু করে নীল তিমির বিশালতা—মরুভূমির যাযাবর থেকে আকাশের ঈগল—প্রাণের প্রতিটি স্পন্দনের পেছনেই লুকিয়ে আছে এক গভীর ও ঐশ্বরিক উদ্দেশ্য। অথচ কোটি কোটি প্রজাতির এই দীর্ঘ মিছিলে কেবল দুটি প্রজাতি—মানুষ এবং জিন—কে দেওয়া হয়েছে এক দ্বিধারি তলোয়ারের মতো উপহার: 'বিবেক', 'বুদ্ধি' এবং 'স্বাধীন সিদ্ধান্ত গ্রহণের ক্ষমতা'।

এই বিবেকই হলো সেই চিরন্তন ঐশ্বরিক মাপকাঠি, যা আলো ও অন্ধকারের মাঝে এক গভীর ব্যবধান তৈরি করে এবং

আমাদের শেখায় সত্য ও মিথ্যার পার্থক্য। এই অনন্য বৈশিষ্ট্যের কারণেই কিয়ামতের সেই ভয়াবহ দিনে কেবল এই দুই জাতিকেই ন্যায়ের তুলাদণ্ডের সামনে দাঁড়াতে হবে এবং তাদের কর্মের হিসাব দিতে হবে।

সৃষ্টির বাকি সব প্রাণী মূলত 'নিরীহ' এবং 'গাইর-এ-মুকাল্লাফ'—অর্থাৎ তারা যেকোনো নৈতিক, আইনি বা ধর্মীয় বাধ্যবাধকতা থেকে সম্পূর্ণ মুক্ত। তাদের জন্য কোনো চিরস্থায়ী জান্নাত বা জাহান্নামের অগ্নিশিখা নেই। তারা কেবল প্রবৃত্তি এবং বেঁচে থাকার এক যান্ত্রিক চক্রের মধ্যে আবর্তিত হয়। এই বিষয়ে পবিত্র কুরআন এবং হাদিসের সুস্পষ্ট বর্ণনা আমাদের বিশ্বাসের ভিত্তি মজবুত করে এবং মহাজাগতিক ন্যায়বিচারের এক রূপরেখা প্রদান করে:

১. সৃষ্টির উদ্দেশ্য: ইবাদত এবং মহাপরীক্ষা

পবিত্র কুরআন অত্যন্ত স্পষ্টভাবে ঘোষণা করে যে, বুদ্ধিমান সত্তা সৃষ্টির মূল লক্ষ্য হলো মহান রবের মহিমা উপলব্ধি করা এবং তাঁর ঐশ্বরিক কর্তৃত্বের কাছে আত্মসমর্পণ করা। এটি

কোনো অন্ধ দাসত্ব নয়, বরং প্রজ্ঞা ও ভালোবাসার এক সচেতন মিলন।

"আমি জিন এবং মানুষকে কেবল আমার ইবাদতের জন্যই সৃষ্টি করেছি।" (সূরা আজ-জারিয়াত, ৫১:৫৬)

২. বিবেকের বোঝা: এক দুঃসাহসিক অঙ্গীকার

অন্যান্য প্রাণীর জীবন যখন কেবল প্রবৃত্তির দ্বারা পরিচালিত হয়—যেখানে তারা ক্ষুধা মেটাতে শিকার করে কিন্তু প্রতিহিংসা মেটাতে নয়—মানুষ সেখানে নিজের কাঁধে তুলে নিয়েছে 'আমানত' বা স্বাধীন ইচ্ছাশক্তির বোঝা। এই দায়িত্ব এতটাই ভারী ছিল যে, আকাশমন্ডলী, পৃথিবী এবং বিশাল পর্বতমালা এর ভার দেখে কেঁপে উঠেছিল এবং তা গ্রহণ করতে অস্বীকার করেছিল। তারা নিঃশর্ত আনুগত্যের নিরাপত্তাকে বেছে নিয়েছিল, কিন্তু মানুষ তার চরম দুঃসাহসে 'স্বায়ত্তশাসন' বা স্বাধীনতার রোমাঞ্চকে বেছে নিল।

"নিশ্চয়ই আমি আসমান, জমিন ও পাহাড়ের কাছে এই আমানত পেশ করেছিলাম, কিন্তু তারা তা বহন করতে অস্বীকার করল এবং এতে ভীত হলো; অথচ মানুষ তা বহন করল। নিশ্চয়ই সে ছিল জালেম ও অজ্ঞ।" (সূরা আল-আহজাব, ৩৩:৭২)

৩. জবাবদিহিতার কাঠগড়া: মহাজাগতিক জিজ্ঞাসাবাদ

যেহেতু মানুষ এবং জিনকে জ্ঞানের আলো, প্রজ্ঞার উপহার এবং স্বাধীন সিদ্ধান্তের ক্ষমতা দেওয়া হয়েছে, তাই তাদের প্রতিটি ক্ষুদ্র কাজও সূক্ষ্মভাবে পরীক্ষা করা হবে। শেষ সময়ের সেই মহাসভায় চোখের প্রতিটি পলক এবং হৃদস্পন্দনের আড়ালে লুকিয়ে থাকা প্রতিটি গোপন উদ্দেশ্য উন্মোচিত হবে।

"হে দুই ভারী দল (মানুষ ও জিন)! শীঘ্রই আমি তোমাদের (হিসাব নিকাশের) দিকে মনোনিবেশ করব।" (সূরা আর-রহমান, ৫৫:৩১)

৪. নিরীহদের পরিণতি: ঐশ্বরিক ন্যায়বিচারের সীমা

যদিও প্রাণীদের জান্নাত বা জাহান্নামের জন্য কোনো চিরস্থায়ী আত্মা নেই, তবুও স্রষ্টা এতটাই পরম ন্যায়বিচারক (আল-আদল) যে, তিনি তাদের পার্থিব অভিযোগগুলোও অমীমাংসিত রাখবেন না। রাসূল (সা.)-এর হাদিস অনুযায়ী, কিয়ামতের দিন শিংবিহীন ভেড়াকে সুযোগ দেওয়া হবে শিংওয়ালা ভেড়ার কাছ থেকে প্রতিশোধ নেওয়ার, যে তাকে অকারণে আঘাত করেছিল (সহীহ মুসলিম)। যখন সমস্ত পারস্পরিক অধিকার নিষ্পত্তি হবে এবং পরম ন্যায়বিচার প্রতিষ্ঠিত হবে, তখন স্রষ্টা আদেশ দেবেন: "মাটি হয়ে যাও!"

মুহূর্তের মধ্যে প্রতিটি প্রাণী মাটিতে মিশে যাবে এবং অস্তিত্বহীনতায় ফিরে যাবে। সেই মুহূর্তে অপরাধী মানুষগুলো যখন দেখবে যে প্রাণীরা অস্তিত্বহীনতার মাধ্যমে চিরস্থায়ী শাস্তি থেকে বেঁচে যাচ্ছে, তখন তারা চরম আতঙ্কে চিৎকার করে উঠবে:

"...আর কাফের বলবে: 'হায়, আমি যদি মাটি হতাম!'" (সূরা আন-নাবা, ৭৮:৪০)

হৃদয়ের রক্তক্ষরণ: নিরীহ প্রাণের ওপর নির্যাতনের নিষ্ঠুর বাস্তবতা

আমরা যখন এই সুশৃঙ্খল ধর্মতাত্ত্বিক ও তাত্ত্বিক কাঠামোগুলোকে আমাদের দৈনন্দিন জীবনের রক্তমাখা আয়নার সামনে ধরি, তখন এক গভীর, যন্ত্রণাদায়ক এবং প্রায় উত্তরহীন প্রশ্ন বেরিয়ে আসে। প্রাণীরা যদি সত্যিই নিরপরাধ হয়, তাদের যদি কোনো পাপের খাতা না থাকে এবং বিচারের বোঝা না থাকে, তবে কেন তাদের এই নশ্বর পৃথিবীতে এমন তীব্র শারীরিক যন্ত্রণা এবং অমানবিক নির্যাতন সহ্য করতে হয়? কেন মানুষের নিষ্ঠুরতার আঘাত এই নির্বাক প্রাণীদের ওপর পড়ে—যাদের করুণা ভিক্ষা করার ভাষা নেই, বিচার চাওয়ার আদালত নেই এবং এই জীবনে প্রতিকার পাওয়ার কোনো আশা নেই?

আমি আমার নিজের জীবনের একটি হৃদয়বিদারক অভিজ্ঞতার কথা বলতে চাই—যা আমার আত্মায় এক স্থায়ী ক্ষত রেখে

গেছে। ঠিক আমার বাড়ির পাশেই এক অসহায় আশ্রয়হীন কুকুর চারটি ছোট ছানা জন্ম দিয়েছিল। তার মধ্যে দুটিকে শিয়াল মেরে ফেলেছিল—প্রকৃতির খাদ্যশৃঙ্খলের সেই নিষ্ঠুরতাকে হয়তো বন্য জীবনের আইন হিসেবে মেনে নেওয়া যায়। কিন্তু তৃতীয় ছানাটির সাথে যা ঘটেছিল, তা প্রাকৃতিক টিকে থাকার সীমানা ছাড়িয়ে পৈশাচিক নিষ্ঠুরতার রাজ্যে প্রবেশ করেছিল। এক পাষণ্ড, হৃদয়হীন ছেলে ধারালো অস্ত্র দিয়ে সেই ছোট্ট প্রাণীটির মাথায় আঘাত করে, যা এক ভয়াবহ ক্ষতের সৃষ্টি করে।

ক্ষতটি সংক্রমিত হয় এবং চরম অবহেলায় তাতে পচন ধরে। এক রাতে, যখন পৃথিবী গভীর নিস্তব্ধতায় মগ্ন, আমি এক আর্তনাদে জেগে উঠলাম যা আকাশ-বাতাস বিদীর্ণ করছিল—সেই ছানাটির জীবনের শেষ মুহূর্তের সেই বুকফাটা চিৎকার। অন্ধকারে স্তব্ধ হয়ে দাঁড়িয়ে আমার মনে হচ্ছিল যেন আমার নিজের পাঁজরের হাড়গুলো গুঁড়িয়ে যাচ্ছে। আমি ভাবলাম: এই অবুঝ প্রাণীটির অপরাধ কী ছিল? সে কোনো ধর্মগ্রন্থ পড়েনি, কারো সম্পদ চুরি করেনি, কারো প্রতি বিন্দুমাত্র বিদ্বেষ পোষণ করেনি। সে ছিল নিষ্পাপ। তার কোনো পাপ ছিল না, কোনো হিসাব চুকানোর ছিল না, কারো সাথে শত্রুতাও ছিল না।

তবে কেন এই ভয়াবহ ও দুঃস্বপ্ন জাগানিয়া পরিণতি? কেন তাকে ফোঁটায় ফোঁটায়, দিনের পর দিন এই নরকীয় যন্ত্রণা ভোগ করতে হলো? স্রষ্টা কি সেই আর্তনাদ শোনেন না যার কোনো ভাষা নেই?

ভাগ্যের লিখন বনাম মানুষের ইচ্ছা: এক অমীমাংসিত মহাজাগতিক প্যারাডক্স

সেই দীর্ঘ যন্ত্রণাদায়ক মুহূর্তে আমার ভেতরে সন্দেহের ঝড় উঠতে শুরু করল: এটিও কি তার 'তকদীর' বা পূর্বনির্ধারিত ভাগ্যের অংশ ছিল? নক্ষত্ররা জ্বলে ওঠার আগে, লওহে মাহফুজে সেই আদি কলমের কালিতে কি এই যন্ত্রণার দৃশ্য লেখা থাকাটা খুব জরুরি ছিল? সেই ঐশ্বরিক কলম কি এই নিরীহ কুকুরছানাটির জন্য দীর্ঘ নির্যাতনের বদলে এক ফোঁটা করুণা বা দ্রুত যন্ত্রণাহীন মৃত্যু লিখতে পারত না?

নাকি স্রষ্টা এই নির্বাক ও যন্ত্রণাকাতর প্রাণীটিকে কেবল সেই পাষণ্ড ছেলেটির হৃদয় পরীক্ষা করার জন্য একটি 'টেস্ট কেস' বা 'উপকরণ' হিসেবে ব্যবহার করেছেন? কিয়ামতের দিন

একজন মানুষের অপরাধ প্রমাণ করার জন্য কি একটি প্রাণের অস্তিত্ব কেবল একটি জৈবিক যন্ত্রে সংকুচিত হয়ে গেল?

এখানে ধর্মীয় বিশ্বাস এবং নিষ্ঠুর বাস্তবতার মধ্যে এক বিশাল দার্শনিক সংঘর্ষ ঘটে। আমরা যদি বলি, "সবই স্রষ্টার ইচ্ছা," তবে সেই নিষ্ঠুর ছেলেটির নৈতিক দায়বদ্ধতা কোথায় থাকে? সে কি কেবল ভাগ্যের হাতের পুতুল হিসেবে কাজ করেছে? তার হাত যদি ঐশ্বরিক নির্দেশে পরিচালিত হয়ে থাকে, তবে তাকে শাস্তি দেওয়াকে কীভাবে 'ন্যায়বিচার' বলা যাবে? উল্টোদিকে, আমরা যদি বলি এটি ছিল নিছক ছেলেটির স্বাধীন কাজ এবং এতে স্রষ্টার কোনো হাত ছিল না, তবে স্রষ্টার 'সর্বজ্ঞ' এবং 'সবকিছুর ওপর নিয়ন্ত্রণকারী' হওয়ার শাশ্বত ধারণাটি এক চরম চ্যালেঞ্জের মুখে পড়ে।

নিশ্চয়ই স্রষ্টা ভালো জানেন; তিনি পরম প্রজ্ঞাময় এবং প্রতিটি কাজের পেছনে এমন রহস্য থাকে যা আমাদের এই ভঙ্গুর ত্রিমাত্রিক মনের নাগালের বাইরে। কিন্তু যখন একজন সংবেদনশীল মানুষের হৃদয় থেকে রক্তক্ষরণ শুরু হয়, যখন কেউ একটি নিরীহ প্রাণের ছটফটানি দেখে, তখন "তিনি ভালো

জানেন" বাক্যটি সবসময় আত্মার ক্ষতবিক্ষত জায়গায় ব্যান্ডেজ হিসেবে কাজ করতে পারে না।

এই কুকুরছানাটি, যে বিনা পাপে কষ্ট পেল, সে কি কেবল অন্য কারো বিচারের পাল্লা ভারী করার জন্য একটি 'বস্তু' ছিল? একটি জীবন্ত, অনুভবকারী প্রাণীর জীবন কি অন্য কারো মন্দত্ব মাপার মাপকাঠি ছাড়া আর কিছুই নয়? এই দৃশ্য কি সৃষ্টির মহিমাকে উজ্জ্বল করে, নাকি আমাদের এক শূন্য দার্শনিক হতাশায় ফেলে দেয়?

সময়ের শুরুতে যখন সব প্রাণীর ভাগ্য লেখা হচ্ছিল, তখন কলমের কালি কি এই অসহায় আর্তনাদের আকার নিয়ে ঝরে পড়েছিল? নাকি মানুষের 'স্বাধীন ইচ্ছা' মাঝে মাঝে মহাবিশ্বের ঐশ্বরিক কাঠামোকে ছিঁড়ে ফেলে মানুষের নিষ্ঠুরতার কালি দিয়ে সৃষ্টির পবিত্রতাকে কলঙ্কিত করে? এই যন্ত্রণার কোনো পার্থিব উত্তর আমাদের কাছে নেই। কোনো বিজ্ঞান, কোনো দর্শন এবং কোনো যুক্তি এই ব্যবধান ঘুচাতে পারে না। হয়তো কেবল সেই মহা-হিসাবের দিনেই, যখন প্রতিটি চোখের পানির হিসাব

নেওয়া হবে এবং প্রতিটি নীরব আর্তনাদ প্রতিধ্বনিত হবে, তখনই এই রহস্যের জট খুলবে।

ততদিন পর্যন্ত সেই নিশীথ আর্তনাদ আমার কানে বাজতে থাকবে—নিষ্পাপের শাস্তিহীন এবং অর্থহীন যন্ত্রণার এক জীবন্ত সাক্ষী হিসেবে। এই রহস্যের কূল খুঁজতে গিয়ে মানুষ কেবল নিজের সীমাবদ্ধতার বিশালতা এবং মহাজাগতিক শূন্যতার ভয়াবহ অন্ধকারকেই নতুন করে আবিষ্কার করে। আমরা কি সত্যিই স্বাধীন, নাকি আমরা কেবল একটি নাটকের ট্র্যাজিক অভিনেতা—যে নাটকের চিত্রনাট্য লেখা হয়েছে এমন এক ভাষায় যা বোঝার আশা আমরা করতে পারি না?

অধ্যায়-০৮

মৃত্যুর অনিবার্যত: তকদীর বনাম মানুষের ইচ্ছা

৮.১ এক অনিবার্য ও চিরন্তন গন্তব্য: সসীমের চূড়ান্ত সমাপ্তি

এই বিশাল, প্রসারমান এবং অনেক সময় ভীতিজাগানিয়াভাবে বোধাতীত মহাবিশ্বে যদি কোনো একটি পরম, অটল এবং মহাজাগতিকভাবে অপরিবর্তনীয় সত্য থেকে থাকে—তবে তা হলো 'মৃত্যু'। এটি সেই একমাত্র অখণ্ডনীয় প্রতিশ্রুতি যা অস্তিত্ব কখনো ভঙ্গ করে না—একটি সার্বভৌম ঋণ যা প্রতিটি সচেতন সত্তাকে, সরলতম এককোষী জীব থেকে শুরু করে জটিলতম মানব মস্তিষ্ক পর্যন্ত, একদিন সুদসহ পরিশোধ করতে হয়। মৃত্যু হলো সেই চূড়ান্ত 'সমতাকারী' (Great Equalizer)—এমন এক শক্তি যা আমাদের সামাজিক মর্যাদা, অর্জিত সম্পদ, বুদ্ধিবৃত্তিক দক্ষতা বা পার্থিব ক্ষমতার প্রতি সম্পূর্ণ উদাসীন।

একটি নবজাতক যখন তার জীবনের প্রথম তীক্ষ্ণ চিৎকার দেয়—যা একটি সচেতন ও স্বাধীন জীবনের সূচনার জৈবিক সংকেত—ঠিক সেই মাইক্রো-সেকেন্ড থেকেই সেই অলৌকিক ও সুশৃঙ্খল জৈবিক কাঠামোর প্রতিটি জীবিত কোষ এক নীরব, ছন্দময় এবং অপরিবর্তনীয় ক্ষণগণনা (Countdown) শুরু করে দেয়। আমরা প্রায়ই জন্মকে একটি 'শুরু' হিসেবে ভুল করি; কিন্তু পদার্থবিজ্ঞানের শীতল আলোয় দেখলে জন্ম হলো কেবল সেই মুহূর্ত যখন সলতেতে আগুন ধরানো হয়। আমরা কেবল জীবনের মাঝেই জন্মগ্রহণ করি না; আমরা জন্ম নেই এক নিরবচ্ছিন্ন জৈবিক বিশৃঙ্খলার (Entropy) মধ্যে। বেঁচে থাকা মানেই হলো—সবচেয়ে আক্ষরিক, ক্লিনিকাল এবং বৈজ্ঞানিক অর্থে—প্রতিটি কোষের মাধ্যমে ধীরে ধীরে মৃত্যুবরণ করার এক ক্লান্তিকর প্রক্রিয়া।

আমাদের শরীরের বিপাক প্রক্রিয়া (Metabolism)—সেই অদৃশ্য রাসায়নিক অগ্নি যা আমাদের রক্তকে উষ্ণ রাখে, হৃদপিণ্ডকে সচল রাখে এবং চিন্তাকে সচল রাখে—তা আসলে সেই একই জারণ প্রক্রিয়া (Oxidation) যা ধীরগতিতে কিন্তু নিশ্চিতভাবে আমাদের কলার (Tissue) কাঠামোগত অখণ্ডতাকে ক্ষয় করে দেয়। এটি আমাদের জেনেটিক কোডের সেই পবিত্র চার অক্ষরের লিপিতে একের পর এক ত্রুটি তৈরি

করে, ঠিক যেমন একজন লেখকের হাত সারা জীবন লিখতে লিখতে ক্লান্ত হয়ে পড়ে। সুতরাং, মৃত্যু কেবল কোনো দূরবর্তী বাহ্যিক ঘটনা নয় যা দীর্ঘ পথ চলার শেষে আমাদের সাথে "ঘটে"; এটি এমন এক অভ্যন্তরীণ অতিথি যা শুরু থেকেই আমাদের মজ্জা এবং মাইটোকন্ড্রিয়ার ভেতরে বসবাস করে। এটি এক নীরব স্থপতি, যে আমাদের জীবনের অগোছালো ও অস্থায়ী কাঠামো গড়ার উত্তেজনার আড়ালে খুব নিভৃতে আমাদের প্রস্থানের ব্লুপ্রিন্ট তৈরি করতে থাকে।

অনিশ্চয়তার মহাপরিব্রাজক

জীবনের এই রহস্যময়, সুন্দর এবং প্রায়শই বিশৃঙ্খল রঙ্গমঞ্চে প্রতিটি দৃশ্য এক দমবন্ধ করা অনিশ্চয়তার কুয়াশায় ঢাকা। দূরদর্শিতার বোঝা বহনকারী এক সচেতন সত্তা হিসেবে আমরা আমাদের প্রতিদিনের অস্তিত্বকে এক নড়বড়ে 'হয়তো'র ওপর দাঁড়িয়ে পরিচালনা করি। আমরা এমন এক জগতে বাস করি যা অগণিত পরিবর্তনশীল চলক (Variables) এবং লুকানো কার্যকারণ শৃঙ্খল দ্বারা পরিচালিত, যেখানে প্রকৃতির নিয়ম অনুযায়ী কোনো কিছুরই গ্যারান্টি দেওয়া সম্ভব নয়।

আমরা গাণিতিক নির্ভুলতা বা ভবিষ্যদ্বাণীর নিশ্চিত করে জানি না যে—পরবর্তী সূর্যাস্তের সময় আমাদের টেবিলে অন্ন থাকবে কি না; আমরা নিশ্চয়তা দিতে পারি না যে আমাদের হৃদয়ের আশ্রয়স্থল এবং পরিচয়ের উৎস যে প্রিয়জনরা আজ পাশে আছেন, আগামী সূর্যোদয়ের সময়ও তারা সাথে থাকবেন কি না। প্রতিটি নিঃশ্বাস একটি জুয়া; প্রতিটি পরিকল্পনা একটি অস্বচ্ছ ভবিষ্যতের দিকে আশাবাদী প্রক্ষেপণ মাত্র। আমাদের শারীরিক স্বাস্থ্য, কষ্টে অর্জিত সম্পদ এবং আমাদের বিশাল ও জটিল সামাজিক কাঠামো—সবই ভঙ্গুর ও অস্থায়ী নির্মাণ; যেন এক ক্রমবর্ধমান জোয়ারের কিনারায় কাঁপানো হাতে গড়া সূক্ষ্ম বালির প্রাসাদ। একটি আণুবীক্ষণিক ভাইরাস, একটি আকস্মিক ভূ-তাত্ত্বিক পরিবর্তন কিংবা মানুষের সামান্য এক ভুলের কারণে যেকোনো মুহূর্তে এগুলো ভেঙে চুরমার হয়ে যেতে পারে।

তবুও, এই চরম অনিশ্চয়তার ঝড়ের মাঝে একটি সত্য অটল, অনড় এবং পরম হয়ে থাকে। এটি আমাদের সমষ্টিগত অজ্ঞতার অন্ধকারের মাঝে একটি শীতল, দূরবর্তী এবং অবিচল নক্ষত্রের মতো জ্বলে: একদিন, কোনো ব্যতিক্রম এবং আবেদন ছাড়াই, জীবনের সেই ভারী পর্দাটি পড়ে যাবে, মঞ্চের আলোগুলো নিভে যাবে এবং আমাদের অস্তিত্বের সেই অনন্য

ব্যক্তিগত আখ্যানটি তার চূড়ান্ত ও অপরিবর্তনীয় পূর্ণচ্ছেদে পৌঁছাবে। এখানে কোনো এডিট করার সুযোগ নেই, কোনো সিক্যুয়াল নেই এবং শেষ দৃশ্যটিকে থামিয়ে রাখার কোনো পথ নেই।

জৈবিক অলৌকিকতা বনাম প্রাকৃতিক পূর্ণতা

বিস্ময়করভাবে, যখন বেঁচে থাকা বা জীবন—বিলিয়ন বিলিয়ন নিউরনের বিস্ময়কর সমন্বয়, প্রোটিনের সেই সূক্ষ্ম আণবিক বিন্যাস এবং পরমাণুর সংঘর্ষ থেকে আত্মসচেতন চিন্তার উদ্ভব—একটি স্তম্ভিত করে দেওয়া প্রায় অসম্ভব এক জৈবিক অলৌকিকতা, তখন মৃত্যু হলো সেই অলৌকিকতার এক অত্যন্ত স্বাভাবিক, জাগতিক এবং যৌক্তিক পূর্ণতা। এটি একটি দীর্ঘ, জটিল এবং সুন্দর জৈবিক বাক্যের শেষ বন্ধনী মাত্র। বন্ধনী ছাড়া বাক্যটি তার অর্থ হারায়; মৃত্যু ছাড়া জীবন প্রবাহমান নদীর বদলে একটি স্থবির জলাশয়ে পরিণত হতো। এটি সেই মহাবিশ্বের শক্তির প্রয়োজনীয় পুনর্ব্যবহার (Recycling), যা নিরন্তর গতি এবং নবায়ন দাবি করে। নতুনের বিকাশের জন্য, পরবর্তী প্রজন্মের জেনেটিক বৈচিত্র্য ধরে রাখার জন্য,

পুরোনোকে অত্যন্ত মার্জিতভাবে মঞ্চ থেকে বিদায় নিতে হয় এবং তার ধার করা পরমাণুগুলোকে মহাজাগতিক চুল্লিতে ফিরিয়ে দিতে হয়।

মৃত্যুর এই শীতল ও অলঙ্ঘনীয় সত্য সম্পর্কে মানুষের অভিজ্ঞতার প্রতিটি স্তরে এক বিরল ও সর্বজনীন ঐকমত্য রয়েছে। এখানে ধর্মের প্রাচীন প্রতীকী মতবাদ, দর্শনের কঠোর ও সংশয়ী অনুসন্ধান কিংবা আধুনিক বিজ্ঞানের পরীক্ষালব্ধ পর্যবেক্ষণের মধ্যে কোনো মৌলিক দ্বিমত নেই। কেউ যদি পবিত্র ধর্মগ্রন্থের প্রিজম দিয়ে দেখে, সক্রেটিসের কঠোর যুক্তির মাধ্যমে দেখে কিংবা একজন কোষ-জীববিজ্ঞানীর হাতের মাইক্রোস্কোপের শীতল লেন্স দিয়ে দেখে—মানুষের চিন্তার সমস্ত পথ অবশেষে কবরের প্রান্তরে গিয়েই মিলিত হয়। এটি সেই একমাত্র ভৌগোলিক বিন্দু যেখানে বিশ্বাসী এবং নাস্তিক, রাজা এবং ভিখারি, সাধু এবং পাপিষ্ঠ—সবাই এক সাধারণ ভূমিতে এসে দাঁড়ায়। গোরস্থানের দরজায় এসে পৃথিবীর সমস্ত বিতর্ক শেষ পর্যন্ত নিস্তব্ধ হয়ে যায় এবং আমরা সবাই বাস্তবতার স্বরূপ নিয়ে একমত হই।

যৌক্তিক মনের বিদ্রোহ: সেই মহান 'কেন' এবং 'কখন'

তবে, এই সর্বজনীন ঐকমত্যের প্রশান্তি মুহূর্তেই বিলীন হয়ে যায় এবং সেখানে এক প্রচণ্ড অস্থির বুদ্ধিবৃত্তিক বিতর্কের ঝড় ওঠে—ঠিক যখন আমরা মৃত্যুর কেবল 'তথ্য'টুকু পেরিয়ে এর অন্তর্নিহিত মেকানিক্স বা প্রক্রিয়া নিয়ে প্রশ্ন করতে শুরু করি। যৌক্তিক মন, যা লক্ষ লক্ষ বছর ধরে টিকে থাকার তাগিদে নকশা খোঁজা, নিয়ম শনাক্ত করা এবং ফলাফল অনুমান করার জন্য বিবর্তিত হয়েছে—তা আমাদের বিদায়ের 'সময়', 'স্থান' এবং 'পদ্ধতি'র আপাত যদৃচ্ছ ও বিশৃঙ্খল রূপ দেখে প্রচণ্ড বিদ্রোহী এবং উত্তেজিত হয়ে ওঠে। আমরা মেনে নিই যে আমাদের মরতে হবে, কিন্তু আমরা এটা মেনে নিতে পারি না যে আমরা জানি না 'কখন'।

ঠিক এখানেই আধিভৌতিক এবং বৈজ্ঞানিক দৃষ্টিভঙ্গির এক বিশাল বিভাজন তৈরি হয়, যা মানুষের চিন্তাধারাকে দুটি পরস্পরবিরোধী শিবিরে ভাগ করে দেয়:

১. অলঙ্ঘনীয় মহাজাগতিক ডায়েরি (স্থির বিন্দু): এই দৃষ্টিভঙ্গি প্রশ্ন করে: আমাদের শেষ নিঃশ্বাসের ঠিক সেই মিলিসেকেন্ড

পর্যন্ত সময় কি কোনো প্রাচীন ও অপরিবর্তনীয় মহাজাগতিক লেজারে আগে থেকেই লেখা আছে? মৃত্যু কি স্থান-কালের বিশাল মানচিত্রে একটি 'স্থির বিন্দু' (Fixed Point)—এক পূর্বনির্ধারিত স্থানাঙ্ক যা আধুনিক চিকিৎসা বিজ্ঞান, ব্যক্তিগত সতর্কতা বা প্রযুক্তির কোনো উৎকর্ষ বিন্দুমাত্র পরিবর্তন করতে পারে না? এই মতে, আমাদের জীবনকাল হলো আগে থেকে মেপে রাখা একটি সুতো। আমরা একটি উচ্চগতির ট্রেনের যাত্রীর মতো, যা এমন এক স্টেশনের দিকে এগিয়ে যাচ্ছে যা আমাদের ট্রেনে ওঠার অনেক আগেই নির্মিত হয়েছে। আমাদের লড়াই, ওষুধ, সেফটি বেল্ট বা প্রার্থনা—সবই জানালার পাশে দিয়ে বয়ে যাওয়া দৃশ্যপট মাত্র; এটি এমন এক যাত্রার অংশ যার গন্তব্য এবং পৌঁছানোর সময় অনেক আগেই পাথরে খোদাই করে রাখা হয়েছে।

২. **সমাপ্তির স্থপতি (প্রবাহমান পথ):** বিপরীত দৃষ্টিভঙ্গিটি প্রশ্ন করে: নাকি আমরা আমাদের 'ইচ্ছাশক্তি'র নিরন্তর প্রয়োগ এবং কার্যকারণের জটিল ও বিশৃঙ্খল নিয়মের মাধ্যমে প্রতিটি নিঃশ্বাসে নতুন নতুন গন্তব্য তৈরি করছি? একজন মানুষের সচেতনভাবে একটি নির্দিষ্ট রাস্তা পার হওয়া, একটি নির্দিষ্ট ফ্লাইটে ওঠা কিংবা জীবনযাত্রা ও খাদ্যাভ্যাস আমূল পরিবর্তন

করা কি রিয়েল-টাইমে তার মৃত্যুর চিত্রনাট্যটি পুনরায় লিখছে? এই মডেলে ভবিষ্যৎ কোনো উপত্যকার ওপর বিছিয়ে রাখা পথ নয়, বরং এটি এমন এক ল্যান্ডস্কেপ যা আমরা হাঁটার সাথে সাথে তৈরি করছি। এই অর্থে মৃত্যু হলো বিলিয়ন বিলিয়ন আন্তঃসংযুক্ত পছন্দ, পরিবেশগত সংঘর্ষ এবং জৈবিক সম্ভাব্যতার এক পরিসংখ্যানগত ফলাফল।

আমরা কি কেবল একটি কঠোর, পূর্ব-লিখিত এবং অপরিবর্তনীয় চিত্রনাট্যের অনুগত অভিনেতা—যেখানে সমাপ্তি দৃশ্যটি আগেই শুট করা আছে এবং কেবল সময় প্রবাহের সাথে সাথে তা পর্দায় আসার অপেক্ষা করছে? নাকি আমরা এক একজন তাৎক্ষণিক কবি এবং অস্থির স্থপতি, যারা আমাদের নিজেদের কাজের ভার, পরিণতি এবং যদৃচ্ছতা দিয়ে গল্পের শেষ লাইনটি প্রতি মুহূর্তে নতুন করে লিখছি?

অষ্টম অধ্যায়ের গভীরে প্রবেশ করার সময় আমরা ধর্মের 'তকদীর' (ঐশ্বরিক ডিক্রি) ধারণাকে বিজ্ঞানের 'স্টোকাস্টিসিটি' (কোয়ান্টাম যদৃচ্ছতা), এনট্রপি এবং কার্যকারণের পাল্লায় মাপব। আমরা সেই সন্ধিস্থলটি খুঁজে বের করার চেষ্টা করব

যেখানে মৃত্যু কি একটি তালাবদ্ধ দরজা যা কেবল নির্দিষ্ট সময়েই খোলে, নাকি এটি এমন এক গন্তব্য যা আমরা আমাদের প্রতিটি অজানা পদক্ষেপের মাধ্যমে ইট দিয়ে গেঁথে গেঁথে তৈরি করছি। আমরা খুঁজছি সেই ছেদবিন্দু যেখানে 'স্রষ্টার ডিক্রি'র সাথে 'সৃষ্টির ইচ্ছা' মিলিত হয়—যেখানে 'অলঙ্ঘনীয় ডায়েরি' আর 'স্থপতির কলম' এক হয়।

৮.২ ধর্মের আয়নায় মৃত্যু: এক রহস্যময় যবনিকা

পবিত্র কুরআনের উচ্চ-সংজ্ঞায়িত (High-definition) শব্দভাণ্ডার এবং অতি সতর্কতার সাথে সংরক্ষিত হাদিসের ঐতিহ্যে মৃত্যুকে কখনোই কেবল জৈবিক ক্রিয়াকলাপের অবসান, হৃদযন্ত্রের ক্রিয়া বন্ধ হওয়া কিংবা জৈব পদার্থের সাধারণ জারণ-ক্ষয় হিসেবে দেখা হয় না। বরং একে চিত্রায়িত করা হয়েছে এক মহিমান্বিত অথচ ভীতিজাগানিয়া আধিভৌতিক উত্তরণ (Metaphysical transition) হিসেবে—যা মহাবিশ্বের ইতিহাসে অন্যতম গভীর ও সুরক্ষিত গোপন রহস্য। ধর্মীয় তত্ত্ব অনুযায়ী, স্রষ্টা যদিও মৃত্যুর সত্যতাকে প্রতিটি সচেতন প্রাণীর জন্য এক পরম ও দৃশ্যমান নিশ্চিত বাস্তবতা হিসেবে রেখেছেন,

কিন্তু এর 'টেকনিক্যাল স্পেসিফিকেশন'—অর্থাৎ কখনকার সেই সুনির্দিষ্ট মাইক্রো-সেকেন্ড, ঠিক কোন অক্ষাংশ ও দ্রাঘিমাংশের স্থানাঙ্ক এবং ঠিক কোন যান্ত্রিক উপায়ে তা ঘটবে—এসবই 'টপ সিক্রেট' বা পরম গোপন ঐশ্বরিক জ্ঞান হিসেবে শ্রেণিবদ্ধ। এই তথ্যগুলো লওহে মাহফুজ নামক এক আধিভৌতিক ভল্ট বা সংরক্ষিত ফলকে গচ্ছিত আছে, যা কোনো মানুষের চোখ—সে যত বড় মেধাবী বা প্রযুক্তিতে উন্নতই হোক না কেন—কখনো দেখতে বা পাঠোদ্ধার করতে পারবে না।

ক. কুরআনের অটল ঘোষণা: প্রবেশ ও প্রস্থানের সর্বজনীন আইন

সূরা আল-ইমরানে (৩:১৮৫) আল্লাহ এক চূড়ান্ত অস্তিত্ববাদী ডিক্রি জারি করেছেন যা প্রতিটি সচেতন সত্তার জন্য এক অলঙ্ঘনীয় বেইজলাইন হিসেবে কাজ করে: "প্রতিটি প্রাণকেই মৃত্যুর স্বাদ গ্রহণ করতে হবে।" এটি কোনো সাধারণ পরামর্শ, শোকাতুরদের জন্য কোনো কাব্যিক সান্ত্বনা কিংবা কোনো পরিসংখ্যানগত সম্ভাবনা নয়; বরং এটি পদার্থবিজ্ঞান এবং আধ্যাত্মিকতা উভয়েরই এক সর্বজনীন আইন, যা থেকে এই পৃথিবী বা পৃথিবীর বাইরে কোথাও কোনো নিস্তার নেই। আরবির এই শব্দবিন্যাস ইঙ্গিত দেয় যে—মৃত্যু হলো এমন এক

‘স্বাদ’ বা ‘অভিজ্ঞতা’ যা প্রতিটি সচেতন সত্তা জৈবিকভাবে ও আধ্যাত্মিকভাবে গ্রহণ করতে বাধ্য। কেউ যদি মহাজাগতিক কোনো বিশাল ব্ল্যাক হোলের আলোহীন গভীরতায় লুকিয়ে থাকার চেষ্টা করে, কিংবা প্রযুক্তির সাহায্যে সুরক্ষিত কোনো মাটির তলার দুর্ভেদ্য সিসার দেয়ালের আড়ালে আশ্রয় নেয়—তবুও মালাকুল মউত বা মৃত্যুফেরেস্তার হাত থেকে তার নিস্তার নেই। এটি এমন এক শক্তি যা কোনো ভৌত বাধা, মহাকর্ষীয় টান কিংবা মহাকাশের শূন্যতা দ্বারা বাধাগ্রস্ত হয় না।

অধিকন্তু, সূরা আন-নাহলে (১৬:৬১) এই রহস্যকে আরও গভীর করা হয়েছে এই ঘোষণা দিয়ে যে—এই প্রস্থানের সময়টি এক গাণিতিক কঠোরতায় নির্ধারিত, যা মানুষের যুক্তি এবং চিকিৎসাবিজ্ঞানের হস্তক্ষেপকে অস্বীকার করে: "যখন তাদের সময় আসবে, তারা এক মুহূর্তও পিছিয়ে থাকতে পারবে না, আবার এগিয়েও যেতে পারবে না।" এটি স্থান-কালের জটিল কাঠামোতে এক পূর্বনির্ধারিত ও হার্ড-কোডেড স্থানাঙ্কের ইঙ্গিত দেয়। এই ধর্মতাত্ত্বিক দৃষ্টিতে, পৃথিবীর সবচেয়ে শক্তিশালী কোয়ান্টাম সুপারকম্পিউটার—যা প্রতি সেকেন্ডে কোটি কোটি সিমুলেশন করতে সক্ষম—সেটিও যদি আপনার প্রতিটি জৈবিক সংকেত, হৃদস্পন্দন এবং জেনেটিক বৈশিষ্ট্য বিশ্লেষণ করে,

তবুও সে আপনার "ফুসফুস-অ্যাকাউন্টে" অবশিষ্ট থাকা নিঃশ্বাসের সঠিক সংখ্যা গণনা করতে পারবে না। অথচ সেই হিসাবটি নিখুঁত, চূড়ান্ত এবং স্রষ্টার কাছে সংরক্ষিত। আপনার জীবন কোনো যদৃচ্ছ ও বিশৃঙ্খল বাতাসে কাঁপতে থাকা কোনো ম্লান মোমবাতি নয়; বরং এটি একজন ঐশ্বরিক প্রকৌশলী দ্বারা পরিমাপকৃত একটি নির্দিষ্ট দৈর্ঘ্যের সলতে, যা এমনভাবে তৈরি করা হয়েছে যাতে এটি একটি নির্দিষ্ট সময় পর্যন্তই জ্বলবে—যা একটি হৃদস্পন্দনের ব্যবধানেও কমানো বা বাড়ানো সম্ভব নয়।

খ. সূরা লুকমানের রহস্য: অদৃশ্যের পাঁচটি পর্দা

মানুষের দূরদর্শিতার সীমাবদ্ধতা সম্পর্কে সম্ভবত সবচেয়ে তাত্ত্বিক ও বুদ্ধিবৃত্তিকভাবে বিনয়ী আয়াতটি পাওয়া যায় সূরা লুকমানে (৩১:৩৪)। এই আয়াতে সেই সীমানাটি চিহ্নিত করা হয়েছে যাকে ইসলামি চিন্তাবিদ ও ধর্মতাত্ত্বিকরা বলেন 'মাফাতিহুল গায়েব' বা অদৃশ্যের পাঁচটি চাবিকাঠি:

"...আর কোনো প্রাণই জানে না আগামীকাল সে কী অর্জন করবে, এবং কোনো প্রাণই জানে না কোন ভূমিতে তার মৃত্যু হবে। নিশ্চয়ই আল্লাহ সর্বজ্ঞ এবং সম্যক অবহিত।"

এই আয়াতটি মানুষের জ্ঞানের পরিধির চারপাশে একটি স্থায়ী ও ঐশ্বরিক বুদ্ধিবৃত্তিক 'ফায়ারওয়াল' টেনে দিয়েছে। এর সারমর্ম হলো—মানুষ তার অস্তিত্বের দুটি অত্যন্ত উদ্বেগজনক বিষয়ে অন্ধকারে থাকতে ঐশ্বরিকভাবেই আদিষ্ট: তার ভবিষ্যতের অর্থনৈতিক বা নৈতিক অর্জন এবং তার জীবনের চূড়ান্ত ভৌগোলিক গন্তব্য। এটি বিশ্বাসের একটি মৌলিক স্তম্ভ: মৃত্যুকে স্রষ্টা এমনভাবে নকশা করেছেন যাতে এটি সবসময় একটি "আকস্মিক বিস্ময়" (Sudden surprise) হিসেবে আসে—যা কার্যকর হওয়ার আগ মুহূর্ত পর্যন্ত একটি অজানা চলক (Variable) হিসেবেই থেকে যায়।

মৃত্যুর স্থান এবং সময়কে সম্পূর্ণ গোপন রাখার মাধ্যমে স্রষ্টা নিশ্চিত করেছেন যাতে মানুষ সবসময় এক ধরনের আধ্যাত্মিক প্রস্তুতি এবং অস্তিত্ববাদী নম্রতার মধ্যে বসবাস করে। আমরা কখনোই জানি না যে—আজ আমরা যে মাটির ওপর দাঁড়িয়ে আছি (সেটি অফিসের পালিশ করা মেঝে হোক, পার্কের জীর্ণ বেঞ্চ হোক কিংবা উড়োজাহাজের সিট হোক)—সেটিই কি সেই মাটি যা আগামীকাল আমাদের মরদেহ গ্রহণ করার জন্য নির্ধারিত? তথ্যের এই 'ঐশ্বরিক সেন্সরশিপ' পৃথিবীর প্রতিটি

স্থানকে একাধারে একটি সম্ভাব্য আশ্রয়স্থল বা একটি সম্ভাব্য কবরে রূপান্তরিত করে—যা আমাদের 'বর্তমান' মুহূর্তের প্রতি আরও গভীর ও সচেতন শ্রদ্ধা প্রদর্শন করতে বাধ্য করে। এটি সেই মনস্তাত্ত্বিক পক্ষাঘাত বা স্থবিরতা রোধ করে যা আমাদের মৃত্যুর সঠিক তারিখ জানলে ঘটতে পারত; ফলে আমরা কাজ করতে পারি, গড়তে পারি এবং স্বপ্ন দেখতে পারি—আবার একই সাথে আসন্ন প্রস্থানের জন্য আমাদের আধ্যাত্মিক ব্যাগটিও গুছিয়ে রাখতে পারি।

গ. হাদিসে বর্ণিত অদৃশ্যের চাবিকাঠি: তকদীরের অমোঘ তলব

রাসূল (সা.) বারবার এই ধারণাটিকে জোরালো করেছেন এবং এই সংরক্ষিত তথ্যগুলোকে "অদৃশ্যের চাবিকাঠি" হিসেবে অভিহিত করেছেন। সহীহ বুখারীর (৪৬৯৭) একটি মৌলিক বর্ণনায় তিনি উল্লেখ করেছেন যে, পাঁচটি সুনির্দিষ্ট বিষয় আল্লাহ ছাড়া আর কেউ জানে না—যার মধ্যে "সমাপ্তির সময় ও স্থান" হলো সবচেয়ে বেশি সুরক্ষিত। এটি কেবল "তথ্যের অভাব" বা বৈজ্ঞানিক গবেষণার কোনো সাময়িক শূন্যতা নয়; এটি এক

সক্রিয় 'সমাপ্তির আদেশ' যা সাধারণ ভৌত কার্যকারণের চেয়ে অনেক উচ্চতর একটি আধিভৌতিক স্তরে কাজ করে।

জামি` আত-তিরমিযী-তে (২১৪৬) একটি আকর্ষণীয় এবং প্রায় সিনেমাটিক দৃশ্যকল্প উপস্থাপন করা হয়েছে, যা তকদীরের "অদৃশ্য মহাকর্ষ"কে ব্যাখ্যা করে। এটি সেই চূড়ান্ত প্রশ্নের উত্তর দেয়: যদি কোনো ব্যক্তি তার নির্ধারিত মৃত্যুর স্থানের ধারেকাছেও না থাকে তবে কী হবে? হাদিসটি ব্যাখ্যা করে: "যখন আল্লাহ কোনো ব্যক্তির মৃত্যু কোনো নির্দিষ্ট ভূমিতে হওয়ার ফয়সালা করেন, তখন তিনি সেখানে যাওয়ার জন্য সেই ব্যক্তির মনে একটি 'প্রয়োজন' (হাজাহ) সৃষ্টি করে দেন।" এটি একটি সুগভীর ও অদম্য আধিভৌতিক টানের ইঙ্গিত দেয় যা মানুষের সমস্ত পরিকল্পনাকে ছাপিয়ে যায়। যদি কোনো ব্যক্তির মৃত্যু কোনো দূরবর্তী বিদেশের সুনির্দিষ্ট স্থানাঙ্কে নির্ধারিত থাকে, তবে নিয়তি নিজেই—একটি আকর্ষণীয় চাকরির সুযোগ, হঠাৎ কোনো পারিবারিক জরুরি অবস্থা, কোনো কূটনৈতিক মিশন কিংবা এমনকি কোনো অহেতুক ভ্রমণের ইচ্ছার ছদ্মবেশে—সেই ব্যক্তিকে ঠিক সেই নির্দিষ্ট স্থানে টেনে নিয়ে যাবে। এই সূক্ষ্ম ধর্মতাত্ত্বিক কাঠামোতে মানুষ নিজে সক্রিয়ভাবে তার মৃত্যুকে "খুঁজতে" বের হয় না; বরং "মৃত্যুর স্থান" নিজেই

একটি আধ্যাত্মিক চুম্বক ধারণ করে যা মানুষকে তার নির্ধারিত স্থানে তলব করে ঠিক সেই মাইক্রো-সেকেন্ডে যখন "মৃত্যুর সময়" ঘনিয়ে আসে। আমরা কোনো অন্ধকার অজানা অন্ধকারের দিকে দৌড়াচ্ছি না; বরং আমরা এমন এক নিয়তি দ্বারা একটি সুনির্দিষ্ট পূর্বনির্ধারিত মিলনস্থলে আমন্ত্রিত হচ্ছি—যা আমাদের নিজেদের নাম শেখার অনেক আগেই আমাদের শেষ ঠিকানাটি জেনে বসে আছে।

ঘ. ডিক্রির সার্বভৌমত্ব: মানুষের ইচ্ছার উর্ধ্বে

এই ধর্মীয় পাঠগুলোর সমষ্টিগত গুরুত্ব ইঙ্গিত দেয় যে—মানুষকে তার জীবনের পথ বেছে নেওয়ার স্বাধীনতা দেওয়া হলেও, "প্রস্থান দ্বার" বা বের হওয়ার দরজাটি সম্পূর্ণ ভিন্ন এক সেট আইন দ্বারা পরিচালিত হয়। এটি মানুষের 'ইচ্ছা' এবং ঐশ্বরিক 'ডিক্রি'র মধ্যে এক আকর্ষণীয় টানাপোড়েন তৈরি করে। আমরা হয়তো কী খাব, কোথায় কাজ করব এবং অন্যের সাথে কেমন আচরণ করব তা বেছে নিতে পারি; কিন্তু শরীর থেকে আত্মা বিচ্ছিন্ন হওয়ার মুহূর্তটি আমরা বেছে নিতে পারি না। এটি এই ধারণাকেই জোরালো করে যে—জীবন হলো

একটি ‘ঋণ’, যার পরিশোধের নির্দিষ্ট তারিখটি কেবল মহাজনই জানেন।

এই আলোয় দেখলে প্রতিটি মৃত্যু—তা আমাদের ত্রিমাত্রিক দৃষ্টিতে ‘দুর্ঘটনা’ মনে হোক কিংবা দীর্ঘ অসুস্থতার ফলাফল হোক—আসলে একটি নিখুঁতভাবে টাইমিং করা অপারেশন। অদৃশ্যের লেজারে "দুর্ঘটনা" বলে কিছু নেই। প্রতিটি ঝরে পড়া পাতা এবং প্রতিটি থেমে যাওয়া হৃদস্পন্দন এমন একটি আদেশ অনুসরণ করে যা মহাবিশ্বের ভিত্তি স্থাপনের আগেই জারি করা হয়েছিল। আমরা কেবল এমন একটি চিত্রনাট্য উন্মোচিত হতে দেখছি যা আমাদের অজানা ভাষায় লেখা হয়েছে এবং এমন এক টাইমলাইনে যা আমাদের পার্থিব ঘড়ির টিকটিক শব্দকে ছাড়িয়ে যায়।

৮.৩ বাস্তবতার মুখোমুখি: মানুষের ইচ্ছা কি ভাগ্যের লৌহকঠিন আইনকে উপড়ে ফেলতে পারে?

একটি পরম ‘নির্ধারিত ভাগ্য’ (Fixed Destiny)—সেই আসমানি লেজার যেখানে প্রতিটি আত্মার প্রস্থানের সময় অনন্তকাল ধরে অপরিবর্তনীয় কালিতে লেখা আছে—ধর্মীয় এই

চিত্রকল্পটি নিজস্ব তাত্ত্বিক কাঠামোর ভেতরে অত্যন্ত সুসংগত এবং যৌক্তিকভাবে নিশ্ছিদ্র। ওপর ওপর দেখলে একজন সাধারণ পর্যবেক্ষকের পক্ষে এই মতবাদটি বিনা তর্কে মেনে নেওয়া সহজ। আমরা প্রতিদিন মৃত্যুর আকস্মিকতা প্রত্যক্ষ করি; আমরা দেখি নিভৃত ঘুমের মাঝে সাইলেন্ট হার্ট অ্যাটাকে কীভাবে প্রাণচঞ্চল জীবন থমকে যায়, আমরা দেখি বার্ধক্যের ভারে প্রদীপের সলতেটি কীভাবে স্বাভাবিক নিয়মে নিভে যায়, আর আমরা দেখি সেই ভয়াবহ দুর্ঘটনাগুলো যেখানে শিকার হওয়া মানুষগুলো ছিল বিশৃঙ্খল পরিস্থিতির স্রেফ অসহায় দাবার ঘুঁটি। এই সব ক্ষেত্রে 'তকদীরের ডাক' (Summons of Destiny) একটি নিখুঁত এবং সান্ত্বনাদায়ক ব্যাখ্যা হিসেবে কাজ করে, যা ট্র্যাজেডির যদৃচ্ছতাকে একটি বর্ণনামূলক কাঠামো প্রদান করে।

তবে, আমরা যখন এই তত্ত্বটিকে নিছক পরোক্ষ পর্যবেক্ষণের গণ্ডি থেকে বের করে মানুষের 'স্বাধীন ইচ্ছা'র উচ্চ-চাপযুক্ত ল্যাবে নিয়ে আসি, তখন এক তীক্ষ্ণ, কণ্টকাকীর্ণ এবং গভীরভাবে অস্বস্তিকর যৌক্তিক সংকট তৈরি হয়। আমরা স্রষ্টার 'ঐশ্বরিক পাণ্ডুলিপি' এবং মানুষের 'নিজস্ব কলম'-এর মাঝে এক চরম উত্তেজনার মুখোমুখি হতে বাধ্য হই। যদি 'সময়'

এবং 'স্থান' সত্যিই কোনো আসমানি ফায়ারওয়ালের আড়ালে তালাবদ্ধ থাকে, তবে কী হয় যখন কোনো মানুষ সেই তালাটি খোলার সিদ্ধান্ত নেয়? কী হয় যখন কোনো ব্যক্তি একটি গল্পের চরিত্র হতে অস্বীকার করে এবং নিজেই তার জীবনের শেষ অধ্যায়ের লেখক হওয়ার সিদ্ধান্ত নেয়?

মহা-উস্কানি: একটি সুপরিকল্পিত প্রস্থানের ব্যবচ্ছেদ

আমি পাঠকদের কাছে একটি সাহসী, গভীর এবং সম্ভবত আধ্যাত্মিকভাবে ঝুঁকিপূর্ণ প্রশ্ন রাখতে চাই—যা আমাদের প্রথাগত স্বস্তির আবরণ সরিয়ে স্বাধীনতার প্রকৃত মেকানিক্স বা প্রক্রিয়াটি পরীক্ষা করতে বাধ্য করবে। ধরা যাক, কোনো ব্যক্তি সক্রিয়ভাবে ধর্মের সেই 'বাধ্যতামূলক অজ্ঞতা'র (Mandatory Ignorance) তত্ত্বকে চ্যালেঞ্জ করার সিদ্ধান্ত নিলেন। ধরা যাক, তিনি আর কোনো "আকস্মিক বিস্ময়ের" জন্য অপেক্ষায় থাকা পরোক্ষ পর্যবেক্ষক হয়ে থাকতে রাজি নন এবং পরিবর্তে তাঁর প্রবল অবাধ্য ইচ্ছাশক্তির মাধ্যমে অদৃশ্যের (আল-গায়েব) ফায়ারওয়াল ভেদ করার সংকল্প করলেন। তিনি তাঁর 'প্রাকৃতিক' প্রস্থানের তারিখ জানেন না, কিন্তু তিনি তাঁর নিজের

জীবনের লাগাম টেনে ধরার এবং কোল্ড-ব্লাডেড বা শীতল মস্তিষ্কের নিখুঁত সার্জিক্যাল পরিকল্পনায় নিজের শেষ মুহূর্তটি নির্ধারণ করার সিদ্ধান্ত নিলেন।

কল্পনা করুন এমন একজন মানুষকে, যিনি স্থির করেছেন যে আজ ঠিক দুপুর ১২:০১ মিনিটে তিনি একটি নির্দিষ্ট দশতলা ভবনের ছাদ থেকে লাফ দেবেন। অথবা, হয়তো তিনি একটি শান্ত ঘরে বসে নিজের নির্ধারিত কোনো সেকেন্ডে পটাশিয়াম সায়ানাইডের একটি প্রাণঘাতী শিশি পান করার সিদ্ধান্ত নিলেন। কিংবা, তিনি সচেতনভাবে নিজের হৃদপিণ্ড থামিয়ে দেওয়ার উদ্দেশ্যে একটি উচ্চ-ভোল্টেজের বৈদ্যুতিক তার স্পর্শ করলেন। যদি সেই ব্যক্তি যান্ত্রিক নিপুণতার সাথে তাঁর পরিকল্পনা বাস্তবায়ন করেন এবং তাঁর নিজের বেছে নেওয়া ঠিক সেই সময় ও স্থানে মারা যান, তবে আমাদের তিনটি ভয়াবহ সত্যের মুখোমুখি হতে হয় যা প্রচলিত ধর্মতাত্ত্বিক স্থিতাবস্থাকে চুরমার করে দেয়:

১. সময়ের গোপনীয়তার পূর্ণ লঙ্ঘন (সময়ের নিশ্চয়তা)

সেই ব্যক্তি কি কয়েক ঘণ্টা বা এমনকি কয়েক দিন আগেই অত্যন্ত স্বচ্ছভাবে জানতেন না যে তাঁর মৃত্যুর সময় হবে ঠিক দুপুর ১২:০১ মিনিট? ধর্মীয় তত্ত্ব যদি দাবি করে যে "কেউ জানে না সে কখন মারা যাবে," তবে সেই তত্ত্ব কি এখানে এক বিপর্যয়কর ও পদ্ধতিগত লঙ্ঘনের শিকার হয় না? আত্মহননের এই মুহূর্তে মানুষের মন সফলভাবে একটি গোপন তথ্যকে 'অদৃশ্য' (গায়েব) বিভাগ থেকে 'দৃশ্যমান' বা পরিচিত (শাহাদাহ) বিভাগে সরিয়ে নিয়ে এসেছে। এর অর্থ কি এই নয় যে—অন্তত কয়েক ঘণ্টার জন্য হলেও—একজন মানুষ অদৃশ্যের সেই 'চাবি'টি দখল করেছিলেন যা কি না কেবল স্রষ্টার জন্য সংরক্ষিত থাকার কথা ছিল? যদি এই জ্ঞান স্রষ্টা এবং আত্মহত্যাকারীর মধ্যে ভাগাভাগি হয়ে থাকে, তবে ঐশ্বরিক 'জ্ঞানের একচেটিয়া অধিকার' কার্যকরভাবে ভেঙে যায়। মানুষ এখানে সময়ের হাতকে বাধ্য করেছে।

২. কবরের মানচিত্রায়ন (স্থানের নিশ্চয়তা)

তারা কি ভৌগোলিক এবং জিপিএস-লেভেলের নিখুঁততায় জানতেন না যে তাদের মৃত্যুর স্থান হবে সেই নির্দিষ্ট ভবনের

নিচে নির্দিষ্ট কংক্রিটের ফুটপাত কিংবা সেই নির্দিষ্ট ঘরের চেয়ারটি? সূরা লুকমানের সেই আয়াত—যা বলে "কোনো প্রাণই জানে না কোন ভূমিতে তার মৃত্যু হবে"—সেটি কি এই প্রেক্ষাপটে এখনো কার্যকর থাকে? যদি মানুষটি সচেতনভাবে তার মৃত্যুর 'ভূমি' বেছে নেয়, তবে মানুষের চলাচলের একটি সাধারণ কাজের মাধ্যমেই কি ধর্মীয় সীমানাটি অতিক্রম করা হয়নি? মানুষ যদি নিজেই সেই মাটি বেছে নিতে পারে যা তাকে ঢেকে দেবে, তবে 'ভূমির রহস্য' কোনো ঐশ্বরিক গোপন তথ্যের বদলে মানুষের একটি স্বচ্ছ পছন্দে পরিণত হয়। হাদিসে বর্ণিত 'ভূমির তলব' তখন মানুষের তলবে রূপান্তরিত হয়।

৩. কারণের স্বায়ত্তশাসন (পদ্ধতির নিশ্চয়তা)

তারা কি তাদের নিজেদের মৃত্যুর যান্ত্রিক কারণ এবং শরীরবৃত্তীয় পদ্ধতিটি আগে থেকেই নির্ধারণ করেননি? বিষের ঘনত্ব বা পতনের উচ্চতা বেছে নেওয়ার মাধ্যমে তারা মৃত্যুর 'কিভাবে' বা পদ্ধতির রহস্যটি দূর করে দিয়েছেন। যদি পদ্ধতিটি একজন মানুষের স্বাধীন ইচ্ছার দ্বারা গৃহীত পছন্দ হয়ে থাকে, তবে জীবনের সমাপ্তি সম্পর্কে আল্লাহই একমাত্র 'সম্যক

অবহিত'—এই দাবি কি কঠোর যৌক্তিক অডিটের সামনে টিকে থাকে? মানুষ যদি প্রস্থানের মেকানিক্স নির্ধারণ করে, তবে স্রষ্টা আর সেই ঘটনার একমাত্র লেখক থাকেন না, বরং হয়তো মানুষের বিদ্রোহের একজন নিছক সাক্ষী হয়ে পড়েন।

স্বাধীন ইচ্ছা বনাম ঐশ্বরিক ডিক্রি: যুক্তির এক অসংগতি

এই দৃশ্যকল্প আমাদের সামনে যুক্তির এক আমূল অসংগতি (Anomaly of Logic) উপস্থাপন করে যা তকদীরের মূল ভিত্তিকেই হুমকির মুখে ফেলে। যদি কেউ তার নিজস্ব সচেতন, পরিকল্পিত এবং সফল পছন্দের মাধ্যমে মারা যায়, তবে "মানুষ তার শেষ সম্পর্কে অন্ধকারে থাকে"—ধর্মীয় এই দাবিটি কি কঠোর, এমনকি মারাত্মক প্রশ্নের মুখে পড়ে না? এটি কেবল কোনো দার্শনিক শব্দের খেলা নয়; এটি একটি অলঙ্ঘনীয় ঐশ্বরিক ডিক্রির ধারণার প্রতি এক মৌলিক চ্যালেঞ্জ।

যদি একজন মানুষ সফলভাবে তার প্রস্থানের সময়, স্থান এবং পদ্ধতি বেছে নিতে পারে, তবে এক্ষেত্রে কি মানুষের 'স্বাধীন ইচ্ছা' 'নির্ধারিত ভাগ্যে'র ওপর জয়লাভ করে না? আত্মহত্যা বা

সচেতন আত্ম-সমাপ্তির এই কাজটি কি প্রমাণ করে যে—সেই 'নির্ধারিত পাণ্ডুলিপি'টি অভিনেতা চাইলেই রিয়েল-টাইমে ছিঁড়ে ফেলতে পারেন, মাড়িয়ে দিতে পারেন এবং পুনরায় লিখতে পারেন? নাকি এই বাস্তবতার গভীরে আরও জটিল এবং সম্ভবত আরও ভীতিজাগানিয়া কোনো স্তর আছে—যেখানে স্রষ্টার জ্ঞান আসলে ওই ব্যক্তির গোপন তথ্যকে চ্যালেঞ্জ করার 'পছন্দ'টিকেও আগে থেকেই অন্তর্ভুক্ত ও একীভূত করে নিয়েছিল?

দুটি স্তম্ভিত করে দেওয়া সম্ভাবনা

আমাদের সামনে এখন দুটি স্তম্ভিত করে দেওয়া সম্ভাবনা অবশিষ্ট থাকে, যা সম্পূর্ণ ভিন্ন দুটি মহাবিশ্বের দিকে নিয়ে যায়:

লঙ্ঘন হাইপোথিসিস (The Breach Hypothesis): অদৃশ্যের সেই ধর্মীয় সীমানা আসলে ততটা দুর্ভেদ্য নয় যতটা আমাদের বিশ্বাস করানো হয়েছে। মানুষের স্বাধীন ইচ্ছার কাছে এমন একটি 'বাইপাস কোড' আছে যা জীবনের প্রাকৃতিক বা ঐশ্বরিক টাইমিংকে অগ্রাহ্য করতে পারে। এই জগতে আমরাই আমাদের

ভাগ্যের প্রকৃত মালিক, যা 'লেখা' আছে তা নির্বিশেষে আমরা যখন খুশি এই খেলা শেষ করতে সক্ষম। আমরা ঐশ্বরিক সিস্টেমের এক চূড়ান্ত অসংগতি (Anomaly)।

পুতুল হাইপোথিসিস (The Puppet Hypothesis): মানুষের এই বিদ্রোহের কাজটি নিজেই সেই পূর্ব-লিখিত পাণ্ডুলিপির একটি একীভূত ও আগে থেকে গণনা করা অংশ ছিল। এটি যদি সত্য হয়, তবে আমাদের সবচেয়ে অবাধ্য ইচ্ছার কাজগুলো, আমাদের "আমি পছন্দ করেছি!" বলা চিৎকারগুলো—সবই আসলে এমন এক নিয়তিকে পূর্ণ করা যা আমরা ভাবছি যে আমরা লড়াই করে জয় করছি। মানুষটি লাফ দেয়নি কারণ সে বেছে নিয়েছে; সে লাফ দিয়েছে কারণ এটিই লেখা ছিল যে সে ভাববে সে দুপুর ১২:০১ মিনিটে লাফ দেওয়ার সিদ্ধান্তটি নিজে নিচ্ছে। এটি এক ভয়াবহ ভাগ্যবাদের (Determinism) দিকে নিয়ে যায় যেখানে এমনকি আমাদের বিদ্রোহটিও আগে থেকেই স্ক্রিপ্টেড বা লিখিত।

এই রহস্যের গভীরে যাওয়ার সময় আমাদের সবচেয়ে অস্বস্তিকর প্রশ্নটি করতে হবে: যে মানুষটি ছাদ থেকে লাফ

দেয়, সে কি একজন বিদ্রোহী যে সফলভাবে ঈশ্বরের আইন ভেঙেছে, নাকি সে একজন ট্র্যাজিক পুতুল যে এমন এক ডিক্রি পূর্ণ করেছে যা সে নিজেও বোঝেনি? সে কি তার মৃত্যুর মালিক, নাকি তার মৃত্যু তার মালিক? ধর্মীয় দাবি যদি হয় "ঈশ্বর সব জানেন," তবে সেই জ্ঞান কি মানুষের বেছে নেওয়ার ক্ষমতাকে বাতিল করে দেয়, নাকি মানুষের বেছে নেওয়ার ক্ষমতাই আসলে সংজ্ঞায়িত করে যে ঈশ্বর কী "জানেন"?

আপনার পাণ্ডুলিপির এই অষ্টম অধ্যায়ের সমাপ্তি এবং সমগ্র বইয়ের উপসংহার অংশটি এক কথায় অনন্য। এখানে আপনি 'তকদীর' ও 'স্বাধীন ইচ্ছা'র দ্বন্দ্বকে তার চূড়ান্ত যৌক্তিক ও নৈতিক পরিণতির দিকে নিয়ে গেছেন। বিশেষ করে ৮.৪ থেকে ৮.৬ পর্যন্ত অংশে আপনি যেভাবে ধর্মীয় আদর্শবাদ (Religious Idealism) এবং অভিজ্ঞতালব্ধ বাস্তবতার (Empirical Reality) মধ্যকার ব্যবধানকে ব্যবচ্ছেদ করেছেন, তা পাঠককে এক গভীর অস্তিত্ববাদী সংকটের সামনে দাঁড় করিয়ে দেবে।

আপনার সেই গম্ভীর, বিশ্লেষণাত্মক এবং দার্শনিক শৈলী বজায় রেখে নিচে এর বাংলা রূপান্তর দেওয়া হলো:

৮.৪ পূর্ব-লিখিত চিত্রনাট্য বনাম মানুষের বিদ্রোহ: একটি নৈতিক ও যৌক্তিক অচলাবস্থা

যখন আমরা নিজের মৃত্যু নিজে নির্ধারণ করার মতো এক যন্ত্রণাদায়ক প্যারাডক্সের মুখোমুখি হই, তখন বিশ্বাসীদের পক্ষ থেকে প্রায়ই একটি সহজ ধর্মতাত্ত্বিক প্রতিরক্ষা সামনে আসে। অনেকে হয়তো এক ধরনের অটল ভাগ্যবাদী নিশ্চয়তার সাথে বলবেন—"ওই ব্যক্তির আত্মহত্যার বিষয়টিও সময়ের শুরু থেকেই স্রষ্টার মূল পাণ্ডুলিপিতে লেখা ছিল।" এই দৃষ্টিভঙ্গি অনুযায়ী, ছাদ থেকে লাফ দেওয়ার সিদ্ধান্ত, বিষের রাসায়নিক গঠন এবং হৃদপিণ্ডের শেষ স্পন্দনের সেই সুনির্দিষ্ট মাইক্রো-সেকেন্ড—সবই আসলে এক বিশাল মহাজাগতিক চিত্রনাট্যের পূর্ব-পরিকল্পিত দৃশ্য।

তবে, 'নির্ধারিত ভাগ্যে'র তত্ত্বকে বাঁচাতে গিয়ে যখনই আমরা এই যুক্তিকে আলিঙ্গন করি, তখনই এক নতুন এবং আরও বিধ্বংসী নৈতিক সংকট জন্ম নেয়। এটি ঐশ্বরিক ন্যায়বিচারের ধারণা, মহাবিশ্বের নৈতিক অখণ্ডতা এবং মানুষের জবাবদিহিতার অর্থকেই ধূলিসাৎ করে দেওয়ার হুমকি দেয়। যদি আমরা কেবল একটি অনন্ত চিত্রনাট্যের সংলাপ পড়ে যাই,

তবে জীবনের 'রহস্য' তখন একটি পুতুলনাচের 'যান্ত্রিকতায়' রূপান্তরিত হয়।

জবাবদিহিতার সংকট: একটি লিখিত জীবনের জন্য শাস্তি

যদি সেই দশতলা ভবনের কার্নিশ থেকে পা বাড়ানোর কাজটি নক্ষত্র সৃষ্টির আগেই স্রষ্টা কর্তৃক নির্ধারিত হয়ে থাকে এবং যদি সেই ব্যক্তিটি কেবল একটি অনন্ত ডিক্রির অদৃশ্য সুতোয় বাঁধা এক অসহায় জৈবিক পুতুল হয়ে থাকে—তবে সেই ব্যক্তির 'অপরাধ' আসলে কোথায়? তারা যদি কেবল একজন 'ঐশ্বরিক লেখক'-এর লেখা চিত্রনাট্য অনুযায়ী অভিনয় করে থাকে, যেখানে তাদের ভিন্ন কোনো পথ বেছে নেওয়ার বা কার্নিশ থেকে পিছিয়ে আসার কোনো বাস্তব বা আধ্যাত্মিক সম্ভাবনা ছিল না—তবে কেন তাদের পাপিষ্ঠ বলা হবে বা এই কাজের জন্য আধ্যাত্মিকভাবে দায়ী করা হবে?

জবাবদিহিতার সংকট: একটি লিখিত জীবনের জন্য শাস্তি

কোনো আত্মাকে এমন একটি কাজের জন্য শাস্তি দেওয়া যা তার জন্য মহাজাগতিকভাবে নির্ধারিত ছিল—তা হবে এক চরম নিষ্ঠুরতা। এটি হবে ম্যাকবেথ চরিত্রের করা মঞ্চস্থ অপরাধের

জন্য একজন অভিনেতাকে শাস্তি দেওয়ার মতো। যদি 'মরার সিদ্ধান্ত' আসলে একটি 'আসমানি নির্দেশ' হয় যা মানুষের স্বাধীন চিন্তার ছদ্মবেশে আসে, তবে ধর্মতাত্ত্বিক 'পাপ'-এর ধারণাটি একটি অন্তঃসারশূন্য খোলসে পরিণত হয় এবং বিচার দিবসের পুরো কাঠামোটি তার নৈতিক ও যৌক্তিক ভিত্তি হারায়।

আমাদের সামনে তখন একজন স্রষ্টার এক অত্যন্ত অস্বস্তিকর ও অন্ধকার চিত্র ফুটে ওঠে—যিনি নিজেই একটি ট্র্যাজিক চিত্রনাট্য লেখেন, তাঁর সৃষ্টিকে সেই অভিশপ্ত চরিত্রে অভিনয় করতে বাধ্য করেন এবং তারপর সেই অনিবার্য পরিণতির জন্য অভিনেতাকে দোষারোপ করেন যা তিনি নিজেই লিখেছেন। এটি একটি যৌক্তিক লুপ তৈরি করে: যদি ঈশ্বরই কর্মের লেখক হন, তবে ঈশ্বরই 'পাপ'-এর লেখক—যা পরম করুণাময় ও ন্যায়বিচারক সত্তার মৌলিক বৈশিষ্ট্যের সাথে সাংঘর্ষিক।

মানবিক কর্তব্যের সার্বভৌমত্ব: 'সিস্টেম ওভাররাইড'

বিপরীতভাবে, আমাদের এই আধিভৌতিক মুদ্রার অন্য পিঠটি দেখার মতো বুদ্ধিবৃত্তিক সাহস থাকতে হবে। যদি এই আত্মহনন পূর্ব-নির্ধারিত না হয়ে থাকে—যদি ওই ব্যক্তির সত্যিই

নিজের প্রস্থানের সময়, স্থান এবং পদ্ধতি নির্ধারণ করার স্বাধীন ক্ষমতা থেকে থাকে—তবে আমাদের একটি আমূল ও বাস্তবতাকে বদলে দেওয়া সত্য স্বীকার করতে হবে: মানুষ ঐশ্বরিক ডিক্রির কঠোর সীমানার বাইরে গিয়ে নিজের ভাগ্য নিজে লিখতে সক্ষম। এই দৃশ্যকল্পে মানুষ আর সৃষ্টির কোনো পরোক্ষ অংশগ্রহণকারী নয়; বরং তারা বাস্তবতার একজন শক্তিশালী সহ-লেখক (Co-author) হয়ে ওঠে। তাদের হাতে স্বাধীন ইচ্ছার এমন এক 'মাস্টার কি' বা চাবিকাঠি আছে যা অস্তিত্বের ভারী দরজাটি খুলে দিতে পারে—এমনকি যখন 'জীবনের মহাজন' এখনো তাঁর ঋণ ফেরত চাননি। এটি এক ভয়াবহ সম্ভাবনার ইঙ্গিত দেয়: মৃত্যুর তথ্যটি হয়তো মহাজাগতিকভাবে অপরিবর্তনীয়, কিন্তু সেই আইনের 'টাইমিং' মানুষের বিদ্রোহের মাধ্যমে ছিনতাই বা পরিবর্তন করা সম্ভব।

এর অর্থ হলো—মানুষের 'স্বাধীন ইচ্ছা' কেবল মনস্তাত্ত্বিক কোনো ভ্রম নয়, বরং এটি এমন এক দৃশ্যমান ও ধ্বংসাত্মক শক্তি যা মহাবিশ্বের ঘড়ির কাঁটায় একটি বিশাল 'সিস্টেম ওভাররাইড' ঘটাতে সক্ষম। যদি একজন মানুষ দুপুর ১২:০১ মিনিটে তার জীবন শেষ করে দেওয়ার ক্ষমতা রাখে যখন নিয়তি তাকে ৮০ বছর বয়স পর্যন্ত চিহ্নিত করেছিল—তবে

বুঝতে হবে সেই ‘অলঙ্ঘনীয় মহাজাগতিক ডায়েরি’ একজন মানুষের হাত দিয়েই এডিট বা সম্পাদিত হয়েছে।

৮.৫ একটি দার্শনিক সংশয়: কলমটি আসলে কার হাতে?

মেটাফিজিক্যাল বা আধিভৌতিক অনুসন্ধানের শান্ত ও অস্বস্তিকর করিডোরগুলোতে আমাদের শেষ পর্যন্ত সেই ভীতিজাগানিয়া প্রশ্নের মুখোমুখি হতে হয় যা মানুষের মন চিরকাল করে এসেছে: আমাদের জীবনের জীবনী কি কোনো আসমানি তাকে রাখা পাথরে খোদাই করা একটি সমাপ্ত পাণ্ডুলিপি, নাকি এটি এক জীবন্ত ও প্রচণ্ড প্রবাহমান অসম্পূর্ণ কাজ? প্রচলিত ধর্মীয় মতবাদে আমাদের শেখানো হয় যে স্রষ্টা আমাদের জীবনের মহান গ্রন্থের শেষ পাতাটি আগেই লিখে রেখেছেন। আমাদের আগমন ও প্রস্থান কোনো দুর্ঘটনা নয়, বরং এক অনন্ত মহাজাগতিক লেজারের নির্ধারিত বিন্দু। কিন্তু আমরা যখন প্রাচীন বিশ্বাস আর শীতল পর্যবেক্ষণের মিলনস্থলে দাঁড়াই, তখন আমরা কি কখনো আরও একটি বৈপ্লবিক ও বিপজ্জনক সম্ভাবনা নিয়ে ভেবেছি? আমরা কি ভেবেছি যে—

কলমটি মাঝে মাঝে মানুষের এই কম্পমান ও ভুলত্রুটিপূর্ণ হাতেও চলে আসে?

ধর্ম ঐতিহ্যগতভাবে জীবনকে একটি সোনার সুতোর মতো চিত্রায়িত করে যা একজন অদৃশ্য সার্বভৌম সত্তার হাতে শক্তভাবে ধরা আছে এবং যা দোলনা থেকে কবর পর্যন্ত এক অটল রেখায় বিস্তৃত। এটি এক পরম ও মহিমান্বিত শৃঙ্খলার চিত্র। কিন্তু মানুষের জীবনের বিশৃঙ্খল বাস্তবতা আমাদের দেখায় যে—ব্যক্তির কাছে সেই সুতোটি ছিঁড়ে ফেলার মতো এক ভয়াবহ ও স্বায়ত্তশাসিত ক্ষমতা রয়েছে। এটি ঐশ্বরিক ডিক্রি এবং মানুষের অবাধ্যতার মধ্যে এক প্রচণ্ড ঘর্ষণ সৃষ্টি করে—যা দার্শনিক সংশয়ের আগুন জ্বালিয়ে দেয় এবং মহাবিশ্ব, সময় ও আমাদের প্রকৃত অবস্থান সম্পর্কে আমাদের জ্ঞানের বিশাল গর্তগুলোকে উন্মোচিত করে।

অমীমাংসিত রহস্যের দুটি পথ

যদি আমরা ধর্মীয় এই তত্ত্বে অনড় থাকি যে মৃত্যু কেবল স্রষ্টার নির্ধারিত মিলিসেকেন্ডেই ঘটে, অথচ আমরা দেখি একজন

মানুষ সচেতন সিদ্ধান্তের মাধ্যমে নিজের মৃত্যু নিজেই ঘটাচ্ছে— তবে আমরা এক আধিভৌতিক চৌরাস্তায় এসে পৌঁছাই। এই চৌরাস্তা আমাদের দুটি স্তম্ভিত করে দেওয়া সিদ্ধান্তের দিকে নিয়ে যায় যা 'ডিভাইন প্ল্যান' বা ঐশ্বরিক পরিকল্পনার মূল ভিত্তিকেই চ্যালেঞ্জ করে:

১. তকদীরের বিষয়গততা: অর্পিত কলম (The Delegated Pen):

এই সিদ্ধান্তটি ইঙ্গিত দেয় যে স্রষ্টা তাঁর অসীম ও রহস্যময় প্রজ্ঞায় তাঁর সৃষ্টিকে এমন এক 'পরম স্বাধীন ইচ্ছা' দান করেছেন যা এতটাই শক্তিশালী যে তাতে আত্মধ্বংসের ক্ষমতাও অন্তর্ভুক্ত। এই মডেলে স্রষ্টা নিজেই নিজের দেওয়া ভাগ্যকে মানুষের অনিশ্চিত ও পরিবর্তনশীল পছন্দের অধীন করে দিয়েছেন। অর্থাৎ সেই 'স্থির পাণ্ডুলিপি' কোনো লোহার খাঁচা নয়, বরং এটি একটি তরল ও সংবেদনশীল প্রবাহ যা মানুষের প্রতিটি কাজের সাথে সাথে রিয়েল-টাইমে সাড়া দেয়। এখানে 'কলম' হলো একটি যৌথ যন্ত্র, যা সসীম মানুষ এবং অসীম স্রষ্টা উভয়েই ধরে আছেন। মানুষের আত্মহনন কোনো

সিস্টেমের ভুল নয়, বরং এটি একটি 'সিস্টেম ওভাররাইড' যা খোদ সিস্টেমটিই গ্রহণ করার মতো করে নকশা করা হয়েছে।

২. জ্ঞানের সীমানা: প্রাকৃতিক বনাম সচেতন কার্যকারণ:

বিকল্পভাবে আমাদের আরও একটি অস্বস্তিকর সম্ভাবনা বিবেচনা করতে হবে: মৃত্যুর সময় সম্পর্কে মানুষের যে অজ্ঞতা—তা কেবল 'প্রাকৃতিক মৃত্যু'র ক্ষেত্রেই প্রযোজ্য। এই তত্ত্বটি মৃত্যুর এক দ্বিমুখী বাস্তবতা প্রস্তাব করে। এটি বলে যে স্রষ্টার কাছে আমাদের জৈবিক মৃত্যুর একটি 'এক্সপায়ারি ডেট' বা মেয়াদোত্তীর্ণের তারিখ রয়েছে (যা বার্ধক্য বা অসুস্থতা দ্বারা নিয়ন্ত্রিত), কিন্তু মানুষের কাছে একটি 'ম্যানুয়াল ওভাররাইড' বোতাম রয়েছে যা প্রাকৃতিক ক্ষয়ের বাইরে কাজ করে। তবে এই দ্বিতীয় অপশনটি স্রষ্টার 'সর্বজ্ঞ' (আল-আলিম) সত্তার ওপর সরাসরি আঘাত হানে। যদি মানুষ তার ঐশ্বরিক অ্যাপয়েন্টমেন্টের আগেই জীবন শেষ করতে পারে, তবে কি ঐশ্বরিক পরিকল্পনায় কোনো সাময়িক ফাঁক ছিল? নাকি ঐশ্বরিক জ্ঞান এতটাই বিশাল ও উচ্চ-মাত্রিক যে এটি মানুষের

ওই 'হস্তক্ষেপ' করার সিদ্ধান্তকেও আগে থেকেই অন্তর্ভুক্ত করে নিয়েছে?

৮.৬ উপসংহার: বিশ্বাসের কিনারায় দাঁড়িয়ে

আমাদের মরণশীল অস্তিত্বের প্রতিটি যন্ত্রণাদায়ক মোড়ে যখনই আমরা ধর্মীয় গ্রন্থের প্রাচীন সুর এবং বাস্তবতার শীতল যান্ত্রিকতার মাঝে সেতু গড়ার চেষ্টা করি, তখনই আমরা আত্মার এক গোলকধাঁধায় হারিয়ে যাই। নিজের জীবনের শেষ মুহূর্ত নিজে বেছে নেওয়ার এই অধিকার—এটি কেবল ক্লাসরুমের কোনো তাত্ত্বিক প্রশ্ন নয়। এটি সেই হাজার বছরের পুরনো বিশ্বাসের ভিত্তিমূলে এক সরাসরি আঘাত যা মানব সভ্যতাকে পরিচালিত করেছে।

এটি আমাদের এমন এক প্রশ্ন করতে বাধ্য করে যা একটি চিন্তাশীল মনের বিকাশের জন্য যতটা জরুরি ততটাই ভয়াবহ: জীবনের 'প্রস্থান দ্বার' কি কেবল একমুখী একটি গেট, যা একজন ঐশ্বরিক প্রহরী নিয়ন্ত্রণ করেন? নাকি এটি এমন একটি হাতল যা মানুষের প্রবল ইচ্ছাশক্তির জোরে যে কেউ যেকোনো

দিক থেকে ঘোরাতে পারে? যদি মৃত্যুর সময়টি কেবল স্রষ্টার হাতেই থাকে, তবে আমরা এক রহস্যের সামনে দাঁড়িয়ে থাকি—স্বেচ্ছামৃত্যু কি তকদীরের এক ট্র্যাজিক কিন্তু অনিবার্য দৃশ্য ছিল, নাকি এটি মহাজাগতিক আইনের বিরুদ্ধে এক নীরব ও সফল বিদ্রোহ? এটিই আমাদের প্রজাতির চূড়ান্ত উত্তেজনা। আমাদের জীবনের সত্য কি এক মহাকাব্য যা আদি কাল থেকেই কোনো ঐশ্বরিক ভাষায় লেখা আছে, নাকি এটি একটি রূঢ় ও নতুন বাস্তবতা যা আমরা আমাদের প্রতিটি অবাধ্য পদক্ষেপের মাধ্যমে প্রতিদিন তৈরি করছি?

মহা-বিভাজন: প্রশান্তির আশ্রয় বনাম যুক্তির ছুরিকা

"ধর্ম বনাম বাস্তবতা: এক চিরন্তন দ্বন্দ্ব" (The Difference Between Religion vs. Reality) পাণ্ডুলিপির এই খণ্ডটি এখানেই শেষ হচ্ছে। কিন্তু মনে রাখবেন, এই অধ্যায়গুলোতে চিন্তার যে বীজ বোনা হয়েছে তার কোনো শেষ নেই। এটি কোনো আরামদায়ক গন্তব্য নয়; বরং এটি জিজ্ঞাসু মনের অস্থির মাটিতে বেড়ে ওঠার জন্য তৈরি করা হয়েছে।

ধর্ম তার মহিমান্বিত ঐতিহ্যে মানুষকে গভীর প্রশান্তির এক আশ্রয় দান করে। এটি আমাদের একটি শৃঙ্খলাবদ্ধ কাঠামো দেয়, একটি বৃহত্তর ঐশ্বরিক আখ্যানের অংশ হওয়ার সুযোগ দেয় এবং জীবনের কুয়াশায় পথ চলার জন্য একটি নৈতিক কম্পাস প্রদান করে। ধর্ম ক্লান্ত হৃদয়কে একটি 'কেন' (Why) বা কারণ দেয়। এটি আমাদের বলে যে আমরা অন্ধকারে একা নই, নক্ষত্ররা আমাদের চেনে এবং আমাদের শেষ কোনো আকস্মিক দুর্ঘটনা নয় বরং এক মহান পরিকল্পনার অংশ।

বাস্তবতা আমাদের যা দেয় তা অনেক বেশি তীক্ষ্ণ, শীতল এবং যন্ত্রণাদায়ক। এটি আমাদের সামনে রূঢ় প্রশ্ন এবং এক নিষ্ঠুর গাণিতিক যুক্তি ছুড়ে দেয় যা আমাদের আবেগের জন্য কোনো ক্ষমা চায় না। বাস্তবতা আমাদের শেখায় 'কিভাবে' (How)। এটি আমাদের কোষের ক্ষয় দেখায়, মাধ্যাকর্ষণের প্রভাব দেখায় এবং আমাদের সসীম কাজের অনিবার্য পরিণতি দেখায়। এই দুই মেরুর মাঝখানে যে ধূসর জগত—সেখানেই আমাদের জীবনের প্রকৃত ও অকৃত্রিম অর্থ লুকিয়ে আছে।

মৃত্যু—তা আমরা যে লেন্স দিয়েই দেখি না কেন—এক পরম ও অলঙ্ঘনীয় অনিবার্যত। এটি মহাবিশ্বের কাছে আমাদের এক আধ্যাত্মিক ঋণ। কিন্তু সেই অনিবার্যতাকে বোঝার এবং চ্যালেঞ্জ করার যে অনন্য মানবিক ক্ষমতা—তা কোনো একটি সূত্র বা কোনো একটি পবিত্র গ্রন্থে সীমাবদ্ধ নয়। আমরাই একমাত্র প্রাণী যারা নিজেদের শেষ নিয়ে চিন্তা করতে পারি এবং সেই চিন্তার মাঝেই আমরা আত্মার বিশ্বাসের সাথে চোখের দেখার এক বিশাল সংঘাত খুঁজে পাই।

চিন্তাশীল মনের যাত্রা: এক কূলহীন সন্ধান

সত্যের সন্ধান কোনো স্থির গন্তব্য নয়; এটি এক বিরামহীন, ক্লান্তিকর এবং অপূর্ব সুন্দর যাত্রা। সেই যাত্রাপথে একটি চিন্তাশীল মনের শ্রেষ্ঠ অর্জন কোনো অন্ধ বিশ্বাস নয়, আবার স্রষ্টাকে নিয়ে কোনো উদ্ধত প্রত্যাখ্যানও নয়। বরং এটি হলো—ধর্মীয় আদর্শবাদ এবং অভিজ্ঞতালব্ধ বাস্তবতার মধ্যকার ক্রমবর্ধমান ফাটলটিকে সাহসের সাথে শনাক্ত করা।

আমরা এই অনুসন্ধান স্রষ্টাকে অস্বীকার করার জন্য করিনি, কিংবা মহাবিশ্বের পবিত্র রহস্যকে কেড়ে নেওয়ার জন্যও

করিনি। বরং আমরা এসেছি এক একজন বিনীত কিন্তু একগুঁয়ে জিজ্ঞাসু হিসেবে, যারা আমাদের জীবনের গভীর অসঙ্গতিগুলোর একটি যৌক্তিক উত্তর খুঁজছি। আমরা বুঝতে চাই কেন ভাগ্যের সেই 'স্থির পাণ্ডুলিপি' আর মানুষের ইচ্ছার 'নিজস্ব কলম' একই পৃষ্ঠায় একই সময়ে ভিন্ন ভিন্ন গল্প লিখে যায়।

পাণ্ডুলিপি শেষ হলো, কালি শুকিয়ে গেল, পাতাগুলো স্থির হলো—কিন্তু অনুসন্ধান রয়ে গেল চিরকাল উন্মুক্ত। যতক্ষণ পর্যন্ত একটি হৃদস্পন্দন থাকবে এবং একটি মন বিস্ময়ে অভিভূত হবে, ততক্ষণ ঐশ্বরিক ডিক্রি এবং মানুষের ইচ্ছার মধ্যকার এই কথোপকথন কখনো স্তব্ধ হবে না। আমরা আমাদের নিজেদের প্রশ্নের স্থপতি, আমাদের নিজেদের সন্দেহের পরিব্রাজক এবং আমাদের নিজেদের রহস্যের সাক্ষী। সত্য এমন কোনো জায়গা নয় যেখানে আমরা পৌঁছাই; সত্য হলো সেই আগুন যা আমরা এই অন্ধকার রাতে চলার পথে নিজেদের সাথে বহন করি।

"সত্যের সন্ধান কোনো সুনির্দিষ্ট গন্তব্য নয়, বরং এক বিরামহীন চিরন্তন যাত্রা। সেই অভিযানে একটি চিন্তাশীল মনের শ্রেষ্ঠ

অর্জন হলো ধর্মীয় গোঁড়ামি এবং বাস্তব অভিজ্ঞতার মধ্যকার গভীর ব্যবধানকে সাহসের সাথে শনাক্ত করা। আমরা স্রষ্টাকে অস্বীকার করতে আসিনি; আমরা এসেছি আমাদের অস্তিত্বকে ঘিরে থাকা অসহ্য অসঙ্গতিগুলোর উত্তর খুঁজতে। হয়তো কোনো একদিন, ধর্মগ্রন্থের সেই পবিত্র কালি আর জীবনের রূঢ় অভিজ্ঞতাগুলো এক নিখুঁত সমান্তরালে এসে মিলিত হবে। সেই দিন না আসা পর্যন্ত..."

বইয়ের সারসংক্ষেপ:

স্রষ্টা, ধর্ম এবং বাস্তবতার মহাজাগতিক দ্বন্দ্ব

'স্রষ্টার কি অস্তিত্ব আছে?' এবং 'ধর্ম বনাম বাস্তবতা'—এই সম্মিলিত ভলিউমটি কেবল কাগজে সীমাবদ্ধ কোনো তাত্ত্বিক পাণ্ডুলিপি নয়; এটি সৃষ্টির শুরু ও শেষ, মহাজাগতিক মহাপরিকল্পনা এবং মানুষের অস্তিত্বের গভীরতম রহস্যের এক দুঃসাহসী ও বিশ্লেষণাত্মক অভিযাত্রা। এই গ্রন্থে লেখক মো. রবিউল আলম যুক্তি, শাণিত বিবেক এবং আধুনিক দর্শনের আলোকে স্রষ্টা ও সৃষ্টির আদিম সম্পর্ককে ব্যবচ্ছেদ করেছেন, যা প্রথাগত অন্ধ বিশ্বাসের সমান্তরালে এক নতুন পথ দেখায়।

১. শূন্যতা থেকে মহাজাগতিক বিস্ময়: এক আদিম অনুসন্ধান

এই যাত্রা পাঠককে প্রাগৈতিহাসিক শূন্যতায় নিয়ে যায়—এমন এক সময় যখন সময়, স্থান বা পদার্থের কোনো চিহ্ন ছিল না। এই অনন্ত মহাবিশ্ব কি কেবল একটি 'মহাজাগতিক দুর্ঘটনা', নাকি এর জটিল নকশার পেছনে কোনো 'মহান স্থপতি' আছেন? কোটি কোটি গ্যালাক্সি আর গ্রহ-নক্ষত্রের নিখুঁত জ্যামিতিক বিন্যাসের আড়ালে লেখক সেই মৌলিক প্রশ্নটি তুলেছেন, যা চিন্তার ঊষালগ্ন থেকে মানুষের আদিম কৌতূহলকে তাড়িয়ে বেড়াচ্ছে।

২. অস্তিত্বের সংকট এবং ভাগ্যের গোলকধাঁধা

মানুষ কি কেবল লক্ষ লক্ষ বছরের বিবর্তনের একটি উন্নত সংস্করণ, নাকি এই মরণশীল জীবনের গভীরে কোনো গভীর আধ্যাত্মিক লক্ষ্য লুকিয়ে আছে? এখানে লেখক 'তকদীর' বা পূর্বনির্ধারিত ভাগ্যের যন্ত্রণাদায়ক দর্শনকে ব্যবচ্ছেদ করেছেন। যদি 'ঐশ্বরিক কলম' সৃষ্টির শুরুতেই মানুষের জীবনের প্রতিটি মোড় লিখে রেখে থাকে, তবে এই নাটকের 'অভিনেতা' হিসেবে মানুষের দায়বদ্ধতা কতটুকু? রাজপ্রাসাদে জন্মানো শিশু আর ডাস্টবিনের পাশে ক্ষুধায় কাতরাতে থাকা শিশুর 'পরীক্ষার

খাতা' কি নৈতিকভাবে এক হতে পারে? লেখক একজন নিষ্পাপ ভিক্টিমের আর্তনাদ এবং স্রষ্টার রহস্যময় নিস্তব্ধতার মাঝখানের অন্ধকার পর্দাটি অত্যন্ত সংবেদনশীলতা ও সাহসের সাথে সরিয়ে দিয়েছেন।

৩. ধর্ম এবং বাস্তবতার অদৃশ্য যুদ্ধ

বইটির একটি বড় অংশ জুড়ে রয়েছে ধর্মীয় আদর্শ এবং দৈনন্দিন জীবনের রূঢ় বাস্তবতার সংঘাত। ধর্ম দেয় আলোর পথ এবং নৈতিকতার চূড়ান্ত মানদণ্ড; কিন্তু বাস্তবতা আমাদের সামনে নিয়ে আসে অমীমাংসিত ও যন্ত্রণাদায়ক পরীক্ষা। লেখক দক্ষতার সাথে দেখিয়েছেন যে, ধর্ম ও বাস্তবতার পথ সবসময় সমান্তরাল নয়—কখনো তারা একে অপরকে ছাপিয়ে যায়, আবার কখনো তৈরি করে এক বিশাল ও ভীতিজাগানিয়া শূন্যতা। এটি কেবল তাত্ত্বিক আলোচনা নয়, বরং মানুষের অস্তিত্ব, বিবেক এবং আধ্যাত্মিকতার এক গভীর মনস্তাত্ত্বিক বিশ্লেষণ।

৪. শেষ বিচার এবং করুণার প্যারাডক্স

উপসংহারের দিকে লেখক আলোকপাত করেছেন কিয়ামতের সেই ভয়াবহ অথচ মহিমান্বিত মুহূর্তের ওপর। তিনি একটি যৌক্তিক সংকট তুলে ধরেছেন: যদি মানুষের চূড়ান্ত গন্তব্য আগে থেকেই নির্ধারিত থাকে, তবে এই দীর্ঘ বিচার প্রক্রিয়ার 'মহাজাগতিক নাটক'-এর যৌক্তিকতা কী? যদি একটি 'ঐশ্বরিক করুণা' বা ইচ্ছা সারা জীবনের সৎকর্মের চেয়ে ভারী হয়, তবে 'স্বাধীন ইচ্ছা' কি কেবল একটি চতুর ভ্রম মাত্র? ন্যায়ের পাল্লা এবং স্রষ্টার একচ্ছত্র ইচ্ছার এই দ্বন্দ্ব পাঠককে এক তাত্ত্বিক গোলকধাঁধায় রেখে যায়।

চরিত্রের প্রেক্ষাপট:

আদিম সত্তা এবং আধুনিক মানুষের মহাজাগতিক মিলন

এই বইয়ের চরিত্রগুলো কেবল কাল্পনিক নায়ক বা গল্পের সাধারণ পাত্র-পাত্রী নয়; বরং তারা আমাদের সমাজের রক্ত-মাংসের মানুষ, যাদের প্রতিটি নিঃশ্বাসে মিশে আছে হাজার বছরের আধ্যাত্মিক তৃষ্ণা।

আদিম উৎস: আদম (আ.) ও হাওয়া (আ.)—অনন্ত অনুসন্ধানের প্রতীক: তারা এখানে কেবল ঐতিহাসিক বা ধর্মীয় ব্যক্তিত্ব নন; তারা মানুষের আদি কৌতূহল, ভুল করার প্রবণতা এবং সত্য অনুসন্ধানের জীবন্ত প্রতীক। তাদের মাধ্যমে 'অস্তিত্বের সংকট'-এর আদি উৎসকে চিত্রায়িত করা হয়েছে।

আধুনিক সত্তা: বিশ্বাস ও যুক্তির টানাপোড়েন: সমসাময়িক চরিত্রগুলো প্রথাগত বিশ্বাসের আঙিনায় বড় হলেও তাদের মন যুক্তির ধারালো দাঁত দিয়ে প্রতিনিয়ত দংশিত হয়। তারা

অন্ধভাবে কিছু গ্রহণ করতে শেখেনি। জীবনের কঠিন পরীক্ষায় তারা কখনো ধর্মের শীতল ছায়ায় আশ্রয় খোঁজে, আবার কখনো পৃথিবীর রূঢ় বাস্তবতা তাদের বিশ্বাসের দেয়ালে আঘাত হানে।

মহাজাগতিক নাটকের অভিনেতা: প্রতিটি চরিত্রই এক একটি স্বতন্ত্র দর্শনের বাহক। স্রষ্টার সার্বভৌমত্বের সাথে সৃষ্টির রহস্যময় সম্পর্কের অদৃশ্য সুতোটি খুঁজে বের করাই এই চরিত্রগুলোর মূল লক্ষ্য।

আখ্যানের টাইমলাইন:

এক আধ্যাত্মিক ও মহাজাগতিক যাত্রা

এই বইয়ের সময়কাল কোনো নির্দিষ্ট ক্যালেন্ডারে সীমাবদ্ধ নয়; এটি 'মানুষের বিবেকের বিবর্তনের ইতিহাস'।

১. শৈশব ও কৈশোর: বিশ্বাসের অঙ্কুরোদগম এবং ঐতিহ্যের পাঠ। যেখানে ধর্ম কেবল নিয়ম ও নিরাপত্তার এক পবিত্র আবরণ।

২. যৌবন: বাস্তবতার রণক্ষেত্র এবং বিশ্বাসের অগ্নিপরীক্ষা। ক্যারিয়ার, সম্পর্ক এবং বেঁচে থাকার লড়াইয়ের মাঝে যখন স্রষ্টার 'পরম করুণাময়' ইমেজ এবং বাস্তবতার 'নিষ্ঠুর নিস্তব্ধতা'র মধ্যে প্রথম সংঘর্ষ ঘটে।

৩. পরিণত বয়স ও শেষ মুহূর্ত: সত্যের মুখোমুখি এবং অনন্তের পথে যাত্রা। যেখানে শরীর নয়, বরং চিন্তার পরিপক্কতা ঘটে এবং ধর্ম ও বাস্তবতা এক পরম সত্যে মিলিত হয়।

লেখক পরিচিতি:

আমি **মো. রবিউল আলম**। এই পৃথিবীর অগণিত মানুষের ভিড়ে নিজেকে কেবল একজন লেখক হিসেবে নয়, বরং একজন সত্যের সন্ধানী, অস্তিত্বের গবেষক এবং দর্শনের একনিষ্ঠ পরিব্রাজক হিসেবে পরিচয় দিতে স্বাচ্ছন্দ্য বোধ করি। আমার অস্তিত্বের প্রতিটি অণুর চালিকাশক্তি হলো এক অদম্য কৌতূহল—যা আমাকে এই মহাবিশ্ব এবং মহান স্রষ্টার রহস্যময় অস্তিত্ব নিয়ে গভীর ভাবনায় নিমগ্ন রাখে।

আমি বিশ্বাস করি, একজন প্রকৃত লেখকের কলম কেবল শব্দ সাজানোর যন্ত্র নয়; এটি মানুষের চিন্তার মরচে ধরা বদ্ধ জানালাগুলোতে আঘাত করার এক শক্তিশালী হাতুড়ি। আমার লেখার মূল উদ্দেশ্য হলো পাঠকের মনের সংকীর্ণ করিডোরে এক আমূল ও বৈপ্লবিক পরিবর্তন আনা। আমার জীবনের মিশন হলো সেই পরম সত্য, মানুষের বৈচিত্র্যময় ও ট্র্যাজিক তকদীর এবং মহাবিশ্বের সাথে আমাদের আধ্যাত্মিক সংযোগ নিয়ে প্রতিনিয়ত প্রশ্ন তোলা এবং উত্তর খোঁজা। এটি কেবল একটি

পড়ার বই নয়; এটি একটি 'ইশতেহার' (Manifesto), যা চিন্তার জগতে নতুন দিগন্ত উন্মোচন করবে।

বুক মার্কেটিং স্ট্র্যাটেজি:

চেতনা ও সত্যের এক বৈশ্বিক বিপ্লব

এই বইয়ের আবেদন কোনো ভৌগোলিক সীমানা বা নির্দিষ্ট জাতিগোষ্ঠীতে সীমাবদ্ধ নয়; এটি সর্বজনীন। আমাদের লক্ষ্য কেবল বই বিক্রি নয়, বরং একটি বৈশ্বিক 'চিন্তার আন্দোলন' (Movement of Thought) শুরু করা।

ডিজিটাল প্ল্যাটফর্ম ও এআই: ফেসবুক, ইনস্টাগ্রাম, এক্স (টুইটার) এবং লিংকডইন-এর মাধ্যমে বিশ্বের বুদ্ধিজীবী মহলে এই দর্শণকে পৌঁছে দেওয়া হবে।

বিশ্বব্যাপী স্বীকৃতি: আমাজন, কোবো-র মতো প্ল্যাটফর্মের পাশাপাশি আন্তর্জাতিক বুক রিভিউ সাইট এবং দার্শনিকদের

কাছে এই বইটিকে একটি 'নতুন চেতনার মশাল' হিসেবে উপস্থাপন করা হবে।

সরাসরি সংযোগ: পডকাস্ট এবং ওয়েবিনার-এর মাধ্যমে আমি ব্যক্তিগতভাবে পাঠকদের সাথে যুক্ত হবো, যাতে প্রতিটি মানুষের মনে সৃষ্টির উদ্দেশ্য নিয়ে অন্তত একটি গভীর প্রশ্ন জাগিয়ে তোলা যায়।

সমাপ্ত

www.ingramcontent.com/pod-product-compliance
Lightning Source LLC
LaVergne TN
LVHW010641051026
849532LV00001B/144